MATTHIEU AIKINS

Die Nackten
fürchten
kein Wasser

Eine Reise mit
afghanischen Flüchtlingen

Aus dem amerikanischen Englisch
von Barbara Schaden

Hoffmann und Campe

Die Originalaugabe erschien 2022 unter dem Titel
The Naked Don't Fear the Water. An Undergound Journey with Afghan Refugees
bei Harper, an Imprint of Harper Collins Publishers, New York.

1. Auflage 2022
Copyright © 2022 Matthieu Aikins
Für die deutschsprachige Ausgabe
Copyright © 2022 Hoffmann und Campe Verlag, Hamburg
www.hoffmann-und-campe.de
Covergestaltung: © Hoffmann und Campe
nach einem Originalentwurf von Gill Heeley
Kalligraphie: Roohullah Adib
Karte: Robert Bastron
Satz: Pinkuin Satz und Datentechnik, Berlin
Gesetzt aus der Minion und der Lydian
Druck und Bindung: GGP Media GmbH, Pößneck
Printed in Germany
ISBN 978-3-455-01513-3

HOFFMANN
UND CAMPE

Ein Unternehmen der
GANSKE VERLAGSGRUPPE

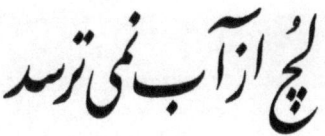

»Der Nackte fürchtet kein Wasser.«

DARI-PERSISCHES SPRICHWORT

INHALT

TEIL 4

Die Stadt

TEIL I
Der Krieg

I

Als sich das erste Tageslicht zeigte, beugte ich mich zum Fenster und schaute hinunter. Unter uns Gebirge. Wir flogen der aufgehenden Sonne entgegen, und die schrägen Strahlen ließen die Konturen des kargen, zerklüfteten Lands unter uns in scharfen Kontrasten hervortreten: gefurchtes Braun mit grünen Taleinschnitten, gesprenkelt von Weilern, die nach wie vor nur mit dem Esel erreichbar waren. Wir befanden uns nicht weit von der Stelle, wo Afghanistan, Iran und Turkmenistan zusammentreffen, aber auf welches der drei Länder ich hinunterblickte, konnte ich nicht sagen. An meinem Fenster hatte sich Reif gebildet, der im Morgenlicht rosig leuchtete, wie sicher auch unsere Kondensstreifen für die Menschen unten am Boden.

Ich lehnte mich wieder zurück. Bis Kabul, wo mein Freund Omar mich erwartete, lagen noch ein paar Stunden vor uns. Wenn ich die Augen schloss, konnte ich ihn vor mir sehen, letzten Sommer, als er mich am Flughafen abgesetzt und plötzlich flehentlich meine Hand gepackt hatte: »Komm wieder, Bruder. Lass mich nicht allein. Alle gehen weg.«

Es war still im Flugzeug. Die wenigen Passagiere, die ich sehen konnte, schliefen vornübergesackt oder über die jeweilige Reihe gestreckt. Auf dem Rückflug nach Istanbul wären die jetzt leeren Sitze von afghanischen Kriegsflüchtlingen besetzt. Vielleicht säße auch auf meinem Platz jemand, der in einem der kleinen Schlauchboote, die sich von der Türkei nach Europa aufmachten, das Meer überqueren wollte. Inzwischen landeten täglich Tausende Flüchtlinge auf den griechischen Inseln, und viele weitere waren unterwegs.[1]

Wir hatten Ende Oktober 2015, und es geschah Wundersames in diesem Herbst, ein ehernes Gesetz wurde gebrochen: Unter dem Gewicht von Menschen hatte sich die Grenze geöffnet.

Seit Jahren, seitdem im Nahen Osten Krieg um sich griff und Millionen Menschen obdachlos machte, war der Druck gegen Europas Grenzen gestiegen. Die Bootsflüchtlinge kamen in der Mehrheit aus Syrien, Afghanistan und dem Irak. Es waren viele Frauen und Kinder unter ihnen, und sie hätten sich eher erschießen als von der Flucht abhalten lassen. Von Griechenland machten sie sich auf den Weg nach Norden durch den Balkan, sammelten sich auf den Plätzen der Innenstädte und an den Grenzübergängen, waren ein Spektakel in den Nachrichten, eine Krise. Um das Auseinanderdriften der EU zu verhindern, hob Deutschland die Regeln auf und ließ die Migranten herein und durch; andere Länder folgten dem Beispiel, und jetzt waren die fünf Grenzen zwischen Athen und Berlin offen. Rund um die Welt zeigten die Medien, wie Massen von Menschen die offenen Grenzen überquerten, ein Beweis für das Unmögliche, eine Fanfare der ungehinderten Bewegungsfreiheit – für manche ein Traum, für andere ein Albtraum.

Niemand wusste, wie lang dieses Wunder anhalten würde. Jetzt gingen täglich Tausende Menschen von den kleinen Booten an Land. Am Ende kam eine Million nach Europa.

Und Omar und ich würden uns ihnen anschließen.

Die Entscheidung war im August gefallen, als ich nach einem Einsatz im Jemen nach Kabul zurückgekehrt war. Ich kannte Omar, seitdem ich beruflich in Afghanistan stationiert war. Er hatte schon immer vom Westen geträumt, doch seitdem der Bürgerkrieg immer heftiger tobte und Bomben seine Heimatstadt verwüsteten, wuchs seine Sehnsucht ins Unermessliche. Amerikanische Soldaten zogen aus Afghanistan ab, und auch mich zog es fort – nach sieben Jahren Berichterstattung aus Kabul war ich ausgebrannt –, aber ich konnte

Omar nicht zurücklassen. Auf dem Rückflug nach Kabul in jenem Sommer hatte ich immer wieder an meinen Freund denken müssen. Einen Plan hatte ich noch nicht, doch immerhin eine Idee, die allmählich Gestalt annahm. Omar und ich mussten reden.

WILLKOMMEN IM HAMID KARZAI INTERNATIONAL AIRPORT. An der Einreisekontrolle händigte ich meinen Reisepass aus und legte die Fingerspitzen auf den grün leuchtenden Scanner, ging weiter zum Gepäckförderband und holte meinen Koffer, zog ihn dann hinter mir her zur Sicherheitskontrolle, um ihn durchleuchten zu lassen. Der Polizist, der vor dem Monitor saß, suchte nach Waffen und Flaschen. In der Islamischen Republik Afghanistan ist Alkohol verboten, außer in den Botschaften und internationalen Organisationen, aber ausländische Besucher durften pro Person zwei kostbare Flaschen einführen. Ich hievte meinen Koffer auf das Förderband, stellte die Plastiktüte mit Scotch und Gin vom Duty-free-Shop in Istanbul daneben, ging zum anderen Ende des Bands und probte währenddessen im Geist meinen Text.

Meine Vorfahren stammen aus Japan und Europa, aber mit meinen Mandelaugen, dem schwarzen Haar, dem drahtigen Bart sehe ich tatsächlich befremdlich afghanisch aus. Daher gingen unweigerlich sämtliche Grenzwächter davon aus, dass ich Einheimischer mit *haram*-Schmuggelware sei und folglich ein lukrativer Fang, denn der beschlagnahmte Schnaps ließ sich auf dem Schwarzmarkt verkaufen. Im Lauf der Jahre war mein Persisch zwar besser geworden, die Grenzgespräche aber dadurch leider verfänglicher.

»Bruder, willst du mir weismachen, dass du kein Afghane bist?«
»Ich bin keiner«, sagte ich dann. »Schauen Sie sich meinen Namen an. Ich bin nicht mal Muslim – sorry.« Und ich sprintete mit dem Pass in der Hand zum Förderband, bevor sich der Polizist meine Flaschen schnappen konnte.

Draußen vor dem Terminal atmete ich tief die trockene Sommerluft ein. Ich hatte seit Sanaa nicht viel geschlafen, doch der Anblick ringsum ließ die Müdigkeit schlagartig weichen: in der Ferne die schneebedeckten Gipfel des Hindukusch, am Berghang die Slums, vor dem Tor der Humvee, den Geschützturm himmelwärts gerichtet. Auf dem Parkplatz erspähte ich einen goldenen Toyota Corolla und darin, mit aufgedrehtem Radio und offenem Fenster, rauchend, meinen Freund Omar. Er stieg aus und ging mir entgegen: größer als ich, breite Schultern und ebenso breites Grinsen. Als wir uns umarmten, stachen mich seine Bartstoppeln in die Wange, er roch nach Kölnischwasser und Rauch. Er entwand mir meinen Koffer und hievte ihn in den Kofferraum. Wir fädelten uns in den Kreisverkehr vor dem Flughafen ein, einen Strom aus Taxis, gepanzerten SUVs, Bussen, dazwischen schreiende Polizisten, an Scheiben klopfende Bettler, wandernde Händler, die Gestelle mit Telefonkarten und Zierrat fürs Armaturenbrett schwenkten. Wir krochen dahin, Omar leise fluchend, eine Hand am Steuer, in der anderen eine Pine, die er von Zeit zu Zeit zwischen den Lippen stecken ließ, um sich mit der Hand durch seinen dunklen Haarschopf zu fahren. Erst als wir draußen auf dem Flughafenzubringer waren und an den aneinandergereihten höhlenartigen Trauungssälen entlangfuhren, konnten wir durchatmen und uns auf den neuesten Stand bringen.

»Gut, dass du wieder da bist, *baradar*«, sagte er auf Dari. Er lächelte, ohne den Blick von der Straße zu wenden.

»Ich freu mich auch, Bruder«, sagte ich.

Er wusste, dass mein Mietvertrag auslief und ich zurückgekommen war, um das Haus zu räumen. Die halbe Stadt schien zu flüchten in diesem Sommer des *raftan, raftan* – weggehen, weggehen. Die Afghanen verloren den Glauben an eine hoffnungsvolle Zukunft ihres Landes. Der Mittelstand investierte seine Ersparnisse in Türkeiflüge und Einreisevisa; junge Männer stürmten Busse, die in die Wüste im Süden des Landes fuhren, wo der Iran beginnt. Auch Omars Familie strebte fort. Vier seiner Geschwister waren schon in Europa, und seine Mutter und eine Schwester bereiteten sich auf ihre Ausreise mit

Hilfe von Schleusern vor. Omar selbst hatte lange den Plan gehabt, nach Amerika auszuwandern, mit einem Special Immigrant Visa,[2] mit dem der US-Kongress seine loyalen afghanischen und irakischen Angestellten belohnte – Happy End für ein paar und Beruhigung des amerikanischen Gewissens. Omar wäre für das Programm infrage gekommen; er hatte als Dolmetscher für die Spezialkräfte im Gefecht gedient und bei USAID und Minenräumtrupps gearbeitet. Doch als er mir seinen Antrag zuschickte, sah ich sofort, dass es aussichtslos war. Er sollte alle möglichen Unterlagen einreichen, die er über die Jahre hätte sammeln sollen, aber nicht gesammelt hatte: Zeugnisse und Bestätigungen von Dienstvorgesetzten, Kopien seiner Arbeitsverträge mit der US-Regierung. Wie sollte er jetzt einen Green Beret Captain ausfindig machen, von dem er nur den Vornamen wusste? Oder Unterlagen von einem Minenräumunternehmen beschaffen, das es inzwischen gar nicht mehr gab? *Hallo mein lieber und guter Bruder,* mailte er mir, während ich außer Landes war. *Hoffentlich geht es dir gut und alles ist in Ordnung. Bitte wünsche mir viel Glück und finde die Chance, das US Visum zu bekommen und dorthin zu ziehen. Ich habe das Leben hier wirklich satt.*

Wir reichten alles ein, was wir hatten. Die Antwort ließ zwei Jahre auf sich warten. Dann hieß es: *Wir bedauern Ihnen mitteilen zu müssen, dass Ihr Ersuchen um Genehmigung des Chief of Mission (COM), einen Antrag für das SQ-Special-Immigrant-Visa (SIV)-Programm einzureichen, aus folgendem Grund / folgenden Gründen abgelehnt wurde: Fehlen ausreichender Dokumentation als Entscheidungsgrundlage …*

Nachdem sich sein amerikanischer Traum zerschlagen hatte, blieb Omar nur die Option, die seine Mutter und Schwester nutzen wollten: die Schleuserroute nach Europa, eine lange und gefährliche Reise über Gebirge und Meer. Das war der Moment, in dem meine Idee entstand. Wenn Omar sich tatsächlich auf diesen Weg machen wollte, würde ich ihn begleiten und darüber schreiben. Angesichts der Gefahr, unterwegs gekidnappt oder verhaftet zu werden, müsste ich mich als sein afghanischer Landsmann ausgeben, aber nach den vielen gefährlichen Einsätzen, die wir gemeinsam gemeistert hatten, hätte ich Omar mein Leben anvertraut. Auf diese Weise würde ich den Flüchtlingsuntergrund aus eigener Anschauung erleben. Und ich müsste meinen Freund nicht zurücklassen. Wir würden einander helfen. Und ich würde alle Kosten tragen.

Omar war erst einmal still, nachdem ich ihm, damals im August, vor meinem Haus im Auto sitzend alles auseinandergesetzt hatte. Er sah, dass es mir ernst war. Dann grinste er. »Natürlich können wir zusammen gehen.«

»Bist du sicher?«

»Ich bin sicher, Bruder.«

»Gut«, sagte ich. »Wann können wir aufbrechen?«

Er seufzte. »Noch nicht«, sagte er. Ich war davon ausgegangen, dass er jederzeit bereit wäre, aber so einfach war es dann doch nicht. Zuerst musste er seine Eltern außer Landes schaffen.

»Natürlich«, sagte ich.

Und es gab noch eine Person, die ihn hier in Kabul hielt: Laila. Sie war die Tochter seines Vermieters und wohnte zwei Häuser weiter. Seit einigen Jahren trafen sie einander heimlich, aber mir war nicht klar gewesen, wie ernst die Sache geworden war. Sie sei die Liebe seines Lebens, sagte er. Sie wollten heiraten. Aber sie stammte aus einer wohlhabenden Schia-Familie; Omar war Sunnit, und sein Besitz beschränkte sich auf den Corolla. Hätte er das Visum für Amerika bekommen, so hätte er ihrer Familie etwas anzubieten gehabt. Er hätte Laila legal mitnehmen können. Jetzt musste er zuerst in Europa Asyl erhalten und dann zurückkommen und sie holen. Aber ihr Vater konnte während seiner Abwesenheit auf die Idee kommen, sie anderweitig zu verheiraten; sie könne die Entscheidung des Patriarchen zwar hinauszögern, sich aber nicht widersetzen, hatte Laila gesagt.

Das war sein Dilemma: Um Laila zu gewinnen, musste Omar das Land verlassen und das Risiko eingehen, sie zu verlieren.

Nachdem ich ihm an jenem Augusttag mein Angebot gemacht hatte, stellten wir mein Gepäck im Haus ab und zogen wieder los, um einiges zu erledigen. Erst spät abends kamen wir zurück, und das Viertel war, wie immer, ohne Strom. Es gab zwar einen Generator, aber als wir vorfuhren, sah ich kein Licht hinter den oberen Fenstern über der Hofmauer und dachte, es sei niemand zu Hause, doch auf Omars Hupen hin tauchte unser alter *chowkidar* Turabaz auf, unser Wächter, und öffnete uns das knarzende Tor. Wir fuhren hinein, und die Hündin bellte wild und warf sich in ihre Kette.

Ich hatte während der Jahre, die ich als freier Journalist hier gelebt hatte, in mehreren Kabuler Häusern gewohnt, aber dieses war das erste, das ich zu meinem gemacht hatte. Ein paar Jahre zuvor war ich mit drei anderen Ausländern dort eingezogen. Wir renovierten, pflanzten Rosen im Garten, veranstalteten Partys, und dann verließen meine Freunde einer nach dem anderen das Land. Es folgten andere, immer flüchtigere Mitbewohner. Die meisten Ausländer, die nach Afghanistan kamen, blieben nicht lang. Für sie war es entweder ein Abenteuer, oder sie kamen, um Geld zu machen.

Ich stieg aus dem Auto und beleuchtete den ungepflegten gelben Rasen. Ich war monatelang fort gewesen. Der Schuppen, in dem wir mal Wodka destilliert hatten, war voller Müll. Jemand hatte, aus Sicherheitsgründen, ziemlich dilettantisch eine der Türen zur Straße vermauert. Und die Hündin, die bestenfalls wild war, hatte ein schmutzverfilztes Fell und flippte aus vor Begeisterung, als ich mich vor ihr niederkauerte. Sie leckte mir stürmisch die Hände. »Hat sich denn überhaupt niemand um sie gekümmert?«, fuhr ich Turabaz an.

Omar hockte neben unserem alten Gasgenerator. Wir hantierten daran herum, fluchten, aber er wollte nicht. Also gingen wir mit der Taschenlampe von einem Raum zum anderen, um die Einrichtung zu inspizieren. Ich wollte sie verkaufen und den Erlös Turabaz überlassen, weil er bald arbeitslos wäre. Allerdings hatten die Auswanderungswilligen mit ihren Haushaltsauflösungen längst die Kabuler

Secondhandmärkte überschwemmt. Omar, der uns beim Einzug geholfen hatte, wusste noch genau, wie viel wir für jedes Möbelstück (zu viel) bezahlt hatten.

»Dafür hast du hundert Dollar ausgegeben«, sagte er und ließ den Lichtstrahl über ein verstaubtes Pressspanregal wandern. »Jetzt ist es vielleicht noch fünf Dollar wert.«

Während Omar die Küche in Augenschein nahm, setzte ich mich im Wohnzimmer an einen Schreibtisch. Allmählich machte sich mein Jetlag bemerkbar. Wir hatten diesen Raum als Gemeinschaftsbüro genutzt, viele meiner Storys waren hier entstanden, im Winter beim Zischen eines Gasofens, im Sommer bei offener Gartentür. Die Flecken im Teppich waren bei der Düsternis kaum zu sehen. Mit der Fußspitze fuhr ich darüber – Rotwein. Wir hatten bei unseren Partys die Schreibtische zu einer Bar zusammengeschoben, die vom selbst gebrauten Punsch schnell klebrig wurde. Leute aus aller Welt hatten hier miteinander getanzt. Eine Zeit lang war dieses Land unser Zuhause gewesen. Jetzt zogen wir weiter, ließen es zurück wie eine zu eng gewordene Muschelschale.

Als Omar und ich mit der Inventur fertig waren, gingen wir mit der Hündin Gassi. Turabaz hatte sie Bād genannt, was das persische Wort für »Wind« ist. Hauptsächlich, meine ich, war sie ein Deutscher Schäferhund, und ich führte sie gern draußen vor, weil Hauseinbrüche zunehmend zum Problem wurden. Wenn ich mit ihr spazieren ging, schrien die Kinder auf der Straße beim Anblick ihrer dolchartigen Zähne *gorg*, Wolf. Sie war anhänglich, aber schwer erziehbar, weil sie als Welpe offensichtlich ein Trauma erlebt hatte. Beim geringsten Druck auf ihr Hinterteil begann sie knurrend dem eigenen Schwanz hinterherzujagen, und ich musste an Uroboros denken, die sich selbst verzehrende Schlange. Einer meiner längst ausgezogenen Mitbewohner hatte sie aus einer Laune heraus in meiner Abwesenheit zu uns geholt. Was aus ihr werden sollte, war noch völlig unklar.

Nachts waren die Straßen von Kabul menschenleer. Wir gingen hinüber nach Kolola Puschta, dem Doppelhügel – der eine ein Friedhof, der andere Sitz einer Festung hinter Lehmmauern, die im neunzehnten Jahrhundert von den Briten gebaut wurde und heute eine afghanische Militäreinheit beherbergt. Während Bād in der Gosse allerlei zu beschnüffeln hatte, marschierte Omar voraus, in sein Telefon flüsternd. Er ließ Laila wissen, was er mir auf der Autofahrt mitgeteilt hatte: Er habe sich entschlossen, das Land zu verlassen, Flüchtling zu werden, aber nicht ehe er und Laila verlobt wären. In der Gewissheit, dass er in Europa Asyl bekomme und seine Braut nachholen könne, werde er bei ihrem Vater um ihre Hand anhalten. Mich hatte er schon vorgewarnt, dass es dauern werde, den Patriarchen zu überzeugen. Es habe keine Eile, hatte ich geantwortet. Ich müsse ohnehin in die USA zurück, um einen Auftrag abzuschließen, hätte aber vor, im Oktober wiederzukommen; bis dahin sei Omar bestimmt so weit.

Der Weg schlängelte sich hügelaufwärts zwischen Grabmälern, schartigen Steinen mit Stöcken und daran befestigten Fetzen. Gegenüber zeichneten sich die Umrisse der Festung ab, eine schwarze Silhouette vor dem Licht der Straßenlampen. Aus dem Friedhofsdunkel drang ein trockenes Husten, gefolgt von einem Schwall Haschischgeruch. Ich packte Bāds Leine fester. Lass Omar versuchen, seine Liebste zu gewinnen, dachte ich. Wenn wir uns tatsächlich miteinander auf die Flucht begaben, brauchte auch ich noch Zeit; ich musste mich darauf vorbereiten, mich für einen Afghanen auszugeben, denn wenn wir erst unterwegs wären, gäbe es kein Zurück mehr – nicht, ohne meinen Freund im Stich zu lassen. Weil wir jederzeit durchsucht werden konnten, musste ich meine beiden Pässe zurücklassen, den amerikanischen und den kanadischen, mit denen ich mich jetzt so mühelos in dieser Welt vieler Grenzen bewegen konnte. Und es waren nicht nur Grenzübergänge und Zäune, die unsere Bewegungsfreiheit einschränkten, es gab auch Gesetze und Überwachungsnetze und weitere, unsichtbare Grenzen des Eigeninteresses – die Gleise, in denen unsere Leben liefen, die Scheuklappen unserer Phantasie. *Die Mauer ist auch in jedem von uns*, hat John Berger geschrieben.[3]

Auf dem Hügel war eine von Bäumen umsäumte leere Fläche. Von dort blickte ich hinaus nach Norden, wo ich klar und scharf bis hinter Qasaba sehen konnte, wo die Armenviertel die steilen Hügel rings um die Hauptstadt hinaufkrochen. Der Strom war wieder da; viele der primitiven Hütten sind heute ans Netz angeschlossen. Omar, der sein Telefongespräch beendet hatte, kam zu mir herüber.

»Als wir zum ersten Mal hier waren, gab es kein Licht«, sagte er.

Wie so viele Afghanen seiner Generation war Omar als Flüchtling im Iran und in Pakistan aufgewachsen. 2002 war seine Familie aus dem Exil in die schwer angeschlagene afghanische Hauptstadt zurückgekehrt. Schutt türmte sich entlang der Straßen, und die Granateneinschläge in den Häuserfassaden waren mit zerschlissenen Fetzen verhängt. Aber die Menschen hatten Hoffnung. Kabul wuchs sprunghaft, in Schwallen von Beton schossen Einkaufszentren und neonfarben leuchtende Tankstellen aus dem Boden, doch das Friedensversprechen war eine Lüge. Der Krieg, der draußen auf dem Land tobte, kam der Hauptstadt näher. Die Taliban rückten heran. Aber nachts sah man nichts von den zerschossenen Mauern unter Stacheldrahtrollen, auch nichts von den ungeteerten Straßen, wo die Witwen von Tagesanbruch an bettelten. Die Stadt, die vor uns lag, war ein Lichtermeer.

»Wunderschön«, sagte ich.

»Das stimmt. Und wenn Gott will, wird es eines Tages besser.«

»Aber du bist bereit zu gehen?«

Er drehte sich zu mir, und ich sah, wie müde er war.

»Für mich gibt es hier keine Zukunft. Du hast einen guten Job, du hast Papiere, du kannst reisen, wohin du willst.« Er blickte auf seine Stadt hinaus. »Das Einzige, was ich habe, ist mein Glück.«

2

Kurze Zeit danach flog ich nach New York, und als ich drei Monate später, Ende Oktober, mit dem fast leeren Flugzeug aus Istanbul zurückkam, war die Gepäckausgabe in Kabul umdrängt von Männern in weißen Gewändern, die ihre aus Mekka mitgebrachten Behälter mit heiligem Zemzem-Wasser vom Förderband luden. Der Hadsch des Jahres 2015 war ein Desaster gewesen, über zweitausend Menschen waren bei einer Massenpanik umgekommen, weitere hundert durch einen umgestürzten Baukran der Saudi Binladin Group.

Ich brachte meinen Schnaps sicher durch den Scanner und machte mich auf die Suche nach Omar, der mich auf dem Parkplatz erwartete. Die Wachleute im Flughafen wirkten nervös; ein paar Wochen zuvor hatten die Taliban die Stadt Kunduz nahe der tadschikischen Grenze eingenommen. Die Verteidigung der Regierungstruppen war unter dem unerwarteten Angriff rasch zusammengebrochen, und zum ersten Mal seit 2001 hissten die Taliban wieder ihre weißen Fahnen in einer Provinzhauptstadt. Ein Strom heimatlos gewordener Menschen machte sich Richtung Süden auf den Weg nach Kabul und verbreitete Panik entlang der Strecke. Nach dem Fall von Kunduz nahm der Exodus aus Afghanistan, der seit der Grenzöffnung nach Europa in diesem Herbst ohnehin hysterische Züge hatte, noch einmal Fahrt auf.

Auf dem Weg vom Flughafen in die Stadt wollte ich Omar von dem sogenannten humanitären Korridor für Geflüchtete durch den Balkan berichten, aber er wusste schon alles aus den Nachrichten. Ein Wunder hatte uns den Weg freigemacht, dennoch hatte er, wie er mir gestand, weder Lailas Familie seinen Antrag gemacht noch die Ausreise seiner Eltern in die Wege geleitet. Es sei kompliziert, sagte er; er brauche mehr Zeit. Schon okay, sagte ich, denn ich wollte noch eine letzte Story in Afghanistan mit ihm machen. Bei der Einnahme von Kunduz hatte sich ein schockierender Zwischenfall ereignet:[4] Ein Team der amerikanischen Spezialkräfte, die an der Seite afghanischer Truppen versuchten, Kunduz zurückzuerobern, hatte eine Klinik der Ärzte ohne Grenzen bombardiert und zweiundvierzig Menschen getötet. Das Militär bezeichnete den Luftangriff als tragischen Unfall, aber ich wusste, dass die lokalen Behörden dieses Krankenhaus schon lange im Visier hatten, weil dort verwundete Aufständische behandelt wurden. Ich wollte der Sache nachgehen und brauchte Omar als Fahrer. Wir würden, so mein Plan, gemeinsam nach Kunduz fahren, und während ich meinen Artikel schrieb, würde er seine Angelegenheiten mit Laila klären. Wir mussten nichts überstürzen. Ich war zuversichtlich, dass wir Afghanistan in jedem Fall gemeinsam verlassen würden. Und mit unserer Flucht würde sich ein Kreis schließen, denn seitdem wir uns kannten, meinte ich eine Parallelität im Verlauf unseres jeweiligen Lebens zu erkennen.

Mit Omar hatte ich seit meiner ersten Magazinstory über Afghanistan, sechseinhalb Jahre zuvor, zusammengearbeitet. Das war im Frühjahr 2009, ich war vierundzwanzig und von *Harper's Magazine* beauftragt, einen Artikel über Oberst Abdul Raziq zu schreiben, einen Kommandeur der Grenzpolizei, der ein wichtiger Verbündeter des US-Militärs war, aber auch, Gerüchten zufolge, mit Drogenhändlern im Bund stand.[5] Ich wollte in Raziqs Provinz Kandahar reisen, wo die Taliban ihren Stützpunkt hatten, aber die Zeitschrift konnte sich keinen der etablierten Mittler aus der Hauptstadt leisten, die für einen Trip in den gefährlichen Süden – falls sie überhaupt dazu bereit waren – Hunderte Dollar am Tag berechneten.

Ich wohnte im Mustafa Hotel in der Kabuler Innenstadt, und als ich Abdullah, dem schwermütigen Geschäftsführer, meine Zwangslage darlegte, wusste er gleich den richtigen Mann für mich, einen ehemaligen Militärdolmetscher, der sich ebenfalls erste Sporen im Journalismus verdiente. So kam es, dass eines Tages, als ich die Lobby betrat, ein junger Mann meines Alters auf mich wartete: Omar. Er sprang sofort auf und nahm meine Hand zwischen seine rauen Handflächen: »Schön, dich zu sehen, Bruder«, sagte er. »Klar fahr ich mit dir nach Kandahar, kein Problem.«

Es war Mittag, und er fragte, ob ich hungrig sei. Wir traten auf die abgesperrte Straße hinaus, die sich das Mustafa mit der indischen Botschaft teilte, ein Ort, an dem Besucher zwar vor Entführungen sicher waren, aber nicht vor gelegentlichen Autobomben. Omars Corolla stand ganz in der Nähe. Es war eine kurze Fahrt zum Restaurant, doch ein langsames Dahinkriechen im dichten Verkehr auf tief gefurchten, staubigen Straßen entlang des Schahr-e-Nou-Parks.

»Kandahar ist im Arsch«, sagte Omar. Sein nahezu fließendes Englisch war gespickt mit den Kraftausdrücken, die er von den Soldaten gelernt hatte. »Ich war mit den Koalitionstruppen dort.« Während der vergangenen Jahre hatte er im Süden des Landes auf Vertragsbasis für die Amerikaner, Kanadier und Briten gearbeitet, war die gefährlichen Patrouillen und das öde Leben auf dem Stützpunkt aber zunehmend leid und wollte in eigener Regie in Kabul, wo es damals von Ausländern wimmelte, als Ortskraft arbeiten.

Der Krieg gegen den Terror begleitete Omars Leben, seitdem er erwachsen war; wie bei mir. Er war im Exil aufgewachsen, und als er kurz nach dem Einmarsch der Amerikaner mit seiner Familie nach Afghanistan zurückkehrte, freute er sich auf die verheißene neue Zeit, eine Ära des Friedens und Wiederaufbaus. Doch das Land lag in Trümmern, und Jobs gab es so gut wie nicht. Und weil ihm zu Ohren gekommen war, dass die ausländischen Truppen für die gefährliche Arbeit unten in Kandahar gut zahlten, stieg er 2006 in den Bus, ohne seiner Mutter zu sagen, wohin er wollte.

Paschto, die Sprache des Südens, konnte er kaum, aber Englisch sprechende Einheimische wurden händeringend gesucht, und daher engagierte ihn auf der Stelle eines der Unternehmen, die den Ausländern Dolmetscher zur Verfügung stellten. Omars erster Einsatz war bei den Kanadiern; sein Einstiegsgehalt betrug sechshundert Dollar im Monat, sechsmal so viel, wie ein gewöhnlicher afghanischer Soldat verdiente.[6] Er und die anderen Dolmetscher lebten auf dem riesigen Stützpunkt, der neben dem Flughafen aus dem Boden gestampft worden war, hinter Wällen aus erdgefüllten Schanzkörben und Stacheldrahtverhau, in einem Gitternetz aus Wohncontainern zwischen staubigen Kiesflächen, die das grelle Sonnenlicht reflektierten. Gewaltige Panzerfahrzeuge, ohrenbetäubender Lärm der landenden Jets, Generatoren, die Tag und Nacht Benzin fraßen, um klimatisierte Zelte mit Strom zu versorgen, ungezählte Paletten mit Getränkekisten und gefrorenen Steaks, die glöckchengeschmückte Lastwagen von pakistanischen Häfen herbeischafften – Omar war überwältigt.

Seit früher Kindheit hatte er Menschen aus dem Westen im Fernsehen gesehen, aber hier begegnete er ihnen zum ersten Mal aus der Nähe. Wie die anderen *Terps*, die Dolmetscher, übernahm er ihr vertrauenswürdiges Image, indem er sich den Soldatenslang, die glatt rasierten Wangen, die Sonnenbrillen aneignete, ihren Respekt vor Regeln und ihre Einstellung gegenüber den *Bad Guys*. Das fiel ihm ganz leicht, denn er mochte die Kanadier. Er wusste, dass sie aus einem Land der Fülle kamen, aber sie erschienen ihm noch viel großzügiger und ehrlicher als die Menschen, zwischen denen er als Flüchtling im Iran und in Pakistan aufgewachsen war, wo materielle Not und Angst selbst Freunde und Verwandte gegeneinander aufbrachte. Die *Canucks* teilten ihre stummeligen Zigaretten mit ihm und schenkten ihm Winterjacken und Stiefel aus synthetischen

Materialien, mit denen er nie zuvor in Berührung gekommen war. »Ihre Augen waren voll«, wie die persische Redewendung besagt. Die Ausländer sagten, sie seien gekommen, um den Terrorismus zu bekämpfen und seinem Land zu helfen. Omar glaubte ihnen. Doch in den ländlichen Gegenden rings um die Stadt waren die Taliban auf dem Vormarsch. Vom Hubschrauber aus sah das Pandschwai-Tal im Vergleich mit der Wüste saftig grün aus, und entlang der schlammfarbenen Kanäle wuchsen Maulbeerbäume. Granatapfelgärten reihten sich aneinander, auf jeder Parzelle gab es hinter den Erdwällen, die sie einfassten, eine Kuh und ein paar Schafe und einen Wachhund, und bestellt wurde das Land von Subsistenzbauern, vorwiegend Pächtern. Die unter Helm und Panzerweste schwitzenden Kanadier marschierten Dämme entlang, in deren weichem Boden sich auch Kanister mit selbst gebasteltem Sprengstoff verbergen konnten, *Beinlotterie* nannten sie das. Die Hunde mussten sie manchmal erschießen, wenn sie in diesen kleinen Siedlungen Razzien durchführten, Blechkisten und Bettzeug durchsuchten und im Innenhof mit Bajonetten und Metalldetektoren in den Boden stachen. Die Bewohner standen daneben, Frauen und Kinder leise weinend, die halbwüchsigen Söhne mit verdächtig weichen Händen und mürrischen Mienen, die alten Männern mit demselben argwöhnischen Blick, mit dem sie zuvor die Sowjets beäugt hatten.

Bei Tag patrouillierte die kanadische Infanterie in Truppenstärke, begleitet von afghanischer Armee und Polizei, die Nacht aber gehörte den Aufständischen und den Ausländern, die sie jagten, bärtigen Männern, die Omar manchmal mit Gefangenen sah, denen die Augen verbunden waren – eines der Dinge, nach denen er, das wusste er, nicht fragen durfte. Die Taliban nahmen ebenfalls Gefangene, die von mobilen Schariagerichten verurteilt wurden; gegen Kollaborateure wie Omar verhängten sie das Todesurteil. Drei seiner Dolmetscherkollegen wurden draußen vor der Stadt erschossen, weitere fünf kamen ums Leben, als ihr Bus auf dem Weg zum Stützpunkt von einer Bombe getroffen wurde.[7] Omars Mutter flehte ihn an zu kündigen, aber er brauchte das Geld und kehrte immer wieder nach Kandahar und Helmand zurück, um eine Zeit lang für die Royal Marines oder für die Green Berets zu arbeiten. Die Terps erhielten keine Gefechtsausbildung und waren dennoch Teil des Kriegs. Kurz nachdem er angefangen hatte, erlebte er seine ersten Kampfhandlungen, als die Kanadier eine Offensive im Tal westlich der Stadt Kandahar führten.[8] Sein Zug wurde losgeschickt, um ein paar Erdwälle inmitten von Weingärten zu verteidigen. In seiner zweiten Nacht, die Omar frierend in einem Panzerfahrzeug verbrachte, holte ein Soldat ihn heraus und reichte ihm ein Gewehr.

»Kannst du damit umgehen?«, fragte der Kanadier. Er klang beunruhigt. »Es sind jede Menge Bad Guys unterwegs.«

Omar umfasste das kalte Plastik des C7. Im Iran hatten er und seine Klassenkameraden für den Fall eines amerikanischen Einmarsches gelernt, mit Kalaschnikows zu schießen. Dieses neue Sturmgewehr unterschied sich nicht sehr davon.

Sie postierten ihn mit dem übrigen Zug, etwas mehr als dreißig Männern und einer Sanitäterin, im Umkreis. Dort draußen in der Nacht war eine unbekannte Zahl Taliban, die sich sammelten, um diesen isolierten Stützpunkt zu überrennen. Omar duckte sich hinter einen Erdwall. Jemand schrie, die Aufständischen versuchten von der Seite anzugreifen, und sofort begann die Schießerei, ein ohrenbetäubendes Inferno aus hereinkommenden Gewehrsalven und kanadischer Erwiderung, die Fünfundzwanzig-Millimeter-Einschläge im Fahrzeugblech krachend wie Pfahlrammen.

Omar feuerte in die Dunkelheit, bis das Magazin leer war. Seine Ohren dröhnten, und er schmeckte Schießpulver. Endlich hörten sie das lang gezogene Donnern der herannahenden Jets. Ein Bombeneinschlag erhellte die Nacht und beleuchtete die Gesichter ringsum. Im Morgengrauen rückten die kanadischen Panzer an und ließen die Erde erbeben. Als das Gefecht vorbei war, rückte der Zug aus und fand die Leichen in den Weingärten und zerschossenen Bauernhäusern, junge Männer mit blutgetränkten Gewändern und Patronengurten. Seine Landsleute.

Es fällt mir schwer, mich an Omar als den Fremden zu erinnern, der er an jenem Tag im Frühling 2009 war, als wir uns zum ersten Mal trafen und er mir beim Mittagessen von seiner Zeit in Kandahar erzählte. Deutlich in Erinnerung ist mir hingegen, wie üppig grün der Restaurantgarten war, in dem wir saßen und Hammelspieße aßen. Omar wollte wissen, ob ich zum ersten Mal in Afghanistan sei. Im vergangenen Herbst sei ich schon einmal hier gewesen, sagte ich, als Rucksackreisender durch Zentralasien.

Nach dem Collegeabschluss 2006 war ich wieder zu meinen Eltern nach Nova Scotia gezogen. Ich wollte Schriftsteller werden und dachte, ich fände draußen in der Welt das Material, das ich in meinem Inneren nicht fand. Nach zwei Jahren Jobben hatte ich genug Geld für ein Flugticket nach Paris im Frühjahr 2008. Von dort trampte ich in den Balkan, kopierte Straßenkarten in mein Notizbuch und schrieb Städtenamen dazu, in Blockbuchstaben, damit ich vom Straßenrand den Vorbeifahrenden aufgeschlagene Seiten hinhalten konnte: TRENTO, LJUBLJANA, NOVI SAD. Den Sommer verbrachte ich in Kroatien, schwamm in trüben Flüssen und trank Slibowitz mit einer Gruppe Punks, die mich auf einem Musikfestival aufgelesen hatten. Ich schlief auf Sofas und sagte zu allem ja, was mir begegnete. Als der Herbst kam, beschloss ich, über Land nach Indien zu reisen, und legte mir eine Route durch Zentralasien zurecht, was bedeutete, dass ich entweder durch Turkmenistan oder durch Afghanistan musste. In Taschkent stellte sich heraus, dass ein afghanisches Visum leichter zu kriegen war, und so kam es, dass ich im Oktober die Freundschaftsbrücke, über die zwei Jahrzehnte früher die letzten sowjetischen Panzer abgezogen waren, Richtung Süden überquerte.

Darunter floss breit und schlammig der Amudarja dahin. Etwa auf der Mitte der Brücke hielt neben mir ein Fahrer, ein Händler auf dem Rückweg nach Mazar-e Scharif, wohin auch ich unterwegs war. In Nordafghanistan wird hauptsächlich Dari gesprochen, ein persischer Dialekt, und ich probierte gleich das erste Dutzend Wörter aus meinem mitgebrachten Sprachführer aus.

Die Straße führte an endlosen grauen Dünen entlang. Hin und wieder tauchten in der Ferne Zeltlager und Kamelherden aus dem Dunst auf und verschwanden wieder. Als wir die Dörfer im Umkreis von Mazar erreichten, starrte ich durchs Fenster auf die Lehmhäuser, auf die Männer mit langem Bart und Turban. In den ehemals sowjetischen Betonstädten, durch die ich zuletzt gekommen war, hatten die Leute Wodka trinkend in den Cafés gesessen, auch im Ramadan. Besonders überrascht war ich vom Anblick der Frauen in bodenlanger Komplettverhüllung: War die Burka nicht zusammen mit den Taliban überwunden?

Herzstück von Mazar ist die Blaue Moschee, deren Tore und prächtige Kuppeln mit Tausenden türkisfarbenen Kacheln verkleidet sind. Der Legende zufolge soll hier Mohammeds Schwiegersohn Ali begraben sein. Ich fand ein Hotel an der Südseite des Platzes, das Aamo hieß. Es war ein dreistöckiges heruntergekommenes Gebäude, Absteige für Fernfahrer und Pilger, die Flure übersät mit Teeblättern und Zigarettenkippen. Für zehn Dollar bekam ich ein eigenes Zimmer mit vier zerschlissenen Betten und Blick auf die Blaue Moschee. In dieser Nacht saß ich am Fenster und versuchte alles zu erfassen: Der Platz war zwar neonfarben beleuchtet wie ein Casino in Las Vegas, blinkende Palmen inklusive, aber vollkommen menschenleer, und es beschlich mich eine gewisse Melancholie bei dem Gedanken an die bittere Armut, die ich an diesem Tag zum ersten Mal gesehen hatte, an die Kleinkinder, die aus dem Abwasser Lumpen fischten.

Für die Gruppe junger Männer, die im Hotel arbeiteten, war meine Ankunft Quell der Unterhaltung. Einer war Dschawed, der seine hennagefärbte Hand in die meine legte, als wir auf Socken den marmornen Innenhof der Moschee durchquerten. Kamran, der Durchtrainierte, ging mit mir Eis und Pommes frites essen und kniff mich ins Handgelenk, nachdem er auf einem Wettkampf im Armdrücken mit mir bestanden hatte. Ibrahim mit seinen Haselnussaugen und seinem Bürstenbart sprach am besten Englisch von allen und war der Empfangschef. »Kennst du Brian Tracy? Ich denke, er ist sehr berühmt in deinem Land«, sagte er. Dessen Selbsthilferatgeber mit dem Titel *Eat that Frog* beschäftigte Ibrahim zu der Zeit. »Da lernst du, keine Zeit zu vergeuden.« In seiner Freizeit studierte er Betriebswirtschaft und Computerprogramme und wollte von mir wissen, wie er es anstellte, nach Kanada auszuwandern. Ich hatte keine Ahnung. Ging das überhaupt? Ibrahim wusste schon, wie: Er sparte, um einen Schleuser bezahlen zu können. *Es ist ganz simpel,* schrieb ich später in mein Tagebuch. *Ich komme aus einem Land, in das sie reisen wollen, aber nicht können. Mich würde es wahnsinnig machen, aber für sie ist es einfach Fakt.*

Zu Hause hatte ich, selbst als Kellner im Restaurant oder ungelernter Bauarbeiter, an einem oder zwei Tagen mehr verdient als sie in einem Monat. Es war eine tiefe Kluft zwischen uns, aber ich dachte, wir könnten sie überbrücken, indem wir einander als Menschen begegneten. Trotz der vielen kulturellen Unterschiede zwischen uns fühlte ich mich wohl in ihrer Gesellschaft. Die Nähe, die sie zu mir herstellten, war etwas völlig anderes als die Art von männlichem Körperkontakt, mit der ich aufgewachsen war, betrunkenes Gerangel und raubtierhaftes Geplänkel – hier waren Frauen kaum Thema, an öffentlichen Orten wie dem *tschajkhane,* dem Teehaus, waren sie unsichtbar. Die afghanischen Männer zeigten einander ihre Zuneigung ganz unverstellt – als gönnten sie sich extra viel Geselligkeit und Gemeinschaft, nachdem sie die Frauen ausgeschlossen hatten. Die Jungs gingen mit mir zum Basar und berieten mich beim Kauf der traditionellen Kleidung afghanischer Männer, *pirān wa tunbān*, der knielangen Tunika mit Pluderhose. Als ich in meinem Zimmer die Hose auspackte, musste ich schallend lachen, weil wir uns ganz offensichtlich total in der Größe geirrt hatten: Der Hosenbund war etwa so weit wie meine ausgestreckten Arme. Aber es stimmte schon, Dschawed zeigte mir, wie es geht: Man schnürt die Hose in der Taille mit einer Kordel zusammen und lässt diesen ganzen Stoff sich um einen bauschen. Die Jungs waren hell begeistert, als ich in afghanischer Tracht herunterkam. Aus einem schwarz-weiß gemusterten Tuch wickelten sie einen Turban, den sie mir um die Stirn banden, und waren baff, wie afghanisch ich aussah.

Mit meinem schwarzen Haar und den asiatischen Augen hatte ich irgendwo über dem Atlantik eine Farbgrenze überschritten. In Europa gehöre ich nicht mehr zu den Weißen; in England wurde ich *Paki* genannt, in Frankreich war ich *arabe*. In Zentralasien aber kam es mir vor, als ginge ich einem Spiegel entgegen, und in Nordafghanistan mit seinem hazarisch-tadschikisch-usbekischen Völkergemisch hatte ich meinen Phänotyp gefunden. Die Leute sahen ihr Gesicht in meinem.

Im Teehaus machten sich die Jungs einen Spaß daraus, einen vorbeikommenden Freund zu sich zu rufen und ihn raten zu lassen, aus welcher Provinz ich käme; mir hatten sie Schweigen auferlegt. »Er ist Ausländer!«, riefen sie schließlich. »Aber warum sieht er so afghanisch aus?«, fragte der Freund verblüfft.

In stockendem Dari erklärte ich, dass mein Vater europäisch-stämmiger Kanadier sei und meine Mutter zwar in Amerika geboren, ihre Großeltern aber seien Asiaten gewesen. »Japan ist hier, Kanada dort«, sagte ich, hielt zwei Finger mit Abstand nebeneinander, legte sie dann zusammen und grinste. »Und Afghanistan dazwischen.«

Von Mazar nahm ich den Bus nach Kabul, wo ich im Mustafa eincheckte, einem klotzigen Hochhaus aus den sechziger Jahren, das seinerzeit eine beliebte Anlaufstelle entlang des Hippie-Trails gewesen war. Zu Taliban-Zeiten hatte sich das Mustafa in einen gedeckten Basar verwandelt, und nach dem Einmarsch der USA war es eines der ersten wiedereröffneten Hotels, und wer sich das Intercontinental nicht leisten konnte, wohnte hier. Als ich herkam, Ende 2008, hätte es etliche feinere Lösungen gegeben, aber mit zwanzig Dollar pro Nacht war das Mustafa unter den für Ausländer sicheren Unterkünften die billigste. Die Klientel setzte sich zusammen aus der untersten Stufe der Expats, unverwendbaren Ortskräften, freischaffenden Humanitären und Möchtegernschriftstellern wie mir. An der rosafarbenen Onyxbar lernte ich einen wettergegerbten Glücksritter kennen, der sich als Rhodesier bezeichnete. Ein anderer Gast, ein traurig dreinblickender Schweizer Korrespondent, hatte die letzten zehn Jahre damit zugebracht, gegen seine Heroinsucht anzukämpfen. Wir saßen in der Lounge, horchten auf das Heulen der Straßenhunde, und als alle im Bett waren, zog er seine Pfeife hervor und zeigte mir, wie man eine Kugel Opium zum Schmelzen bringt und den duftenden Dampf inhaliert, der sich durch meine Gliedmaßen breitete und mich durch Flure verspiegelter Basarstände in mein Bett schweben ließ.

Mein einmonatiges Touristenvisum näherte sich seinem Verfallsdatum, ich wollte als Nächstes in den Iran, hatte mir aber sagen lassen, dass die Hauptroute, die Fernstraße A01, die nach Süden durch Kandahar bis zur Grenze führt, zu gefährlich sei, man könne dort leicht von Taliban entführt werden. Fliegen wiederum war nur etwas für Touristen. Es gab eine wenig benutzte Route über den Hauptkamm des Hindukusch; man musste jedoch lokale Transportmittel nutzen und übernachtete in Teehäusern entlang der Strecke, die zugleich als Herberge dienten. Seit Mazar hatte ich mich, wenn ich mich nicht ganz sicher fühlte, als Kasache ausgegeben; von nun an, beschloss ich, wäre ich Wanderarbeiter auf Arbeitssuche im Iran.[9]

Mir war nicht wohl bei dieser Lüge, aber dann saß ich in Bamiyan im Kleinbus, und es gab kein Zurück mehr. Tagelang fuhren wir Schotterstraßen aufwärts bis über die Schneegrenze. Dies war das Dach der Welt, Gebirgsketten reihten sich aneinander bis nach Tibet hinein, und das Panorama war wie ein Traum, den ich nicht deuten konnte. Immer wieder unterliefen mir Patzer, mit denen ich Blicke auf mich zog, wie Pinkeln im Stehen statt in der Hocke oder Beten nach schiitischer Art, obwohl ich behauptet hatte, ich sei Sunnit. Aber so sonderbar ich meinen Mitreisenden als kasachischer Migrant erschienen sein mochte – die Wahrheit war noch viel bizarrer, und die erriet niemand. Die Leute waren ohnehin argwöhnisch gegeneinander, verschwiegen, woher sie kamen und wohin sie wollten, denn auf einer von Banditen und Aufständischen bedrohten Straße konnte immer alles Mögliche passieren. Abends, wenn wir uns einer neben dem anderen auf dem Fußboden eines Teehauses zum Schlafen niederlegten, wurde flüsternd von den Enthauptungen und Entführungen in jüngster Zeit erzählt. Der Tod hatte mich immer fasziniert, wie es ja vielen behütet aufgewachsenen jungen Leuten geht – jetzt war er auf einmal nah, überall ringsum.

Eine Woche nach meinem Aufbruch in Kabul holperte der Kleinbus ein Flusstal hinunter, und dann waren wir in der Grenzstadt Herat. Erleichtert, dass ich lebendig angekommen war, gönnte ich mir den Luxus eines Hotels mit heißem Wasser. Von der Dusche blickte ich durch die offene Tür zum Fernseher in der Ecke des Zimmers. In den USA lag das Wahlergebnis vor, Barack Obama war der neue Präsident und hielt in Chicago seine Siegesrede. Ich drehte die Lautstärke auf, bis seine Stimme das Rauschen des Wassers übertönte:

Denen, die heute Abend aus dem Ausland zusehen, in Parlamenten und Palästen, denen, die sich in den vergessenen Winkeln der Erde um ein Radio versammelt haben, möchte ich sagen, dass unsere Geschichten einzigartig sind, unser Schicksal aber ein gemeinsames ist und der Beginn einer neuen amerikanischen Führungsrolle bevorsteht.[10]

Ich schloss die Augen und ließ mir das Wasser über das Gesicht laufen.

Ein halbes Jahr später, bei dem Mittagessen mit Omar und unserem ersten Kennenlernen, kam ich zu meinem geschäftlichen Anliegen. »Weißt du, wer Abdul Raziq ist?«, fragte ich. Natürlich wusste er das. Raziq war noch keine landesweite Berühmtheit, aber wer in Kandahar zu tun gehabt hatte, kannte den jungenhaften, skrupellosen, dreißigjährigen Beherrscher von Spin Boldak, dem Hauptgrenzübergang nach Pakistan im Süden. Schon damals Oberst bei der Grenzpolizei, war Raziq gefürchtet und bewundert wegen seiner kompromisslosen Haltung gegenüber den Taliban, aber es wurde ihm auch nachgesagt, er handle mit Opium und ermorde seine Stammesgegner. Recherchen über ihn anzustellen konnte riskant sein. Und noch etwas musste ich Omar sagen: Ich war schon einmal in Spin Boldak gewesen, mit Raziqs Männern, quasi undercover.

Im vergangenen Herbst, nach meiner Fahrt über Land nach Herat, hatte ich mit meinem kanadischen Pass die Grenze zum Iran passiert und war dort ein paar Monate herumgereist. Ich hatte zu den Vergnügungen des Rucksacktouristen zurückgefunden, hatte das nahezu menschenleere Persepolis besucht, war zu Weihnachten in der Straße von Hormuz geschwommen, und der Krieg in Afghanistan war in weite Ferne gerückt. Ich überlegte, mich an der Graduiertenschule einzuschreiben, für Journalismus vielleicht, und war immer noch der Meinung, das Ziel meiner Reise liege in Indien. Um auf dem Landweg dorthin zu gelangen, musste ich über die Grenzstadt Quetta nach Pakistan, und Quetta war eine gefährliche Gegend – ein Amerikaner, der für die UN arbeitete, wurde etwa um diese Zeit dort entführt. Frisch aus dem Iran eingereist, ging ich in Quetta eine Straße entlang, wo ich mich in meinen westlichen Klamotten fühlte wie ein bunter Hund. Unversehens hielt neben mir ein Luxus-SUV. Eine getönte Scheibe wurde heruntergelassen, und zwei junge Männer mit orientalischen Gewändern und zotteligem Haarschnitt winkten mich zu sich.

»Bist du Tourist?«, fragte der eine auf Englisch, lächelnd. Er lud mich ein, mit ihnen zu essen. Ich zögerte, aber irgendwie schien mir gerade ihre unverhohlene Neugier ein Beweis, dass sie nicht die Absicht hatten, mich zu kidnappen. Ich stieg ein, und der weitere Verlauf war, dass wir die ganze darauffolgende Woche zusammenblieben, Hasch rauchten und Kanonen abfeuerten. Sie weihten mich in Geheimnisse ein, erzählten von heimlichen Geliebten, von denen ihre Familien nichts wissen durften, und da sie sich in der Unterwelt von Quetta auskannten, zeigten mir meine zwei Freunde das Krankenhaus, in dem verwundete Taliban behandelt wurden. Pakistan galt als Verbündeter der USA, aber das Militär trieb ein doppeltes Spiel und unterstützte gleichzeitig den Aufstand in Afghanistan. Quetta brodelte von Schattenkriegen: von Sektenanhängern, die Schiiten umbrachten, belutschischen Separatisten, die gegen die Regierung vorgingen, von Mafia- und Stammesvendetten.

Meine Gastgeber waren Sprösslinge lokaler Paschtunenclans, die tief ins Schmugglergeschäft verstrickt waren. Vor rund hundert Jahren hatten die Briten mitten durch ihre ausgedehnten Familien eine Grenzlinie gezogen, und jetzt waren ein Teil der Verwandtschaft Taliban; ein Onkel war der stellvertretende Polizeichef von Quetta. Meine neuen Freunde waren stolz auf ihren Erfolg; sie schickten jeden Monat zwei Tonnen Opium von Afghanistan in den Iran und machten jedes Mal eine runde Viertelmillion Dollar Gewinn. Geliefert wurde die Fracht von einem Konvoi schwer bewaffneter Land Cruiser, der durch das steinige Ödland im Schnittpunkt der drei Länder jagte. Die iranischen Grenzposten seien gefährlich und müssten gemieden werden, die Pakistaner hingegen nähmen sehr gern Schmiergelder an, sagten sie. Aber die Afghanistan-Connection sei die allerwichtigste.

»Wer ist das?«, fragte ich.

»Big Boss. Abdul Raziq.«

Ich hatte ihnen gesagt, ich sei Schriftsteller, meine journalistischen Ambitionen hatte ich verschwiegen. Als die beiden mir erklärten, Raziq werde vom amerikanischen Militär unterstützt, roch ich sofort eine Story. Meine Gastgeber hatten ein Tigerjunges als Geschenk für Raziq gekauft, und ich fragte, ob sie mich mitnähmen, wenn sie das nächste Mal nach Spin Boldak fuhren. Sie waren einverstanden; keine Ahnung, warum – einen anderen Grund als Sympathie und Langeweile kann ich mir nicht vorstellen. Sie vertrauten mir wie ich ihnen. Sie kannten die Grenzpolizisten; über Spin Boldak war es leicht, in Afghanistan einzureisen, ohne meinen Pass vorzeigen zu müssen. Wir durchquerten die Mohnfelder rings um die Stadt; der afghanische Mohnanbau deckte praktisch den gesamten weltweiten Bedarf an illegalem Opium.[11] Die Lage an der Grenze generierte Gewinn; in Spin Boldak gab es eine Barackenstadt aus Schiffscontainern, in denen gehandelt und gewohnt wurde; im Schweiß ihres Angesichts luden junge und ältere Männer dort gebrauchte Mikrowellenherde, Gitarren, DVD-Spieler, Fahrräder, Propangasbrenner, motorisierte Rollstühle, Generatoren, Kinderspielsachen aus – und Autos, massenhaft gebrauchte Autos. Die meisten dieser Waren wurden günstig nach Afghanistan importiert und anschließend nach Pakistan, das hohe Zölle erhob, zurückgeschleust. Schmuggler und Polizisten waren oft ein und dieselben Personen, und Raziqs Leute besteuerten alles, Legales und Illegales.

Zehn Tage musste ich dort warten, bis Raziq auftauchte; er kam zur Beerdigung seiner Großmutter mütterlicherseits. Während der Zeremonie deutete mein Freund verstohlen auf einen der Gäste, einen stämmigen bärtigen Mann, und teilte mir flüsternd mit, das sei Rahmatullah Sangaryar. »Er war in Guantánamo.«

Ich näherte mich dem Podium; Raziq sah noch viel jünger aus als dreißig. Er hatte einen kurz geschorenen Bart und einen spitzen Haaransatz, der sich unter dem Kappenrand in die Stirn schob, und trug ein schlichtes weißes Gewand mit gestreifter Weste. Er gab mir die Hand, lächelte höflich und wandte sich dem nächsten Besucher zu. Ich kehrte nach Pakistan zurück.

Ich hatte Beweise für Raziqs Verbindung mit dem Drogenhandel, aber für eine Reportage brauchte ich mehr Material. In Pakistan besorgte ich mir ein Visum für Afghanistan, flog nach Kabul und checkte im Mustafa ein, wo ich Omar kennenlernte.

Ich hätte jedes Verständnis, wenn Omar sich die Sache überlege und nicht nach Kandahar mitkomme, sagte ich am Ende meiner Geschichte; Raziq wäre vielleicht nicht begeistert, mich wiederzusehen. Omar aber ließ sich nicht abschrecken. Wir flogen gemeinsam in den Süden, wo er sich nach Kräften bemühte, aus dem Paschtunischen zu übersetzen, und ich mich meinerseits nach Kräften bemühte, unsere Interviews in einen Artikel für ein Magazin zu gießen. Wenn die Leute aus der Gegend uns miteinander Englisch sprechen hörten, hielten sie Omar mit seinem T-Shirt und seiner Wraparound-Sonnenbrille für den Ausländer und mich in meinem afghanischen Gewand für seinen Dolmetscher, was ihn maßlos amüsierte.

Wir hörten viel über das Geschäft mit Opium, aber auch düstere Geschichten von Leichen mit deutlichen Folterspuren, die Raziqs Männer in der Wüste abgeladen hatten.[12] Als Erklärung für Raziqs jähen Aufstieg kamen meine Gesprächspartner immer wieder auf sein enges Verhältnis zu den Amerikanern und seine häufigen Kontakte mit der CIA und dem Stützpunkt der Spezialkräfte in der Stadt zu sprechen. Amerika brauchte Verbündete, insbesondere auf strategischen Routen wie Spin Boldak. Die ersten Kampfbrigaden, die der neue Präsident Obama geschickt hatte, waren bereits im Süden stationiert; bis zum Ende des folgenden Jahres sollte sich die Zahl der US-Truppen in Afghanistan verdreifachen.[13] *Das ist ein Krieg, den wir gewinnen müssen*, sagte Obama.[14]

Nachts lagen Omar und ich in unseren Betten im Hotel von Kandahar-Stadt und lauschten dem fernen Geschützlärm. Die Taliban standen vor den Toren der Stadt. Wir versuchten die Geschichten zu entzerren, die wir im Lauf des Tages gehört hatten, von Stämmen und Blutfehden und geschäftlichen Vereinbarungen, was die fraktalen Muster dieses Kriegs besser erklärte als die Gegensatzpaare, mit denen ich angekommen war, Polizei und Kriminelle, Taliban und Regierung, der Westen und der Terrorismus. Wie erklärte man das den Leuten zu Hause, die sich, reichlich spät, für das ferne Land, in das sie einmarschiert waren, interessierten? Wenn wir genug davon hatten, über die Arbeit des Tages zu diskutieren, redeten wir über uns, über Vergangenheit und Zukunft, und in der Ferne donnerten Schüsse.

»Wie ist Kanada, Bruder?«

»Kalt.«

»Das ist okay«, sagte er, und ich stellte mir seine Augen vor, die in die Dunkelheit hinaufstarrten. »Kälte mag ich.«

3

Bei unserer letzten gemeinsamen Berichterstattung im Herbst 2015 aus Kunduz, wo wir dem amerikanischen Luftangriff auf ein Krankenhaus nachgehen wollten, war Omar nicht bei der Sache. Er hing nächtelang am Telefon. Er fuhr vor dem Provinzrat in Kunduz mit dem Auto rückwärts gegen eine Mauer. Und als ich ihn mit Victor, unserem Fotografen, allein ließ, wurden die beiden für kurze Zeit festgenommen, weil sie mitten in ein Kommandounternehmen hineingestolpert waren. Und im Auto spielte er immer wieder sein aktuelles Lieblingslied, das unheimlich traurige »My Heart Will Go On« aus dem Film *Titanic*, bis Vic und ich es nicht mehr aushielten. Daraufhin wechselte er zu Kopfhörern.

Kunduz war Kampfgebiet, und wir brauchten unsere Konzentration, doch als wir dann wieder auf dem Rückweg nach Kabul waren, fragte ich Omar, was mit ihm los sei. Seine Mutter habe mit Lailas Vater gesprochen, sagte er, sie habe ihm seinen, Omars, Antrag vorgetragen. Der Vater, ihr Vermieter, habe sie höflich angehört, aber abgelehnt: Seine Tochter sei zu jung. »Sie ist schon neunzehn«, schäumte Omar mir gegenüber. »Das ist nur ein Vorwand. Sie wird viele Bewerber haben.«

Was dies für unseren Plan bedeute, wollte ich wissen, und er sagte: »Keine Ahnung.« Er brauche mehr Zeit; er müsse versuchen, ihren Vater von sich zu überzeugen. »Ich kann nicht von hier weg, bevor ich nicht verlobt bin«, sagte er.

In Kabul setzte mich Omar vor dem Haus ab, in dem ich jetzt wohnte, nachdem ich aus meinem ausgezogen war. Ich holte mir etwas zu trinken und ging hinaus in den Rosengarten. Armer

Omar. Er war nicht nur Sunnit, sondern auch pleite. Und er wollte die Tochter eines reichen Schiiten heiraten, denn Liebe kennt keine Logik. So wie jetzt hatte ich ihn nie erlebt. Er hatte im Lauf der Jahre eine ganze Reihe Freundinnen gehabt, was an einem so sittenstrengen Ort wie Kabul nicht ganz einfach ist. Damals, als die Hauptstadt in leicht verdientem Geld schwamm, war er ganz versessen darauf, nur ja nichts anbrennen zu lassen. Aber mit Laila hatte sich etwas verändert. Als ich zum ersten Mal von ihr hörte, hatte ich mir keine Gedanken gemacht. Es muss im Herbst 2012 gewesen sein; kurz nachdem ich in mein jetzt aufgegebenes Haus eingezogen war, hatten wir eine Riesenfete veranstaltet – meine Mitbewohnerin Bette und ich sprachen allerdings von einem *Empfang*: Das war doch etwas ganz anderes als das typische Kabuler Besäufnis.

In den fetten Jahren von Obamas Afghanistanoffensive war die Blase der Expats von der Botschaftssoirée zur Grillparty im UN-Büro, vom Begrüßungs- zum Abschiedsfest gewandert, und die Partys standen unter Motti wie »Tarts and Taliban«. Dagegen sollte unser Fest eine würdige und stilvolle Angelegenheit sein. Schon am Nachmittag hatten Omar und Turabaz farbige Lichterketten aufgehängt und in die Feuergrube Holz geschichtet. Aus Respekt vor den afghanischen Würdenträgern, die wir eingeladen hatten, waren die Alkoholvorräte außer Sicht in der Küche gebunkert, aber unter dem langen Büffet mit frischem Gemüse vom Basar und blutroten Granatäpfeln, deren Saison jetzt war, hatten wir alkoholfreie Getränke in eisgefüllten Wannen stehen.

Bette war Holländerin und freie Journalistin, die mit Burka durch den Süden reiste und Interviews mit Taliban führte.[15] Für diesen Abend hatten wir gesellschaftliche Ambitionen: Wir wollten beweisen, dass wir eine ebenso interessante Gästeschar anziehen konnten wie die Zeitungsbüros; wir hatten Generäle und Minister eingeladen, afghanische Prominenz und ausländische Diplomaten. Aber ob sie auch kamen? Diverse Sicherheitsteams waren im Vorfeld aufgetaucht, um für die VIPs unser Haus zu inspizieren, und hatten das Fehlen von Schutzräumen und bewaffneten Wächtern moniert – wir hatten lediglich den Hund und, unter meinem Bett versteckt, eine Flinte zu bieten. Kabul wurde zu der Zeit von Selbstmordattentaten und Entführungen heimgesucht, und von den Ausländern im Land durften viele ihr umzäuntes Gelände nicht mehr verlassen. Aber falls genügend hohe Tiere kämen, hätte die Party ihre eigene Wachmannschaft.

In diesem Frühjahr war ich mit drei Leuten hier eingezogen: Bette, Elsbeth, die ebenfalls Holländerin war und bei einer NGO arbeitete, und Mischa, einem russischen Fotografen. Wir hatten ein zweistöckiges Haus mit kleinem Innenhof in Qala-e Fatullah gefunden, so nah an der Grünen Zone, dass die Black Hawks beim Landeanflug über uns hinwegknatterten. Die Miete war günstig, aber es bestand auch Renovierungsbedarf, sodass Mischa und ich wochenlang auf dem nackten Teppich kampierten, während Omar Schreiner und Klempner für uns organisierte und der Maurer unter Erzeugung gewaltiger Staubwolken die neue Arbeitsplatte für die Küche flexte, schwarz-weiß gesprenkelten Marmor aus Herat.

Unsere Party fand am 14. November 2012 statt. Obama war soeben wiedergewählt worden, und wir waren im dritten Jahr seiner Afghanistanoffensive: Zur Spitzenzeit waren einhunderttausend US-Soldaten im Land, dazu eine etwa gleiche Zahl von Ortskräften, die alles machten, von Security bis Klempnerei, und vierzigtausend Soldaten der Bündnispartner, insgesamt doppelt so viele wie seinerzeit unter den Sowjets,[16] und die Führung hatten Amerikas Beste und Klügste, Kriegsstrategen, die *3 Tassen Tee* gelesen hatten.

Alles in allem hatte man sich General David Petraeus' Rat, Geld als Waffe einzusetzen, zu Herzen genommen.[17] Inzwischen hatten die USA eine halbe Billion Dollar in diesen Krieg investiert,[18] und um das Geld aus dem Ausland war eine komplette Ökonomie entstanden, deren unterste Stufe die Einheimischen bildeten, die

Gräben aushoben und Lastwagen fuhren. Die nächsthöhere Stufe waren diejenigen, die beim Militär *Drittlandangehörige*[19] hießen – gemeint waren meist Leute, die in Ländern mit geringem und mittlerem Durchschnittseinkommen rekrutiert wurden, etwa philippinische Buchhalterinnen und nepalesische Wachleute. An der Spitze standen die Expats, die dank ihrer Englischkenntnisse, ihrer westlichen Hochschulabschlüsse und persönlichen Verbindungen mit den großen NGOs, Vertragsunternehmen und UN-Behörden *internationale* Gehälter einfordern konnten. Sie waren diejenigen, die in gepanzerten SUVs kreuz und quer durch die Stadt fuhren, hauptsächlich männlich, hauptsächlich weiß; manche zogen Konflikte und Katastrophen seit Jahrzehnten hinterher, andere kamen frisch vom College, und alle erfreuten sich steuerfreier Einkommen und sprunghafter Beförderung auf Ranghöhen, wie sie nur Jobs in Kampfzonen bieten können. Während zu Hause in den USA die Leute noch unter der Finanzkrise mit zwölf Millionen Arbeitslosen wankten, gab es hier Jobs, die sechsstellige Gehälter, ein Haus ohne irgendwelche Kosten, Chauffeur, Koch, Gärtner, Torwächter und Hausmädchen umfassten.

Als Freiberufler konnten wir mit diesem Lebensstil nicht mithalten. Als die ersten Gäste auftauchten, postierte ich Turabaz, der nicht lesen konnte, am Tor, wo er so tun musste, als hakte er ihre Namen auf der Liste ab. Das nächtliche Dunkel kam dem urigen Charme unseres Innenhofs, den jetzt Fackeln und weihnachtliche Lichterketten erleuchteten, sehr zugute – zumal nachdem Omar den vorbereiteten Scheiterhaufen angezündet hatte. Die lokalen Musiker, die im Schneidersitz auf den Teppichen saßen, spielten klassische persische Stücke. Bette hielt nahe dem Kebabtisch Hof, wo der *ustad* über glühender Holzkohle, die er mit einem Schilfrohrfächer anfachte, Fleischspieße briet. Omar trat verstohlen an mich heran und murmelte: »Die Musiker wollen Whisky in normalen Tassen. Nicht in Gläsern.«

Ich blickte hinüber zum *rubab*-Spieler, einem schnauzbärtigen Galan mit bestickter Weste, der mir zuzwinkerte. »Okay, komm mit.«

Um den Kühlschrank scharte sich eine Menschenmenge, durch die ich mir einen Weg bahnen musste, um Kaffeebecher mit Ballantine's und Cola zu füllen, die ich Omar in die Hand drückte; dann ging ich weiter zu Turabaz, der immer noch am Tor Wache hielt.

»Wie ist es hier draußen?«

»Sieh selbst.«

Ich streckte den Kopf hinaus. Gepanzerte Autos und Pick-ups reihten sich aneinander, und ich schätzte, dass in unserer Straße die Feuerkraft eines ganzen Infanteriezugs versammelt war: Soldaten in Tiger Stripes, ein Sicherheitstrupp der britischen Armee mit geschmückten Hinterschaftladern, Kandaharis mit Glitzerband um den Gewehrschaft.

Ich ging zurück durch den Innenhof, wo die Flammen das Schattenspiel der versammelten Menge an die Wand warfen. Unter den Gästen sah ich Dr. Abdullah, den ewigen Präsidentschaftszweiten, über Nancy Hatch Dupree gebeugt, die mit fünfundachtzig die Grande Dame der afghanischen Wissenschaft war, und freute mich: Unser Empfang war ein Erfolg.

Als die Würdenträger – zumindest diejenigen, die sich hätten gekränkt fühlen können – fort waren, kamen Alkohol und Hasch zum Vorschein, und Bâd durfte von der Leine und sich an heruntergefallenem Kebab satt essen. Die Party würde bis zum ersten Muezzinruf dauern. War dies die Nacht, in der wir alle Gäste zum Schuppen führten, um ihnen den Destillierapparat »Katyuscha« zu zeigen, den Mischa aus Moskau mitgebracht hatte? Oder die Nacht, in der der Leiter einer UN-Behörde seine Brieftasche mitsamt Sicherheitsausweis verlor, während er zu »Call Me Maybe« die Hüften kreisen ließ? Wie auch immer – in der Eingangshalle, wo eine Discokugel farbige Lichter warf, wurde getanzt. Wir drehten die Lautstärke auf und versenkten alles, was jenseits der Hofmauer war, in unseren Gläsern – den eskalierenden Krieg, unser kollektives Versagen und die Tatsache, dass wir nicht hier zu Hause waren und vielleicht gar kein Zuhause hatten, jedenfalls kein gemeinsames.

Und wo war Omar? Als die Musiker und Würdenträger gegangen waren, versorgte ich ihn mit Whisky und Schulterklopfen und verordnete ihm Tanzen, Spaß, Aufreißen. Unsere anderen afghanischen Freunde taten genau das, aber Omar kam aus einer anderen Gesellschaftsschicht. Aus dem Gedränge der Tanzenden sah ich ihn an der Wand lehnen, sein Glas in der Hand, ein unbestimmtes Lächeln im Gesicht.

Omar wohnte zehn Minuten von mir entfernt in einem Haus, das seine Familie gemietet hatte. Verwilderte Feigenbäume beherrschten den Garten, doch selbst im Sommer konnte er durch das Laub das Dach des dreistöckigen Hauses ausmachen, in dem sein Vermieter, ein wohlhabender Geschäftsmann, mit Frau und zwei Kindern lebte. Kurz nachdem Omar eingezogen war – 2009, um die Zeit unserer ersten Begegnung im Mustafa –, stieß er auf der Gasse mit der Tochter seines Vermieters zusammen, einem Mädchen mit blassen, zarten Zügen wie eine Porzellanminiatur. Laila war damals noch jung genug, um keinen Skandal auszulösen, wenn sie in der Öffentlichkeit mit ihm redete; sie fragte, ob er sich in dem neuen Haus wohlfühle. Später, als er mit seiner Mutter dem Nachbarn einen Höflichkeitsbesuch abstattete, kam Laila mit einem Tablett herein und servierte Tee und kandierte Nüsse, und Omar spürte ihren Blick.

Es amüsierte ihn, weiter nichts; er wusste ja, dass er zu alt für sie war. Aber es entging ihm nicht, dass sie ihn von dem Tag an beobachtete, heimlich vom Dach ihres Hauses, wenn er im Garten Krafttraining machte, oder zusammen mit einer Freundin durch eine Seitentür des Hauses, die sich sofort schloss, wenn er draußen vorbeiging. Aber das helle Lachen drang bis zu ihm heraus.

Laila, deren strenger Vater sie nirgendwohin ließ außer in die Schule, sah Omar wegfahren und zurückkommen, immer am Steuer seines goldenen Corolla Baujahr 1996 mit Viergangautomatik, der nach zehn Jahren auf kanadischen Straßen nach Afghanistan verschifft worden war. Mit diesem Auto fuhren wir miteinander kreuz und quer durchs Land, schlängelten uns, einen LKW nach dem anderen überholend, die Serpentinen des Mahipar hinunter, umrundeten die Bombenkrater auf der A01 und holperten über die Feldwege rund um die himmelsblaue Seenkette Band-e Amir. Omar war damals völlig versessen aufs Fahren; *maraz-e motarrani* nannte er seinen Zustand,»Autofahrerkrankheit«. Wenn er unterwegs war und sich eine Welt der Möglichkeiten vor ihm auftat, fühlte er sich frei. Zum Teil war seine Freiheit eine wirtschaftliche: Selbst wenn seine Kurzzeitjobs bei den Ausländern versiegten, was von Zeit zu Zeit der Fall war, hatte er immer noch die Möglichkeit eines Nebenjobs als Taxifahrer.

In seiner Stadt, Kabul *dschan*, dem geliebten Kabul, fuhr er am liebsten herum. Landkarten waren eine Sprache, die er nie gelernt hatte, aber er wusste immer ganz genau, wie die Straßen sich zusammenfügen, welche bei Wolkenbrüchen unter Wasser stehen und auf welchen der Verkehr sich staut, wenn in der Innenstadt Bomben explodiert sind. Er kannte Abkürzungen durch die Friedhöfe hinter Karte Parwan und entlang des müllübersäten Flussufers von Pul-e Surkh. Mit der einen Hand hielt er das zerschlissene Vinyl des Steuerrads, mit der anderen eine Pine, und mit dem Kinn deutete er auf das Kassettendeck, das den Soundtrack lieferte, eine Mischung aus Alt und Neu – Enrique-Iglesias-Hits wie »Hero« und Klassiker von Ahmad Zahir, dem afghanischen Elvis, der ein jung gestorbener Zeitgenosse von Omars Eltern gewesen war, aber Texte von viel älteren Dichtern gesungen hatte, etwa dem großen Mystiker Hafez aus Schiraz:

46

Dies Herz fand ins Leben ohne dich,
Kehrtest du nur endlich zurück zu mir.[20]

Die Sehnsucht nach Wiedervereinigung war ein großes Thema für die Sufi-Dichter. Das Leben an sich war Exil, war Entfremdung von der göttlichen Liebe. Um sie wiederzufinden, durchwanderten sie die Erde.

Der Schmerz der Trennung besänftigt mich auf meinem
  einsamen Lager,
Die Erinnerung an Vereinigung, meine Gefährtin in diesem
  leeren Winkel.

Die Geliebte des Mystikers war Gott; ein Gott, dessen Wahrheit das ganze Dasein durchdrang, transzendent und doch der Welt und dem Menschen innewohnend. Menschliche Schönheit konnte göttliche Schönheit spiegeln, unsere Liebe zu einem anderen Menschen die Liebe zu Gott entfachen.[21] Die Sufis waren natürlich Muslime, doch existiert diese Vorstellung von Liebe in zahlreichen Religionen; der jüdische Gelehrte Martin Buber schrieb: *Das Du ihrer Augen lässt ihn in einen Strahl des ewigen Du schauen.*[22]

In einer von Tradition und Geschlecht gefesselten Gesellschaft sah Omar Liebe als Freiheit. Die Sehnsucht aber versklavte ihn. Als zehnjähriges Flüchtlingskind im Iran hatte ihn ein älteres Mädchen aus der Nachbarschaft durch Bestechung zu körperlichen Spielen verführt; das war seine Initiation. Jetzt brannte ein unstillbarer Durst in ihm; es war Sehnsucht, die ihn unermüdlich durch die Stadt trieb. Wenn am Straßenrand eine hübsche Frau stand, die eine Mitfahrgelegenheit suchte, hielt er an und handelte den Fahrpreis aus. Wenn sie wollte, konnten sie während der ganzen Fahrt plaudern. Omar war ein höflicher, unaufdringlicher Mann, witzig und attraktiv – mit seinem gewellten Haar und dem vollen Kinn sah er ein bisschen wie der junge Ahmad Zahir aus. Wenn sie einander sympathisch waren, bot er ihr seine Telefonnummer an oder nahm die ihre. Manchmal riefen die Mädchen an; manchmal waren die Nummern, die sie ihm gaben, echt. Sie riefen zu ungewöhnlichen Zeiten an, je nachdem, wie sie der Aufsicht von Eltern oder Lehrern entkamen, und wenn eine Frau anrief, merkte ich es an Omars Tonfall, der augenblicklich leise und träumerisch wurde.

Aus den Stapeln zerfledderter Zettel mit Telefonnummern konnte er binnen Minuten Beziehungen aufbauen. Irgendwann war das Mädchen bereit, ihn zu treffen – aber wo konnten sie hin, wenn Sex vor der Ehe nicht nur tabu war, sondern illegal? Sie konnten keusch in einem teuren Kaffeehaus sitzen; Zweisamkeit ohne Zeugen war ausgeschlossen. In einem Hotel wollte der Portier den *nikahname* sehen, den Trauschein. Er konnte sie nicht zu seiner Familie mitbringen, denn ein Vater oder Bruder, der ihn im eigenen Haus in flagranti ertappte, hatte in den Augen der Gesellschaft das Recht, ihn zu töten. Die größte Gefahr waren die Polizisten – wenn sie ein unverheiratetes Paar erwischten, erpressten sie Schweigegeld oder versuchten sogar, das Mädchen zu vergewaltigen. Getrieben von einer Macht, die stärker war als die Furcht, fand Omar dennoch Orte: einen ummauerten Garten im Dorf seiner Mutter oder, an einem Freitag, ein leeres Büro, zu dem ein Freund den Schlüssel hatte. War die Lage besonders aussichtslos, fuhren sie mit dem Corolla in der Stadt herum und berührten einander mit raschen, verstohlenen Gesten. Sobald man den Blick dafür hatte, sah man, dass Kabul voll von solchen Paaren war, unbehaust wie Zugvögel, das Mädchen unter einem Kopftuch verborgen, der Junge mit beklommenen Blicken in den Rückspiegel.

Nirgendwo in der Stadt sehe ich ein einziges nüchternes Gesicht, sang Zahir, ein Gedicht von Rumi zitierend. *Eines berauschter als das andere, jedes wild und wirr.*[23]

Manche Sufis glaubten, durch Selbsterniedrigung vor der Welt die falsche Frömmigkeit hinter sich lassen zu können. Wein wusch die Flecken der Heuchelei ab; des Egos beraubt, erkannten sie Gott.[24]

Komm, mein Liebes, zur Taverne in den Ruinen, um die
Wonnen der Liebe zu kosten.
Welche Freude gäbe es, mein Liebes, außer mit der Geliebten
zu tändeln?

Es gab Frauen, die Omar verwerflich fand; das waren jene, die am Straßenrand warteten und auf ein kurzes Scheinwerfersignal reagierten. Wenn er sich mit einer von ihnen einließ, packte ihn danach die Reue. Er war überzeugt, dass wahre Liebe ihn in ein besseres Leben führte, und wollte keine arrangierte Ehe mit einer Fremden. Er wollte moderne Liebe, wie er sie auf dem Bildschirm sah, dargestellt von Helden wie Leonardo DiCaprio und Aamir Khan, eine Liebe, die selbst gewählt und doch schicksalhaft war. Er fuhr durch die Stadt und wartete darauf, dass ihr Gesicht aus der Menge auftauchte, und Zahir sang dazu Rumis Worte:

Ihr alle, die ihr wallfahrtet, wo seid ihr? Wo seid ihr?
Die Geliebte ist da, hier ist sie, komm, komm.[25]

In unserem Exil ist das Gesicht, das wir suchen, unserem Blick verschleiert. Vor welcher Tür sollen wir stehen, auf Liebe wartend wie auf die Offenbarung, auf den Jubelruf horchend?

Deine Geliebte teilt dieselbe Wand mit dir,
Worauf hoffst du, wenn du durch Wüsten wanderst?

Wenn er sich aber, selten genug, wirklich verliebte, war das Mädchen diejenige, die Schluss machte, sobald sie sich eingestand, dass der ärmliche Omar mit seinem Corolla kein Freier war, der für ihre

Eltern infrage kam. In Afghanistan ist eine Ehe Familiensache; und Omar war ein heimliches Abenteuer ohne Zukunft. Dann gab es tränenreiche Abschiede in letzter Minute, eingeweihte Schwestern überbrachten kurze Mitteilungen, verletzende Worte; und Omar trauerte und hörte »My Heart Will Go On«, immer wieder von vorn, unersättlich.

Ein paar Jahre nachdem seine Familie in das gemietete Haus eingezogen war, läutete abends sein Telefon.

»Hallo?«»Salam.« Er erkannte den gehauchten Klang ihrer Stimme; es war Laila. Irgendwie war es ihr gelungen, sich seine Nummer zu beschaffen, und sie hatte sich das Mobiltelefon einer Freundin geborgt, denn ein eigenes war ihr verboten. Sie rief an, um ihm zu gestehen, dass sie seit ihrer ersten Begegnung auf der Gasse in ihn verliebt sei. Dass sie mit ihm zusammensein wolle. Sie habe noch nie einen Freund gehabt, aber Freundinnen hätten die Erfahrung schon gemacht, heimlich – an ihrer Schule gab es eine Gruppe ausgebuffter Mädchen, die mit Telefonnummern von Jungen handelten wie mit Waren vom Schwarzmarkt.

Aber Omar fand sie immer noch zu jung – er war zu der Zeit fast dreißig, doppelt so alt wie sie. Er wollte ihr nicht das Herz brechen. Daher sagte er ihr die Wahrheit: Er sei kein guter Mann, er habe schon viele Freundinnen gehabt.

Das sei ihr egal, sagte sie; auch dass seine Familie sunnitisch sei und ihre schiitisch und dass er kein Geld habe: egal! Sie habe vor der Ankunft der Amerikaner, die ihren Vater reich gemacht habe, selbst in einem gemieteten Haus gewohnt.

So begannen ihre heimlichen Telefongespräche. Laila hatte dann doch ein eigenes Mobiltelefon, das sie in ihrem Zimmer versteckte, und rief an, sobald ihre Eltern schliefen. Ihr Vater war ein streng religiöser Mann, der seiner Tochter in seiner Abwesenheit sogar das Fernsehen verbot; wenn er ausging, sperrte er den Apparat im Schrank ein. So kam es, dass Laila nie einen Bollywoodfilm gesehen hatte und daher auch nicht wusste, dass sie aussah wie Karisma Kapoor – aber genau so sei es, sagte ihr Omar: das gleiche glänzende Haar, die zierliche Statur, die neckischen Blicke. Und er sang ihr vor, wie Akshay Kumar seiner Angebeteten vorsang:

Die Welt ändert sich, die Jahreszeit ändert sich, mein Herz
aber bleibt dasselbe.[26]

Außer in die Schule, in die Moschee und ins Haus von Verwandten kam Laila praktisch nirgends hin. Die nächtlichen Gespräche mit Omar waren ein Fenster zur Außenwelt. Doch so gern sie von seinen Abenteuern überall im Land und von seinen Träumen von einem besseren Leben im Ausland hörte, hatte sie nicht das Bedürfnis, mit ihm wegzugehen. Sie wusste wenig vom Leben; ihr eigenes schien ihr schon mit der Aussicht auf ein Heim und Kinder ausgefüllt. Die Idee, sie könnte ihre Familie und ihr Land verlassen, war ihr unvorstellbar, und sie bezweifelte, dass es anderswo tatsächlich so viel besser war. Manchmal debattierten sie bis nach Mitternacht über ihre Herzensangelegenheiten, und wenn Omar meinte, sie müsse ins Bett, damit sie am nächsten Morgen fit für die Schule wäre, handelte sie ihm immer noch ein paar Minuten ab.

Nachdem ich 2012 in mein Haus eingezogen war, lud Omar mich ein, damit ich seine Mutter Maryam kennenlernte, die für mich das afghanische Nationalgericht *kabuli palau* kochen wollte. Einen nichtverwandten Mann in den häuslichen Bereich einzuladen ist in Afghanistan eine Geste ungewöhnlicher Vertrautheit; allerdings war seine Mutter das Oberhaupt des Haushalts. Omars Vater wohnte in einem anderen Stadtteil, und ich nahm an, dass seine Eltern geschieden seien, fragte aber nicht nach, weil ich spürte, dass Omar das Thema schmerzte.

Er holte mich ab. Das regelmäßige Gitternetz der asphaltierten

Straßen von Qala-e Fatullah wich bald gewundenen, schlammigen Wegen, und schließlich kamen wir zu seinem Basar im Freien, wo fliegenübersätes Fleisch zum Verkauf aushing und Teenager Mobiltelefonläden betrieben. Neben den offenen Abflussgräben priesen Straßenhändler ihre Waren an, Wassermelonen und chinesische BHs; es roch nach Kloake und frittiertem Teig. Ich saß im Schneidersitz auf dem Teppich im Wohnzimmer, als Omars Mutter hereinkam, eine untersetzte Frau, die ihren geblümten Schal lose über dem dunklen Haar trug. Wir wechselten Begrüßungsworte, und sie drehte sich zu Omar um und lachte. »Das ist also der Ausländer, von dem du so viel erzählst«, sagte sie. »Er sieht wirklich afghanisch aus.«

Omar trug Speisen herein: Gurkenscheiben und Zwiebeln mit Chilischoten, geschmorte Okras mit Tomaten, einen Stapel frisches *nān* und das *kabuli* – ein Berg Reis mit gedämpften Karotten und Rosinen. Unter den langen glänzenden Reiskörnern lugten dunkle, fettglänzende Hammelfleischstücke hervor. Köstliche Schwaden stiegen mir in die Nase, als ich meinen Teller füllte.

»*Nusch-e dschān*«, befahl Maryam. »Iss reichlich.« Als Lehrerin an einer staatlichen Oberschule hatte sie die markige Art, wie sie unter Afghaninnen, die in der Öffentlichkeit stehen, verbreitet ist. Maryam entstammte der ersten Generation der Mittelstandstöchter, die dazu erzogen wurden, einer Arbeit außer Haus nachzugehen. Sie habe Glück gehabt, sagte sie, dass ihr Vater Bildung für seine Töchter ebenso hoch schätzte wie für seine Söhne. Häufig habe er ihr und ihrer Schwester eingeschärft: *Seid wissbegierig von der Wiege bis zum Grab.*

Maryam war vierundfünfzig, als wir uns kennenlernten, nur ein Jahr älter als meine eigene Mutter, sie aber hatte Umwälzungen erlebt, für die Europa Jahrhunderte gebraucht hatte: Der Sprung von der Subsistenzwirtschaft zum Internet innerhalb einer Lebensspanne ist beachtlich. Auf die Schülerinnen, die sie unterrichtete, kamen Probleme zu, die in ihrer eigenen Jugend unbekannt gewesen waren, wie zerbrochene Familien oder Heroinsucht. Die Kinder zurückkehrender Geflüchteter und Zuzügler vom Land, die sich vom relativen Wohlstand und der Sicherheit der Hauptstadt hatten anlocken lassen, bildeten ein Konglomerat von Manieren und Dialekten, das unterschiedlicher nicht sein konnte. Frühere Kriege hatten die Urbanisierung Afghanistans verzögert, der gegenwärtige aber beschleunigte sie, und seit 2001 hatte sich die Bevölkerung Kabuls auf mehr als vier Millionen verdoppelt. Und in der Stadt war man an die Welt angeschlossen. Viele von Maryams Schülerinnen waren so lernbegierig, wie sie selbst gewesen war, doch in dieser neuen Generation wetteiferte der Wunsch nach Bildung mit dem Wunsch nach Auswanderung.

Nichts ist unerträglich, solange es eine Alternative gibt, und sei es als Traum. Als Maryam, damals mit Omar schwanger, vor den Sowjets geflüchtet war, hatte sich ihr Horizont auf Pakistan und den Iran beschränkt. Ihre Kinder hingegen standen mit einer Diaspora in Verbindung, die von Long Island bis Melbourne reichte, und die Bildschirme in ihren Taschen zeigten ihnen Bilder davon, wie das Leben anderswo sein konnte.

Menschen migrieren wegen des Unterschieds zwischen hier und dort. Unsere Welt ist geteilt in Fülle und Mangel, und in jeder Nation besitzt eine kleine Minderheit die Mehrheit des Reichtums, so wie die reichen Länder den größten Teil der Ressourcen unseres Planeten verbraucht haben. Mehr als die Hälfte des globalen Reichtums konzentriert sich in Nordamerika und Europa, wo fünfzehn Prozent der Weltbevölkerung leben.[27] Auch wenn wir die höheren Lebenshaltungskosten berücksichtigen, ist das Pro-Kopf-Einkommen in den USA dreißigmal so hoch wie in Afghanistan.[28] Ökonomen sprechen von einem *Staatsangehörigkeitsbonus*,[29] der misst, wie hoch – bei gleichem Stand in allen sonstigen Aspekten, wie Bildung und so weiter – das Einkommen einer Person einfach aufgrund der Tatsache ist, dass sie in einem bestimmten Land lebt: Ein bestimmtes Individuum zu sein ist in Nordamerika oder Europa bis zu zehnmal mehr wert, als dasselbe Individuum in einem armen Land zu sein; das ist der Gewinn, den die Person sich erwarten könnte, wenn sie eine Grenze überquert. Ungleichheit ist die Schräge in Richtung Grenze. Sie ist die Höhe der Mauer, die ein Mensch zu ersteigen bereit ist.

Maryam hatte sechs Kinder, aber nur ihr Ältester, Khalid, war in Afghanistan geboren, 1980. Omar kam zwei Jahre später in Pakistan auf die Welt; nachdem die Familie in den Iran gezogen war, kam der dritte Sohn, Mansur, gefolgt von den zwei Mädchen Haniya und Farah, und zuletzt wurde der kleine Zia geboren. Vielleicht hatte die Kindheit im Exil sie alle wurzellos gemacht, aber alle hatten, wie Omar, vom Auswandern geträumt. Es war ihnen klar, dass sich in Afghanistan, einem der ärmsten Länder weltweit, nichts ändern würde, so lange Krieg war. Aber damit es alle sechs Kinder in ein besseres Leben im Westen schafften, brauchte es sechs Glücksfälle.

Khalid ging als Erster. Maryams Schwester, eine Kriegswitwe, war in den neunziger Jahren als Flüchtling in Schweden wiederangesiedelt worden. Sie kam nach Afghanistan, um für ihre erwachsene Tochter, jetzt schwedische Staatsbürgerin, einen Mann zu suchen. Ehen zwischen Cousin und Cousine ersten Grades waren in Afghanistan nicht nur verbreitet, sondern hochgeschätzt, weil sie Familien zusammenschweißen, und daher hielt sie bei Maryam um Khalids Hand an. Im schwedischen Konsulat in Pakistan wurde Khalid verheiratet und erhielt anschließend ein Visum, mit dem er nach Stockholm fliegen konnte. Als Maryam sich von ihrem ältesten Sohn verabschiedete, wusste sie, dass sie keine Besuchserlaubnis bekäme, und war dennoch glücklich, denn manchmal heißt Liebe, sich die Trennung zu wünschen.

Zia, ihr Jüngster, war der Zweite, der auswanderte. Nach dem Essen bat sie Omar, den Laptop zu holen, und er half ihr, einen Videoclip zu suchen, den sie mir zeigen wollte. Zia hatte sich mit einer unscharfen Webcam gefilmt, wie er lippensynchron einen deutschen Popsong mitsingt. »Er ist Europäer geworden«, sagte Maryam mit einem kurzen wehmütigen Lachen.

Maryam war stolz, dass Zia im Unterschied zu seinen älteren Brüdern als Kind nie hatte arbeiten müssen. Er konnte sich aufs Lernen konzentrieren und schnitt beim Standard-Englischtest gut genug ab, um einen Platz an einer englischen Universität zu bekommen. Die Kosten für sein erstes Jahr, eingeschlossen Studiengebühr, Verpflegung und Flug, beliefen sich auf knapp zehntausend Dollar. Die ganze Familie legte zusammen, auch Omar, der beisteuerte, was er an der Front in Kandahar verdiente. An der Universität sagte man Zia, für das nächste Jahr werde er wahrscheinlich ein Stipendium bekommen, aber es kam anders. Weil er keine weiteren zehntausend Dollar hatte, sein Visum auslief und er nicht nach Afghanistan zurückwollte, ging er nach Deutschland, warf seinen Pass weg und stellte einen Asylantrag.

Als Maryam und ich uns 2012 kennenlernten, waren Khalid und Zia die einzigen ihrer Kinder, die es ins Ausland geschafft hatten. Die anderen lebten bei ihr in Kabul und hatten Jobs bei Ausländern; Maryam, die so sehr darauf bestanden hatte, dass ihre Kinder Englisch lernten, hatte sie gut auf die afghanische Subventionsökonomie vorbereitet. Inzwischen aber war klar, dass das Geld genauso auf dem Rückzug war wie die Truppen – und wie die Eliten, die von der amerikanischen Okkupation am meisten profitiert hatten.

Das Problem der Entwicklungsländer ist heutzutage weniger die Abwanderung Hochqualifizierter als vielmehr die Abwanderung von Wohlstand,[30] weil Kapital in Immobilien oder auf ausländische Konten fließt. Bevor die US-Invasion Afghanistan ans globale Finanzsystem anschloss, hatte ein korrupter Kommunist oder Taliban nicht viele Möglichkeiten, sein unrechtmäßig erworbenes Geld zu nutzen – er konnte es allenfalls in Opium investieren oder sich noch ein Auto kaufen. Jetzt flossen Milliarden ganz legal ins Ausland, weil wohlhabende Afghanen Eigentum in Dubai oder Malaysia erwarben und ihre Schäfchen anderswo ins Trockene brachten. Für die Reichen ist das Auswandern einfach, im einundzwanzigsten Jahrhundert ist Staatsbürgerschaft eine käufliche Ware geworden.[31] In den USA nennt sich der Passhandel *Immigrant Investor Program*, dort kostet die Naturalisierung knapp zwei Millionen Dollar, während man in Griechenland nur eine Viertelmillion Euro für ein *Goldenes Visum* springen lassen muss. Der afghanische Parlamentspräsident, der sein Vermögen der Belieferung der Ausländer mit Treibstoff verdankte, soll sich und seiner Familie für zwei Millionen Euro zypriotische Pässe gesichert haben. Mit ausreichend Kapital wird man Weltbürger, was Frantz Fanon als »Menschen ohne Verankerung oder Horizont, ohne Hautfarbe, ohne Staat, ohne Wurzeln – eine Rasse von Engeln« genannt hat.[32]

Die dritte Chance der Familie kam 2014, dem Jahr, in dem Präsident Obama das Ende des Kampfeinsatzes in Afghanistan ankündigte. In Kabul nahmen Verbrechen, Arbeitslosigkeit und Selbstmordattentate ständig zu. Eine frühere Kollegin von Maryam, die nach Deutschland ausgewandert war, kam zurück, um ihrer Tochter einen Mann zu suchen. In der afghanischen Kultur sollen Geschwister nach der Reihenfolge ihres Alters heiraten, übersprungen zu werden ist eine Schande. Many ist der jüngere Bruder, der seit Jahren abwarten muss und sich grämt. Aber Omar, der als Nächster an der Reihe gewesen wäre, war nicht interessiert, und die Tradition kümmerte ihn nicht. Zu mir sagte er: *Soll Mansur sie heiraten.* Der zwei Jahre jüngere Mansur war sowieso die bessere Partie, pflichtbewusst und fleißig wie der erstgeborene Khalid. Diesmal kamen das Mädchen und seine Familie zur Hochzeit nach Kabul. Omar gratulierte dem künftigen Europäer ohne Neid; damals war er noch zuversichtlich, dass er das Visum bekommen werde, das Amerika seinen einstigen Dolmetschern in Aussicht gestellt hatte. Und wo es um die Ehe ging, würde er allein seinem Herzen folgen.

Etliche Jahre nach Beginn ihrer Telefonfreundschaft hatte Laila genug und wollte ihn persönlich treffen. Er stimmte schließlich zu. Sie war jetzt achtzehn, eine junge Frau, die sich auf ihr erstes Jahr an einem religiösen Kolleg vorbereitete. Anfangs sahen sie einander nur für kurze Momente, bei ihm, wenn niemand zu Hause war, oder bei ihr in der ans Haus angeschlossenen Garage. Allein mit ihr geriet Omars Blut in Wallung.

Um diese Zeit erfuhr ich zum ersten Mal von Laila. Ich war Omars Berichte über seine romantischen Eskapaden gewohnt und begriff nicht, jedenfalls nicht zu diesem Zeitpunkt, wie wichtig ihm Laila war. Deutlich in Erinnerung ist mir aber die haarsträubende Geschichte, die er mir eines Tages erzählte, als ich ihn fragte, warum er so erschöpft aussehe. In der vergangenen Nacht hatte ihn die Tochter der Nachbarn angerufen und herübergebeten. Ihre Familie saß gebannt vor dem Fernseher, wo ihr Lieblingsprogramm lief, und Laila war sicher, dass sich eine Stunde lang niemand von der Stelle rührte. Unter dem Vorwand, sie habe noch Hausaufgaben zu erledigen, schlich sie in die Garage und ließ ihn herein. Sie setzten sich auf den Rücksitz des Familienwagens. In der Dunkelheit, ihren Atem in seinem Ohr, fühlte er die letzte Zurückhaltung schwinden ...

Peng, peng, peng.

In blinder Panik brachten sie ihre Kleidung in Ordnung. Jemand hämmerte draußen ans Tor. Binnen Sekunden käme der Vater aus dem Haus, um nachzuschauen. Omar saß in der Falle.

»Unters Auto«, zischte Laila. Er warf sich auf den Boden und kroch unter den Wagen, während sie auf den Vordersitz kletterte und genau in dem Moment, als ein Lichtstrahl schräg über den Boden fiel, das Radio einschaltete.

»Was machst du da?« In der Türöffnung stand ihr Vater und starrte sie an.

»Ich wollte ein bisschen Radio hören.«

Omar sah die Pantoffeln zum Tor tappen, vor dem – frohe Überraschung – Verwandte standen, die auf einen Sprung vorbeigekommen waren. Sollte der alte Herr einen Verdacht gehabt haben, so hatte er ihn jetzt offensichtlich als unbegründet abgetan, denn er ging mit den anderen ins Haus. Unter dem Auto lag Omar, dessen Herz gegen den Betonboden hämmerte.

4

Aus der Sorge heraus, dass unsere geplante Flucht nach Europa für unbestimmte Zeit aufgeschoben sei, ging ich zu Omar nach Hause und fragte Maryam, was in Lailas Familie los sei. »Das Alter ist nur ein Vorwand«, sagte Maryam und berichtete, wie ihr Vermieter ihren Antrag abgelehnt hatte. »Der wahre Grund ist, dass wir Sunniten sind und sie Schiiten.«

Omar wollte, dass sie es noch einmal versuchte – in Afghanistan müssen die Verwandten eines Freiers um die Hand der erstrebten Braut anhalten –, doch Maryam war sicher, dass sie abermals abgewiesen würde. Ein Antrag des Sohns seiner Mieterin hatte den Patriarchen zweifellos alarmiert, weil er jetzt seine Tochter einer heimlichen Liaison verdächtigte. Maryam wiederum sah nicht, was an dem Mädchen oder der Familie so besonders sein sollte; sie hielt sie für ungebildete Neureiche und fürchtete, das Mädchen sei der Grund, weshalb ihr Sohn nicht aus Afghanistan fortwollte. Sie selbst wollte die Gunst der Stunde nutzen und zusammen mit Farah, ihrer jüngsten Tochter, und Sulaiman, einem halbwüchsigen Neffen, den sie großgezogen hatte, die Flucht vorbereiten: Seitdem die innereuropäischen Grenzen offen waren, mussten sie es nur bis zur türkischen Küste schaffen und eines der Boote besteigen, die zu den griechischen Inseln übersetzten. Die Überfahrt war zwar gefährlich, aber nicht weit: Von Athen konnten sie mit Bussen und Zügen durch den humanitären Korridor bis Deutschland fahren.

Maryam wollte gleich nach Istanbul fliegen, aber dafür brauchten sie türkische Visa, und die waren teuer. Als Staatsbedienstete konnte sie sich zwar direkt darum bewerben und brauchte nur den offiziellen Preis von sechzig Dollar zu bezahlen, die meisten anderen aber mussten sich an eine von der türkischen Botschaft benannte Reiseagentur wenden und, um ihrer Bewerbung zum Erfolg zu verhelfen, inoffizielle Gebühren – im Wesentlichen Bestechungsgelder – an Mittelsmänner abführen. In diesem Herbst 2015 wollten derart viele Afghanen derart verzweifelt nach Europa, dass der aktuelle Preis für ein simples Touristenvisum fünftausend Dollar betrug. Maryams Ersparnisse wären damit aufgebraucht, aber das war es ihr wert, wenn sich so der Weg durch Wüste und Gebirge im Iran vermeiden ließ. Sie bot Omar an, auch für ihn das Geld aufzutreiben, aber er lehnte ab: Er gehe nicht, ehe er nicht mit Laila verlobt sei. Aber sehe er denn nicht, wie schlimm die Lage in Afghanistan inzwischen sei?, fragte sie. Sollten die Taliban bis nach Kabul gelangen, würden sie Leute wie ihn, die für das ausländische Militär gearbeitet hatten, töten.

Zu mir sagte Maryam: »Er ist wahnsinnig geworden. Mach ihm klar, dass das *seine Chance* ist. Du bist sein bester Freund.«

»Was kann ich machen, wenn er nicht mal auf seine Mutter hört?«, erwiderte ich. »Aber ich tue, was ich kann.« Zum Abschied lächelte sie mich verschwörerisch an, und ich fragte mich, ob sie etwa von meinen eigenen Plänen mit Omar wusste, die doch geheim sein sollten. Dass ich über Omars Reise nach Europa ein Buch schreiben wollte, hatte ich Maryam und der übrigen Familie erzählt, und sie hatten eingewilligt, mir ihrerseits ihre Geschichten zu erzählen, aber nie war die Rede davon gewesen, dass ich mich ebenfalls als Flüchtling ausgeben wollte.

Ob es mir passte oder nicht, ich wurde mehr und mehr in die Auswanderungspläne der gesamten Familie hineingezogen, und die hatten eine kritische Phase erreicht. In zunehmender Verzweiflung angesichts der Abwärtsspirale, in der das Land gefangen war, setzten Maryam und ihre Kinder jetzt auf das, was die Afghanen *rāh-e qātschāq* nennen, den Weg des Schmuggels. Haniya, die älteste Tochter, war im Frühsommer auf diese Weise aus Afghanistan geflohen, wenige Monate vor dem Wunder der Grenzöffnung.

Maryam hatte immer mit ihren Schuldgefühlen gekämpft, weil sie die Mädchen aus dem Iran zurückgeholt hatte, wo sie in viel größerer Freiheit aufgewachsen waren, als sie in Afghanistan je hatten. Das galt besonders für Haniya, die sich nie mit der erdrückenden patriarchalen Kultur Afghanistans hatte aussöhnen können. Obwohl sie den sackartigen Umhang trug, den sie hasste, wurde sie auf der Straße andauernd von Männern belästigt, manchmal mit konkreten Angeboten, häufiger aber mit Beleidigungen und verstohlenem Begrabschen. Ihre jüngere Schwester Farah versuchte es zu ignorieren, aber Haniyas Temperament konnte so jäh in Wallung geraten wie das ihrer Mutter. Eine begeisterte Fußballspielerin im Iran, hatte sie dort auch Karate gelernt. Nachdem die Händler vom Basar in der Nähe ihres Hauses miterlebt hatten, wie sie mehreren Männern nachsetzte und sie verdrosch, fingen sie an zu tuscheln: Madame Lehrer ist ja eine respektable Frau, aber die Tochter! Eine *badmu'āš*, eine Schlägerin!

In diesem Land war eine verheiratete Frau dem Dasein ihres Ehemannes derart einverleibt, dass es eine Schande war, wenn ein Fremder nur ihren Vornamen aussprach; umgekehrt bedeutete es Anerkennung, wenn über die Tochter von Soundso gesagt wurde, *sie hat weder Sonne noch Mond gesehen.* Maryam hatte ihr Möglichstes getan, um für ihre Töchter einen passenden Mann zu finden, einen gebildeten, der sie respektvoll behandelte, doch vergebens. Daher war sie trotz ihrer Ängste einverstanden, als Haniya, jetzt fünfundzwanzig, ihre Absicht bekundete, in Europa um Asyl nachzusuchen.

Wann wird ein Migrant zum Flüchtling? Wie ihre Brüder wollte Haniya in ein besseres Leben im Westen entfliehen. An ihr eigenes Land glaubte sie nicht mehr, seitdem die Offensive der Taliban gegen die Regierung den Krieg zunehmend verschärfte: Über dreihunderttausend Afghanen verloren 2015 durch die Kämpfe ihr Obdach, doppelt so viele wie im Jahr zuvor.[33] Auch die Gewalt gegen Frauen nahm zu: Im Frühjahr wurde eine junge Frau beschuldigt, sie habe den Koran beleidigt, woraufhin eine Horde Männer sie zusammenschlug und anzündete – in der Innenstadt von Kabul. Eine alleinstehende Afghanin wie Haniya hatte gute Aussichten, in Europa oder Kanada Asyl zu bekommen, wenn sie sich darum bewarb. Aber es gab keinen legalen Weg für sie. Es gab den Visumszwang und bestimmte Flugverkehrsvorschriften, die sie und andere fernhalten sollten. An dieser *Flüchtlingszwickmühle*,[34] um einen Ausdruck des Soziologieprofessors David Scott FitzGerald zu gebrauchen, waren Jahrzehnte früher schon Juden auf der Flucht vor der NS-Verfolgung gescheitert: Je wahrscheinlicher es ist, dass eine Person im Westen um Asyl nachsucht, desto unwahrscheinlicher ist es, dass sie es schafft, mit dem Flugzeug dorthin zu gelangen. Für visafreies Reisen ist der afghanische Pass derzeit einer der ungünstigsten weltweit.[35]

Haniya war klar, dass sie nicht nach Europa fliegen konnte. Sie war nicht reich genug, um sich ein Aufenthaltsrecht zu erkaufen, und es gab keinen Besitzer eines europäischen Passes, der bereit gewesen wäre, sie zu heiraten. Sie war also das erste von Maryams Kindern, das den Schmugglerweg nahm. Zu dem Zeitpunkt waren die Grenzen Europas noch geschlossen. Um Geld zu sparen, besorgte sich Haniya kein türkisches Visum, sondern ein iranisches, das nur ein paar hundert Dollar kostete, und flog nach Teheran, wo sie sich mit einem Cousin und seiner Familie traf. Von dort machten sie sich als Gruppe mit einem Schleuser auf den strapaziösen Weg über das Gebirge in die Türkei und weiter nach Bulgarien. Haniya gelangte am Ende nach Deutschland, wo ihr Bruder sie auflas. Erschöpft, aber siegreich, riet sie ihrer Mutter, zumal angesichts von Kniearthrose und Diabetes, von der Überlandflucht durch den Iran dringend ab.

Maryam brachte ihre Tochter zu ihrem Flug nach Teheran. Vor der Sicherheitskontrolle hielt Haniya kurz inne und zog ein nagelneues Paar Schuhe aus ihrer Tasche.

»Nimm die mit, Mutter«, sagte sie und reichte Maryam das alte Paar. »Ich will nichts vom Dreck dieses Landes dabeihaben.«

Außer Laila gab es noch jemanden, den Omar nicht in Kabul zurücklassen wollte, seinen Vater. Dschamal, der lange keine Rolle im Leben seiner Familie gespielt hatte, war einige Jahre zuvor zurückgekehrt. Es stellte sich heraus, dass er und Maryam nicht, wie von mir vermutet, geschieden waren, aber sie hatten sich einander entfremdet. Zu mir sagte sie, ihr Mann weigere sich, noch einmal ins Exil zu gehen, auch wenn der Rest der Familie ging, und es sei ihr egal, was aus ihm würde. Aber Omar war es nicht egal; er wollte ihn nicht im Stich lassen, wie sein Vater einst ihn und seine Geschwister im Stich gelassen hatte.

Ich hatte Dschamal bei einem Abendessen kennengelernt; er war kurz zuvor in das gemietete Haus seiner Frau eingezogen. Er übertraf Omar um einiges an Größe, hatte die gleichen dicken Brauen und das kantige Kinn, konnte aber nach einigen Bandscheibenvorfällen nur noch mühsam humpeln. Zu mir war er höflich, doch das gemeinsame Essen verlief in unbehaglichem Schweigen, und Maryam, die immer wieder in der Küche verschwand, war sichtlich angespannt. Kaum waren wir mit dem Essen fertig, stand Dschamal auf und zog sich in sein Zimmer zurück.

Seine Eltern hätten ständig gestritten, sagte Omar, so lange er denken könne; und selbst ihre frohen Momente, etwa ein Geburtstagsfest oder ein Ausflug in den Park, wurden von der Angst überschattet, die ihr Leben als Flüchtlinge am Rand der iranischen Gesellschaft begleitete. Niemand hätte sagen können, wie viel von der Zwietracht seiner Eltern eine Folge von Zwangsmigration und Armut war und wie viel das Ergebnis persönlicher Unvereinbarkeit.

63

Schmerz ist Schmerz. Um der Kinder willen waren sie während der bitteren zwei Jahrzehnte im Ausland zusammengeblieben, trennten sich aber nach ihrer Rückkehr, 2002. Die Familie war in ein Haus gezogen, das Dschamals Bruder gehörte, der nach Amerika ausgewandert war. Dschamals älteste Schwester hatte während des Krieges hier gewohnt und vor kurzem einen wesentlich jüngeren Mann geheiratet. Es war ein großes Haus mit sechs Schlafzimmern, aber der Platz reichte nicht für alle. Der neue Schwager war der Meinung, er habe sich mit der Frau auch das Haus erheiratet. Maryam und die Kinder wiederum fanden, sie hätten nicht weniger Anrecht darauf als er. Dschamal versuchte zu vermitteln, doch der Karren steckte bald tief im Dreck.

Mit der Schwengelpumpe am Brunnen im Innenhof fing der Streit an. Der junge Gatte schrie Omar an, nicht so wild zu pumpen; als Omar patzig wurde, stürmte der Mann auf ihn zu und schlug ihn nieder; daraufhin zerbrach Khalid, der Älteste, einen Stock auf seinem Rücken. Irgendwann kam die Polizei und nahm die zwei Jungen fest, der Ordnung halber gleich auch noch Dschamal, er war schließlich der Vater. Tags darauf wurden alle drei freigelassen, die Jungen aber mussten auf polizeiliche Anordnung hin ausziehen. Maryam und ihre Kinder packten ihr weniges Hab und Gut zusammen; sie hatten kaum Geld und wussten nicht, wohin. Dschamal hatte sich, als er die Raufenden auseinanderzubringen versuchte, seinen kaputten Rücken verrenkt und lag in einem der Schlafzimmer; Farah, das jüngste Mädchen, ging zu ihm. In der Tür blieb sie stehen und starrte auf die gekrümmte Gestalt ihres Vaters, der das Gesicht abgewandt hatte.

»Vater, kommst du?«, fragte sie schließlich.

Dschamal gab keine Antwort. Er hatte genug von Maryam und der Respektlosigkeit seiner Söhne; er blieb bei seiner Schwester. Und ließ seine Familie ziehen. Die Trennung dauerte mehr als ein Jahrzehnt.

Wenn man sie fragte, behaupteten beide, Maryam und Dschamal, steif und fest, sie hätten keinen einzigen glücklichen Tag erlebt, seitdem sie im Herbst 1979 in Kabul in kleinem Kreis geheiratet hatten. Maryams Lieblingslehrerin wiederum, inzwischen eine alte Frau in Kalifornien, erinnerte sich an ihr strahlendes Gesicht. Es gibt kein Foto mehr, aber man kann sich das Brautpaar leicht vorstellen: Dschamal breitschultrig mit schneidigem Schnurrbart, Maryam klein und zierlich und reich geschmückt an seiner Seite. Ich möchte gern denken, dass sie anfangs glücklich waren, zumindest hoffnungsvoll; das Traurigste ist doch, gar nichts gehabt zu haben, dessen Verlust zu bedauern wäre. Vielleicht wäre die Liebe gewachsen, wenn in ihrer Heimat Frieden geherrscht hätte wie in ihrer beider Kindheit, als das Land bezaubert von *taraqqi*, vom Fortschritt war und Kabul voller Wunder wie elektrischem Licht und Kinos. Am Nationalfeiertag hatte die Menge zu Ahmad Zahir getanzt: *Am Ende singt das Leben, die Sklaverei sei besiegt!*[36] Präsident Mohammed Daoud Khan hatte den nationalistischen dritten Weg von Nasser und Nehru übernommen; am glücklichsten, sagte Daoud, sei er, wenn er *eine amerikanische Zigarette mit einem russischen Streichholz anzünden* könne. Nach ihrem Studienabschluss war Maryam ganz zufrieden, unverheiratet zu bleiben, zumal sie dank ihrer Arbeit im Finanzministerium ihre verwitwete Mutter unterstützen konnte. Am 27. April 1978 war sie, wie immer, auf der Arbeit gewesen, als draußen eine Schießerei losging und die großen Fenster zerbarsten. Sie und andere Mädchen flohen nach Hause, wo sie über Radio Afghanistan erfuhren, was geschehen war: Präsident der neuen Demokratischen Republik Afghanistan war Nur Muhammad Taraki, Anführer der Kommunisten und nach seinem Staatsstreich bald der *Wahre Sohn des Volkes und Oberbefehlshaber der Großen Saurrevolution.*[37] Im Jahr darauf, 1979, kam Zahir, die Stimme ihrer Generation, bei einem Autounfall ums Leben.

Maryams Vater war gestorben, als sie noch ein Kind war, und

ein Haushalt ohne männlichen Schutz stand immer unter großem sozialem Druck. Jahrelang hatte Maryam ihre Onkel mütterlicherseits abgewehrt, die sie als Schwiegertochter gewinnen wollten – niemals wäre sie in das Dorf zurückgekehrt, um zwischen Vieh zu leben. Zur Zeit des Staatsstreichs aber war sie fast zwanzig, weit über das Alter hinaus, in dem Mädchen normalerweise verheiratet wurden. Die Leute tuschelten schon, sie sei eine *zu Hause Gelassene*; mit jedem Jahr wurden Mitleid und Spott schärfer. Einer ihrer Kollegen war Dschamals Bruder, ihren künftigen Mann aber hatte sie nie gesehen: Nach dem Machtantritt der Kommunisten hielt seine Familie bei ihrer Mutter um ihre Hand an. Dschamal war von seinen älteren Brüdern aufgezogen worden, die ihn aus dem Haus haben wollten, damit er nicht jeden Tag spät heimkäme. Dass er gut aussah, erkannte Maryam an seinem Foto. Im November heirateten sie. Einen Monat später marschierten die Sowjets ein.

Die nächsten zwei Jahre hielten Maryam und Dschamal es mehr schlecht als recht in Kabul aus, während der Krieg sich zuspitzte. Nach dem Vorbild der Amerikaner in Vietnam führten die Sowjets Bombardierungsfeldzüge, um die Leute aus den Dörfern zu treiben und die Guerillakämpfer aufzuscheuchen.[38] Am schlimmsten tobte der Krieg auf dem Land, doch während die Kommunisten Spione und Sympathisanten jagten, ließen die Mudscheddin in der Hauptstadt Bomben hochgehen. Zwei von Maryams Cousins aus ihrem nahe gelegenen Heimatdorf wurden verhaftet und nie wiedergesehen. Als das Regime Männer wie Dschamal einzuziehen begann, Leute, die ihren Wehrdienst schon abgeleistet hatten, entschlossen sie sich zur Flucht: mit Schleusern durchs Gebirge nach Pakistan. Khalid, der Erstgeborene, war ein Jahr alt, und Maryam war im sechsten Monat schwanger mit dem nächsten Kind. Im Frühjahr 1982 brachte sie in einem Hotel im schwülheißen Peschawar Omar zur Welt.

Aber bald ging ihnen das Geld aus, und sie mussten sich an die

Verwaltung der Lager wenden, die für afghanische Flüchtlinge eingerichtet waren. Sie wurden einem Lager in einem steilen, schönen Tal in Mansehra zugewiesen. Maryam sah mit Verzweiflung die Frauen von der Talsohle Flusswasser heraufschleppen: genau die Art von Plackerei, deretwegen sie das Dorfleben immer gefürchtet hatte. Die Männer mit ihren Bärten und Turbanen waren zweifellos Stammesleute; manche, die vermutlich noch kurz zuvor gegen die Sowjets gekämpft hatten, starrten mit hohlem, abwesendem Blick in die Ferne. Um im Lager zu leben und UN-Hilfe zu erhalten, mussten sich Afghanen bei einer der sieben Mudschaheddin-Parteien anmelden, die von Pakistan unterstützt wurden.[39] *In diesen Lagern gab es ein riesiges Reservoir potenzieller Rekruten für den Dschihad,* schrieb ein pakistanischer Brigadegeneral. *Tausende männlicher Kinder kamen als Flüchtlinge in die Lager, wuchsen dort auf und folgten dann ihren Vätern und älteren Brüdern in den Krieg.*[40]

In jenem Jahrzehnt flohen über sechs Millionen Menschen über die Grenze in den Iran und nach Pakistan und bildeten damit die größte Flüchtlingsgruppe weltweit, eine Auszeichnung, die den Afghanen für die nächsten dreißig Jahre niemand streitig machte.[41]

Die Definition von Flüchtling war von Anfang an von machtpolitischen Aspekten und Beweggründen eingefärbt. 1951, als eine Gruppe von Abgeordneten in Genf zusammenkam, um im Auftrag der Vereinten Nationen eine Flüchtlingskonvention zu formulieren, war unter den Teilnehmern kein einziges kommunistisches Land.[42] Die Debatte am Ufer des Genfer Sees drehte sich um die zentrale Frage: Wer ist ein Flüchtling? Im Unterschied zu anderen Migranten sollten diesen Zugewanderten viele derselben Rechte zustehen wie den Staatsbürgern; am grundlegendsten das Recht zu bleiben: Ein Flüchtling konnte nicht zurück in die Gefahr deportiert werden. Damit wären die Unterzeichnerstaaten aufgefordert, eine bis dahin beispiellose Beschränkung der eigenen Souveränität zu akzeptieren. Die verheerenden Vertreibungen im Gefolge des Zweiten Weltkriegs waren allseits noch in deutlicher Erinnerung, sodass einige Delegierte eine umfassende Definition forderten, die jede vor Gewalt schlechthin geflüchtete Person einschloss, die USA aber legten Wert darauf, den Flüchtlingsbegriff in ihrem Kampf gegen den Kommunismus zu instrumentalisieren. Nach der Genfer Flüchtlingskonvention von 1951, der Grundlage des internationalen Flüchtlingsrechts, ist ein Flüchtling eine Person mit *begründeter Furcht vor Verfolgung wegen ihrer Rasse, Religion, Nationalität, Zugehörigkeit zu einer bestimmten sozialen Gruppe oder wegen ihrer politischen Überzeugung* und nicht einfach jemand, der vor Krieg und Katastrophe flieht – im Kalten Krieg waren dies maßgeschneiderte Kriterien für die Definition des Dissidenten.[43]

Gegenüber den Flüchtenden vor dem Kommunismus konnte der Westen großzügig sein.[44] 1956, als viele aus Ungarn vor der sowjetischen Besatzung flohen, forderte die amerikanische Öffentlichkeit lautstark Asylrecht für sie. Nach dem Sieg der Volksarmee über Saigon wurden hundertvierzigtausend vietnamesische Verbündete mit ihren Familien aus der Stadt evakuiert und in die USA geholt.[45] Dann war der Krieg vorbei, Vietnam kommunistisch, und die Menschen flohen übers Meer in Gefährten, die von kleinen hölzernen Fischerbooten bis hin zu Frachtern aus Stahl reichten und von Schleusern gechartert waren. Im Juni 1979 landeten jeden Monat bis zu vierundfünfzigtausend »Boatpeople«, wie die westlichen Medien sie nannten, in Südostasien, die meisten aus Vietnam, aber es waren auch einige Flüchtlinge vor den kommunistischen Regimen in Laos und Kambodscha darunter. Die lokalen Behörden begannen Flüchtlingsboote mit gezückter Waffe ins Meer zurückzutreiben, wo Piraten dann Tausende vergewaltigten und ermordeten.[46] Auf einer Konferenz im Jahr 1979 traf der Westen ein Quidproquo-Abkommen mit Vietnams Nachbarn: offene Küsten für offene Türen. Das hieß: Wenn die Länder der Region den Boatpeople temporäres

Asyl gewährten, verpflichtete sich der Westen im Gegenzug, sie bei sich unterzubringen. Während der nächsten drei Jahre wanderten über sechshunderttausend Flüchtlinge aus, die meisten in die USA, nach Kanada und nach Australien.

Die Notlage der Boatpeople, von der man im Westen aus dem Fernsehen erfuhr, rührte ans Gewissen vieler, die sich schon wegen des Vietnamkriegs schuldig fühlten. Es entstand eine neue humanitäre Politik, die das alte ideologische Spektrum durcheinanderbrachte und den Kalten Krieg überdauerte.[47] *Das ist ganz einfach*, sagte der Schriftsteller Heinrich Böll über die Aufnahme von Boatpeople in der BRD nach ihrer Rettung durch die Cap Anamur. *Ich bin der Meinung, dass man Menschenleben retten soll, wo man sie retten kann.*[48]

Als die Welt enger zusammenrückte, wurden die Menschen in ungekannter Weise füreinander sichtbar, und der Anblick notleidender Fremder erregte nicht immer nur Mitleid. Parallel zum rasanten Bevölkerungswachstum in den Entwicklungsländern nahm die Migration aus ehemaligen Kolonien nach Europa und Nordamerika zu. Die Gegenreaktion des Westens war in gewisser Weise das Gegenteil von humanitärer Gesinnung; beides waren emotionale Reaktionen auf *das Antlitz des Anderen*, um Emmanuel Levinas zu zitieren: Dieses *andere* Gesicht sei gleichzeitig Versuchung zu töten und Aufruf zum Frieden.[49]

In seinem berühmt-berüchtigten Roman *Das Heerlager der Heiligen*, 1973 in Frankreich erschienen, stellte sich Jean Raspail eine riesige Flotte von Schiffen voller Migranten vor, die sich, getrieben von Hungersnot, Elend und Unglück, auf den Seeweg nach Europa machen.[50] *Die Dritte Welt floss über*, schrieb Raspail, *und der Westen war ihre Kloake.* Häufig verurteilt wegen seines krassen Rassismus, vertrat Raspail die Auffassung, dass aus der Politik nach und nach ein Gesinnungskampf Reich gegen Arm werde. Entkräftet durch humanitäre Bigotterie und die *kleinen Meisterwerke der Entrüstung* über die globale Armut, die Seite an Seite mit *Werbung für Luxus* in der Presse erschienen, habe der Westen, so Raspail, *die Kraft und den Willen verloren, Nein! zu sagen.*

Im Buch entsendet der französische Präsident, der die Zerstörung seiner Nation voraussieht, ein Kriegsschiff, um die Flottille der Migranten abzufangen – doch der befehlshabende Kapitän berichtet, seine Mannschaft habe sich beim Anblick der Menschen an Bord geweigert, das Feuer zu eröffnen. Frankreich stehe vor einer recht simplen Entscheidung, sagt der Kapitän zu seinem Präsidenten: *Entweder wir nehmen diese Leute auf, oder wir torpedieren jedes einzelne ihrer Boote, und zwar nachts, damit wir ihre Gesichter nicht sehen, wenn wir sie ermorden.*

Als Kind hörte ich von meinem Vater eine Geschichte von einem kleinen Boot. Mein Vater war im Sommer 1990 Offizier an Bord der Huron, eines Zerstörers der kanadischen Marine, der im Südchinesischen Meer unterwegs war. Das gesichtete Boot war eine hölzerne Dschunke mit aufgemalten Augen am Bug, etwa achtzehn Meter lang. In dem offenen Boot wimmelte es von Menschen in schmutziger Kleidung. Sie waren ein paar Wochen zuvor aus Vietnam geflohen und unterwegs nach Malaysia, doch ein Unwetter hatte die Maschine lahmgelegt, und jetzt trieben sie in sengender Sonne abseits der Schifffahrtswege und starben an Dehydrierung und Dysenterie, fünfzehn waren schon tot. Sie hätten leicht zu einem der Mysterien des Meeres werden können, doch waren sie von einem kanadischen Helikopter erspäht worden, und jetzt rückte das kanadische Geschwader an, um sie zu retten.

Es gibt ein Video, gedreht von der Brücke der Huron, auf der mein Vater stand; jemand hat es auf YouTube hochgeladen. Die Kamera zoomt auf das Hinterdeck des Bootes, wo ein Junge reglos auf dem Bauch liegt. Die Flüchtlinge blicken nach oben, lächeln, flehen mit gefalteten Händen, danken, winken. In den Pausen zwischen der Funkkommunikation hört man Hilferufe übers Wasser schallen. Neunzig Menschen wurden an Bord des Versorgungsschiffs geholt.[51] Zwei starben und wurden auf See bestattet; die anderen erhielten Asyl in Kanada.

Wenn mein Vater monatelang auf See war, trug er Fotos seiner vier schwarzhaarigen Kinder bei sich. Ich habe noch den Dieselgeruch an seiner Uniform in Erinnerung, mit dem er nach Hause kam, und ich spüre Messingknöpfe und Wolle an meiner Wange. An dem Tag, an dem mich meine Mutter in British Columbia auf die Welt brachte, war er im Japanischen Meer unterwegs und lernte seinen Erstgeborenen erst drei Monate später kennen. Ich wartete auf dem Arm meiner Mutter am Kai, und ein Pressefotograf machte ein Bild von uns dreien.[52] Später schnitt jemand das Bild aus der Zeitung aus und schickte es ihm, nachdem er darübergekritzelt hatte: *Wieder ein Mestizenbastard mehr auf der Welt.*

Meine Vorfahren waren Migranten, wie die meisten Nordamerikaner, aber sie hatten verschiedene Meere überquert. Aikins ist ein schottischer Nachname, der über Irland nach Amerika kam, und auf väterlicher Seite gibt es auch *pure laine*-Quebecker, reine Frankokanadier. Seine Ahnen waren unter den fünfundfünfzig Millionen Europäern, die vom neunzehnten Jahrhundert an auswanderten, als die erste industrielle Revolution die Völker der Erde per Schiff und Zug vermischte.[53] Mein zweiter Vorname lautet Yutaka, 裕 in Kanji, nach meinem Großvater, der 1922 als einer der Nisei, der zweiten Generation Japaner in Amerika, in Kalifornien zur Welt kam. Sein Vater war Matrose der Handelsmarine, der in San Francisco kurzerhand und unerlaubt von Bord ging; beide Urgroßväter arbeiteten auf Farmen im Sacramento Valley und heirateten *picture brides*, Mädchen, die sie nur vom Foto kannten, aus Wakayama beziehungsweise Hiroshima und holten sie ins Land, bevor das Einwanderungsgesetz von 1924 Asiaten den Zuzug verwehrte; im selben Jahr wurde der Grenzschutz eingeführt. Vorausgegangen war dem Gesetz jahrzehntelange Lobbyarbeit von Organisationen wie den Eingeborenen Söhnen des Goldenen Westens und der Veteranenvereinigung Amerikanische Legion.[54] *Jeder, der den Fernen Osten bereist hat, weiß, dass die Vermischung von asiatischem mit europäischem oder amerikanischem Blut in neun von zehn Fällen die unseligsten Ergebnisse hervorbringt,* schrieb Franklin Delano Roosevelt im darauffolgenden Jahr im *Macon Telegraph.*[55] Als die Japaner Pearl Harbor angriffen, war Roosevelt Präsident, und als Reaktion auf den Angriff ordnete er die Internierung von über hunderttausend Menschen japanischer Abstammung entlang der Westküste an; zwei Drittel von ihnen waren amerikanische Staatsbürger. *Sie werden immer braune Menschen sein,* sagte Senator Edwin Johnson. *Glauben Sie denn, dass sie irgendwann mit uns verschmelzen und in jeder Hinsicht akzeptiert werden wie ein weißer Mann?*[56]

Meine Großmutter Sei, später Mary Ann genannt, wuchs in der Nähe von Los Angeles auf; bei Kriegsausbruch war sie dreizehn.[57] Im Schulbus wurde sie von weißen Kindern angespuckt, weil sie das Gesicht des Feindes hatte. Die zur Internierung einbestellten japanischen Amerikaner durften laut Weisung der Regierung mitbringen, was sie tragen konnten; alles andere war verloren. Sei und ihre Familie kamen ins *relocation center*, das Internierungslager der Santa-Anita-Rennbahn, wo sie in weiß getünchten Pferdeboxen untergebracht wurden.[58] Als ihr Vater sich weigerte, den *loyalty questionnaire* auszufüllen, eine Art Untertanenfragebogen, wurde die Familie ins Segregationslager am Tule Lake geschickt, bis er sich eines Besseren besann. Daraufhin war ihre nächste Station ein Sumpfgebiet nahe dem Mississippi in Arkansas. In diesem Jahr 1943 wurden japanische Amerikaner gern auch auf ein Inselarchipel gebracht, wo sie an Orten wie Topaz, Gila River und Heart Mountain in Hütten aus Teerpappe zwischen Stacheldraht lebten.[59] Die Familie meines Großvaters Yutaka wiederum wurde nach Colorado geschickt, ins Lager Amache, benannt nach einer lokalen Cheyenne, die einen weißen Viehzüchter geheiratet hatte und deren Vater, Lone Bear, unter den Opfern des Sand-Creek-Massakers 1864 war. *Was in letzter Zeit den amerikanischen Japanern und uns immer schon widerfahren ist,* schrieb Langston Hughes 1944, *setzt die amerikanischen Neger und die amerikanischen Japaner ins selbe Boot.*[60] Auch als sie ihre Freiheit wiederhatten, blieben viele Nisei der Westküste fern. Stattdessen schwärmten sie mit Zügen und Greyhound-Bussen aus zu Fabriken, Bewässerungsprojekten und neuen Vorstädten. Meine Großeltern lernten einander in Denver am Fließband der Acme Table Pac Company kennen: Er war sieben Jahre älter und hatte eine gescheiterte Ehe hinter sich, ein Charmeur mit einer Schwäche für chinesisches Glücksspiel, und sie wollte trotz der Missbilligung ihrer Eltern nicht von ihm lassen. Weil beide nach mehr strebten als Fabrik- beziehungsweise Hausarbeit, zogen meine Großeltern weiter und landeten schließlich in Chicago, wo sie ihren Durchbruch hatten: Sie wurden Kükensexer.[61] Damals hatten japanische Amerikaner praktisch das Monopol auf eine bemerkenswert effiziente Methode der Geschlechtsbestimmung bei Küken, die in den zwanziger Jahren in Japan erfunden worden war. Kükensexer entwickelten dank ständiger Wiederholung immergleicher Gesten eine intuitive Fähigkeit, die für Neulinge ununterscheidbaren Genitalien des Kükens zu ertasten. Ein geschickter Kükensexer, der mit einer Genauigkeit von achtundneunzig Prozent mehr als tausend Küken pro Stunde *werfen* konnte, verdiente gutes Geld. Als man in Mississippi eine Konzession erwerben und sich als Kükensexer selbstständig machen konnte, zogen meine Großeltern in die Hauptstadt Jackson, wo 1959 ihre fünfte Tochter, meine Mutter, zur Welt kam. Jim Crow, die Symbolfigur für Segregation und Unterdrückung, lag in den letzten Zügen, und die Weißen von Mississippi bekämpften erbittert die Rassenintegration an den Schulen, meinen Großeltern aber wurde ein Reihenhaus in einem

Weißenviertel verkauft, und ihre Töchter durften ohne viel Aufhebens dort zur Schule gehen. Unterdessen kamen weiße Veteranen mit japanischen und koreanischen Verlobten aus Übersee zurück. Yutaka hatte seit seiner Kindheit für Autos geschwärmt; für ihn bedeutete das Auto Freiheit. Auf der Wiese vor dem Haus stellte er eines Tages einen Sattelzug ab, den er von den Ersparnissen der Familie gekauft hatte. Mit den Hühnern war er durch; die Zukunft waren Tiefkühltransporte. Von da an wurde er nur noch selten zu Hause gesehen, denn damit die Investition sich auszahlte, war er ständig auf Achse. Und hielt sich mit Winston-Zigaretten wach. Im Sommer 1964 – *Freedom Summer*: So hieß die Kampagne, bei der Freiwillige aus ganz USA nach Mississippi kamen, um so viele afroamerikanische Wähler wie möglich hier zu registrieren – befuhr Yutaka die Fernstraßen nach Kalifornien und Illinois, den Highway 51 von New Orleans nach Memphis, die nichtasphaltierten Wege im Delta.

Am 22. September meldete Yutaka am Gericht von Jackson Konkurs an. Am selben Nachmittag fuhr er weiter nach Indianola, um den Lastwagen zu entladen, und fiel dabei tot um. Herzinfarkt, mit zweiundvierzig; das älteste seiner sieben Kinder war zwölf, das jüngste zwei. Meine Großmutter musste sich um Konkurs und Beerdigung gleichzeitig kümmern. Sie zog nach Seattle, wo sie Angehörige hatte, führte dort einen Blumenladen und heiratete nicht mehr. Überleben bedeutete für sie, wie für viele Nisei, die totale Amerikanisierung, als hätte sie immer den staatlichen Fragebogen im Hinterkopf: *Werden Sie, außer im Notfall, auf die Verwendung der japanischen Sprache verzichten?* [62] Sie hatte ihren sieben Kindern christliche Namen gegeben und sorgte dafür, dass alle das College besuchten. Bis auf einen heirateten alle Weiße.

Meine Mutter lernte einen jungen Marineoffizier kennen, als dessen Schiff im Hafen von Seattle lag, und ging später mit ihm nach Kanada, in eine Stadtrandsiedlung, wo meine Geschwister und ich Eishockey spielten. Ich erinnere mich an vereinzelte Zwischenfälle, eine Frau, die meine Mutter im Zusammenhang mit einem Parkplatz beschimpfte, und an einen Mitschüler, der mich mobbte; mir war klar, dass ich anders aussah, weniger erwünscht, aber innerlich fühlte ich mich so weiß, wie meine weißen Freunde waren. Meine Großmutter starb, als ich auf dem College war, und ich habe sie nie nach den Lagern gefragt. Als Kind hatte ich die Geschichte, die mich interessierte, im Bücherregal meines Vaters gefunden: Winston Churchills Erinnerungen und *Goldmacher und Kurtisane*, eine Saga um französische Kolonialhelden.[63] Mit dem Erwachsenwerden arbeitete ich mich durch zunehmend kosmopolitische Sphären aufwärts, bis hinauf zum Gipfel New York City, und wurde Nutznießer dessen, was die Historikerin Nell Irvin Painter *die vierte Erweiterung amerikanischer Weißheit* genannt hat.[64] Heute hat eine multikulturelle Klasse, die auf eigentumslose Engländer, Iren und Deutsche, dann Italiener und Juden folgte, ein Amerika geerbt, in dem eine Thien Thanh Thi Nguyen, Tochter vietnamesischer Flüchtlinge, zu Tila Tequila heranwachsen und Ruhm als erster bisexueller Reality-TV-Star erringen konnte – in letzter Zeit auch als Neonazi.[65]

In Omars früher Kindheit war die Lieblings-TV-Serie seiner Familie *Das Mädchen aus der Stadt*, ein kanadisches Historiendrama in knapp hundert Fortsetzungen, das in persischer Synchronisation im Iran äußerst beliebt war. Die Hauptfigur, Sara Stanley, hatte goldenes Haar und war ein Stadtmädchen im Exil bei der Verwandtschaft auf dem Land. Sara, Sara, Sara mit ihren grauen Katzenaugen: Seiner belustigten Familie schwor Omar, dass er, wenn er groß sei, nach Kanada auswandern und sie heiraten werde.

Sie lebten in Schiraz, wo die Dichter Hafez und Saʿadi begraben sind. Sie waren zu acht in einem kleinen Haus im alten Teil der Stadt. Anders als in Pakistan, wo die Afghanen meist in Lagern untergebracht waren, durften sie im Iran in die Städte ziehen, wo man ihre Arbeitskraft brauchen konnte, denn die einheimischen Männer waren an der Front und kämpften gegen die Iraker.[66] Dennoch waren es magere Zeiten für die Familie, zumal nachdem sich Dschamal bei der Arbeit als Maurer den Rücken ruiniert hatte. Maryam ging putzen und bügelte die gebrauchte Kleidung, die ihre Nachbarin auf dem Basar verkaufte. Manchmal trieb sie *Kofferhandel*: Sie brachte Schwarzmarktwaren vom Hafen von Bandar Abbas als Reisegepäck getarnt in die Stadt, und der kleine Omar und sein Bruder verhökerten die Sachen am Straßenrand, zusammen mit Minoo-Keksen und Chic-Kaugummi.

Anstrengend wäre das Leben auch dann gewesen, wenn Dschamal und Maryam in ehelichem Glück gelebt hätten, aber dem war nicht so. Die Tradition verlangte, dass die Frau sich fügte, und Maryam fügte sich nicht. Dschamal, aus dem Verkehr gezogen und arbeitslos, giftete über seine Frau, die seine Autorität nicht anerkannte; sie stritten erbittert, und gelegentlich schlug er sie. Jahre später fragte er sich mir gegenüber, ob er vielleicht seine gesamte Kraft hätte einsetzen und ihr Knochen brechen sollen. Vor ihrer Flucht aus Kabul hatte ihn seine ältere Schwester manchmal wegen Maryams Ungehorsam verspottet: *Dein Vater hatte viele Frauen, und du wirst nicht mal mit einer einzigen fertig.* Aber hier in Schiraz war er allein.

Je älter Omar wurde, desto ähnlicher wurde er seinem Vater, mehr als alle anderen Geschwister. Er teilte auch die musikalischen Vorlieben seines Vaters und hörte gern dessen Kassetten: Oldies wie Ahmad Zahir, aber auch eine neue Generation von Sängern in der Diaspora, Stimmen aus dem Westen, die sich nach der Heimat sehnten, wie Farhad Darya, dessen Lied »Kabul dschan« in den Neunzigern ein Hit war:

Lass mich singen vom Iran bis Pakistan.
Hast du Nachricht aus dem geliebten Kabul, Liebste?

Im Iran waren die Afghanen immer weniger willkommen und die Polizei ihnen gegenüber zunehmend rücksichtslos und aufdringlich.

Aber Omar mit seinen hellen Augen hatte es leichter als die Hazaras mit ihren asiatischen Gesichtszügen, denen die Kinder auf der Straße nachliefen und riefen: »*Kasāfat-e afghāni!*« Afghanischer Müll. Nein, sein Haar war braun, und seiner Sprache nach hätte man meinen können, er sei aus Schiraz. Sein machohaftes Auftreten aber ahmte die zornigen jungen Männer aus den heiß geliebten Bollywoodfilmen nach. Er war groß für sein Alter und hitzköpfig. Von den Schlägertypen, den *badma'āš* aus dem Viertel lernte er mit dem Messer umzugehen, aber vom Heroin, das in der Stadt Verheerungen anrichtete, hielt er sich fern.

Während seiner ganzen Schulzeit arbeitete er, um Geld zu verdienen, genug, um sich ein Fahrrad und ein Radio zu kaufen. Er putzte Schuhe und erntete Pistazien. Mit zehn Jahren konnte er fünfzig Pfund schwere Eimer Speiseeis schleppen. Mit dreizehn begann er auf dem Bau zu arbeiten. Als Jugendlicher wollte er Arzt werden und Menschen helfen. Oder Pilot und die ganze Welt sehen. Er war sicher, dass es anderswo ein besseres Leben für ihn gäbe, an irgendeinem Ort, wo er seinen Platz hätte. Ein Freund von ihm wohnte nahe dem Flughafen, und oft standen sie dort stundenlang am Zaun und beobachteten Flugzeuge.

Das Ende des Kalten Kriegs veränderte die Sicht des Westens auf Flüchtlinge.[67] Konflikte in armen Ländern wurden nicht mehr als Stellvertreterkämpfe zwischen Supermächten beziehungsweise deren Ideologien gesehen. *Schreckliche Kriege, ohne Glauben und ohne Gesetz, der Logik eines Clausewitz nicht weniger fremd als der Hegels*, schrieb der Kriegskorrespondent und Philosoph Bernard-Henri Lévy.[68]

Nach dem Abzug der Sowjets 1989 kamen Millionen Afghanen nach Hause. Auch Dschamal wollte zurück, aber Maryam weigerte sich, sie traute den fundamentalistischen Rebellen nicht und war sicher, dass sie der Ausbildung ihrer Töchter ein Ende machen würden. Als die kommunistische, von der Sowjetunion gestützte Regierung drei Jahre später zusammenbrach, gerieten die Mudschaheddin und Milizionäre sofort aneinander, und der Westen wandte sich ab. *Mit Stammeskämpfen und Blutfehden hat die Welt nichts zu schaffen*, verkündete die Londoner *Times*.[69] Es kam die Zeit der Warlords. *Die Liebe starb, die Treue starb, die Zuneigung ging zugrunde*, hatte der Dichter Khalilullah Khalili geschrieben. *Wir ertrinken in einem Meer von Blut*.[70] Rückblickend betrachtet, war die Zerstörung während der neunziger Jahre eine Warnung für die Zeit zwei Jahrzehnte später, als die Amerikaner ihre Truppen abzogen und die Regierung zu taumeln begann: Flieht, solange ihr könnt. Kabul war nur noch ein Labyrinth aus Ruinen, durch das sich ein Netz von Checkpoints mit bewaffneten Posten zog. Wer sie passierte, lief Gefahr, getötet zu werden; andererseits war das womöglich der einzige Weg, um den Hungertod zu vermeiden. Aus einem Brief erfuhr Maryam, dass ihr Bruder von Milizionären ausgeraubt und zusammengeschlagen worden und jetzt auf einem Auge blind war. Kurz darauf fegten die Taliban durch das Land, deren einzige Attraktivität ihre brutale Rechtsprechung war. 1996 nahmen sie Kabul ein.

Fünf Jahre später erhielt Omars Familie die lang ersehnte gute Nachricht: Dschamals Bruder, der ein Jahrzehnt früher in die USA ausgewandert war, wollte ihren Flüchtlingsantrag unterstützen. Dazu mussten sie allerdings den Iran verlassen und nach Pakistan zurückkehren, wo es eine amerikanische Botschaft gab. Sie verkauften, was sie nicht mitnehmen konnten, und kamen bei einer von Dschamals Schwestern in Peschawar unter. Maryam und Dschamal suchten die US-Botschaft auf und erhielten einen Termin für ein Interview ein paar Monate später. Es war Spätsommer 2001. Am 11. September sahen sie im Fernsehen die Twin Towers brennen. Als sie erneut die Botschaft aufsuchten, waren die US-Spezial-kräfte und die mit ihnen verbündeten Warlords in Kabul. Der Bot-schaftsmitarbeiter teilte ihnen mit, dass alle Flüchtlingsanträge auf Eis gelegt seien. Maryam erinnerte sich an seine Worte: »Ihr Land ist jetzt frei. Gehen Sie nach Hause.«

In ramponierten Toyota-Pick-ups und Mercedesbussen aus Deutschland, die dort längst ausrangiert waren, kehrten sie zurück. Sie kamen zu Fuß und auf Eselsrücken, Familie um Familie, über-querten Gebirgspässe und drängten sich zu Tausenden an den gro-ßen Grenzübergängen Wesch und Torkham. Sie stiegen in Anzügen und blank polierten Schuhen aus Boeing-747-Maschinen. Sie kamen mit Masterabschlüssen und Prothesen und rotbackigen Säuglingen. Fünf Millionen kehrten zurück. Es war das größte Rückführungs-programm in der Geschichte der Vereinten Nationen. *Unser Einsatz für ein stabiles und freies und friedliches Afghanistan ist ein lang-fristiges Engagement*, sprach Präsident George Bush an der Seite des neuen afghanischen Staatschefs Hamid Karzai.[71] Die Taliban hatten alle Musik verboten; das erste Lied, das Radio Afghanistan jetzt spielte, war Daryas »Kabul dschan«:

Hast du Nachricht aus dem geliebten Kabul, Liebste?
Und hast du von mir gehört?[72]

Im Frühjahr 2002 fuhren Omar und seine Familie mit einem Bus den Khaiber-Pass hinauf, bis sie an der Grenze zu ihrem Land stan-den. Am Grenzübergang wehte statt der weißen Fahne der Taliban das Schwarz-Rot-Grün aus Königs Zeiten. Der Anblick der Flagge erfüllte Omar mit Hoffnung.

5

Wunder sind aber nicht von Dauer. Der Winter kam und ging, während Maryam und die anderen auf ihre türkischen Visa warteten. Ich schrieb die Kunduz-Story zu Ende und kümmerte mich um das eine oder andere Unerledigte: Turabaz, unseren alten *chowkidar*, konnten wir bei einer NGO unterbringen, und die Hündin Bād kam auf einen Hof im Norden der Stadt. Alles andere legte ich vorläufig auf Eis und beschäftigte mich mit den Vorbereitungen auf die Reise.

Aus Europa kamen schlechte Nachrichten. Zunächst wurden auf der Balkanroute die Grenzen geschlossen. Am 18. März kündigte die EU dann an, dass Flüchtlinge, die auf den griechischen Inseln an Land gingen, dort in Lagern untergebracht würden. Für unsere Reise bedeutete das zusätzliche Schwierigkeiten – allerdings begann ich mich zu fragen, ob Omar überhaupt fortwollte.

»Der Frühling ist da«, sagte ich, als wir vor dem Haus, in dem ich wohnte, im Auto saßen. »Was hast du vor?«

Er hörte kaum zu. Er war besessen von dem Gedanken, dass Lailas Vater seine Tochter augenblicklich verheiraten werde, sobald er, Omar, Kabul den Rücken gekehrt habe. Was er verhindern konnte, solange er noch in der Stadt war – notfalls mit Gewalt.

»Was meinst du mit Gewalt?«, fragte ich.

Er lachte bitter. »Beweisen, dass wir zusammen waren. Dann heiratet sie niemand anderes mehr. Oder – ich entführe sie.«

Ich wusste nicht, ob es ihm ernst war oder nicht. So wie jetzt hatte ich ihn nie erlebt.

»Was sagt *sie* denn?«

Lailas Vater hatte wieder ihr Zimmer durchsucht und diesmal ihr Mobiltelefon gefunden; jetzt musste Omar jedes Mal tagelang warten, bis Laila ihn endlich über eine befreundete Klassenkameradin erreichen konnte.

»Sie sagt, wenn ich gehe und ihr Vater sie dann zwingt, jemand anderen zu heiraten, darf ich mich nicht beschweren.«

Nicht zum ersten Mal fragte ich mich, was Laila wirklich dachte. Wie konnten sie heiraten, wenn sie nicht bereit war, ihrem Vater die Stirn zu bieten? Omar hatte gesagt, sie habe schließlich akzeptiert, dass es das Beste sei, wenn er sich auf den Weg machte, aber vielleicht versuchte sie in Wahrheit, ihn hier festzuhalten. Ich hatte es aufgegeben, mit ihm zu diskutieren. Vielleicht verschwendete ich meine Zeit.

Omar sagte, er müsse eine Möglichkeit finden, sie zu gewinnen. Er müsse reich werden, irgendwie. Er war zu allem bereit, außer zu töten und zu stehlen. Er werde in Ghazni oder Kandahar Haschisch einkaufen und in Kabul für das Doppelte verticken.

Ich sagte, er sei wahnsinnig. Er stimmte mir zu.

»Ich bin wahnsinnig vor Liebe. Wir sind seit vier Jahren zusammen. Ich bin ihr erster Mann. Ich kann den Gedanken nicht ertragen, dass jemand anderes sie haben soll.«

»Weißt du, wie man bei uns sagt? ›Wenn du einen Menschen liebst, lass ihn frei.‹«

»Du meinst, ich soll sie aufgeben?«, fragte er.

»Ja, und wenn sie dann zu dir kommt, dann weißt du, dass sie dich wirklich liebt.«

»Ich kann sie nicht aufgeben, Bruder, ich kann nicht!«

»Aber das ist keine Liebe.«

»Nein?«

»Das ist Stolz.«

»Ich weiß aber, dass ich sie liebe.«

Sie sagte, wenn der Tod in der Luft liegt, schrieb der Dichter Elyas Alavi, *kannst du jedes Türchen versperren, am Ende tritt er doch zu dir ins Zimmer.*[73]

Am 19. April, kurz vor neun Uhr morgens, saß ich im Haus meines Freundes am Schreibtisch und übte Dari. Ein Windstoß drückte das Fenster auf. Autoalarmanlagen und Hundegebell hallten durch die Straße. Auf Twitter wurden schon die ersten Bilder einer schwarzen Rauchwolke über dem Zentrum der Stadt gepostet. An der Mahmud-Khan-Brücke hatte es eine Explosion gegeben; nach dem Donner zu urteilen, musste sie gewaltig gewesen sein. Ich rief Omar herüber; wir sprangen in den Corolla und stürzten uns in den Verkehr. Krankenwagen kamen uns entgegen; sie rasten vorbei an dem Anschlagkasten der deutschen Botschaft mit dem Plakat: AFGHANISTAN VERLASSEN? SIND SIE SICHER?

»Schau sie dir an. Denen ist alles egal«, sagte Omar, während er das Auto an ein paar kiesschaufelnden Arbeitern vorbeischleuste. Die Leute lebten ihr Leben, und die Bombenleger gingen zwischen ihnen dahin. Aber die Explosionen nahmen in dem Maß an Wucht zu, wie die Ausländer und die Eliten sich hinter Betonwänden und Checkpoints verschanzten. Und seitdem der IS eine Dependance in Afghanistan eröffnet hatte, standen schiitische Schulen und Moscheen im Visier. In diesem Jahr verzeichneten die UN mit über elftausend Toten und Verwundeten, ein Drittel davon Kinder, die meisten zivilen Opfer in Afghanistan.

Weil die Polizei den Explosionsort sehr großräumig abgesperrt hatte, musste Omar mich absetzen. Ich zeigte meinen Presseausweis und ging zu Fuß weiter durch Straßen, die menschenleer waren bis auf ein paar benommen dreinblickende, Scherben zusammenkehrende Ladenbesitzer. Es fing an zu regnen, meine Schuhe waren sofort durchweicht. Irgendwo vor mir waren Schüsse zu hören. Ich ging an mehreren Geschäften für Autoteile entlang und kam schließlich in einen weiten Hof voller Wellblechbaracken mit den Werkstätten von Automechanikern. Auf der anderen Straßenseite gingen die Kämpfe weiter: Dort war eine Zentrale des Geheimdienstes, gegen die der Bombenanschlag gerichtet war. In einer der Mechanikerwerkstätten fand ich eine Gruppe afghanischer Reporter vor, die zusammensaßen und warteten. Der Regen trommelte aufs Dach, und es roch nach nassem Polyester. Ich erkannte Massoud Hossaini, der vier Jahre zuvor, 2012, für sein Bild von einem kleinen Mädchen, das mit blutbeflecktem grünem Aschura-Kleid auf die Leichen seiner Angehörigen starrt und schreit, den Pulitzer-Preis gewonnen hatte.

Der heutige terroristische Angriff bei Pul-e Mahmud Khan, Kabul, zeigt klar, dass der Feind uns im Nahkampf unterlegen ist, twitterte das Büro von Präsident Aschraf Ghani. Die Taliban hatten einen Lieferwagen voller Sprengstoff vor der Mauer der Geheimdienstzentrale in die Luft gejagt; danach hatten drei bewaffnete Männer in gestohlenen Uniformen das Gebäude gestürmt und auf die Überlebenden geschossen. Die Druckwelle erfasste den Kreisverkehr und den Marktplatz in der Nähe. Knapp siebzig Menschen kamen an diesem Tag bei dem Anschlag ums Leben, mehr als dreihundertfünfzig, Sicherheitskräfte wie Zivilisten, wurden verwundet. Manche hatten wie durch ein Wunder überlebt, so der Fahrradreparateur, den es in den vom Frühlingsregen angeschwollenen Fluss geschleudert hatte. Andere verschwanden. Als ich eine Woche später wieder auf den zerstörten Markt kam, hörte ich dort eine Frau um ihren Sohn wehklagen: »Mein Kind, mein Kind, ich bin blind. Was ist aus deinem Körper geworden?«

»Gestern Nacht habe ich etwas Seltsames gehört«, erzählte Omar. Er war allein mit seinem Vater zu Hause; seine Brüder in Europa und er hatten lange darüber debattiert, was aus dem Alten werden solle. Zwar wollte ihn keiner von ihnen zurücklassen, aber nachdem Omar noch in Kabul war, lag die Last jetzt auf seinen Schultern allein; ohnehin war er der Sohn, der dem Vater am nächsten stand. Nachdem Dschamal sich 2002 von seiner Familie getrennt hatte, war Omar derjenige, der ihn zusammen mit seiner kleinen Schwester Farah von Zeit zu Zeit im Haus der Tante besuchte. So zornig und verletzt er auch war, liebte er doch seinen Vater. Der große Mann, der sie einst mit Gürtel und Fäusten traktiert hatte, war zunehmend hinfällig. Als er wegen seines ruinierten Rückens operiert wurde, fuhr ihn Omar ins Krankenhaus. Als die Tante starb und der Onkel in Amerika das Haus zu verkaufen beschloss, waren es Omar und Farah, die zu ihm gingen und Dschamal einluden, bei ihnen zu wohnen: Dass der eigene Vater wie ein Bettler bei anderen Leuten wohnte, wäre eine Schande gewesen. Dennoch war Dschamal anfangs argwöhnisch: War das eine List? Allerdings wusste er nicht, wo er sonst hätte wohnen sollen.

Maryam wusste es auch nicht. Sie nahm die Anwesenheit ihres fremd gewordenen Gatten zähneknirschend hin, und mit kleinen Demütigungen – etwa indem er sein Essen als Letzter bekam – sorgte sie dafür, dass er sich unerwünscht fühlte. Auch die Kinder hatten keinen Respekt vor der väterlichen Autorität mehr. Dschamal bereitete sich bald seine Mahlzeiten selbst zu und zog in das Nebengebäude draußen im Hof, wo er auch im Winter wohnte. Dort saß er allein in einem Raum und schlug fernsehend und rauchend die Zeit tot.

Jetzt aber wollte die ganze Familie nach Europa fliehen, und er hatte sich geschworen, sein Land nie wieder zu verlassen. Wenn sie ihn zurückließen, drohte er, werde er nach Kandahar gehen, und niemand werde mehr von ihm hören. Omar hielt das für einen Bluff; seine Brüder waren weniger überzeugt. Doch selbst wenn ihr Vater gewillt gewesen wäre, mit den anderen in die Türkei zu fliehen, woher hätten die fünftausend Dollar für sein Visum kommen sollen? Der alte Mann besaß keinen Cent.

In der Nacht zuvor habe sein Vater wohl das Haus leer geglaubt, sagte Omar. Von seinem Zimmer aus hörte er etwas, was ihm völlig unbekannt war. Der alte Mann weinte.

Die türkischen Visa waren endlich da, galten aber nicht lang. Maryam wartete auf Omar, solange es ging. Dann war Mai, der Sommer erblühte, und sie bat ihren Sohn, sie in das Dorf ihrer Vorfahren außerhalb der Stadt zu fahren. Sulaiman, der vierzehnjährige Neffe, der sie nach Europa begleiten sollte, kam ebenfalls mit, um sich von seinen Eltern und Geschwistern, die noch dort lebten, zu verabschieden. Omar nahm die Route, die hinter dem Flughafen entlangführte, vorbei an der jetzt ruhenden Fertighausfabrik, auf deren Gelände die Prototypen von Explosionsschutzwänden und Bunkern wie Gartenzwerge in einer Reihe ausgestellt waren. An den Kreuzungen verkauften Kinder bittere Melonen.

Als Kind hatte Maryam in der Provinz Nangarhar gelebt, wo ihr Vater Staatsdiener war, aber ihre Mutter fuhr im Sommer immer mit ihr und ihren Geschwistern ins heimatliche Dorf außerhalb Kabuls. Die Brüder der Mutter beackerten ihren Grund mit hölzernen Pflugscharen, die Frauen versorgten die Obstbäume und machten Brot aus dem mit der Wassermühle gemahlenen Mehl. Maryam war jung genug, um mit ihren Cousins durch die Felder zu rennen, die Böschungen zu den Kanälen hinunterzuklettern, in denen sauberes Wasser floss, warm im Sommer und kühl im Herbst, wenn die Weinreben schwer von dunklen Früchten waren. Das Klima war damals weniger trocken als heute.[74]

Omar fuhr vorbei an den zerdrückten Stacheldrahtsträngen des Kontrollpunkts am Rand der Schomali-Ebene, eines landwirtschaftlich genutzten Gebiets, das sich sechzig Kilometer weit nach Norden erstreckt, bis hinter die Bagram Air Base, das Hauptquartier der US-Streitkräfte in Afghanistan. Während der fetten Jahre der US-Subventionen hatte es große Pläne für ein neues Kabul gegeben, das hier nach Entwürfen französischer und japanischer Architekten errichtet werden sollte, Wohnungen für drei Millionen Menschen in modernen Häusern mit fließendem Wasser und Strom.[75] Aber daraus war nichts geworden, und das flache Land hinter der Fernstraße war leer bis auf die Schornsteine der Ziegelfabriken, in denen Arbeiter aus den Dörfern ringsum, Kinder, Eltern, Großeltern, Seite an Seite von morgens bis abends schufteten, den Lehm in die hölzernen Formen gossen, die Brennöfen mit zerschnittenen Reifen heizten, was die Luft mit Dioxinen und Schwermetallen anreicherte, und für jeweils tausend Ziegel bezahlt wurden.[76]

Omar folgte der kurvenreichen Straße etliche Kilometer nach Nordwesten, bis die Äcker und Obstgärten des Dorfes in Sicht kamen. Zwischen den Parzellen verlief ein Erdwall, und darauf flatterten grüne Fahnen über Grabsteinen; Maryams Mutter war dort begraben. Omar bog in eine Lehmstraße ein, passierte im Schritttempo die Grundschule und eine Ansammlung von Häusern entlang des Flussbetts. Kinder standen im Schatten eines Wäldchens aus Maulbeerbäumen. Der Corolla fuhr an den gezackten Lehmmauern einer uralten Festung entlang, die vom Zahn der Zeit und von sowjetischen Einschüssen baufällig geworden war: die *qale* von Maryams Großvater, in der jetzt Geister hausten. Den größten Teil des Landes besaßen heute die Nachkommen seiner drei Frauen, etwa dreihundert an der Zahl. Auch Maryam hätte hier Land besitzen sollen, sagte Omar bitter, nämlich den mütterlichen halben Anteil, der ihr nach islamischem Recht zustand. Jetzt gehörte es ihrer Verwandtschaft, die es mit der Begründung an sich genommen hatte, Maryam habe ihren Anspruch verwirkt, weil sie außerhalb des Dorfes geheiratet hatte und während des Kriegs im Ausland war.

Omar setzte seine Passagiere vor dem Haus von Sulaimans Vater Ismail ab, einem rüstigen, krummbeinigen Bauern Ende fünfzig, der Maryams Lieblingsvetter war. Ihre Mutter war in den neunziger Jahren, als die Warlords die Hauptstadt verwüstet hatten, zu ihm gezogen und war bei ihm gestorben, während Maryam im Iran war. Ismail wiederum hatte Sulaiman, seinen Ältesten, zu Maryam nach Kabul geschickt, damit der Junge dort eine anständige Schule besuchte, und als er von Maryams Auswanderungsplänen hörte, kratzte er so viel Geld zusammen, wie das Visum für seinen Sohn kostete. »In Europa kannst du studieren«, sagte er zu ihm.

Im Lauf der Woche, die Maryam in ihrem Dorf verbrachte, kamen über hundert Menschen, denn natürlich war allen Verwandten klar, dass sie einander vielleicht nie wiedersähen. Maryam wurde geachtet als *ādam-e mardāne*, als männlicher Mensch, der Lehrerin geworden war und trotz nichtsnutzigem Ehemann und auch sonst viel Pech alle sechs Kinder durchgebracht hatte. Sie sangen und aßen miteinander, tratschten und erinnerten an die vielen, die fehlten. In ihrer Generation war die Lebenserwartung rund dreißig Jahre gewesen. *Dein Platz ist leer*, sagt man auf Persisch, wenn man jemanden vermisst. Maryam vermisste ihre Vettern, Ismails ältere Brüder, die Jungen, mit denen sie zu Zeiten der Trauben und Weizenfelder gespielt hatte. Die Kommunisten hatten sie geholt, wiedergekommen waren sie nicht. Aber zwei ihrer Kinder, die zueinander Vetter und Kusine waren, hatten geheiratet: Die beiden Brüder hätten dieselben Enkelkinder gehabt.

Hier gab die Gemeinschaft dem einzelnen Leben Bedeutung, dennoch hatte Maryam schon als Kind auf keinen Fall einen Vetter aus dem Dorf heiraten wollen. Sie wollte eine moderne Frau sein. Und ihre Kinder wiederum wären im Leben nicht auf die Idee gekommen, auf dem Dorf zu leben – alle zog es in den Westen, in die Stadt.

Jeden Tag betete Maryam am Grab ihrer Mutter: *Im Namen Allahs, des Allerbarmers, des Barmherzigen.* Hier waren die Toten für die Lebenden noch gegenwärtig, und Maryam fragte sich, ob sie auch von ihnen getrennt wäre, in Europa. *Dich allein verehren wir, dich allein bitten wir um Hilfe. Führe uns auf den rechten Weg.* Eine einzelne Frau auf einem kahlen Hügel. Weinte sie um das schon Verlorene oder um das, was sie zurücklassen würde?

Nach sieben Tagen kam Omar wieder, um sie abzuholen. Maryam umarmte ihre Verwandten, und alle baten einander um Verzeihung in diesem Leben und im nächsten.

Jeden Morgen fuhr Omar an Lailas Kolleg vorbei und hoffte, wenigstens einen flüchtigen Blick auf sie zu werfen. Wochenlang hatte er auf ihren Anruf gewartet. Eines Tages hatte er es nicht mehr ausgehalten und vor ihrem Haus gewartet, bis sie herauskam und sich ins Taxi setzte. Er fuhr ihr nach. Vor dem Kolleg stieg sie aus und ging mit einer Freundin auf das Tor zu. Er hielt neben ihr.

»Hey!«, rief er aus dem Fenster.»Ich liebe dich.«

Sie beachtete ihn nicht. Die Freundin trat durchs Tor, Laila ging weiter zu einem Laden.

Wieder rief er ihr zu:»Ich liebe dich!«

Diesmal fuhr sie herum und beschimpfte ihn:»Lauf mir nicht nach, ehrloser Hund!«

Sie betrat den Laden. Er parkte das Auto. Als sie wieder herauskam, nahm er sie bei den Schultern:»Wie sprichst du mit mir? Warum rufst du nie an und redest mit mir? Ich liebe dich, weißt du das nicht? Hast du nicht gesagt, du liebst mich? Was ist passiert? Was ist los? Bitte, ich werde verrückt!«

Sie war erbleicht und sagte nur leise:»Die Leute schauen. Bitte lass mich gehen.«

Das tat er.

»Meine arme Mutter«, murmelte Omar. Beim Abschied am Flughafen, erzählte er, habe sie ihm einen prallen Umschlag US-Dollars gegeben, zum Teil aus ihren Ersparnissen, zum Teil von seinen Brüdern aus Europa geschickt.

»Für deinen Vater«, sagte Maryam. Dieses Geld, aufgestockt mit weiteren tausend Dollar aus Omars Tasche, reichte aus, um für Dschamal ein türkisches Visum zu kaufen. Sein Gepolter, er werde nach Kandahar davonlaufen, war vergessen. Omar begleitete ihn zum Fotografen und zur türkischen Botschaft, wohin er zum Gespräch geladen war. Sein Vater würde nach Istanbul fliegen und dort mit seiner Familie zusammenkommen; gemeinsam wollten sie dann versuchen, in die EU zu gelangen.

Am Abend vor der Abreise seines Vaters holten Omar und ich uns Kebab, um es bei ihm zu Hause zu verspeisen. Wir kamen gleichzeitig mit seinem Vater an, der auf seinem quietschenden alten Fahrrad aufkreuzte. Höflich baten wir ihn dazu, und zu meiner Überraschung nahm er an.

Dann saßen wir im Schneidersitz im Wohnzimmer und löffelten mit Brotbrocken *chapli*-Kebab. Der alte Mann musterte mich unter seinen silbrigen Augenbrauen. »Du bist um die ganze Welt gereist«, sagte er, das Schweigen brechend. »Sag mir, welche Länder waren die besten und welche die schlimmsten?«

»Ich schätze, jedes hat seine Vor- und seine Nachteile«, antwortete ich.

»Wie denkst du über Afghanistan?«

»Es ist sehr arm, und die Menschen leiden, aber sie geben aufeinander acht.« Ich dachte kurz nach. »Und es ist eines der schönsten Länder, das ich gesehen habe.«

Er hob sein Glas mit sprudelnder Cola an die Lippen. »Hast du die Golden Gate Bridge gesehen?«

»Ja.«

»Ist sie immer noch die längste der Welt?«

»Ich glaube, in China ist eine, die noch länger ist.«

»Warum geben Ausländer ihren Tieren Namen, wie Tom und Jim?«

Ich lachte. Sicher machte ihn die Aussicht auf seine Reise am nächsten Tag nervös, und ich erklärte ihm, was ihn in Istanbul erwartete, wie die Einreisekontrolle ablief und wie die Gepäckausgabe funktionierte. Farah und Sulaiman würden draußen auf ihn warten.

Omars Vater war dreiundsechzig. Während des Flugs nach Istanbul würde er zum ersten Mal die Welt von oben sehen. Er erzählte vom ersten Flugzeug seines Lebens. Afghanistan war damals ein Königreich und er zehn Jahre alt. Das Flugzeug war hellgelb, hatte einen einzigen Propeller und war auf der Straße vor dem staatlichen Krankenhaus gelandet. Jemand in der Menge der Zuschauer hatte gesagt, das sei ein Sprühflugzeug, aus Kanada geschickt, um die Heuschreckenplage in diesem Jahr zu bekämpfen.

Als Dschamal aufstand und ging, starrten Omar und ich einander an. »Ich habe deinen Vater noch nie so freundlich erlebt«, sagte ich.

»Er ist mir fremd«, antwortete Omar. »Neulich hat er ›danke‹ gesagt. Ich erinnere mich nicht, dass er sich je für irgendwas bedankt hat.«

Als wir aus dem Haus gingen, sahen wir Dschamal in der Dunkelheit zwischen den Feigenbäumen hin und her gehen. Die sommerliche Luft war so mild und trocken, dass man sie kaum spürte.

Während Omar damit beschäftigt war, das Tor zu öffnen, kam Dschamal zu mir; das Licht der Straßenlaterne fiel auf seine erschöpften Gesichtszüge.

»Du kannst ihn nicht nach Kanada oder Amerika mitnehmen, oder? Gibt es wirklich keine Möglichkeit?«

»Nein, das geht nicht. Vielleicht von Europa aus.«

»Und was ist mit dem Militär? Fragst du sie, ob sie ihn vielleicht nehmen? Diesen Weg sind doch schon so viele gegangen.«

»Auf das amerikanische Visum hatte ich keinen Einfluss. Sie haben ihn abgelehnt, weil er die erforderlichen Dokumente nicht hatte.«

»Willst du ihm helfen?«

»Natürlich.«

»Er war das Kind, das als allererstes wegwollte. Er war derjenige, der es am allermeisten wollte. Und jetzt ist er als Letzter noch hier.«

»Er schafft das schon«, sagte ich und blickte zu Omar hinüber. »Und ich helfe ihm, wenn ich kann.«

Am nächsten Tag begleitete ich die zwei zum Flughafen. Omar hatte seinen Vater in ein pastellfarbenes Polohemd und lange Hosen gesteckt. In westlicher Kleidung wirkte Dschamal noch größer. Wir gaben einander die Hand, und zu meiner Überraschung umarmte er mich.

»Pass auf Omar auf«, sagte er leise.

Der Juli kam, und ich hatte ein halbes Jahr auf Omar gewartet. Bald würde ich aufgeben und nach New York zurückkehren müssen, ohne ihn. Es war so schade, der Sommer zerrann uns zwischen den Fingern, ohne dass wir ihn nutzen konnten. Maryam telefonierte einmal wöchentlich aus Istanbul in der Hoffnung, dass er es sich anders überlegt hätte. Sie hätten eine Wohnung in einer Gegend mit vielen Afghanen gefunden, berichtete sie. Es gehe das Gerücht, dass die Grenzen wieder geöffnet würden.

Omar stand nach wie vor früh auf und folgte Laila zum Kolleg, sprach sie aber nicht mehr an. Anscheinend wirkte allein ihr Anblick beruhigend auf ihn. Eine Stunde lang parkte er vor dem Tor, rauchte, sah die Studentinnen kommen und gehen und sagte sich, sie versuche ihn loszuwerden, weil sie eine gehorsame Tochter sein wollte. Aber er war sicher, dass sie ihn immer noch liebte.

Mit mir begann er wieder über unseren Plan zu reden, die Flucht nach Europa; später, wenn er ihrem Vater etwas anzubieten hätte, würde er sie holen. Vielleicht werde er nach Italien gehen, wo Afghanen angeblich am schnellsten eine Aufenthaltsgenehmigung bekamen. In Deutschland und Schweden dauerte es zu lang, dort schmorten die Leute jahrelang in Asylbewerberheimen. So viel Zeit habe er nicht, sagte er. Und ich antwortete, ich sei bereit.

Eines Tages erhielt er einen Anruf von einer ihm unbekannten Nummer. Es war Laila.

Sie entschuldigte sich für das, was sie vor dem Kolleg zu ihm gesagt hatte. »Die Leute haben uns beobachtet.«

»Mir tut es auch leid.« Er hätte ihr keine Szene machen dürfen, sagte er. Er überlege, nach Europa zu gehen, solange es noch ging. Ob sie denn auf ihn warten werde?

»Geh«, sagte sie. »Geh und hol mich nach.«

TEIL 2
Der Weg

6

Omar lehnte am Geländer der Rolltreppe und blickte in die Tiefe der Shoppingmall hinunter. »Seitdem wir Diebe sind, steht der Mond am Himmel«, sagte er düster. Die persische Redewendung bedeutet so etwas wie *Der Zug ist abgefahren*. Wir kamen von den Reisebüros in der unteren Etage des Gulbahar Center. Sechs Monate zuvor, als die Außengrenzen der EU noch offen waren, hatte es dort gewimmelt von Schleusern, manche boten All-inclusive-Reisen von Kabul nach Deutschland mit Geld-zurück-Garantie, und jetzt hatten wir erfahren, dass wir von hier aus maximal bis Istanbul kämen.

Stellen wir uns vor, die Städte der Welt seien verknüpft durch ein Netzwerk von Wegen, die nicht nur physische Distanzen angeben, sondern auch Gefahren: das Risiko, unterwegs zu stranden, verhaftet, betrogen, gekidnappt, getötet zu werden. Für den Untergrundmigranten ist die kürzeste Distanz selten die gerade Linie; »kurz« kann sogar ein Flug um die halbe Welt sein, wenn man damit zu einem Flughafen mit käuflichen Funktionären gelangt. Der Raum zwischen zwei Menschen, die einander durch einen Zaun an den Händen halten, kann weiter sein als eine Wüste.

Jeder Weg hat seinen Preis. Mehr Geld bedeutet weniger Risiko, und Migranten nehmen immer den kürzesten Weg, den sie sich leisten können. Für das Individuum ist nur ein Bruchteil des Netzwerks sichtbar, und die Wege verschieben sich, wenn die Grenzen dicht machen und die Menschen neue Möglichkeiten finden, um auf die andere Seite zu gelangen. Im Jahr zuvor hatten einige Migranten, die Asyl in Europa suchten, ein Schlupfloch durch die

Arktis entdeckt, das von Russland nach Norwegen führte, befahrbar mit dem Fahrrad.[77]

Für Afghanen führte die längste, kostengünstigste Route nach Europa auf dem Landweg in den Iran und weiter durch das Gebirge in die Türkei – eine äußerst gefährliche Route. Der kurze Weg war der Flug nach Istanbul mit einem Visum im Pass; Omars Eltern hatten ihn genommen. Das war auch Omars Plan, und da die EU inzwischen ihre Grenzen geschlossen und die Nachfrage entsprechend nachgelassen hatte, konnte er bei einer Reiseagentur Visum und Flug für zweitausendfünfhundert Dollar heraushandeln, die Hälfte dessen, was seine Mutter ein paar Monate zuvor bezahlt hatte.

Nach Auskunft des Vermittlers würde es mindestens zwei Wochen dauern, bis das Visum ausgestellt wäre.

Wenn es dann da wäre, würden wir zusammen in die Türkei fliegen. Von da musste er entscheiden, wie er sich nach Europa schleusen lassen wollte. Höchstwahrscheinlich würden wir mit einem Boot zu den griechischen Inseln fahren. Ich war nervös und erleichtert zugleich – mir war nicht bewusst gewesen, wie sehr ich mir wünschte, dass wir uns endlich auf den Weg machten. Seitdem Omars Haus leer war, verbrachten wir unsere Abende mit Kartenspielen und türkischen Seifenopern, die synchronisiert und zensiert waren – Zensur bedeutete zum Beispiel verschwommene Kästchen vor weiblichen Oberkörpern, die wie futuristische Modeaccessoires aussahen. Wenn die Nachrichten liefen, berichteten die Schlagzeilen in diesem Sommer 2016 nicht mehr von Menschen in Booten, sondern vom Votum der Briten für den EU-Austritt, von der Nominierung Donald Trumps als Kandidat der Republikanischen Partei, von einem Lastwagen, der auf der Strandpromenade von Nizza in eine Menschenmenge hineinfuhr. Auf einem Parteitag der Demokraten hielt ein Mann, der seine Hidschab tragende Frau neben sich hatte, ein Exemplar der amerikanischen Verfassung hoch und rief mit sich überschlagender Stimme: *Geht zu den Gräbern der tapferen Patrioten, die für Amerikas Verteidigung ihr Leben gelassen haben.*[78]

Manchmal gesellten sich zwei Freunde von Omar aus der Nachbarschaft zu uns. Zakaria war neunzehn, ein hochgewachsener, knochiger Basketballer. Er war als Flüchtling im Iran geboren und aufgewachsen und gehörte einer schiitischen Minderheit an, die traditionell von den sunnitischen Herrschern Afghanistans unterdrückt wurde. Hazaras haben häufig ausgeprägt zentralasiatische Gesichtszüge wie hohe Wangenknochen und mandelförmige Augen; ich wurde oft für einen Hazara gehalten. Im eigenen Land wiesen ihre Gesichter sie als Ziel für mörderische Extremisten wie den IS als Schiiten aus und im Iran als afghanische Flüchtlinge: Dort hielt die Polizei ständig junge Männer wie Zakaria auf. Der war seinen prekären Status inzwischen dermaßen leid, dass er überlegte, in die Fatemiyoun-Brigade einzutreten, die afghanische Miliz, die der Iran als Unterstützung des Assad-Regimes in Syrien einzog.[79] Die Bezahlung war gut, und man konnte für die ganze Familie das Aufenthaltsrecht im Iran bekommen. Allerdings hatte er zu viele Horrorgeschichten über die Kämpfe in Aleppo gehört, etwa von der Gepflogenheit der Rebellen, einem mit Spießen die Eingeweide herauszuziehen, wenn sie einen erwischten, und ergriff stattdessen die Flucht in Richtung Europa, wurde aber an der türkischen Grenze von Iranern festgenommen und nach Afghanistan deportiert, das er noch nie gesehen hatte. Jetzt arbeitete er im Reinigungstrupp auf Baustellen, und abends hörte er Rihanna, dröhnte sich zu und träumte vom Entrinnen.

Der andere Freund war Malik, ein Schneider, der in Kabul aufgewachsen war. Er war einundzwanzig, schlank, lockig und saß immer mit eingezogenen Schultern da, wie um möglichst wenig Raum zu beanspruchen. Sein Vater, ein Lkw-Fahrer, hatte sich sehr angestrengt, um seine Familie durchzubringen, und eines Tages den Verstand verloren. Von da an musste man den alten Mann ständig im Auge behalten, denn er pflegte sich heimlich aus dem Staub zu machen. Auf seinen Fluchten legte er ein kindliches Vertrauen in seine Mitmenschen an den Tag und wurde bald um Mobiltelefon und Geld geprellt. Omar und Malik fuhren oft herum und suchten nach ihm; meist fanden sie ihn am Taxistand von Kot-e Sangi, wo ihn die Ladenbesitzer von seiner Zeit als Fahrer her kannten.

Im Herbst des Vorjahres hatte Malik vierzehnhundert Dollar von seinen Verwandten geliehen, gerade genug, um einen Schleuser zu bezahlen, der ihn auf die harte Tour, durch die Nimroz-Wüste und den Iran, nach Istanbul bringen wollte. Es muss eine grauenhafte Tortur gewesen sein. Er war einen ganzen Tag ohne Wasser zu Fuß unterwegs, und als er im Iran angekommen war, hatten ihn die Schleuser in den Kofferraum eines Wagens gesteckt. Nach zwei Wochen hatte er es bis zur türkischen Grenze geschafft, wo ihn die iranischen Grenzposten festnahmen und nach Afghanistan abschoben. »Ich wusste schon, dass es gefährlich ist, aber dass es *so* gefährlich ist, hätte ich nicht gedacht«, sagte er. »Ich dachte, ich sterbe.«

Ein Teil von mir war neugierig auf diese Route durch die Wüste, aber mir war auch klar, dass Omar keine unnötigen Risiken eingehen wollte. Seit der Grenzschließung war der Weg von der Türkei nach Europa schon gefährlich genug.

Es war ein heißer, sonniger Tag, und wir hatten alle Fenster des Corolla offen, während wir uns Zentimeter für Zentimeter vorwärtsschoben. Der weiße Blimp am blauen Himmel über Kabul – dieses Kleinluftschiff, das mit Technologien wie Gorgon Stare und ARGUS-IS Weitbereichsaufklärung und -überwachung betreibt – hatte klare Sicht für seine Kameras.[80] Wir lebten in Afghanistan wie auf dem Präsentierteller, Tag und Nacht beobachtet von der US-Regierung, die noch die geringsten Trivialitäten unseres Lebens sammelte und mit dem Programm MYSTIC speicherte, jeden Mobilanruf, jede Nachricht, jedes nächtliche Sexting.[81] Womöglich zählten sie die Haare auf unseren Köpfen. An diesem Tag dürfte das Luftschiff auch unseren Corolla in einem Meer von Corollas registriert haben, die sich erst mit Schrittgeschwindigkeit, dann nur noch kriechend auf das Stadtzentrum zubewegten. Entlang des Flussufers reihten sich halb zerfallene und halb fertig gebaute Gebäude aneinander, rostiges Armierungseisen ragte aus nacktem Beton, Kebabruß verschmierte dunkle Scheiben, und die Läden auf Straßenniveau waren nach Gattung gruppiert: Telefone, Gold, Kochgeschirr. Omar parkte am Mandawi-Basar, wir stiegen aus und betraten einen überdachten Kaninchenbau aus Einraumbekleidungsläden, vor jedem ein Händler mit Smartphone in der einen und Fliegenklatsche in der anderen Hand. Wir waren hier, um unser Migrantenoutfit zusammenzustellen.

Auf dem afghanischen Land trugen die Leute traditionelle Tracht, Salwar Kamiz genannt: langes geschlitztes Hemd und Hose. Abweichende Kleidung erregte unerwünschte Aufmerksamkeit. In der Innenstadt von Kabul hingegen sah man ebenso viele Männer in Jeans oder Sakko. Kleidung war nicht zuletzt eine Frage des sozialen Stands: Junge Städter rümpften gern die Nase über gleichaltrige »Trachtträger«. Aber egal ob reich oder arm, alle wussten, dass man sich europäisch kleiden musste, wenn man nach Europa wollte.

Omar und ich suchten den billigeren Teil des Basars auf, der außerhalb der Überdachung war und umwabert vom Gestank des Flussufers. Die Klamotten, die es hier gab, kamen aus Fabriken in Bangladesch, Kambodscha und anderen Billiglohnländern und sahen mehr oder weniger so aus wie das Angebot von Discountern wie H&M und The Gap, die den unersättlichen Bedarf des Westens an Fast Fashion bedienen. Der Stil, den es hier gab, orientierte sich zwar mehr oder weniger an den Trends in London und New York, schien aber wie aufgeblasen durch die Distanz: So prangten neongrelle Lilien auf pastellfarbenen Karos, Glitzerbuchstaben verkündeten Superlative, Zierstickereien paradierten über den Stoff. Ich studierte das Etikett an einer Hahnentrittbaumwollhose, das auf beeindruckend dickem Karton mitteilte:

BAROBRRY
Seit Dem Ende Jener
Epoche In Der Die Grandee Toilette
Über Zweckmäßigkeit Obsiegte
Prägnante Und Funktionelle Modeme
Fashion
Die Ziet hat das Gesicht
Der Mannesbekleidung Und Sein Leben
Verändert

Der Signifikant hatte sich vom Signifikat gelöst; Raubkopien wurden ihrerseits zu Originalen. Es gab einen Ständer mit CK-Gürteln: Cal Kreian und Calwine Klam. Wir kauften geblümte Shirts und zerrissene Jeans, gingen zum Auto zurück und fuhren weiter zum Bush-Basar, einer Versammlung von Schiffscontainern, die zu Läden umgewidmet waren. Die standardisierten Stahlcontainer waren eine der wichtigsten logistischen Neuerungen unserer Zeit; dank beträchtlicher Senkung der Arbeitskosten im globalisierten Handel machten sie Konsum zu einem zunehmend kosmopolitischen Phänomen. Amazon wäre ohne sie undenkbar. Der Bush-Basar, so benannt nach dem dreiundvierzigsten Präsidenten der USA, war kurz nach dem Einmarsch der amerikanischen Truppen 2001 aus dem Boden geschossen. Erst hatte es hier nur Waren gegeben, die von Militärlastern gefallen waren, seither aber hatte er sein Sortiment auf importierte Kosmetika, Campingausrüstung und Secondhandklamotten erweitert, deren Stoffe oft von besserer Qualität waren als das fabrikneue Zeug vom Mandawi.

In den sechziger Jahren hatte der Anthropologe Louis Dupree

mit Erheiterung die Afghanen registriert, die in überzähligen amerikanischen Uniformen samt WK-2-Dekoration herumliefen.[82] Damals wurden fünfundneunzig Prozent der Kleidung der Amerikaner in den USA hergestellt; heute stammen neunzig Prozent aus dem Ausland.[83] So kommt es, dass viele Kleidungsstücke im Lauf ihres Lebens die Welt umrunden. Wenn Sie der lokalen Wohlfahrtsorganisation Ihre gebrauchte Kleidung spenden, kehrt sie in der Regel in die Entwicklungsländer zurück.

Wir betraten einen der Containershops, der gebrauchte T-Shirts im Angebot hatte, und durchstöberten die umfassende Opulenz Amerikas. Es gab Shirts für Softballturniere und für Familientreffen, für Kleinstädte, wo die Leute Strandpartys feierten, und andere, wo sie in kolonialer Geschichte schwelgten. Es gab Shirts mit aufgepumpten christlichen Engeln, Fast-Food-Marken, ein BARACK THE VOTE-T-Shirt, ein NSA-Waffenfreak-Shirt und eines mit der Aufschrift SAG DEINEN MÖPSEN SIE SOLLEN MIR NICHT IN DIE AUGEN STARREN. Es gab quaderförmige Stapel mit XXL- und XXXL-Shirts – Dimensionen, die keinem Afghanen gepasst hätten, ausgenommen ein, vielleicht zwei mir bekannte Warlords. »In Amerika sind die Armen dick und die Reichen mager«, sagte ich zu Omar, der ungläubig den Kopf schüttelte.

Englisch ist ein Hintergrundrauschen, das sich rund um den Planeten legt. Einmal war ich auf eigene Faust – *unembedded*, also ohne Anschluss an eine Militäreinheit – ins Herz des Hindukusch vorgedrungen und hatte mit weißbärtigen alten Männern Tee getrunken: Sie trugen Strickmützen mit *Playboy*-Häschen und Johnnie-Walker-Sweatshirts. Bei meinem ersten Besuch, 2008, hatte ich einen Abend lang in einem Teehaus in Ghor über die Frage diskutiert, ob Tanzen eine Sünde sei. Meinem Gefährten zufolge habe der Ayatollah Khomeini in seinen Werken das Tanzen weder ausdrücklich verboten noch erlaubt. Mitten in unserem Gespräch wurde mir schlagartig bewusst, dass auf seinem Sweatshirt die Karikatur eines stockschwingenden Dandys prangte, und über ihm stand, seinem Träger unbekannt: MARLBOROUGH DANCE CENTER.

Im Bush-Basar kaufte ich ein gelbes Lucky-Charms-T-Shirt. Omar wählte ein schwarzes mit einer Harley unter dem amerikanischen Sternenbanner und dem Schriftzug LAND OF THE FREE. Dann durchstöberte ich die »Narwe Face«-Ausrüstung, die es hier gab, und suchte mir einen Dreißig-Liter-Rucksack aus. Auf dem Weg hinaus stoppte uns der Anblick einer Glasvitrine mit einer Kollektion Messer, die vom Taschenmesser mit Pinzette bis zum federgetriebenen geschwärzten Springmesser reichte.

»Brauchen wir so was?«, fragte Omar. Ich blickte von der Vitrine auf. Bald wären wir auf uns gestellt, und das an zweifellos rauen Orten.

»Du hattest schon Messerkämpfe, oder? Wie viele Leute hast du niedergestochen?«

»Viele, keine Ahnung. Zehn oder mehr.« Er begann die Narben an seinen Armen und seinem Hals zu zählen. »Im Iran, in Pakistan, in Afghanistan ... Vergiss es. Es war Notwehr. Reine Selbstverteidigung.«

Wir verließen den Laden unbewaffnet.

In einer Sekunde war ich zu einem der ihren geworden. Meine alte, an den Ellenbogen durchgeriebene Jacke war das Kennzeichen meiner Klasse, und meine Klasse war die ihre.[84]

Zu Beginn seines 1903 veröffentlichten Enthüllungsberichts *The People of the Abyss* stattet sich Jack London mit gebrauchter Kleidung aus und macht sich auf den Weg in die Slums von London, wo *die Straßen von Menschen einer anderen Rasse bevölkert* [sind], *von kleinen Menschen, die niedergebrochen und benebelt aussahen.* Das Buch war auf Anhieb ein Bestseller. *Der junge amerikanische Schriftsteller hat die Menschen des großen East End mit den gleichen Methoden studiert*, schrieb ein zeitgenössischer Kritiker, *die ein For-*

scher anwenden mag, um die Eigenheiten eines wilden Stammes im Dunkelsten Afrika zu erkunden.[85]

Manchmal sehen wir in dem Objektiv, das wir auf andere richten, uns selbst. Viktorianische Journalisten und Sozialreformer nannten ihre Undercover-Erkundungen in den Elendsvierteln *Harun ar-Raschid-Gänge*,[86] benannt nach dem Kalifen aus *Tausendundeine Nacht*, der unerkannt durch die Stadt geht, um Recht zu sprechen. Sir Richard Francis Burtons schmissige Übersetzung der arabischen Volksmärchen kam 1885 heraus, als er längst als Reisender jenseits der Peripherie des britischen Weltreichs berühmt war. Besonderen Ruhm hatte dem Offizier und Sprachvirtuosen seine Wallfahrt in die – für Nichtmuslime verbotene – heilige Stadt Mekka eingetragen, die er in Pilgerkleidung und mit afghanischem Pass besucht hatte; unterwegs machte er sogar noch Skizzen von bezwingbaren osmanischen Festungen. *Sie hassen und verachten die Europäer*, berichtete er aus Ägypten, *und doch sehnen sie sich nach europäischer Herrschaft.*[87]

Sich als jemand anderes auszugeben – der heutige Begriff dafür, ursprünglich verwendet im Zusammenhang mit der Geschlechtsidentität, lautet *Passing* – war aber nicht nur imperialistische Neigung. Dschamal ad-Din al-Afghani, Befürworter eines panislamischen Widerstands gegen die Kolonialmächte, dessen Mausoleum sich auf dem Gelände der Universität von Kabul befindet, stammte eigentlich aus dem Iran. Am osmanischen Hof stellte er sich als Turban tragender sunnitischer Geistlicher vor, um seine schiitische Herkunft zu verbergen.[88] Auch Afghanen berichten, wie sie sich als Angehörige anderer Sekten oder Ethnien ausgaben, zumal in den neunziger Jahren, zur Zeit der Warlords, in der man, wenn man der falschen Seite angehörte, Gefahr lief, an den Checkpoints umgebracht zu werden. *Ich habe sie sorgfältig beobachtet*, schrieb Ali Akbari in *The Illegal Journeys*, dem Bericht seiner Emigration nach Europa. *Ich ahmte nach, wie sie ihr Gesicht wuschen.* Er versuchte als

103

Sunnit durchzugehen, *aber ich machte ein, zwei Fehler. Ich hatte ihre Art des Betens mit der in meiner Familie üblichen Art durcheinandergebracht.*[89] Die Hazara-Milizionäre in Kabul hatten ein Erkennungsmerkmal: eine Kugel Trockenjoghurt, *qurūt* auf Dari, mit deren Hilfe sie die Passagiere in Bussen abcheckten. Paschto-Sprecher können nämlich den Anfangslaut des Wortes, *qaf*, einen sogenannten uvularen Plosiv, nicht richtig aussprechen. Sie wurden aus dem Bus geholt.

Ich arbeitete an meiner Aussprache. Schon seit einiger Zeit übte ich mein Alter Ego ein, einen jungen Kabuler bescheidener Herkunft, sechsundzwanzig Jahre alt (statt einunddreißig, wie in Wahrheit), um möglichst wenig erklären zu müssen. Ich hatte Sprachaufnahmen von mir gemacht und sie mit den Sätzen verglichen, die Omar für mich eingesprochen hatte:

Ich heiße Habib. Ich bin aus Kabul, aus Schahr-e Nou. Also wenn Sie Kabul kennen – aus Qala-e Fatullah. Ich habe mit meiner Mutter, meinen Brüdern und einer Schwester in einem gemieteten Haus gewohnt. Die Miete? Sechstausend Afghani im Monat. Ich habe in einem Restaurant am Haddschi-Yaqub-Platz gearbeitet, aber unsere Lage war nicht gut. Wie alle anderen Flüchtlinge habe ich mein Land verlassen und bin über die Schleuserroute gekommen.

Zugute kam mir dabei, dass es in Afghanistan sehr viele Sprachen und Dialekte gibt, dazu Menschen, die mit ausländischem Akzent aus dem Exil zurückgekehrt sind. Um meiner Sicherheit willen hatte ich mir schon vor Jahren angewöhnt, mich anzupassen und nicht aufzufallen. Dass ich so leicht für einen Afghanen gehalten wurde, hatte mir im Gegenzug bewusst gemacht, dass ich mich mit meinem asiatischen Gesicht im Ausland ostentativ westlich gebärden musste, wenn ich die damit verbundenen Privilegien nutzen wollte. Demonstrativer amerikanischer Akzent, betonter Augenkontakt, Kleidung – das waren die Hebel, mit denen sich die Welt ein Stück verschieben ließ. *In diesem Sinn ist Passing etwas, das uns alle angeht, ganz egal, wer wir sind*, schrieb Asad Haider.[90]

Ich fragte afghanische Freunde, ob sie meine Mimikry als kränkend empfänden, aber das war offensichtlich nicht der Fall. »Kommt drauf an, was du vorhast«, sagte ein Journalist. Ich glaube, manche sahen es sogar als Selbstoptimierung, wenn ich die Sprache von Hafez lernte, wenn ich im Schneidersitz auf dem Boden saß und Brot brach, wenn ich die Rituale des Islams verstand. »*Afarinet*«, sagten sie anerkennend: Ausgezeichnet.

Jedenfalls gab es für mich keine andere Möglichkeit, wenn ich mich inkognito mit Omar auf den Weg machen wollte. Sollten wir verhaftet werden und meine westliche Identität ans Licht kommen, würden wir getrennt. Auch wäre denkbar, dass Schleuser mich entführten, um Lösegeld zu verlangen. Omar geriete selbst in Gefahr. Aber diese Messer im Bush-Basar hatten mir klargemacht, dass ich im Voraus entscheiden musste, wie weit ich zu gehen bereit wäre. Daher setzte ich mir eine Regel: Lügen oder gegen Gesetze verstoßen würde ich nur, wenn es um unsere Sicherheit ging und wenn ich niemand anderem damit schadete.

Eines Abends, als wir noch auf Omars türkisches Visum warteten, sahen wir im Fernsehen brennende Häuser, wütende Menschenmengen auf den Straßen und einen Panzer, der sich einen Weg durch den Autoverkehr bahnte wie bei einer Monstertruckrallye, nur dass in den Autos noch Menschen saßen. In der Türkei war ein Putschversuch gescheitert. »Das klingt überhaupt nicht gut«, sagte Omar.

Ein paar Wochen später kam er mit aschfahlem Gesicht zu mir herüber. Sein Zwischenhändler hatte ihm Pass und Geld zurückgegeben. Nach dem Putsch lagen sämtliche Visumsanträge in der türkischen Botschaft auf Eis. Omar konnte nicht nach Istanbul fliegen. Wir mussten also doch durch die Wüste.

7

Der Schleuser hatte uns ins Paghman-Tal bestellt, das nicht weit von Kabul ist, ein beliebter Ort für Picknickausflüge. Omar manövrierte den Corolla vorsichtig durch eine Furche, und gleich öffnete sich vor uns das steile Tal. Auf der Fahrt hierher hatte Omar nicht viel gesagt; dass ihm das türkische Visum verweigert worden war, machte ihm zu schaffen. Er war fest davon ausgegangen, dass er gefahrlos mit dem Flugzeug nach Istanbul käme, und jetzt war schon Ende August, die Zeit bis zum Winter wurde knapp. Daher mussten wir auf Plan B zurückgreifen und viereinhalbtausend Kilometer über Land von Kabul nach Istanbul zurücklegen. Dafür brauchten wir den richtigen Schleuser.

Kaum jemand wird heute so geschmäht wie die Person des Schleusers. Seine Habgier ist nach Ansicht westlicher Politiker die Wurzel der Migrationskrise – Matteo Renzi zum Beispiel, der damalige italienische Ministerpräsident, nannte Schleuser *die Sklavenhändler des einundzwanzigsten Jahrhunderts*.[91] Die Schleuser selbst sehen das naturgemäß anders. *Ehrlich, die Leute, die Asylsuchenden am meisten helfen, sind die Schleuser*, schrieb Dawood Amiri, der wegen seiner Beteiligung an einem tödlichen Bootsunglück vor australischen Gewässern im Gefängnis landete.[92]

In Afghanistan, wo die Leute seit zwei Generationen vor dem Krieg flüchten, hatte jeder einen Verwandten oder Freund, der einen mit einem *qatschaqbar* in Kontakt bringen konnte. Die Schleuser waren auch durchaus selbstbewusst. Nachdem uns ein gemeinsamer Freund zusammengebracht hatte, beorderte uns Karim nach Paghman, wo er die Baustelle eines Badebeckens im Freien beaufsichtigte. Karim, ein schwerer Mann mit Hängebacken und beringten kleinen Fingern, lud uns gleich zum Mittagessen ein, und so saßen wir miteinander auf einer erhöhten Plattform und lauschten dem Rauschen des Flusses unter uns. Ich war nervös, weil ich fürchtete, er könnte mich als Ausländer erkennen, und überließ das Gespräch hauptsächlich Omar. Karim war Paschtune aus der Gegend, hatte aber einen Geschäftspartner in Nimroz. Der wiederum stand in Verbindung mit den belutschischen Stämmen, die Menschen durch die Wüste in den Iran führten.

Ohne Grenzen gäbe es keine Schleuser. In Omars Kindheit hatte es Afghanen, die in der einen oder anderen Richtung über die iranische Grenze wollten, nicht mehr als ein symbolisches Schmiergeld für die Grenzwächter gekostet. In den Neunzigern aber begann der Iran seine Grenzen sehr viel schärfer zu überwachen, woraufhin die Afghanen, die nach Teheran wollten, zu Fuß den kurzen Umweg zur Grenzstadt Zahedan machten, wo sie einem Schmuggler um die hundertfünfzig Dollar zahlten.[93] Dann errichtete der Iran eine viereinhalb Meter hohe, mit Bewaffneten bemannte Mauer und drängte damit die Migranten tiefer hinein in die Wüste durch Pakistan, in abgelegene Gegenden in der Hand von Drogenhändlern und Aufständischen. Inzwischen kostete die längere, gefährlichere Reise nach Teheran über siebenhundert Dollar. Dennoch hatten im Jahr zuvor mehr Menschen die Grenze überquert als jemals zuvor, und die Kosten dafür wurden auf insgesamt mehr als eine halbe Milliarde Dollar geschätzt. Die iranische Mauer hatte dazu beigetragen, die Industrie in den Händen von Banden zu konzentrieren, die es sich leisten konnten, in Equipment, Schmiergelder und Personal zu investieren – Unternehmer der Gewalt.

Bei einem duftenden Hammel-*karahi* erklärte Karim, wie die Schleuser in seiner Gegend arbeiteten, nämlich unter dem Schutz eines ehemaligen, immer noch mächtigen Mudschaheddin-Befehlshabers, eines Politikers, der notfalls bei der Polizei in Kabul inter-

venieren konnte und im Gegenzug Zahlungen und andere Gefäl-
ligkeiten entgegennahm. Wir sollten uns keine Sorgen machen: Auf
diesem Weg habe er im Jahr zuvor seine beiden Söhne losgeschickt.
Sie lebten jetzt in Deutschland. »Die Strecke über Nimroz ist nicht
so schlecht«, sagte er. »Ihr dürft nur nicht wegrennen, wenn die
Polizei euch aufhält. Wenn ihr wegrennt, schießen sie.«

Wir dankten ihm und sagten, wir würden uns alles durch den Kopf
gehen lassen. Zurück in Kabul, trafen wir noch weitere Schleuser;
Omar wollte unbedingt jemanden finden, der uns gegebenenfalls
retten konnte, wenn wir in den Grenzgebieten in Schwierigkeiten
gerieten. Dann hörte er von Agha Sahib, einem Afghanen, der im
Iran lebte und im Jahr zuvor einen Vetter von Omar in die Türkei
gebracht hatte. Sie kommunizierten über Viber, einen kostenlosen
verschlüsselten Chatdienst; der Schleuser behauptete, er könne die
iranischen Grenzer am offiziellen Grenzübergang in Nimroz bezahlen, sodass wir den Umweg durch die Wüste vermieden. Er verlangte dreizehnhundert Dollar pro Kopf für den ganzen Weg nach
Istanbul, ein fairer Preis, den wir auf ein Anderkonto einzahlen
sollten. Omar war überglücklich, dass wir uns die pakistanische
Wüste ersparten. Für mich hörte sich das alles ein bisschen zu gut
an, um wahr zu sein, aber eine bessere Alternative hatten wir nicht.

»Ich dachte, die Grenze dort ist dicht«, sagte ich zu Omar.

»Es gibt immer einen Schleuserweg.«

Am Tag unseres Aufbruchs fuhr Omar seinen Corolla zum Ge-
brauchtwagenmarkt in Kot-e Sangi, wo er für das Auto, so rampo-
niert es war, immer noch dreitausend Dollar erzielte. »Es war ein
mannhaftes Auto«, sagte Omar mit betrübter Miene. Aber das war
es dann auch mit den Abschieden – seine Familie war schon fort
und seine Liebste hinter den Mauern ihres Vaters eingekerkert. Zum
zweiten Mal in seinem Leben war Omar im Begriff, Flüchtling zu
werden.

Der Bus nach Nimroz ging in den frühen Morgenstunden. Am Vorabend legte ich mein Salwar Kamiz heraus, Kittel und Hose, die ich im Grenzgebiet tragen würde, und stopfte die Jeans und das Hemd vom Bush-Basar in meinen Rucksack. Ich packte auch Trockenfrüchte und Nüsse ein, falls wir in der Wüste festsaßen, und angesichts der Schießwut der Grenzwachen auch eine Aderpresse und Mullkompressen. Das Risiko, den Weg undercover zu gehen, war jetzt viel größer. Die Schleuserbanden waren berüchtigte Kidnapper und hatten Verbindungen zu den Taliban;[94] wenn sie mir auf die Schliche kamen, stieg mein Wert für sie auf Millionen Dollar. Noch mehr fürchtete ich die iranische Regierung. Trotz des oft brutalen Vorgehens der Polizei bei Festnahmen[95] wurden afghanische Migranten in der Regel ohne weitere Bestrafung abgeschoben. Sollten die Iraner aber mitbekommen, wer ich in Wirklichkeit war, würde ich vermutlich der Spionage bezichtigt, und dann erginge es mir schlecht. Amerikanische Wanderer, die 2009 an der Grenze zum Irak gefasst wurden, verbrachten Jahre im Gefängnis, bis der Sultan von Oman ihre Freilassung erwirkte.[96] Falls ich aufflog, müsste Omar behaupten, wir hätten uns unterwegs getroffen, und er wisse nichts von meiner Identität. Sonst teilte er mein Schicksal.

Andererseits – woher sollten sie es erfahren? Afghanische Migranten waren häufig ohne Papiere unterwegs – Ausweise konnten ihnen von Räubern oder Polizisten abgenommen worden sein –, und wir beide ließen unsere Pässe in Kabul zurück. Ich holte das billige Smartphone hervor, das ich für unterwegs gekauft hatte, und löschte Anruflisten und andere verräterische Daten. Ich blickte auf die Uhr; Omar würde mich nicht vor Mitternacht abholen. Nach den Monaten des Wartens kam es mir ganz unwirklich vor, dass wir tatsächlich heute Nacht aufbrechen sollten. Ich duschte; dann stand ich vor dem Spiegel: Die Iraner hatten keine Fingerabdrücke von mir, ich hatte keine Tattoos, ich war beschnitten. Haut ist eine undurchsichtige Oberfläche; was uns verrät, ist die Sprache.

Mein Samsung läutete; es war Omar.

»Was ist?«

»Ah, nichts Besonderes. Ist es ein Problem, wenn noch paar Leute mitkommen?«

»Wie bitte?«

»Ist es okay, wenn Malik und Elham uns begleiten?«

Malik war der scheue Nachbar, dessen Vater den Verstand verloren hatte, und Elham ein Vetter Omars von der mütterlichen Seite. Er habe ihnen, erklärte Omar, das Geld vom Verkauf des Corolla als Darlehen angeboten, damit sie in die Türkei mitkommen könnten. Sie standen ihm beide nah und waren bestimmt vertrauenswürdig, aber ich fand, es war, gelinde gesagt, reichlich spät dafür. Ich schluckte meinen Ärger hinunter und sagte mir, es sei Omars Entscheidung, nicht meine.

»Mach es, wie du willst«, sagte ich.

Letztlich kam nur Malik mit; als Omar um Mitternacht mit einem Taxi aufkreuzte, saß er auf der Rückbank. Ich setzte mich neben ihn, wir fuhren los. Ich begrüßte Malik, und er versuchte zu lächeln, brachte aber nur eine furchtsame Grimasse zustande. Ich fragte mich, ob ihn meine Anwesenheit als Ausländer beruhigte oder eher aufregte. Wahrscheinlich Letzteres. Oder meinte er, ich hätte – als Ausländer – einen Trumpf im Ärmel, um uns aus etwaigen Zwangslagen zu befreien? Natürlich hatte Malik die Wüste schon einmal durchquert und eine Vorstellung von den Torturen, die uns erwarteten.

Omar und Malik schwiegen, während wir durch leere Straßen rasten und die Stadt hinter uns ließen. Ich atmete gleichmäßig, um meinen Puls zu beschwichtigen. Nach Monaten der Vorbereitung und der Geduld ging es jetzt zur Sache. Wenn man bereit dafür ist, schärft die Nähe der Gefahr Klarheit und Konzentration in einer Weise, dass jedes andere Gefühl in den Schatten zurückweicht. Im Vordergrund steht eine Form von Hyperbewusstheit.

Wir waren auf dem Weg in ein Viertel am westlichen Rand der Stadt, das sich Company nennt. Hier war der Ausgangspunkt der Fahrt nach Süden auf dem afghanischen Fernstraßenring, der A1, die sich bis Kandahar abwärts und wieder hinauf bis Herat schlängelt. Die Hauptgeschäftsstraße, deren Asphalt vom Schwerverkehr aufgerissen war, säumten billige Herbergen der Gattung *mosaferkhane*. Dahinter waren Mast- und Schlachtbetriebe, ein Labyrinth von Erdwällen entlang einer Schlucht voller Fleischabfälle.

Wir bezahlten den Fahrer und stiegen aus, gingen vorbei an Familien mit Stapeln von Gepäckstücken und Dorfbewohnern, die Getreidesäcke und Kanister mit Speiseöl zählten. Die Migranten, die dasselbe Ziel hatten wie wir, erkannte man an ihren Rucksäcken. Girlanden bunter Lichter beleuchteten die *mosaferkhane*, und darunter hatten Verkäufer ihre mit Nüssen und Zigaretten beladenen Stände aufgebaut, oder sie kreisten mit Tabletts voller Brieftaschen und Gebetsketten durch die Menge. Tickethändler riefen die Ortsnamen entlang der A1 aus: Wardak, Ghazni, Zabul, Kandahar, Helmand, Nimroz, Herat. Bettler bearbeiteten die versammelte Menge, manche älter und würdevoll, andere ausgemergelte Junkies: »Ich bete für euch, o Reisende! Gesegnet sei eure Reise, o Muslime!«

Zahlreiche Busunternehmen befuhren die A1, wir aber kauften unsere Tickets bei Ahmad Schah Abdali, weil uns der relativ modern wirkende Bus vor Abdalis Laden, ein Mercedes O 404, der 1991 auf den Markt gekommen war, ermutigte. Als um ein Uhr morgens die Tore geöffnet wurden, schlossen wir uns der Menge an, die den Busbahnhof stürmte. Mehr als ein Dutzend glänzende 404er mit verschiedenen Zielorten erwarteten mit beleuchtetem Innenraum ihre Fahrgäste. Und wo war der Bus nach Nimroz? »Ganz dahinten«, sagte ein Mitarbeiter.

Ganz dahinten fanden wir mehrere klapprige Mercedes O-303-Modelle aus dem Jahr 1974. Unser Bus hatte ein großes MASCHAL-

LAH-Schild, das viel von seiner gesprungenen Windschutzscheibe verdeckte, und neben der Tür einen Aufkleber, der vor Biogefährdung warnte. Auf der Flanke des Busses stand auf Deutsch:

Kinderparadies
Dobler Reisen

mit einer Adresse in Niedersachsen.

Der Busfahrer, kurz und stämmig und mit einem Haarkranz um die Glatze, durchsuchte unser Gepäck und schrieb mit Markierstift unsere Sitznummern darauf. »Wonach sucht er?«, witzelte Omar, der, sah ich jetzt, noch einen Matchbeutel dabeihatte. »Wer bringt Drogen und Waffen nach Kandahar?«

Tja, wer trägt Eulen nach Athen.

Laut behördlicher Anordnung durften Busse aus Sicherheitsgründen nicht vor drei Uhr morgens losfahren. Wir dösten ein bisschen, aufrecht sitzend, während durch den Mittelgang Händler und Bettler auf und ab schlurften, die Kräfte Gottes und ihrer Energydrinks preisend, und weitere Passagiere einstiegen und ihren Platz suchten, vorwiegend junge Männer mit Rucksack.

Endlich gingen die Deckenlampen aus. Es ertönte ein Choral aufheulender Motoren, gefolgt von aneinandergereihtem Hupen, und die Busse, angefangen mit den neueren 404ern, fuhren los. Während wir über den Mittelstreifen holperten, strömten aus allen Parkbuchten der diversen Unternehmen die Busse herbei, um einen riesigen dröhnenden Konvoi zu bilden. Die Fahrer rangelten um die besten Positionen; diesen Teil des Aufbruchs nannten sie *buzkaschi* – nach dem afghanischen Nationalsport, bei dem berittene Teams um einen kopflosen Ziegenkadaver kämpfen. Auf der Brücke über die Schlucht ließ das Rudel der Busse das Stromnetz hinter sich und tauchte hinein in die Dunkelheit.

Der afghanische Staat ist keine kompakte, strukturierte Masse innerhalb seiner Grenzen, sondern ähnelt vielmehr einem mittelalterlichen Reich, nur zusammengehalten von schmalen Kontrollbändern, die sich entlang der Straßen und Täler in archaisches Gelände hineinstrecken. Entlang der A1 beschränkte sich der Staat hauptsächlich auf die Städte, vor allem nachts; in den ländlichen Gegenden konnten die Bewaffneten, die einen aufhielten, irgendwer sein, Polizisten, Banditen, Aufständische oder eine beliebige Kombination daraus. An ihren wandernden Kontrollpunkten verhafteten die Taliban alle, die sie als Staatsdiener im Verdacht hatten, und exekutierten sie manchmal an Ort und Stelle; der IS tötete Menschen allein deswegen, weil sie Schiiten waren, mit anderen Worten: die aussahen wie Hazaras. Auch die A1 barg zahlreiche Gefahren, vor allem Straßenbomben und die für ihren halsbrecherischen Fahrstil berüchtigten Busfahrer, die gern die großen deutschen Motoren für ihre Zwecke umbauten, was bedeutete: so, dass sie mit hundertdreißig Stundenkilometern über die zweispurige Fernstraße heizen konnten, während sie mit Melodiehupe und jähen Schlenkern Bombenkrater und Tanklastzüge umkurvten. Die fünfzehn- bis zwanzigstündige Fahrt legten die Fahrer in einer einzigen Schicht zurück, dabei gern unterstützt von Haschisch oder Amphetaminen.

Im Morgengrauen, als wir die Felsentäler der Provinz Ghazni erreichten, passierten wir zwei ausgebrannte Busgerippe, jedes mit einem fahnengeschmückten Steinhaufen daneben. Drei Monate zuvor waren hier dreiundsiebzig Menschen gestorben, weil die Busse frontal mit einem Tanklaster zusammengestoßen waren.[97] Die verformten Karosserien waren zu sperrig, als dass jemand sich die Mühe machen wollte, sie als Schrott abzutransportieren. Den ganzen Weg bis Herat kam man an diesen automobilen Memento mori vorbei, manche antik und verrostet, andere mit Haufen frischer, vom Wind noch nicht verblasener Glasscherben daneben.

Als das Tageslicht den Fahrzeuginnenraum flutete, belebten sich die Passagiere mit Energydrinks und einer Prise *naswar*, einem ätzenden Kautabak, der zwischen Lippe und Zähne geschoben wird. Ich pumpte Omar um eine Pine an und lauschte dem Geplänkel im Bus.

»Du wirst staunen über die Türkei«, sagte ein Jugendlicher. »Was für ein Laster hast du?«

»Keins, nur Hasch«, sagte ein anderer.

»Hasch kriegt man dort nicht leicht, aber jede Menge Alkohol. Sag nicht, dass du verzichtest, solang du nicht in Versuchung geführt worden bist.«

»Na ja, wenn ich ihn in der Hand habe, bleibt mir ja nichts anderes übrig, als ihn zu trinken, oder?«

Die Hitze nahm zu, und das Gerede verstummte nach und nach. Die nächste Provinz, Zabul, war trostlos, eine Zweifarbenebene, ocker und braun. Am nördlichen Horizont ragte ein zerklüftetes Gebirge auf, in dessen Hochtälern die Nomaden im Sommer ihre Herden weideten. In der dünnen Luft hier oben lag noch der Duft der Gebirgsblumen, die bald, im Herbst, vom Schnee zugedeckt würden – Wasser, das im Frühling die Ebene versorgte.

Die Dörfer wurden zahlreicher, als wir uns gegen Mittag Kandahar näherten. Wir wurden langsamer, und der Fahrer öffnete fliegenden Händlern die Tür; ein Kind tapste mit einem Tablett voller silberner Saftbeutel den Gang entlang und sprang wieder aus dem Bus, als wir ein paar Kilometer weiter wegen eines Schlaglochs bremsen mussten. In Stadtnähe fuhren wir an einem freien Gelände vorbei, auf dem Hunderte Zelte errichtet waren: Das waren Kutschi-Nomaden, die mit ihren dickgefressenen Schafen aus dem Gebirge heruntergekommen waren, um sie zu verkaufen. Ein Satteltieflader hielt am Straßenrand, und eine Familie kletterte mit ihrem Vieh an Bord; die einst magentafarbenen, jetzt verwaschenen Gewänder der Frauen leuchteten grell im Licht.

Angeblich leitet sich der Name Kandahar von Sikandar her, Alexander dem Großen, der hier vor zweitausenddreihundert Jahren eine Stadt gründete.[98] Hundert Jahre später weitete Kaiser Ashoka sein buddhistisches Reich aus, bis es von Kandahar bis Bangladesch reichte. Archäologen entdeckten hier in der Nähe die sogenannten Säulenedikte von Ashoka, die in Griechisch und Aramäisch und in den lokalen Sprachen verfasst sind. Die steinernen Inschriften berichten davon, wie sich der Kaiser nach der Einnahme von Kalinga zum Pazifismus bekehrte: *Einhundertfünfzigtausend Menschen wurden gefangen und deportiert, einhunderttausend weitere getötet, und fast ebenso viele kamen auf andere Weise um. Daraufhin ergriffen ihn Erbarmen und Mitleid, und er litt großen Schmerz.*[99]

In Kandahar City sausten Rikschas durch die Kreisverkehre. Es war heiß, bestimmt achtunddreißig Grad, und die Bäume waren schlaff vor Staub. Von einer Plakatwand blickte ein jungenhafter Mann in der Uniform eines Generalleutnants: Abdul Raziq,[100] der Kommandeur der Grenzpolizei, dessentwegen Omar und ich unsere erste gemeinsame Fahrt unternommen hatten. Nach meinem Bericht über ihn sollte er lieber nicht erfahren, dass wir hier waren. Er war nicht begeistert von meiner Arbeit gewesen, obwohl sie seiner Karriere keinen Abbruch getan hatte, im Gegenteil, er war zum Chef der Polizeitruppe der ganzen Provinz befördert worden; er und seine Kumpane waren jetzt unermesslich reich. Die Eliten aus Kabul hofierten ihn, zugleich aber war er ein Volksheld für alle Feinde der Taliban, die landesweit sein Bild in Taxis klebten und an Kontrollposten aufhängten. Nach seiner Beförderung hatten laut einem UN-Bericht *in der Provinz Kandahar das Ausmaß der Brutalität und der Einsatz von Folter und grausamer, unmenschlicher oder entwürdigender Behandlung durch Amtsträger zugenommen.* Einige Jahre zuvor hatte sich ein amerikanischer Spitzengeneral mit einem Arm um Raziqs Schulter fotografieren lassen: Beide grinsten breit in die Kamera.

Es war Mittagszeit, doch der Fahrer hielt trotz der Proteste der Passagiere nicht an. Wir fuhren weiter Richtung Westen und überquerten im Lauf des Nachmittags den Fluss Helmand, wo die Straße, die nach Süden zur Provinzhauptstadt abzweigt, von den Taliban abgesperrt worden war. An einer Plakatwand entdeckte ich ein weiteres bekanntes Gesicht: Kommandant Hekmatollah, den im Jahr zuvor von einer Straßenbombe getöteten Bezirkspolizeichef. Aus Plakaten von Helden wurden Plakate von Märtyrern, und die Farben verblassten in der Sonne zu hellem Blau. Hekmatollah hatte ich 2014 getroffen, während der sommerlichen Opiumernte, die einen neuen Rekord erzielt hatte: Seit 2000 hatten sich die Erträge mehr als verdoppelt.[101] Er hatte mir freundlicherweise ein paar seiner Männer mitgegeben, sodass ich seinen Bezirk umrunden konnte, in dem der Mohnanbau anfing und tief hinein in ausgedörrte Wüstengegenden reichte, wo die Felder mit Bohrbrunnen und Pumpen – übrigens zunehmend mit Solarstrom – bewässert wurden.[102]

Hundert Jahre früher, nach Jahrzehnten der panischen Furcht vor asiatischen Einwanderern und ihren Opiumhöhlen, hatte der US-Kongress sein erstes Antidrogengesetz verabschiedet, den Harrison Narcotics Act von 1914. Seither hatte der Krieg gegen Drogen Kausalketten geschmiedet, die den Globus umspannten. Unter dem Druck der USA verboten erst der Iran, dann die Türkei den Opiumanbau; in den siebziger Jahren begannen afghanische Opiumbauer den Weltmarkt zu beliefern,[103] und unter den Mudschaheddin wuchs die Produktion rasant. Auf meiner Reise zwei Jahre zuvor hatte ich eine Weile bei einem Bauern in Mardscha in der von den Amerikanern gebauten alten Kanalzone gewohnt, um die *nischt*-Ernte zu beobachten, bei der Wanderarbeiter aus dem ganzen Land in die Provinz Helmand kamen, um auf den Feldern zu arbeiten.[104] Die olivfarbenen Kapselfrüchte werden abends einzeln von Hand eingeritzt, sodass der Saft austrit und am Morgen darauf, oxidiert, abgeschabt werden kann. Ein gutes Feld liefert drei und mehr Ernten im Jahr. Helmand war eine Dürreregion; in den fünfziger Jahren hatten die USA zwei gigantische Staudämme finanziert, um die Ansiedlung von Nomaden entlang des Flusses zu fördern, und jetzt erblühte das Wüstenland unter Tausenden chinesischen Solarmodulen. Die Industrie verbrauchte Wasser, Dünger und Menschen: Söhne wurden im Iran als Drogenkuriere gefasst und zum Tod durch den Strang verurteilt, Töchter gegen schlechte Ernten verpfändet. Aber es braucht einen finanziellen Wert, damit das Leben billig ist. Mein Gastgeber hatte mir ein Stück seiner Ernte gezeigt: eine molasseartige schwarze Masse in einem Polyurethanbeutel, so groß wie ein Basketball. Ich hob ihn auf, atmete den grasähnlichen Duft ein, dachte an die Opioidrezeptoren im Nervensystem. Der afghanische Bauer verkaufte seine Beutel für ein paar Hundert Dollar das Stück an einen lokalen Händler; bis seine Ernte die Schmugglerstrecke nach Europa zurückgelegt hatte und grammweise als Heroin verkauft wurde, war sie mehr als hunderttausend wert.

In der Provinz Nimroz fuhr der Bus von der A1 ab und nahm die Straße nach Süden Richtung Zarandsch. Wir waren jetzt am äußersten Rand des Iranischen Hochlands. Neben uns war Dascht-e Margo, die Wüste des Todes, eine weite Fläche Basalt, wo es im Sommer über fünfzig Grad heiß werden kann.[105] Als wir in der Provinzhauptstadt Zarandsch ankamen, war es halb sieben Uhr abends, und die untergehende Sonne färbte die Dünen rings um die Stadt ockerbraun. Für die neunhundertsechzig Kilometer von Kabul nach Zarandsch hatten wir fünfzehneinhalb Stunden gebraucht. Der Bus hielt an einer Polizeikontrolle und fuhr weiter ins Depot. Als die Passagiere steifbeinig ausstiegen, strömten sofort die Händler herbei.

Bastanī, bastanī!, rief ein Speiseeis anpreisender Junge, und ein anderer hielt einen Bund Amulette mit Koranversen in die Höhe.

Malik und ich grinsten, aber Omar kaufte ihm ein Amulett ab und hängte es sich um den Hals.

Wir gingen die Hauptstraße entlang, vorbei an den Buden der Geldwechsler, die stapelweise ramponierte iranische Rial vor sich aufgeschichtet hatten. Die zweistöckigen Gebäude waren aus rohen Hohlblocksteinen errichtet, und das abendliche Zwielicht verlieh den Neonschildern eine Aura. Der Wind aus dem Westen fegte Plastikfetzen die Straße entlang.

Nun mussten wir das Safe House finden, den vereinbarten Unterschlupf. Omar rief die Nummer an, die ihm Agha Sahib, unser Schleuser im Iran, gegeben hatte und erhielt die Wegbeschreibung. Wir quetschten uns in eine Rikscha – ein Moped mit angeschweißter Fahrgastkabine –, die mit einem Satz lospreschte, und nach ein paar Kilometern hielt der Fahrer nicht weit vom Hauptplatz der Stadt.

»Letztes Mal war ich auch schon hier«, bemerkte Malik.

An der Straße stand ein Mann in malvenfarbenem Gewand und winkte uns herbei, und als wir bei ihm waren, stellte er sich als der Leiter unseres Safe House vor. Er war Paschtune und schien in seinen Dreißigern. Wir folgten ihm durch ein offenes Tor und eine Gasse entlang, in der schon vier Teenager mit Rucksäcken warteten. Durch eine niedrige Tür rechter Hand betraten wir das Safe House, eine ummauerte Anlage rings um einen engen Innenhof. Der Hauptraum, etwa zwölf Meter lang, hatte eine Decke aus Lehm und Stroh über hölzernem Gebälk; am anderen Ende des Raums teilte eine hüfthohe Mauer eine Küche ab, über die ein grimmig dreinblickender Koch in taubenblauem Gewand herrschte.

Der Manager wies uns an, unser Gepäck abzustellen und es uns bequem zu machen. Wir gehörten zu einer Gruppe namens Arya, sagte er, den Namen müssten wir uns merken, damit die Banden, die uns unterwegs nacheinander übernähmen und weiterreichten wie Pakete, die jeweiligen *mosafarin*, die Reisenden, auseinanderhalten könnten. Die Pro-Kopf-Gebühr würden sie dann vom

Schleuserchef Agha Sahib erhalten, der das von uns auf das Anderkonto überwiesene Geld abholen würde, sobald wir es in die Türkei geschafft hätten.

»Geht zum Basar und besorgt euch, was ihr braucht, Wasser, Essen«, sagte der Manager. »Die Schleuser können euch in einer Stunde zum Aufbruch holen oder auch morgen früh.«

Wir stellten unsere Sachen in einer Ecke ab. Ich warf einen Blick auf die Teenager; dem Akzent nach waren sie aus dem Osten, und sie schienen vom Dorf zu kommen. »Frag ihn, welche Strecke wir nehmen«, sagte ich zu Omar mit einer Kopfbewegung zu dem Manager. Omar tat es und kam mit entsetzter Miene zurück.

»Er sagt, durch Pakistan.«

Omar zog sein Mobiltelefon hervor und rief Agha Sahib im Iran an.

»Er sagt, dass die direkte Route derzeit zu gefährlich ist«, teilte er Malik und mir danach mit. »Deshalb schicken sie uns durch Pakistan. Was machen wir?«

Ich sah Omar an, der so bleich geworden war, als wäre ihm übel. Ich fand, wir sollten weitermachen. Wir hatten mit der Fahrt nach Nimroz ohnehin schon unser Leben riskiert; der Umweg durch die Wüste war meiner Meinung nach kein Grund, die Vereinbarung aufzukündigen. Ich hatte schon fast mit so etwas gerechnet – Omar offensichtlich nicht. Er hatte dem Schleuser geglaubt, was ich für Wunschdenken hielt. Ich sah ihm an, dass er überlegte auszusteigen.

»Was *können* wir tun?«, fragte ich. »Wir haben keine Wahl.«

»Wenn ihr mitmacht, mach ich auch mit«, sagte Malik.

»Das schaffen wir schon«, sagte ich. »Okay?«

Omar nickte widerwillig. Einen Moment lang saßen wir da wie begossene Pudel, bis mir wieder einfiel, dass wir ja Geld wechseln und Proviant besorgen mussten. Wir ließen Malik zurück, der unser Gepäck bewachen sollte, und machten uns auf den Weg.

»Ich habe Agha Sahib vertraut«, sagte Omar, als wir draußen auf der Straße waren. »Er hat gesagt, er schleust uns direkt in den Iran.«

Wir gingen weiter zum Stadtzentrum. In den letzten zehn Jahren hatte Zarandsch einen beispiellosen Boom erlebt, den die Stadt aber nicht nur dem Handel mit Menschen und Drogen verdankte, sondern auch den ganz legalen Importen von Benzin und Zement. Ein afghanischer Freund von mir hatte in den neunziger Jahren hier gearbeitet, als es noch ein von Fliegen wimmelnder Ort mit drei Straßen gewesen war; die Lebensmittelhändler hier hätten noch nie was von Knoblauch gehört, sagte er. Jetzt kamen wir an Geschäften vorbei, in denen es Rucksäcke und Skibrillen gab, Letztere sehr nützlich bei Sandstürmen. Omar kaufte silberne Sneakers für Malik, der kein einziges anständiges Paar Schuhe besaß, und wir gingen zu einem Geldwechsler und bekamen für hundert Dollar über drei Millionen iranische Rial. Die Kids am Stand rieten uns, die Hälfte in Scheinen zu einer halben Million zu nehmen, die man leicht im Hosenbund verstecken oder innen an die Schuhsohle kleben konnte.

Gleich hinter uns, im Westen, war die iranische Grenze mit dem offiziellen Übergang über die Seidenbrücke. Der Mauerbau der Iraner hatte die Schmugglerroute nach Süden verschoben, nach Pakistan, wo der *Wind der 120 Tage* den Sand den ganzen Sommer lang zu einer undurchdringlichen Düsternis aufpeitschte. Die Region nennt sich Belutschistan, und die Belutschen sind ein von Grenzen auseinandergerissenes Volk. Weil sie sich in die Drogen- und Spionagekriege dieses Dreiländerecks verstrickten, wurden sie abwechselnd vom Staat unterdrückt und vereinnahmt. Die Belutschen waren es, die Reisende durch den wandernden Wüstensand führten.

Im Safe House waren unterdessen noch mehr Reisende eingetroffen. Wir setzten uns zum Essen an ein langes, auf dem Teppich ausgebreitetes Plastiktischtuch, während der Küchenjunge von hinten Nan und Schalen mit Hühnerbrühe auftrug. Nach dem

Essen, während Malik seine silbernen Schuhe in Empfang nahm, hob ich den Matchbeutel auf, den Omar entgegen der Anweisung mitgebracht hatte. Er fühlte sich an wie mit Steinen gefüllt.

»Wir sollten doch nur ein Gepäckstück pro Person haben«, sagte ich. »Was ist da überhaupt drin?«

Omar öffnete den Beutel. Er hatte den Inhalt seines Badezimmerschranks eingepackt, eine Familienpackung Haarshampoo, Kölnischwasser, diverse Lotionen.

»Wozu hast du diese Scheiße mitgenommen?«, fragte ich. Malik lachte. »Haarspray?« Ich riss die Dose aus der Tasche. »Shampoo?«

»Wir brauchen Shampoo, Bruder.«

»Omar, nein.« Wir rauften um die Haarbürste, und er schnappte sich eine der Kölnischwasserflaschen.

»Das ist teuer!«

»Echt, du wirst es bereuen. Nimm so wenig wie möglich mit«, sagte Malik, der seine silbernen Sneakers anprobierte. »Du wirst tagelang zu Fuß unterwegs sein.«

Nachdem wir den Matchbeutel und die meisten Schönheitsprodukte aussortiert hatten, verteilten wir unsere Sachen neu und mehr oder weniger gerecht auf unsere drei Rucksäcke.

Zwei Männer kamen herein, die ihre Bündel über der Schulter trugen.

»Seid ihr Sayed Ahmad?«, fragte der Größere auf Dari. Er hatte eine flachsblonde Topffrisur und grinste breit.

»Nein, Arya.«

»Na gut, wie auch immer, passt mal bitte auf meine Tasche auf, ja?«

Zwanzig Minuten später war er wieder da und breitete sich neben uns aus. Er sei jetzt zum siebten Mal illegal in den Iran unterwegs, teilte er uns mit.

»Wow. Wie oft bist du abgeschoben worden?«, fragte Omar.

»Sechs Mal.«

»Ist es nicht gefährlich?«

Er lachte. »Das ist die allergefährlichste Route, die es gibt. Du spielst mit deinem Leben, Bruder. Du bist in den Händen von Dieben und Polizisten. Ein Menschenleben ist ihnen nichts wert.« Mit seiner schleppenden nördlichen Sprechweise zählte er die Gefahren auf, die uns bevorstanden: Autounfälle, Schießereien, Verdursten in der Wüste, Misshandlung durch die pakistanische Polizei, neben der einem sogar die Iraner vorkämen wie die Barmherzigkeit in Person.

»Die pakistanische Polizei?«, schrie Omar. »Die pakistanische Polizei!«, wiederholte er und starrte mit offenem Mund abwechselnd Malik und mich an.

»Die warten an der Grenze, die pakistanischen Bullen. Sie leeren euch die Taschen und Rucksäcke aus und nehmen sich, was sie brauchen können.«

»Was sie brauchen können?«

»Und du hältst den Mund. Ein einziges Wort, und sie prügeln dich wie einen Hund.« Der Mann stand auf und packte mich an der Schulter. »Bruder, wir sind ein Fußball, der auf dem Feld hin und her geschossen wird. Ob wir's ins Tor schaffen, ist reine Glückssache.« Wieder lachte er und ging hinaus.

»Vergiss es, der Typ hört sich gern reden«, sagte ich.

»Was ist mit der pakistanischen Polizei?«, antwortete Omar. »Es war keine Rede davon, dass wir nach Pakistan gehen.«

Ich wiederum fand es keine gute Idee, im Safe House solche Reden zu führen.

»Gehen wir eine rauchen«, sagte ich.

Wir standen auf und betraten den leeren Platz am Ende der Gasse. Ich gab ihm und mir Feuer, und eine Zeit lang rauchten wir schweigend. Auf dem Dach des Safe House erkannten wir die Silhouetten unserer Schleuser, die Tee tranken und Wache hielten.

Ich versuchte mir etwas einfallen zu lassen, um Omar bei der

Stange zu halten. Früher war er vor nichts zurückgeschreckt, mit den Jahren aber fand ich ihn, wenn wir auf unseren gemeinsamen Einsätzen waren, immer weniger risikofreudig. Er hatte zu viele Leichen gesehen, war zu oft um Haaresbreite davongekommen. Natürlich war es etwas anderes, ob man es gegen Bezahlung tat und nicht wegen des Ruhms, aber auf mich hatte die wiederholte Gefahr genau die gegenteilige Wirkung: Sie härtete mich eher ab. Als hätte sich etwas ausgeschaltet, womöglich – um mit Robert Graves zu sprechen[106] – der Apparat, der Gefühlsregungen aufzeichnet. Mir war klar, dass ich wahrscheinlich einen Schaden davongetragen hatte, was mir zu der Zeit aber nicht das Geringste ausmachte, im Gegenteil – es erleichterte mir die Arbeit in Ländern wie Afghanistan und Syrien. Ich dachte, ich könne Gefühl und Verstand voneinander trennen. Und dass man Angst bekommt, wenn es Zeit ist zu handeln, war zwar natürlich, aber nicht rational.

Omar sprach als Erster. »Die Route ist zu gefährlich, Bruder. Ich wollte auf keinen Fall nach Pakistan.«

»Wir sind in Nimroz. Fürs Umkehren ist es zu spät.«

»Es ist nicht zu spät. Wir sind immer noch in Afghanistan. Wir können nach Kabul zurück.«

»Ich will nicht zurück.«

Aus dem tiefen Schatten kam Malik auf uns zu. »Hör zu, Omar, ich habe sämtliche Gefahren, von denen er geredet hat, selber erlebt. Du hast Angst vor den pakistanischen Polizisten? Ja, sie sind da, wenn du über die Grenze bist. Sie zählen, wie viele Leute im Laster sind, und sie zählen, wie viele Scheine ihnen der Schlepper in die Hand drückt. Mehr ist es nicht. Wir haben drei Polizeikontrollen passiert, und es hat mir dort niemand ein Haar gekrümmt.« Es war so finster, dass wir kaum das Weiße in seinen Augen sahen. »Mach dir keine Sorgen wegen den Polizisten oder Dieben. Mach dir Sorgen, dass der Laster umkippt. Mach dir Sorgen, wie gefährlich die Fahrt selber ist, bei Gott, du fährst auf Straßen, die so hoch hinaufführen, dass du in den Abgrund schaust und dich fragst: Wie bin ich hier raufgekommen?«

»Danke, Malik«, fiel ich ihm ins Wort. »Er hat recht, Omar, dieser Typ redet einfach *kos-e schir*. Er gibt nur an. Vergiss ihn, okay?«

Omar nickte widerwillig. Es lässt sich schwer einschätzen, wie hoch das Risiko in solchen Situationen ist, und selbst wenn man es beziffern könnte, ist es letztlich immer eine Bauchentscheidung, ob man es eingeht oder nicht. Man neigt dazu, auf den Nebenmann zu blicken und sich zu fragen, ob er mehr oder weniger Angst hat als man selber. Wir mussten optimistisch bleiben, um einander willen.

Zurück im Safe House, fiel mir ein, dass wir vergessen hatten, Wasser zu besorgen. Ich fragte Malik, ob er mit mir zum Basar gehe. »Malik«, sagte ich draußen auf der Straße. »Du warst schon auf dieser Route. Hunderte Menschen sind dort Tag für Tag unterwegs. So gefährlich ist sie nicht.«

»Sie ist zu neunundneunzig Prozent gefährlich«, antwortete er. »Aber ich bin bereit dazu, wenn du es bist. Wir sind schon in Nimroz, wir können nicht zurück. Was würden unsere Familien sagen? Wir stehen da wie die letzten Feiglinge.«

»Hör zu, Omar hat wirklich Angst. Wie wird er reagieren, wenn wir das erste Mal einer Gefahr gegenüberstehen? Ich werde dich brauchen, damit du ihn beschwichtigst.«

Doch als wir zurückkamen, sah ich zu meinem Entsetzen, dass Omar tief im Gespräch mit dem Flachshaarigen aus Kunduz war, der uns den zu erwartenden Horror in allen Farben ausgemalt hatte. Sie lagen nebeneinander auf der Seite, das Kinn auf die Hand gestützt, die Köpfe zusammengesteckt, wie zwei kleine Jungs, wenn der eine beim anderen übernachten darf. Der Flachshaarige kehrte mir den Rücken zu, aber Omars Miene sah ich – er hing an den Lippen des anderen.

Ich setzte mich zu ihnen.

»Nimm was von dem Nan, es ist das beste, das es gibt«, sagte der

Flachshaarige, drehte sich um und legte mir ein ordentliches Stück oben auf meinen Rucksack.

»Danke, ich hab schon gegessen.« Er bestand aber darauf, bis ich schließlich ein kleines Stück abriss, das sich sofort an meinen Gaumen klebte. Ich musste eine Flasche Wasser öffnen, um es wieder loszueisen.

»Wo kommst du denn her, mein Freund, von welchem Ort, welchen Leuten?«, fragte er.

»Kabul.«

»Wo in Kabul?«

»Schahr-e Nou. Und du?«

»Kunduz.«

»Aus der Stadt?«

»Aus der Stadt. Warst du mal dort?«

»Ja.« Ungebeten stand mir eine Szene von unserem letzten Einsatz vor Augen. Unser Fotograf und ich waren nachts mit den afghanischen Spezialkräften entlang der festgefahrenen Front auf Patrouille gegangen. Wir kamen zu einer exponierten Straße, die wir im Laufschritt überqueren mussten, aber die Soldaten sagten: *Nur die Ruhe, die Taliban sind tagaktiv.* Ich trabte ein paar Meter hinter Vic, als ich auf einmal auf der Höhe seines Oberschenkels die Lichtbahn von Leuchtspurmunition sah und gleich darauf an mir selber. Der Scharfschütze benutzte ein PKM, ein sowjetisches Maschinengewehr. Sekunden später waren wir in Deckung. »Die haben ein Nachtsichtzielfernrohr, diese *kos-e zan*«, zischte der Sergeant im Team zur Rechtfertigung. Wir waren unversehrt – aber es war eine Frage von Zentimetern gewesen.

»Ich habe zwei Lieblingsorte in Afghanistan«, sagte der Flachshaarige, »Kabul und Mazar. Warst du mal in Mazar? Da kannst du die ganze Nacht unterwegs sein, und keiner kommt dir blöd.« Er lächelte verträumt. In Kunduz-Stadt waren die Straßen nach Einbruch der Dunkelheit leer gefegt.

»Was für eine Schulbildung hast du?«, fragte er nach einer weiteren Pause. Ich starrte ihn an. Die Hand, auf die er sich stützte, verschob sein seitwärts geneigtes Gesicht in Falten.

»Zehnte Klasse«, sagte ich. »Du?«

Er seufzte. »Nichts. Keine Schule.« Diese Fragen aufs Geratewohl machten mich nervös – als ahnte er, dass mit mir was nicht stimmte. War ich paranoid? Sollte ich nicht paranoid sein? Die Saat der Furcht keimte auf.

»Ich geh eine rauchen«, sagte Omar und stand auf. »Habib, kommst du mit?«

Aus seinem Gesichtsausdruck schloss ich, dass er zu einer Entscheidung gelangt war.

»Schau, ich habe von Anfang an gesagt, dass ich nicht durch Pakistan will. Meine Schuld, dass ich diesem verdammten Schleuser getraut habe.«

»Omar, wir sind zusammen bis hierher gekommen, weil wir in den Iran wollen.«

»Aber nicht durch Pakistan. Kommt nicht infrage.«

»Du hast im Voraus gewusst, dass es gefährlich ist. Hast du nicht zugehört, als Malik seine Geschichte erzählt hat? Du hast jetzt nur Angst, weil die Gefahr ganz nah ist.«

»Es ist ein Unterschied zwischen einer Gefahr, die unerwartet auftaucht, und der Gefahr, in die man sich sehenden Auges begibt. Warum sollen wir unser Leben aufs Spiel setzen? Was hast du von Europa, wenn du tot bist?«

»Es ist die Schleuserroute, natürlich ist die gefährlich! Was hast du denn erwartet? Das hättest du dir überlegen sollen, bevor wir in diesen Bus gestiegen sind.«

»Ich kann nicht mein Leben aufs Spiel setzen, Bruder. Tu du es auch nicht. Es lohnt sich nicht.«

»Du lässt Malik und mich im Stich. Was für ein Freund bist du eigentlich?«

Er starrte auf seine Füße. Ich spürte eine eiskalte Wut in mir aufsteigen. Schweigend kehrten wir ins Safe House zurück. Ich blinzelte in das fahle Neonlicht. Dann bat ich Malik, mit mir hinauszugehen.

»Omar will nach Kabul zurück«, sagte ich.

Malik trat wütend gegen einen Stein. »*La'nati!* Ich bin nur seinetwegen hier. Er hat mich überredet. Was ist der denn für ein Mann!« Wir standen da und starrten die Lehmmauern ringsum an. »Meine Mutter hat mich angefleht zu bleiben. Mein Bruder hat mich angefleht zu bleiben. Sie waren außer sich. Wie soll ich jetzt vor sie hintreten?«

Ein letzter Trumpf blieb mir noch: Ich spekulierte, dass Omar uns nicht ohne ihn gehen ließe. »Malik, wenn du immer noch willst, dann gehe ich mit dir.«

»Ich kann nicht ohne ihn gehen. Mir fehlt das Geld bis in die Türkei. Es reicht nur bis in den Iran.«

»Vergiss das Geld. Du kriegst es von mir.«

»Aber ich bin wegen Omar hier. Ich dachte, wir machen das zusammen. Ich dachte, wir sind zu dritt, und da ist es nicht so schlimm. Zu dritt kann man sich allem stellen, was passiert.«

»Das kann man auch zu zweit. Du hast es schon getan. So gefährlich ist das nicht.«

Er drehte sich zu mir, im Licht der Laterne war sein Gesicht aschfahl. Er zitterte. »Es ist so gefährlich, dass dir die Luft wegbleibt.« Er schüttelte den Kopf. »Ich weiß, was uns passieren wird. Ich habe Angst. Ich habe noch mehr Angst als Omar. Aber ich bin mutig. Er nicht, hol ihn der Teufel.«

»Malik ...«

Er wandte sich ab. »Nein. Ich gehe auch nach Kabul zurück.«

Ich sah ihm nach, wie er zum Safe House zurückmarschierte. Unser Plan war gescheitert. Vielleicht würde Omar Afghanistan nie verlassen. Ich hatte fast ein Jahr damit vertan, auf ihn zu warten. Im grellen Licht der Wut hatte ich den Gedanken, allein weiterzumachen. Eine Zeit lang stand ich da, innerlich kochend, bis meine Wut der Scham wich. Ich musste an Omars Frage denken: Wozu sollen wir unser Leben riskieren? Ich hatte noch weniger eine Antwort als die beiden.

Ich kehrte ins Haus zurück. Omar und Malik kauerten in einer Ecke. Die anderen Migranten schliefen, um sich für das Bevorstehende zu wappnen. Die Teenager lagen Seite an Seite, hatten sich mit ihren Schals Kopf und Körper zugedeckt.

Es war elf Uhr. In vier Stunden ging der Bus zurück nach Kabul. Omar rief unseren Schleuser im Iran an und teilte ihm mit, dass wir die Sache abbliesen. Eine ernste Familienangelegenheit, um die sich einer von uns kümmern müsse, sagte Omar, aber in zwei oder drei Tagen kämen wir wieder nach Nimroz. Wir schulterten unsere Rucksäcke. Nun wachte der Flachshaarige aus Kunduz auf und sah uns blinzelnd an. »Hä – was ist?« Als wir durch die Tür gingen, schrie er uns hinterher: »Hey! Wo wollt ihr hin?«

»Kabul«, antwortete ich und starrte ihn wütend an. Er wirkte enttäuscht. Hatte er es gut oder schlecht mit uns gemeint?

Im engen Innenhof blieben wir stehen. »In ein paar Tagen sind wir zurück«, rief Omar zu den Schattengestalten der Schleuser hinauf.

»Ihr habt sicher nichts dagegen, wenn ich erst einen Anruf mache«, sagte einer von ihnen. Der Manager war es. Es war eine rhetorische Frage, dennoch fügte er erklärend hinzu: »Damit sie nicht sauer auf mich sind, weil ich ihnen nichts gesagt habe.«

Der vierschrötige Koch blockierte den Ausgang.

»Drei von Arya«, hörten wir den Manager sagen. Dann, nach einem Augenblick: »Okay.« Und zu uns sagte er: »Wie viele sind noch da?«

Malik streckte den Kopf ins Safe House, zählte die Schläfer. »Elf«, sagte er.

Wir zwängten uns an dem Koch vorbei, der uns auf die Gasse

folgte: »Hey!« Wir drehten uns um. »Ihr habt vergessen, euer Essen zu zahlen.«

Wir rückten Geld heraus. Besänftigt begleitete er uns zum Tor und informierte uns noch, wo wir die Busfahrkarten bekämen. Im Gänsemarsch traten wir hinaus auf die Straße.

»Moment.« Wir drehten uns um und sahen die Schlagschatten des Laternenlichts auf seinen grimmigen Zügen. »Hört mir gut zu. Ich sag euch was, weil ich Belutsche bin. Die Route ist momentan ganz schlecht. Erst kürzlich sind zwanzig ums Leben gekommen. Diese Typen hier schicken die Leute einfach raus, um die Provision zu kassieren. Ich bin kein Afghane, ich bin Belutsche! Diese da sind Afghanen, und sie tun es ihren eigenen Landsleuten an. Kommt erst nach Eid wieder. Dann ist die Lage besser, so Gott will.«

Mit der Rikscha fuhren wir zurück zum Depot und warteten. Der Bus war nur halb voll, und ich setzte mich allein in eine Zweierbank. Bald ging es los, wir fuhren Richtung Norden. Durch mein Fenster starrte ich in die stockschwarze Wüste des Todes hinaus. Vom Himmel aber blickte ein Licht herunter, Drohne oder Satellit. Konnte das Ding sehen, wer sich dort unten in der Wildnis verirrt hatte?

Unser Bus würde abermals die Schlachtfelder im Süden durchqueren, aber ich war zu müde, um mir darüber Gedanken zu machen. Dennoch konnte ich nicht schlafen, es plagte mich die Reue. Deshalb lauschte ich den leisen Unterhaltungen der Umsitzenden. Jemand war an der Grenze oder im Zuge einer Einwanderungswelle gefasst und aus dem Iran abgeschoben worden. Andere hatten wie wir geplant, illegal die Grenze zu überqueren, und dann den Mut verloren. Ein breitschultriger Mann mit weiß meliertem Bart sagte, er sei Bauer und aus einer Gegend in Baghlan, nördlich von Kabul, wo die Taliban das Sagen hatten. Sein halbwüchsiger Sohn habe im Iran Arbeit suchen wollen, und als er es ihm verboten habe, sei der Junge mit ein paar Freunden nach Nimroz davongelaufen, wo sie einem Schleuser ihren künftigen Lohn abgetreten hatten, ein übliches Vorgehen. Aber dann sei es zu einem Krach zwischen Banden gekommen, und ein Rivale habe die Jugendlichen entführt und in einem Schuppen in der Wüste eingesperrt. Als der Vater und die Verwandten der anderen Jungen Wind von der Sache bekommen hätten, hätten sie sich zusammengetan und seien nach Zarandsch gefahren, wo sie den ersten Schleuser zwangen, sein Auto und etwas Land zu verkaufen, um die Jungen auszulösen. Sein flüchtiger Sohn sei jetzt sicher im Iran und habe dort Arbeit, der Vater könne nach Hause fahren.

Als er mit seiner Geschichte fertig war, ließ er die Stirn gegen die Lehne vor ihm sinken und schlief ein; Stunden später, in Zabul, wachte er wieder auf und hatte einen Abdruck an der Stirn wie ein frommer Muslim vom vielen Beten.

8

Es war Zeit für Plan C. Am Kabuler Flughafen bestand Omar darauf, mein Gepäck bis zur Passkontrolle zu tragen, wo zwei Polizisten die Passagiere filzten. Wir rauchten eine letzte Zigarette miteinander, keiner sah den anderen an. Seit unserem Fehlschlag in Nimroz war eine Woche vergangen. Nachdem Omar nicht bereit war, die Wüste zu durchqueren, und ohne Visum nicht in die Türkei fliegen konnte, blieb ihm nur eine Option: Er musste sich ein iranisches Visum beschaffen und legal nach Teheran reisen, um sich dann von Schleusern in die Türkei bringen zu lassen. Diese Möglichkeit hatte er ursprünglich verworfen, weil er nicht auf eigene Faust durchs Gebirge wandern wollte. Ich konnte nicht mit ihm in den Iran fliegen – auch wenn ich ein Visum bekommen hätte, wäre mir ein offizieller Aufpasser zugeteilt worden. Aber jetzt war Malik bereit mitzukommen, denn Omar lieh ihm das Geld. Ich hingegen würde mit meinem kanadischen Pass in die Türkei fliegen und dann in der Nähe der Grenze zum Iran auf Omar und Malik warten. Wenn sie es bis in die Türkei geschafft hätten, würden wir gemeinsam nach Istanbul reisen und mit Maryam und den anderen zusammentreffen. Natürlich gab es keine Garantie, dass Omar und Malik nicht erwischt und wieder nach Afghanistan abgeschoben würden.

Als es Zeit für den Abschied war, drehte ich mich zu Omar und sah in seiner Miene die alte Angst, zurückgelassen zu werden. Wir umarmten uns.

»Okay, lieber Bruder, bis bald«, sagte er und grinste.

Mit geschultertem Gepäck ging ich zu den anderen Passagieren, die zum Terminal strömten, und empfand eine Woge der Wehmut und des Bedauerns. Ich hatte Omar schon für mein Verhalten in Nimroz um Entschuldigung gebeten. Denn ich hatte diese Reise wie einen der vielen beruflichen Einsätze zuvor gesehen, bei denen ich das Sagen hatte. Aber wenn ich Omar als Journalist folgen wollte – was meine Rechtfertigung dafür war, gemeinsam mit ihm unterzutauchen –, dann musste ich ihm die Entscheidung überlassen. Andererseits – er war mein Freund, und da konnte ich kaum objektiv sein, zumal unser beider Leben auf dem Spiel stand. Nie war ich so ambivalent gewesen, was meine Rolle betraf.

Als die Maschine abgehoben hatte, atmete ich tief durch und lehnte mich zurück. Die Stille in der Passagierkabine war eine Wohltat; während der nächsten Stunden konnte ich meine Gedanken sortieren. Ich stellte den Monitor vor mir so ein, dass er ein Bild unseres Flugzeugs und die Flugroute zeigte: derzeit über Land. Städtenamen trieben vorbei. Als Kind war ich fasziniert von Globen und Atlanten gewesen, und mein Vater hatte mir beim Segeln und Campen die Navigation mit dem Kompass beigebracht. Auf einer Route, die auf dem Bildschirm gekrümmt aussah, in Wirklichkeit aber eine gerade Linie auf einer Kugeloberfläche war, führte unser Flug bei Baku weiter über das Kaspische Meer. Zweidimensionale Landkarten verzerren zwangsläufig; in der Mercator-Projektion, die ich vor mir hatte, erschienen die Tropen klein, Nordamerika und Europa hingegen riesig. Raum wirkt zwar stabil, kann sich aber, wie die Zeit, abhängig von unserer Bewegung ausdehnen und zusammenziehen. Nach sechs Stunden hatten wir die dreitausendfünfhundert Kilometer zwischen Kabul und Istanbul hinter uns. Vor meinem Fenster wuchs die Stadt, ein Netz aus Lichtern, das den Horizont umspannte, geteilt vom Bosporus, dem Nabel der Welt.

Ich hatte einen zweistündigen Aufenthalt am Flughafen Istanbul-Atatürk, denn ich blieb an diesem Tag nicht in der Türkei, sondern wollte meinen Laptop und andere Habe, darunter meinen zweiten Pass, bei einem Freund in Italien, in Triest, deponieren, um sie nach dem Ende unserer Reise wieder dort abzuholen. Bei ihm würde ich über Nacht bleiben und tags darauf in die Türkei zurückfliegen. Es ließ sich schwer sagen, wie lange ich an der Grenze auf Omar und Malik warten müsste, aber ich wollte bereit sein.

Als wir in Istanbul von Bord gingen, folgte ich den Wegweisern zu Gepäckausgabe und Rolltreppen, bis ich am Abfertigungsschalter in der Lounge der Turkish Airlines war, die für Passagiere der ersten und der Businessklasse reserviert war, aber auch für Economypassagiere wie mich, die sich mit ihren raubgierigen Luftreisen Goldstatus erflogen hatten. Zur Lounge gehörte ein Lichthof über zwei Etagen mit einer frei schwebenden Treppe; ich fuhr hinunter zum Bistro, suchte mir ein frisch gebackenes *pide* aus und zapfte mir ein Efes, ließ mich in einem sofaartigen Sessel nieder, aß und trank und verfolgte auf einer Reihe von Bildschirmen Nachrichten und Sportberichte aus aller Welt; die Zeitzonen waren verschieden, aber die Sekunden tickten im Gleichtakt. Ringsum flitzte das Personal hin und her, beseitigte unseren Abfall und verschwand hinter Türen, hinter denen sich diverse Funktionsbereiche verbargen, durch Lastenaufzüge und Korridore miteinander verbunden: ein in den ersten Flughafen eingeflochtener zweiter.

Die Turkish Airlines flogen die internationalen Ziele jeder Fluggesellschaft an, und Istanbul war eines der verkehrsreichsten Drehkreuze der Welt.[107] Durch das Fenster sah ich die Leitwerke der entlang des Terminals geparkten Jets wie eine Reihe von Segeln. Wenn der Philosoph Michel Serres aus solchen Fenstern schaute, sah er neuzeitliche Boten: *Engel aus Stahl, die Engel aus Fleisch und Blut befördern, die Engel aus Signalen über Engel aus Luftwellen senden.*[108]

Ich war häufig über Istanbul geflogen, vor allem seitdem ich begonnen hatte, aus dem syrischen Bürgerkrieg zu berichten.[109] Von hier aus war es ein kurzer Inlandsflug nach Antakya oder Gaziantep, wo die grenznahen syrischen Städte durch Artilleriebeschuss und Luftbombardements in Schutt und Asche gelegt und Menschen zu Tausenden hingemetzelt wurden. Die Gewalt war in die Türkei hinübergeschwappt; erst zwei Monate zuvor hatten drei Männer mit Sprengstoffwesten und Sturmgewehren den Istanbuler Flughafen angegriffen, fünfundvierzig Menschen getötet und Passagiere zur Flucht durch die Terminals und hinaus auf die Rollbahnen getrieben.[110]

Als es Zeit für meinen Flug nach Italien war, reihte ich mich in den Menschenstrom aus sechs Kontinenten ein, der sich durch die Korridore wälzte – Passagiere mit Stöckelschuhen und Sandalen, mit Seglerschuhen und Pilgergewändern, mit Bärten, die Rockstar oder Taliban, Hipster oder Hisbollah bedeuten konnten. Die Turkish Airlines flogen nicht nach Triest, aber in die Nähe, nach Venedig. Für die Einreise in die EU brauchte ich kein Visum, und am Flughafen Marco Polo blickte der Polizist nur auf seinen Monitor und drückte mir dann den Stempel in den Pass, ohne Fragen zu stellen: Offensichtlich lieferte ihm das System keine Warnhinweise. Die Grenzbehörden verließen sich immer mehr auf automatisiertes Profiling wie Risikobewertung aufgrund von Vorab-Passagier-Informationen, um vertrauenswürdige Reisende durchzulassen, während die Übrigen umso genauer geprüft werden.[111] *Die Geschwindigkeit der einen steht in logischer Beziehung zur Langsamkeit der anderen*, meint Tim Cresswell.[112]

Mit dem Zug fuhr ich nach Triest und übernachtete im Haus meines Freundes. Der billigste Flug in die Türkei am nächsten Morgen ging von Ljubljana, eine kurze Busfahrt entfernt. Mein Endziel war Van, eine Stadt nahe der iranischen Grenze. Als wir in Istanbul landeten, musste ich noch einmal das Terminal wechseln, doch anders als am Vortag musste ich durch die Einreisekontrolle, um zu den Inlandsflügen zu gelangen. Es war noch früh, als ich landete, keine Leute warteten vor dem Schalter. Auf halbem Weg durch die Absperrgurte, die Warteschlangen kanalisieren, sprintete ein stämmiger Mann auf mich zu und hielt mir seinen Polizeiausweis unter die Nase. Er ließ sich meinen Pass geben, runzelte die Stirn und forderte mich zum Mitkommen auf.

Weil ich nie über die Türkei geschrieben hatte, dachte ich, es habe vielleicht mit meiner Berichterstattung aus Syrien zu tun. Natürlich war nach dem Putschversuch fünf Wochen zuvor, der Omars Antrag auf ein Visum vereitelt hatte, die Lage hier nach wie vor angespannt. Mehrere Hundert Menschen waren umgekommen, und die Putschisten hatten das Hotel angegriffen, in dem Präsident Recep Tayyip Erdoğan wohnte. Der war mit heiler Haut davongekommen und bezeichnete die Ereignisse später als *ein Geschenk Gottes*.[113] In den darauffolgenden Monaten führte seine Regierung eine Säuberung durch, bei der fünfzigtausend Personen festgenommen und einige von ihnen in der Haft gefoltert wurden.[114]

Der Polizist führte mich in einen beengten Vernehmungsraum, in dem zwei weitere Männer in Zivil waren, ein magerer Knabe mit Jeans und langem zotteligem Bart und ein zweiter, älter, gedrungen und speckbäuchig. Er saß am Tisch und war offensichtlich der Boss, und da ich kein Türkisch konnte, übersetzte der Knabe ins Englische, so gut es ging – es ging nicht gut.

Während sie mich meinen Rucksack auspacken ließen, fragten sie mich aus, was ich in der Türkei wolle. Meine Antwort, ich wolle nach Van, das in einer Kurdenregion liegt, versetzte sie in Begeisterung.

»Aber Van ist sehr gefährlich«, sagte der Knabe. »Warum Van?«

Ich schriebe ein Buch über afghanische Migranten, erklärte ich, außerdem hätte ich Lust auf ein bisschen Tourismus und wolle den Van-See und den Ararat sehen – die reine Wahrheit, denn ich würde sicher eine Zeit lang auf Omar und Malik warten müssen.

Der ältere Typ blätterte rauchend in meinem Pass, und mit jeder Seite furchte seine Stirn sich tiefer. Bei jeder Unschuldsbeteuerung meinerseits legte er einen dicken Finger an die Lippen, um mich zum Schweigen zu bringen.

»Was ist Ihre Religion?«, fragte er.

»Meine Familie ist christlich.«

»Warum nur muslimische Länder?«, wollte er wissen und hielt meinen vielfach gestempelten Pass hoch. Ich starrte ihn an und musste mir das Lachen verkneifen. Hielten sie mich etwa für einen IS-Anhänger? Nach meinem Beruf hatten sie mich nicht gefragt; hatten sie in ihren Überwachungskameras nur einen orientalisch wirkenden Mann im militärdiensttauglichen Alter gesehen und deshalb beschlossen, ihn herauszuziehen?

»Ich besuche nicht nur muslimische Länder, und übrigens bin ich Journalist. Meine Reisen haben berufliche Gründe.«

»Presseausweis?«

Jetzt hatten sie mich. Mein Presseausweis lag in Triest, und auch sonst hatte ich nichts dabei, das auf meinen Beruf hätte schließen lassen. Der Knabe wies mich an, das zuvor gesäuberte Samsung zu entsperren, was ich tat, und er warf einen raschen Blick darauf.

»Sie haben alle Kontakte gelöscht!«, rief er. »Sie sind ein Lügner. Sie verschweigen uns, warum Sie hier sind. Sie werden aus der Türkei abgeschoben!«

Ich beschwor sie, mich zu googeln, aber der Knabe weigerte sich zu dolmetschen, und sein Boss war zunehmend aufgebracht und schwenkte seine flache Hand, als wollte er mich ohrfeigen. Sprachlos folgte ich dem Dicken hinaus. Die ganze Angelegenheit hatte keine zehn Minuten gedauert.

Er führte mich in den Abschiebebereich des Flughafens. Dort war eine Art Empfang, eine lange Theke, die mit Sicherheitsleuten bemannt war. Man teilte uns mit, dass der nächste Flug nach Ljubljana erst am anderen Morgen gehe. Der Polizist zog sich Einmalhandschuhe an, filzte mich und konfiszierte mein Smartphone und den Pass. Ich sollte irgendwelche Papiere unterschreiben, aber ich weigerte mich, weil sie ausschließlich auf Türkisch waren, woraufhin er die Achseln zuckte und mich in die Zelle abführte.

Die war ein niedriger Raum, in dem etwa dreißig mit Papier

abgedeckte Liegestühle Typ Zahnarztpraxis standen, allerdings war der Praxisraum hier von außen abgesperrt. Ein Flur im hinteren Teil führte zu einem Bad mit Dusche. An einer Wand hing ein Rauchen-verboten-Schild, aber gut die Hälfte der Insassen rauchte.

Ich studierte das Kartentelefon an der Tür und die daneben hängende Liste mit den Nummern diverser Botschaften. Vielleicht ließ sich die Sache noch irgendwie glattbügeln. »Du kannst dir am Empfang eine Telefonkarte besorgen«, sagte ein Araber in langem Gewand, der mich beobachtet hatte. Ich hämmerte an die Tür, bis ein Wächter aufmachte, reichte ihm zwanzig Lira, bekam dafür eine Rubbelkarte und versuchte mehrmals, einen Freund in Kabul anzurufen, der gute Kontakte zu diplomatischen Kreisen unterhielt. Aber ich schaffte es nicht, die Karte zu aktivieren, wofür man sich in ein kompliziertes Anrufmenü hätte einwählen müssen. Der Araber, dem meine Verzweiflung nicht entging, bot mir freundlicherweise sein Mobiltelefon an. Ich erreichte meinen Freund, der mir ein paar Kontakte in Istanbul nannte, aber es stand das mehrtägige Opferfest vor der Tür, und die Büros waren schon nicht mehr besetzt. Ich versuchte es beim kanadischen Konsul in Ankara, der ratlos und etwa so hilfreich war wie die Telefonkarte. Schließlich gab ich auf und ließ mich auf einen der Liegestühle fallen.

»Gut, dass du dir schon mal einen Platz sicherst, am Nachmittag wird's hier voll«, sagte der Mann, setzte sich ebenfalls und stellte sich als Abu Haroun vor. Er war schmächtig und hatte den wild wachsenden Bart mit rasierter Oberlippe eines konservativen Muslims. Er sprach ein fließendes, vage amerikanisch klingendes Englisch, stammte aber nach eigener Aussage aus dem Jemen und war in Saudi-Arabien aufgewachsen. Seit vielen Jahren, sagte er, lebe er mit Frau und Kindern in Istanbul, doch sechs Monate zuvor, bei seiner Rückkehr von der Wallfahrt nach Saudi-Arabien, hätten ihn die Türken aus irgendeinem Grund nicht mehr hereingelassen. Und die Saudis wollten ihn nicht zurück. Der Jemen war vom Bürgerkrieg zerrüttet, weshalb ihn die Türken nicht in seine ursprüngliche Heimat abschieben konnten. Also saß er hier fest, seit sechs Monaten. Nichts zu machen.

»Du bist seit einem halben Jahr hier in diesem Raum?«

»Mein Anwalt meint, es dauert jetzt nicht mehr lang, bis ich rauskomme, Inschallah«, sagte er mit schiefem Lächeln. Ein Dutzend Jemeniten seien hier gefangen gewesen, weil mit ihrem Visum etwas nicht stimmte, und er sei der letzte. Er war der Chef dieser Abschiebezelle. Die anderen warteten lediglich auf die nächste Maschine dorthin, woher sie jeweils gekommen waren. Manche waren transithalber hier, nachdem irgendein Land sie abgeschoben hatte. Einstweilen waren wir nur zu acht, doch wie Abu Haroun vorhergesagt hatte, wurde es im Lauf des Tages voll. Die meisten Männer stammten aus Ländern des Nahen Ostens oder Afrikas, es gab allerdings auch einen Chinesen und einen jungen Russen, dem die Einreise in die Ukraine verweigert worden war. Irgendwann stieß ein Nigerianer zu uns, der herumging und jedem Anwesenden die Hand schüttelte. Er sei in Chicago abgewiesen worden, weshalb er jetzt, zwei Tage nach seinem Aufbruch, wieder auf dem Rückweg nach Lagos sei.

Außer mir schien sich niemand über unsere Gefangenschaft hier besonders aufzuregen. Bei mir wich die Wut bald der Verzweiflung. Mit unserer Reise war es jetzt gewiss vorbei, dachte ich. Den Rest des Tages verbrachten wir damit, rauchend an die abgehängte Decke zu starren. Sehnsüchtig dachte ich an das Efes vom Fass in der Business-Class-Lounge über uns. In der Nachbarzelle saßen die Frauen und Kinder, und die Männer verständigten sich mit ihnen, indem sie durch die Gipskartonwand schrien. Von Zeit zu Zeit läutete das Kartentelefon, meist war es ein Verwandter von jemandem. Einmal wurde ich aufgefordert, einen Anruf entgegenzunehmen, weil ich Französisch konnte. Die Frau am anderen Ende wollte jemanden sprechen, der nicht hier war; er ist weg, sagte ich.

»Aber wohin haben sie ihn geschickt, nach Frankreich oder nach Kamerun?« Niemand wusste es.

Ich hatte ein Taschenbuch dabei, Toni Morrisons *Menschenkind*; als ich endlich die innere Ruhe zum Lesen hatte, verging die Zeit schneller, mein eigenes Elend verblasste. Nachts schnarchten wir in unseren Liegestühlen; im Morgengrauen, beim matten Schein des Leuchtschilds, das den Ausgang anzeigte, weckte mich ein Sicherheitswächter zu meinem Flug. Ich bekam mein Eigentum zurück, nur den Pass nicht, den der Wächter in einer Plastiktüte der Besatzung übergab. Als alle Passagiere an Bord waren, wurde ich zum hinteren Teil des Flugzeugs gebracht, und in Ljubljana erwartete mich auf der Gangway ein slowenischer Polizist.

»Was ist passiert?«, fragte er, als wir in seinem Büro saßen.

»Ich glaube, in der Türkei sind ausländische Journalisten momentan nicht willkommen«, sagte ich.

Er nickte verständnisvoll und erteilte mir einen EU-Einreisestempel.

Zurück in Triest, brütete ich im Caffè San Marco beim dritten Drink über meiner Zwangslage. Omar und Malik hatten ihre iranischen Visa bekommen und waren schon in Teheran. Bald würden sie versuchen, mit ihren Schleusern den Iran zu durchqueren und nach Istanbul zu gelangen. Und mir war jetzt die Einreise in die Türkei verboten; bis ich rehabilitiert war – sofern es überhaupt dazu kam –, konnten Monate vergehen, und so viel Zeit hatten wir nicht, der Winter fing bald an.

Zum ersten Mal in meinem Leben bekam ich eine Ahnung davon, was eine Grenze für viele Menschen bedeutet: eine Mauer zwischen dir und einer Person, die du liebst. In diesem Café dachte ich über meine Möglichkeiten nach. Natürlich konnte ich einfach hier in Europa auf Omar warten und dann anhand seiner Berichte seine Reise für dieses Buch rekonstruieren – vorausgesetzt, er schaffte es. Mir war klar, dass ich es in Nimroz zu weit getrieben hatte und meinen professionellen Abstand zu verlieren begann. Mir war auch klar, dass ich mein Leben und meine Freiheit in einer Weise aufs Spiel setzte, die manchen völlig verrückt vorgekommen wäre. Aber ich konnte Omar nicht im Stich lassen. Ich musste in die Türkei. Es brauchte einen Plan D.

Im Frühjahr, als die Balkanländer ihre Grenzen dichtmachten, saßen Zehntausende in Griechenland und Bulgarien fest und lebten in Lagern, wo es immer wieder zu Gewaltausbrüchen kam. Manche ließen sich in die Türkei zurückschleusen. Konnte ich mich als Afghane ausgeben, der zu seiner Familie in Istanbul wollte?

Bei genauerem Nachdenken fand ich allerdings, dass ich allein besser dran wäre. Afghanische Migranten, die sich allein auf den Weg machten, sagten, sie gingen *tschokolati*, denn nicht zur Kasse gebeten zu werden war süß wie Schokolade. Mit Google Maps und ein bisschen Glück durchquerten manche Flüchtlinge ganz Europa ohne Schleuser, vor allem wenn es nur darum ging, einen offiziellen Grenzübergang zu vermeiden. Doch in abgelegenem, unwegsamem Gelände, in dem man jederzeit darauf gefasst sein musste, auf Patrouillen und Zäune zu stoßen, musste man mit einem Kompass navigieren oder sich auf GPS verlassen.

Ich saß vor meinem Laptop, sinnierte über Satelliten- und topographischen Landkarten und suchte nach einem Ausgang durch den Untergrund der Festung Europa. Da die ägäischen Inseln infolge des Abkommens zwischen der EU und der Türkei faktisch keine Option mehr waren, wanderten viele Migranten stattdessen über Land nach Bulgarien. Mit EU-Hilfe errichteten die Bulgaren einen massiven Grenzzaun mit NATO-Stacheldraht.[115] Doch soweit online zu erkennen, war der aufgerüstete Zaun noch nicht bis zum Schwarzen Meer vorgedrungen, wo die Grenze das Strandscha-Gebirge quert, ein zerklüftetes, spärlich besiedeltes Naturreservat. Dort wollte ich den Grenzübertritt in die Türkei wagen.

Am nächsten Tag betrat ich die düstere Arkade des Triestiner Busbahnhofs, wo kyrillische Werbung billige Heimreisen für bulgarische Hausangestellte und Arbeiter anpries, und kaufte ein Ticket nach Sofia. Den Hafen hinter sich lassend, fuhr der Bus hinaus über die Piazza und vorbei an den hohen steinernen Häusern auf die grünen Hügel im Landesinneren zu. Bis zum Ersten Weltkrieg war Triest, an der Nordküste der Adria gelegen, der Haupthafen von Österreich-Ungarn gewesen. Der schon erwähnte Burton, Forscher und Spion, der hier als britischer Konsul stationiert war, verbrachte seine letzten Jahre mit der Übersetzung von *Tausendundeine Nacht*, und immer wenn er und seine Gattin, Lady Isabel, »eine gewisse Verstimmung«[116] empfanden, fuhren sie auf dieser Straße hinauf in den slowenischen Karst, wo das slawische Hinterland begann. Man konnte damals bis nach Transsylvanien reisen, ohne je das vielsprachige Habsburgerreich zu verlassen – bis zum Ersten Weltkrieg, in dem Millionen für neue Nationen umkamen, deren Nebenprodukt der moderne Flüchtling wurde:[117] Geflüchtete, denen, um Hannah Arendts berühmte Formulierung zu gebrauchen, *das Recht, Rechte zu haben*,[118] fehlt.

Heute ist die Erde in Nationalstaaten unterteilt. Manche Philosophen argumentieren, die Nationen, die in einer fundamental gewalttätigen Anarchie koexistierten, müssten Realpolitik treiben; andere träumten von einem Bund demokratischer Staaten, der den Krieg überwunden hat. Immanuel Kant schrieb 1795: *Die Ausführbarkeit (objektive Realität) dieser Idee der Föderalität, die sich allmählich über alle Staaten erstrecken soll und so zum ewigen Frieden hinführt, läßt sich darstellen.*[119]

Ihrer Realisierung am nächsten kommt Kants Vision von Frieden mit der Europäischen Union, einer auf freiem Handel gegründeten Form von Weltbürgertum. 1951 als »Montanunion« mit dem Ziel entstanden, die Kohle- und Stahlindustrien von Frankreich und Deutschland zu vergemeinschaften und Krieg damit *materiell un-*

möglich[120] zu machen, hat sich der Staatenbund seither von sechs auf siebenundzwanzig (beziehungsweise, bis zum Austritt Großbritanniens, achtundzwanzig) Nationen erweitert. 2012 erhielt die Europäische Union den Friedensnobelpreis. *In den letzten sechzig Jahren hat die Europäische Union bewiesen, dass sich Völker und Staaten über Grenzen hinweg enger zusammenschließen können*, sagte Manuel Barroso, damals Präsident der Europäischen Kommission, bei der Verleihung, *sie hat bewiesen, dass wir die Unterschiede zwischen »ihnen« und »uns« überwinden können.*[121]

Der Bus fuhr Richtung Osten, nach Slowenien, wo die Berge moosgrün vor dem blassvioletten Himmel standen. Ich fahre in Urlaub, sagte ich mir. Je mehr die Welt hinter dem Fenster zu Umrissen verdunkelte – Straßenlaternen, Überführungen, Ausfahrten –, desto deutlicher zeigte sich in der Scheibe mein Spiegelbild. Nachts sind alle Busfahrten gleich. Die vorbeiziehenden rötlich erleuchteten Gebäude hätten verschneite Häuser irgendwo in Ontario und ich auf weihnachtlichem Heimweg vom College sein können: auf dem Weg nach Hause in die Vorstadt, die ich gern als Vorspiel zum wahren Leben betrachtete – wie einst Gérard de Nerval: Er würde gern leben, als wär's ein Roman, hatte er in *Reise in den Orient* geschrieben.[122] Die Fensterscheibe an meiner Stirn war kalt.

Ohne Zwischenhalt waren wir von Italien nach Slowenien gelangt, nur die Sprache der Schilder entlang der Straße verriet, dass wir das Land gewechselt hatten. Erst in Kroatien hielt der Bus an. Wir verließen den Schengenraum, das grenzfreie Zentrum Europas. Unter den vielen EU-Vereinbarungen sind mindestens zwei für Flüchtlinge relevant: das Schengenabkommen und das Dubliner Übereinkommen,[123] beide im Abstand von vier Tagen im Sommer 1990 unterzeichnet, das eine in einem Winzerdorf im Steuerparadies Luxemburg, das andere in der irischen Hauptstadt, die einst die Hälfte ihrer Bevölkerung an Hungersnot und Auswanderung verloren hatte.[124] Gemeinsam spiegeln die beiden Abkommen die

Spannung, die im Kern der Globalisierung steht: Kapital und Waren dürfen sich frei bewegen, Menschen nicht.[125] Schengen schafft die Grenzkontrollen zwischen seinen Mitgliedsstaaten ab; Lastwagen, Banküberweisungen und Bewohner zirkulieren ungehindert. Dublin wiederum führt die Grenzen innerhalb des Schengenraums für bestimmte Personen wieder ein, indem es verfügt, dass Asylsuchende im ersten EU-Land, das sie betreten, ihren Antrag stellen und dort ausharren müssen, bis über ihren Fall entschieden ist. Bootsflüchtlinge, die beispielsweise in Italien an Land gehen, dürfen nicht nach Frankreich oder Österreich weiterziehen, und wenn sie dort gefasst werden, droht ihnen die Abschiebung. Tatsächlich schafft das Dubliner Übereinkommen eine Pufferzone für die reichsten EU-Länder; Deutschland ist umringt von anderen Schengenstaaten. Am schwersten tragen die Mittelmeeranrainer und die Balkanstaaten, das Bollwerk der Festung Europa, an der Last der Geflüchteten. Dublin ist der Preis, den sie für den Schengener Wohlstand zahlen.

Nach weiteren fünf Stunden gleißten abermals Flutlichter durch die Busfenster. Wir waren an der Grenze zu Serbien. Kroatien ist 2013 der EU beigetreten, dem Schengenraum aber noch nicht; Serbien gehört beiden nicht an, ist aber eifriger Beitrittskandidat. Für die Abschaffung der Visumspflicht für Serben bei Reisen in den Schengenraum wird zum Ausgleich eine strengere serbische Migrations- und Grenzpolitik erwartet, etwa in Form einer *Auslagerung* der EU-Grenzen.[126] Dublin kommt vor Schengen. Der EU beitreten heißt Mauern errichten gegen diejenigen, die noch draußen sind. Polen zum Beispiel musste vor seinem Beitritt zum Schengenraum seine Freizügigkeit gegenüber der Ukraine beenden und Visumspflichten einführen, genau wie Spanien gegenüber marokkanischen Saisonarbeitern. Infolgedessen begannen in den neunziger Jahren die ersten Migrantenboote das Mittelmeer zu überqueren, kurze Fahrten über die Straße von Gibraltar, unternommen von den *harraga*,[127] jenen, die verbrennen – nämlich ihre Einwanderungspapiere, wenn sie festgenommen werden. Spanien hatte seine Festungsanlagen verstärkt, und wer jetzt von Afrika in die EU wollte, musste längere Wege von Libyen und Ägypten nach Italien und Malta in Kauf nehmen. Die wichtigste Grenze der EU war das Mittelmeer: der Burggraben, der zwei Kontinente trennt, mit enormem, zunehmendem Wohlstandsgefälle zwischen beiden.[128] Der *grenzindustrielle Komplex* lieferte Schiffe und Überwachungsdrohnen, während EU-Diplomaten Migrationsabkommen und Sicherheitsprojekte tief hinein nach Afrika und Asien trieben. Europas sogenannte Flüchtlingskrise war besser als Krise seiner Grenzsysteme zu verstehen, verursacht von den Revolutionen des Arabischen Frühlings, der die Torhüter entlang der Südküste des Mittelmeers stürzte: Ben Ali, Hosni Mubarak und vor allem Muammar al-Gaddafi, der einst in Rom neben dem italienischen Ministerpräsidenten gestanden und gewarnt hatte: *Womöglich ist Europa schon morgen nicht mehr europäisch, es könnte sogar schwarz sein, denn es wollen Millionen hinein.*[129]

Als der Tag anbrach, ging es bergauf, der bulgarischen Grenze entgegen. Ein letztes Mal passierten wir die Kontrolle und waren wieder auf EU-Gebiet. In Sofia wechselte ich ein paar Euro in Lew; als eines der jüngsten Mitgliedsländer durfte Bulgarien weder in die Eurozone noch in den Schengenraum. Ich stieg in einen Zug, der durch das Tal des Flusses Mariza fuhr, wo die Ebene hügeligem Ackerland wich und Dörfer mit roten Glockentürmen vorüberzogen. Der Sommer war vorbei, das Getreide geerntet; jetzt, gegen Abend, ließen die Sonnenstrahlen die Stoppelfelder golden leuchten.

Mehr als tausend Kilometer war ich durch die Balkanhalbinsel gereist, von der Adriaküste bis zum Schwarzmeerhafen Burgas. Am nächsten Morgen fuhr ich mit einem Minibus die Küste abwärts nach Sinemorets, einem Touristenort nicht weit von der türkischen Grenze. Ich stieg aus. Vorbei an geschlossenen Eisständen ging ich

144

zu dem Hotel, das ich mir online ausgesucht hatte. Die Empfangs-dame runzelte die Stirn bei meinem Anblick: ein alleinstehender Mann, außerhalb der Saison – vielleicht ein Sextourist. Beim Ein-checken fragte ich nach den Fahrrädern, die das Hotel laut seiner Website verlieh.

»Ja, wir haben mehrere Fahrräder, die unsere Gäste benutzen können«, sagte sie. »Aber denken Sie unbedingt daran, Ihren Pass mitzunehmen, wenn Sie unterwegs sind, vor allem in der Grenz-region. Dass wir Probleme mit Ausländern haben, die nach Bulga-rien kommen, wissen Sie sicher.«

Ja, das wisse ich, versicherte ich ihr, nahm meinen Schlüssel ent-gegen und machte mich auf die Suche nach meinem Zimmer. Ich legte den Rucksack vom Bush-Basar auf die Kofferablage, loggte mich im WLAN ein und checkte meine WhatsApp-Nachrichten. Es gab keine.

Wo steckt ihr?, schrieb ich an Omar.

Am nächsten Tag erwachte ich von seiner Antwort: *Morgen brechen wir auf zur Grenze.* Es war also Zeit für meine Geländeerkundung. Ich radelte durch das Dorf Richtung Süden.

Sinemorets liegt am unteren Ende eines Bogens aneinanderge-reihter Dörfer an der Küste des Schwarzen Meeres. Die Gegend hier, einst Rote Riviera genannt, war ein Erholungsgebiet für die kom-munistische Elite gewesen;[130] die Touristen hier waren von beiden Seiten des Eisernen Vorhangs, aber manche Besucher, vor allem Ostdeutsche, kamen in der heimlichen Absicht, sich über die Türkei in den Westen abzusetzen.

Die damaligen Grenzmauern waren von den totalitären Regimen in Europa errichtet worden. Solche physischen Barrieren waren damals gar nicht so häufig, denn der Bau war teuer, und einmar-schierende Armeen und entschlossene Schmuggler ließen sich oh-nehin nicht abschrecken.[131] Ihr Zweck war es, die Massen im Land zu halten. In den Augen des Westens war die Mauer während des Kalten Kriegs die Grenzlinie zwischen Freien und Unfreien, und die Menschen, die sie überwanden, waren Flüchtlinge.

Das Gelände, durch das ich mit dem Fahrrad fuhr, wechselte zwischen Feldern und Wäldern, und als es hügeliger wurde, entdeckte ich in der Ferne ein paar Scheunen. Ich kam zur Grenzzone, etwa zweihundertfünfzig Kilometer lang und anderthalb bis drei Kilometer breit; eine Straße verlief parallel zur türkischen Grenze. In kommunistischer Zeit war diese Zone unbetretbar für alle, die keine Sondererlaubnis besaßen, und geschützt mit Zäunen und Tretminen. Forscher schätzen die Zahl derer, die hier in den Westen zu fliehen versuchten und erschossen wurden, auf über hundert. Doch Grenzmauern müssen, um ihren Zweck zu erfüllen, überwacht werden, und die bulgarischen Grenzschützer erhielten Unterstützung durch ein Netz von Informanten in den Dörfern.[132] Es war eine multinationale Organisation, die in den Ferienorten die Strandgäste überwachte; 1964 richtete die ostdeutsche Stasi hier eine Operationsgruppe zur Bekämpfung von Menschenhandel ein, die saisonal tätig war.

1989 fiel die Mauer, und Osteuropa ging zum Kapitalismus über. Bulgarien baute seine Zäune und Minenfelder ab. *Solche Einrichtungen entlang der Grenze galten nach der neuen Lehre als antidemokratisch*, sagte ein ehemaliger Minister.[133] Und doch haben sich seither die Grenzbarrieren vervielfacht, als wären die Betontrümmer der eingerissenen Mauer ausgesäte Drachenzähne. 1989 gab es weltweit nur fünfzehn mauer- und zaunverstärkte Grenzen; 2016 waren es knapp siebzig, und weitere waren in Planung oder schon im Bau.[134] Vor allem nach den Anschlägen vom 11. September wurden neue Mauern errichtet – um der Sicherheit willen; in der Praxis ziehen sie die Grenze zwischen Reich und Arm.

Nach dem EU-Beitritt Bulgariens 2007 wurde die Grenzzone erneut eingezäunt, diesmal um Menschen draußen zu halten. Die

Grenzschützer, die früher die eigenen Landsleute verfolgt hatten, verfolgten jetzt Migranten; diese wurden geschlagen, ausgeraubt und in die Türkei zurückgeschickt.[135] Im selben Herbst 2016, kurz nachdem ich dort war, wurde ein unbewaffneter neunzehnjähriger Afghane namens Ziaullah Wafa von einem Beamten der Grenztruppe erschossen.

Die Grenzstation kam in Sicht, wo ein Grenzpolizist die aus der Zone kommenden Fahrzeuge kontrollierte. Ich sah den Stacheldrahtzaun, senkrecht zur Straße, durch die Felder bis in den Wald führend. Weder der Polizist noch der Soldat, der mit einer Kalaschnikow in der Nähe saß, rührten sich, als ich in Shorts und geblümtem Hemd an ihnen vorbeiradelte. Ich fuhr weiter nach Süden, noch einmal drei Kilometer bis zu dem Dorf Rezovo, so benannt nach dem Fluss durch das Strandscha-Gebirge, der die Grenze bildet. Der nächstgelegene Übergang in die Türkei war rund fünfzig Kilometer im Landesinneren, doch gab es an der Mündung des Flusses ins Schwarze Meer eine Stelle, von der aus man die riesige türkische Flagge bestaunen konnte, die am anderen Flussufer weht. Zwei Paare mittleren Alters standen dort und fotografierten sie. Es waren Bulgaren – bestimmt alt genug, um noch den Eisernen Vorhang erlebt zu haben; damals, schrieb Kapka Kassabova, war die Grenze *ein fast mythisches Gebilde, dem man sich nicht nähern durfte, das unsichtbar bleiben musste.*[136]

Die nächsten paar Tage brachte ich damit zu, auf Waldwegen in Grenznähe zu radeln und zu wandern und nachmittags zurückzukehren, um mich ins Schwarze Meer zu stürzen, dessen leicht salziges Wasser an meinen von Dornen zerschrammten Beinen brannte. Zu Abend aß ich in einem Grilllokal im Dorf; jeden Abend gegen neun fuhr ein gepanzerter Wagen der Gendarmerie vor und entließ etliche Männer in Kampfausrüstung, die zu den an der Grenze stationierten zusätzlichen Sicherheitskräften gehörten. Einmal nahm mich einer von ihnen zur Kenntnis und schaute ein zweites Mal zu mir und meinem Seebarsch her; womöglich fragte er sich, ob er schon so lang hier in den Wäldern patrouillierte, dass er jetzt überall afghanische Migranten sah.

Ich wartete auf eine Meldung von Omar und Malik, dass sie sicher in Istanbul angelangt seien. Omar hatte auf meine Nachrichten nicht reagiert; ich rief Maryam an, doch auch sie wusste nichts Neues, Omar und Malik waren mit ihren Schleppern irgendwo im Gebirge unterwegs. Ich wollte meinen Aufbruch jetzt nicht länger hinausschieben; ein Unwetter schob sich auf die Küste zu und wäre binnen Tagen hier. Ich vergewisserte mich bei Maryam, dass ich ihre korrekte Istanbuler Adresse hatte, und sagte, ich käme bald – ohne weitere Details preiszugeben. »Wahrscheinlich stehe ich einfach irgendwann vor eurer Tür.«

»Gott sei dein Begleiter«, sagte sie. »Ich bete für dich.«

Ich kontrollierte meine Ausrüstung: drei Liter Wasser, ein paar Euro und türkische Lira, ein Messer, ein Kompass und mein Samsung, auf das ich Landkarten der Gegend heruntergeladen hatte und das, wie die meisten Smartphones, ein eingebautes GPS hatte. Meine Badehose ließ ich hier (im Mülleimer). Ich ging früh zu Bett und genoss die Ruhe, die mit einer getroffenen Entscheidung einhergeht.

Am Morgen checkte ich aus dem Hotel aus und rief ein Taxi, um mich nach Silistar bringen zu lassen, einem beliebten Strand gleich nördlich der Grenzzone. Als ich mich auf dem Rücksitz niederließ, spielte das Radio einen wohlbekannten Song, und ich traute meinen Ohren nicht: Es war einer von Omars Favoriten, »Hero« von Enrique Iglesias. Die Platinsingle fängt langsam an, nur Enriques Krächzen mit Gitarrenbegleitung ist zu hören, gegen Ende aber steigern sich Beckenschlag, Geigen, Piano zu einem Finale appassionato, während er aufschreit:

I can be your hero baby, I can kiss away the pain.
I will stand by you forever,
You can take my breath away.

Knirschend hielt das Taxi auf einem gekiesten Platz. Ich schulterte mein Gepäck und ging an den ersten Badegästen vorbei zum Strand und weiter zum südlichen Ende der Bucht, wo die Felsen anfingen. Ich hatte die Route schon zuvor ausgekundschaftet: Entlang der Klippen gab es einen Pfad zwischen Wacholderbüschen. Nach einer halben Stunde Fußweg erreichte ich ein Kap, wo der Grenzzaun mit dem Meer zusammentraf. Ich bog seitlich ab in den Wald, um mich umzuziehen, und in Jeans und Wanderschuhen drang ich tiefer hinein in Gestrüpp und Unterholz, wo ich mein Orientierungszeichen fand, eine Mulde mit einem zerdrückten Koffer und einem Paar Babyschuhen.

Hier begann die Grenzzone. Ich kroch durchs Gebüsch bis zum Rand der zweispurigen Schotterstraße, auf deren einer Seite ein rostiger Maschendrahtzaun verlief, gegenüber aber stand ein neuer, oben stacheldrahtbewehrter vier Meter hoher Zaun. Auf dem erhöhten Mittelstreifen zwischen den zwei Fahrspuren war ein dritter Zaun errichtet, mit Querstreben wie ein Viehzaun. Alle vierhundert Meter stand ein Telefonmast mit einer Kamera. Am Fuß des nächstgelegenen Masts, wo die Kamera ihren blinden Fleck hatte, waren Löcher in den Zaun geschnitten – sicher das Werk eines Schleusers.

Rasch schlüpfte ich durch die Öffnung auf meiner Seite, hielt Ausschau nach etwaigem Verkehr und rannte geduckt über die Straße, unter dem Viehzaun hindurch und durch das Loch im Zaun auf der anderen Seite hinein ins stille Dunkel des Waldes. In kommunistischer Zeit hatten manche Flüchtlinge die Umzäunung der Grenzzone für die eigentliche Grenze gehalten und waren leichte Beute für die Grenzwächter auf der anderen Seite geworden. Natürlich war mir klar, dass ich die gesamte Grenzzone bis zum Fluss Rezovo durchqueren musste. Ich kontrollierte das GPS meines Smartphones und machte mich auf den Weg landeinwärts, über die Fernstraße auf eine Weide zu, auf der mich aus der Ferne ein Pferd beobachtete. Ich fand die Schotterstraße durch den Wald, die ich von der Satellitenkarte her kannte, ein dünnes braunes Band, das bis zum Fluss führte. Das hohe Gras auf der Straße sah aus, als dürfte es unberührt vor sich hin wachsen, aber ich entdeckte einen Haufen Pferdeäpfel, in den ich beinahe getreten wäre. Aus Furcht vor berittenen Patrouillen schlug ich mich seitwärts ins Dickicht. Mit dem Kompass machte ich mich auf den Weg durch den Wald. Das Gebüsch war voller lüsterner Zecken, und um meinen Kopf schwebten Stechmückenwolken. Ich sprühte mich mit Insektenschutzmittel ein und setzte den Hut auf, den ich in einem Outdoorladen in Sinemorets entdeckt hatte – breitkrempig, mit Tarnmuster und schleierartigem Netz. So ausgestattet, fragte ich mich, wofür man diese einsame Gestalt wohl gehalten hätte, die durch den Wald Richtung Süden schlich – für einen verirrten Touristen? Mitglied einer bulgarischen Bürgerwehr? Einen Schleuser, der am Fluss seine Kundschaft abholt?

Von Zeit zu Zeit durchschnitten tiefe Schluchten das hügelige Waldgebiet. Im Teppich aus welkem Eichenlaub lagen Plastikflaschen und Bonbonpapier. Auf einer Lichtung fiel mir eine breite Spur flach gedrücktes Gras auf, die aussah wie nach einer Überschwemmung, aber dann sah ich, dass sie auf- und abwärts führte, als wäre das Wasser von der Schwerkraft befreit: Offensichtlich waren hier Menschen zu mehreren nebeneinander gegangen – ein Fluss von Migranten.

Nach einigen Stunden begann das Gelände abzufallen. Aus Südosten vernahm ich einen Lärm wie von schweren Maschinen, der mich nervös machte. Hügelabwärts gehend, vorbei an weiteren platt getretenen Flaschen mit türkischen Etiketten, roch ich bald den erdigen Atem des Flusses. Schließlich erreichte ich eine Straße, die entlang dem Rezovo verlief. Wo das Dickicht sich lichtete, sah ich smaragdgrünes Wasser durchscheinen.

Eine böse Überraschung erwartete mich, als ich einen Schritt auf die Straße machte: keine zwanzig Meter entfernt, halb verborgen im Gebüsch, stand ein graugrünes Zelt der Grenzpolizei. Ich sprang in das Dornengestrüpp, das die Böschung bewuchs, zog den Kopf ein und horchte. Nichts. Weit und breit kein Polizist zu sehen. Aber *ich* wäre zu sehen gewesen von der Straße aus, natürlich. Ich musste schnellstens über den Fluss.

Ich war an dem Punkt angelangt, ab dem es kein Zurück mehr gab. Die Türkei sah mich als Gefahr für die nationale Sicherheit und hatte mich ausgewiesen. Von jetzt an musste ich ein Afghane ohne Papiere sein: Solche ließ die Polizei meistens laufen. Ich zog eine Flasche bulgarischen *mastika* aus meinem Rucksack, nahm einen tiefen Schluck – und rang nach Luft: Es schmeckte wie Benzin mit Anis. Ich zog meinen Pass heraus, schüttete eine Pfütze Likör auf einen Stein und versuchte ihn anzuzünden, aber er brannte nicht, sodass ich hektisch mit dem Messer auf die Seiten einstach und den Pass direkt anzündete. Aufgespreizt stand er auf dem Boden, und die Flammen schwärzten die farbigen Stempel und laminierten Visa – meine letzten paar Jahre als Journalist. Aber ich hatte zu viele Seiten auf einmal angezündet, es schwelte nur noch, vor allem der dicke Einband wollte nicht brennen, und über der Straße hing eine weißliche Rauchfahne. Ich riss die Seiten heraus und hielt sie mit angesengten Fingern einzeln in das zögerliche Feuerzeugflämmchen, bis sie schließlich sauber verbrannten.

Von Rauch und *mastika* drehte sich mir der Kopf. Ich zog mir Jeans und Hemd aus und stopfte beides zusammen mitsamt Rucksack in eine Mülltüte, in die ich Luft blies, ehe ich sie fest zuknotete. In Unterwäsche arbeitete ich mich durchs Dornengestrüpp zum Fluss hinunter und suchte festen Stand am Ufer. Ich hob den Sack hoch über den Kopf und schleuderte ihn, so weit ich konnte. Dann sprang ich hinterher.

Das Wasser fühlte sich so angenehm an, dass ich für einen Moment ganz untertauchte, auch mit dem Kopf. Im Auftauchen griff ich nach dem tanzenden Sack und zog ihn zu mir her. Der Rezovo war an dieser Stelle nur dreißig Meter breit, und als ich die friedliche Flussmitte erreichte, hatte ich nur ein leises Rauschen in den Ohren, wie in einem See. Das Wasser war grün wie die Bäume ringsum und schmeckte leicht nach Eisen.

Das türkische Ufer war höher. Auf einem glitschigen Baumstamm balancierend, schleuderte ich den Sack ans Ufer und kraxelte die schlammige Böschung hinauf, bis ich oben in einem dunklen Wäldchen angelangt war. Ich zog mich wieder an. Und als ich mich zum Fluss umdrehte, sah ich nur leeren Wald.

Es wurde schattiger, das Licht änderte die Farbe, und ein Blick auf die Uhr sagte mir, dass es fünf war. Mein Plan war, mich bis zum Mondaufgang zu verstecken und dann zur nächsten Ortschaft zu wandern, nach İğneada, ein Dorf an der Küste, wo am Morgen ein Bus nach Istanbul ging. Hinter einem umgefallenen Baumstamm legte ich mich nieder.

Nach und nach beruhigten sich Atem und Herzschlag, und ich nahm wieder die Geräusche des Waldes wahr, Grillenzirpen und Vogelgezwitscher übereinandergeschichtet. Ein Eichhörnchen kam einen Baum herab und beschimpfte mich. Irgendwo schlug ein Rebhuhn, ich hörte den Ruf eines Seetauchers und etwas, was klang wie ein verwirrter Fuchs. Die Himmelsflecken zwischen dem Laubdach des Waldes wurden dunkler und grauer. Meine Gliedmaßen fühlten sich an, als sänken sie in die Erde ein. Wenn ich die Augen schloss, sah ich die Flammen vor mir, die meinen Pass verschlangen.

Ich schreckte auf; neben mir war ein Rascheln gewesen. Das Eichhörnchen, dachte ich, doch im nächsten Augenblick hörte ich ein unverwechselbares *miau*. Ich setzte mich auf, starrte blind in die

Dunkelheit. Eine Katze, hier draußen? Es war jetzt so finster, dass ich die Hand vor den Augen nicht sah. Ich tastete nach dem Stock, den ich mir zurechtgelegt hatte, und hielt ihn mir vor die Brust. Bestimmt hatte ich geträumt. Oder verlor ich den Verstand?

Die Dunkelheit war wie eine schwere Steppdecke, die sich auch über die Tiere legte. Solange ich im Wald blieb, würde mich niemand finden. Die Zeit fiel zu einem Punkt zusammen. Mein letzter Besuch in Bulgarien lag acht Jahre zurück; ich war getrampt und gestrandet und musste daher in einer Wiese übernachten, in der ich am nächsten Morgen nass vom Tau erwachte. Damals lernte ich im Freien zu übernachten. Als ich dann einige Zeit später, im Herbst jenes Jahres, in Afghanistan ankam, besichtigte ich die antike Stadt Balkh, wo der Mystiker Dschalal ad-Din Rumi herkam. Am Abend zuvor hatte ich mit den Jungs im Aamo-Hotel zu viel Hasch geraucht und war panisch in mein Zimmer geflüchtet, doch am nächsten Morgen stieg ich in meiner neuen afghanischen Tracht in einen Pendlerbus in Mazar, und die anderen Passagiere würdigten mich keines Blickes.

Bei den alten Griechen hatte die Stadt Baktra geheißen und mit dem damaligen Babylon konkurriert. Alexander der Große ehelichte auf seinem Weg nach Indien die baktrische Prinzessin Roxana. Rumi, auch Maulawi genannt, hatte im frühen dreizehnten Jahrhundert, als Kind, mit seiner Familie vor dem anrückenden Heer Dschingis Khans die Flucht ergriffen und war nach Anatolien gegangen, wo er vom Sufi-Meister in die Mystik eingeführt wurde: Der Scheich lehrte ihn die *fana*, das »Entwerden« oder »Auslöschen des Ich-Bewusstseins«, ein Zustand, in dem das Ego und die vergängliche Welt verschwinden und nur das göttliche Wesen bleibt. *Wende dich vom Sein zum Nichtsein*, schrieb er, *wenn du den Herrn suchst und ihm gehörst.*[137]

In dem Dorf nahe der Ausgrabungsstätte war ich ausgestiegen und hatte die Hochebene betreten, auf der einst der Prophet Zarathustra gepredigt hatte. Die Stadt Baktra war von der Zeit ausgelöscht; geblieben war nur ein ausgedehnter Erdwall, wo einmal die Stadtmauern gestanden hatten.

Er verachtet alles, was die Sinne erfassen, und baut seinen Thron auf dem Unsichtbaren.

Später fand ich, halb betäubt von der Hitze, einen Park, in dem einige Arbeiter ein Nickerchen machten. Ich wollte verschwinden; legte mich ins Gras und schlief ein, und die Sonne schien mir auf die Kehle.

Seine Liebe ist offenbar vor aller Augen, doch den er liebt ist verborgen.

Im Schöpfungsmythos ist Wissen Verbannung. Du erfährst, dass du nicht dorthin zurückkannst, woher du gekommen bist. Als ich auf dieser Reise zum ersten Mal Armut und Krieg sah, ergriff mich Mitgefühl mit dem Leiden anderer, und erst später verstand ich, dass ich auch mich selbst bemitleidete, weil ich in so einer Welt leben musste.

Das Gesicht, das du liebtest: Warum bist du seiner müde geworden, als die Jugend floh?

Wenn wir die Gebrochenheit der Welt als eigene Gebrochenheit empfinden, suchen wir nach Möglichkeiten, sie zu heilen. Aber ich hatte meinen Glauben verloren und fühlte mich in der Geschichte nicht verankert; ich dachte, anwesend zu sein sei die einzige Solidarität mit Menschen, die ich zu bieten hatte.

Würde das Liebste erkannt, so kennte jeder die Liebe.

Jetzt war ich allein in einer Wildnis. Unser Plan war inzwischen derart verkorkst, dass ich an allem zweifelte. Ich war müde, und mir war überhaupt nicht wohl bei dem Gedanken daran, wie es weitergehen sollte. Aber ich konnte nicht hier im Wald bleiben. Ich wurde erwartet.

An einem Baumstamm gegenüber tauchte ein gelber Widerschein auf. Ich drehte mich um und sah einen grellen Mond aufgehen. Eine Stunde blieb ich noch sitzen, den Stock in der Hand.

Der Mond war fast voll und leuchtete wie eine Straßenlaterne, die Schatten der Bäume am Rand der Straße waren schwarze Tümpel.

Bis İğneada waren es sechzehn Kilometer. Weit nach Mitternacht machte ich Pause auf einer Anhöhe mit Blick nach Süden, wo die Lichter der Stadt wie aufgespannt zwischen der Dunkelheit des Meeres und der Dunkelheit des Lands hingen. Eine weitere Stunde brauchte ich bis zu den Ausläufern der Stadt, wo ein paar Hunde halbherzig bellten. Ich warf den Stock weg. Eine lange Brücke überspannte eine Flussmündung, und auf der anderen Seite war ein weitgehend leerer Campingplatz. Zitternd vor Kälte setzte ich mich unter einen Baum; ich hatte nichts als ein T-Shirt und eine Windjacke. Die kälteste Stunde ist immer vor Sonnenaufgang.

Beim ersten Tageslicht überquerte ich die Straße zum Strand. Über dem Meer erschien ein purpurner Rand, der sich weitete, zu glühender Lava wurde. »Morgenrot, Schlechtwetter droht«, sang ich und ging hinein in die Stadt.

İğneada war ein Dreieck aus Kebabläden und Hotels am Schnittpunkt zweier Straßen, der Küstenstraße und der Landstraße vom Inland her. Am Busbahnhof verlangte ich in sehr rudimentärem Türkisch eine Fahrkarte nach Istanbul. Die Frau hinter dem Schalter wollte einen *kimlik* sehen, einen Ausweis. Ich zuckte die Achseln, sie musterte mich einen Moment und stellte mir trotzdem das Ticket aus.

Ich aß in einem der Läden eine Linsensuppe und saß dann kettenrauchend und siedend heißen Tee aus einem fingerhutgroßen Glas schlürfend in einem Café mit Blick auf den Busbahnhof. Ein Wagen der *jandarma* hielt vor dem Ticketverkaufshäuschen, zwei Polizisten stiegen aus und gingen hinein. Die Frau am Schalter musste sie verständigt haben. An Flucht war nicht zu denken. Ich versuchte mich darauf vorzubereiten, was jetzt käme. Die Frau würde herauskommen und auf mich deuten. Ich würde seelenruhig (soweit möglich) dasitzen, während die Polizisten auf mich zukämen und meinen Ausweis sehen wollten. Ich war ein Afghane ohne Papiere, ein Flüchtling, *mülteci*. Sie würden mich verhaften. Was immer passierte – ich würde jedenfalls kein Wort Englisch verstehen.

Maryam musste inzwischen ihr Morgengebet gesprochen haben, hatte daher wohl auch den Ayat al-Kursi für Omar und mich gelesen, den berühmten Thronvers aus der zweiten Sure des Korans. Sie hatte mir einmal erklärt, dass die Macht dieses Verses Schutzmauern um einen geliebten Menschen errichtete, die durchscheinender als Luft und unverwüstlicher als Stahl seien. Der symmetrisch gebaute Vers führt durch die Attribute des Göttlichen, des einen wahren Gottes, Der ewig ist, Der durch Sich Selbst ist, Den weder Schlummer noch Schlaf ergreifen, Dem alles gehört, was in den Himmeln und auf der Erde ist, Dessen Wille das Universum trägt, Der weiß, was vor uns liegt und was hinter uns, denn nichts kann geschehen, es sei denn mit Seinem Willen, Dessen Thron weit über die Himmel und die Erde sich spannt, und es fällt Ihm nicht schwer, sie beide zu bewahren, denn Er ist der Höchste, der Allmächtige.

Die Polizisten kamen heraus und fuhren davon. Ich sank in mich zusammen. An der Parkbucht sammelten sich ein paar Passagiere, und als sie in den Bus zu steigen begannen, bezahlte ich meinen Tee, ging hinüber und zeigte mein Ticket vor.

Nach Istanbul dauerte es bis zum Nachmittag. Die Hügellandschaft wich Fabriken und Einkaufszentren, und ich begann mich besser zu fühlen. Ich war Wald und Haft entronnen. Aber unser Plan drohte mir zu entgleiten. Ich musste wieder mit Omar zusammenkommen. Wir würden nicht noch einmal getrennt, schwor ich mir.

Vom Istanbuler Busbahnhof fuhr ich mit dem Taxi zu der Adresse, die Maryam mir gegeben hatte, und stieg in den zweiten Stock hinauf. Die Tür stand weit offen; als ich klopfte, kam Omars Schwester Farah in den Flur heraus.

»Ja, bitte?«, fragte sie, und gleich darauf, als sie mich erkannte, fing sie zu lachen an.

9

In Istanbul gab es noch immer kein Lebenszeichen von Omar und Malik. Die letzte Nachricht, die Maryam empfangen hatte, lautete, dass sie in einem Safe House auf der iranischen Seite der Grenze waren und im Begriff, die Berge zu überqueren. Ihre Telefone waren ausgeschaltet. Wir konnten nichts tun als warten.

Die Familie hatte eine Dreizimmerwohnung in einem Block mit etlichen Sweatshops in einer Arbeitergegend der Stadtgemeinde Zeytinburnu gemietet, auf der westlichen, europäischen Seite von Istanbul. Omars Vater hatte ein Zimmer für sich, während Maryam, ihr halbwüchsiger Neffe Sulaiman, Farah und Schirin, eine ihrer Freundinnen aus Kabul, sich die beiden anderen Räume teilten, die sie nach afghanischer Art mit Kissen und Matten auf dem Boden eingerichtet hatten. Abends saßen sie im größten Zimmer zusammen und schauten Bollywoodfilme.

An diesem ersten Abend, als wir zum Essen um ein auf dem Teppich ausgebreitetes Tischtuch saßen, berichtete ich, ohne ins Detail zu gehen, von den Schwierigkeiten bei der Einreise in die Türkei, deretwegen ich dann über Land gekommen sei und schwimmend einen Fluss durchquert hätte. Sobald Omar hier sei, erklärte ich, würden wir beide gemeinsam mit Schleusern nach Europa aufbrechen. Bis dahin müssten sie unbedingt meine wahre Identität geheim halten; ich sei jetzt Afghane und hieße Habib.

»Habib. Guter Name«, sagte Maryam und lächelte, und die anderen nickten zustimmend.

Sie stellten keine Fragen, und ich wusste nicht, was ich noch hätte sagen sollen. Vermutlich gingen sie davon aus, dass ich mir schon zu helfen wisse, und vertrauten meinen Absichten. Und Menschen, die Krieg und Verfolgung überstanden haben, beurteilen die Welt selten nach sauber getrennten Kategorien wie legal und illegal. So oder so war meine Ankunft eine willkommene Abwechslung von ihrem Zustand, einer Mischung aus Langeweile und dem Stress, hier in Istanbul, an der Schwelle zu Europa, festzustecken.

Tagsüber hielt sich Dschamal von Maryam fern, saß in seinem Zimmer und sah sich Handyvideos an, während Sulaiman und Schirin – die zwanzig war, wie Farah – in einem Restaurant in der Nähe arbeiteten. Wenn Maryam zum Beten in die Moschee ging, war ich allein mit Farah, die noch nach einem Job suchte. Sie erzählte mir, wie es ihr in den Monaten vor der Ankunft ihrer Mutter in der Türkei ergangen war, erst allein in Istanbul, dann mit Schirin in der anatolischen Stadt Eskişehir, wo sie auf den Bescheid der UN auf ihren Asylantrag gewartet hatten.

Farah, die jüngere der beiden Töchter Maryams, hatte die breiten Wangenknochen ihrer Mutter und langes glänzendes Haar, das sie jetzt, seitdem sie aufgehört hatte, ein Kopftuch zu tragen, stundenlang bürstete, bevor sie aus dem Haus ging. Als Kind im Iran hatte sie den Spitznamen *boschke-je khande* bekommen, was »Lachfass« heißt, und sie gab sich immer noch zuversichtlich, doch ihre Profilbilder auf WhatsApp und Facebook waren ein blutendes Herz mit einem darin steckenden Pfeil und der Umriss eines Mädchens mit hängendem Kopf und den Worten WARUM ICH??

Wie ihre Geschwister träumte auch Farah von Auswanderung in den Westen. Und wie ihr jüngerer Bruder Zia hatte sie den Standard-Englischtest mit der Bestnote bestanden – aber das Geld hatte nur gereicht, um ein Kind zum Studieren ins Ausland zu schicken, den Sohn. Farah hatte jedoch eine gut bezahlte Stelle in Kabul gefunden: Bei einer ausländischen NGO gab sie Sprachkurse und begann Geld zu sparen, weil sie dachte, sie werde es eines Tages, falls die Taliban nach Kabul kämen, für einen Schleuser brauchen.

Dann lernte sie Haris kennen. Etwa ein Jahr zuvor, noch in Afghanistan, nahm er über Facebook Kontakt mit ihr auf, nachdem er sie im Hochzeitsvideo eines Freunds gesehen hatte. Wie ihre ältere Schwester war auch Farah von der traditionellen Ehe nicht überzeugt, doch Haris war ihr sympathisch, er brachte sie zum Lachen. Endlich war sie einverstanden, ihn zu treffen, und mit seinem dichten Haar, das er wie Ahmad Zahir stylte, gefiel er ihr in der Realität genauso gut wie auf seinen Fotos. Er war Journalist, trug immer fesche Anzüge, und er begann sie morgens zur Arbeit zu fahren – auf der Fahrt unterhielt er sie oft mit seinen Geschichten von den mächtigen Männern, die er so traf.

Beide Familien freuten sich, als die jungen Leute sich verloben wollten. Doch am Morgen nach dem Verlobungsfest stand Haris tränenüberströmt vor ihrer Tür. Er müsse ihr ein Geständnis machen, er sei ihr gegenüber nicht ehrlich gewesen. Dass er in finanziellen Schwierigkeiten steckte, hatte sie schon gewusst – die Geldwechselstube seines Vaters war niedergebrannt, und die Familie schuldete den Kunden viel Geld. Jetzt aber beichtete Haris, dass er eine Affäre mit einer älteren, geschiedenen Frau gehabt hatte, die ihm versprochen habe, seine Schulden zu übernehmen, wenn er mit ihr in die Türkei flüchte. Unterdessen hatte der Exmann, ein ehemaliger Mudschaheddin-Befehlshaber, von der Sache Wind bekommen. Er und seine Handlanger schnappten sich Haris und schlugen ihn zusammen, bis er schwor, die Frau niemals wiederzusehen.

Das alles sei passiert, bevor er sie, Farah, kennengelernt habe, sagte Haris, und es sei vorbei. Er wolle einfach reinen Tisch machen. Sie verzieh ihm. Sie gelobten einander, nie wieder Geheimnisse zu haben. Farah begann ihm mit ein-, zweihundert Dollar im Monat auszuhelfen, und bald war es so weit, dass sie von ihrem Lohn nichts mehr sparen konnte.

Sie sagte, sie sei in dieser Zeit nicht bei Verstand gewesen. Ihre älteren Brüder machten sich über sie lustig, sie aber glaubte – wie übrigens auch ihre Eltern – an schwarze Magie, sie glaubte an die Verhexungen mit Hilfe von Haarlocken und *haram*-Fleisch, und sie hatte mit eigenen Augen eine *khar mohre* gesehen, eine Eselskugel – ein hartes, eiförmiges Gebilde aus dem Gehirn bestimmter Tiere aus Bangladesch, die man auf der Fingerspitze balancieren musste, und wenn man dazu ein schmatzendes Geräusch machte, wie um ein Tier anzulocken, fing sie von allein an sich zu drehen. Richtig eingesetzt, konnte man mit Hilfe der *khar mohre* einen Menschen zum Sklaven machen.

Jeden Morgen auf dem Weg zur Arbeit ließ Haris sie aus einer Flasche Wasser trinken, und sie hatte dann den ganzen Tag ein Gefühl wie von einer Schicht Watte zwischen ihr und der Welt. Mehrmals nahm Haris sie mit zu einem unheimlichen Mullah, der Beschwörungen psalmodierte, bis sich ihr der Kopf drehte. Und Haris erklärte, das sei ein Schutzzauber.

Farah verging das Lachen. Sie war zunehmend niedergeschlagen und reizbar und geriet häufig mit ihrer Mutter und mit Omar in Streit. Sogar Schirin sah sie nicht mehr, die doch ihre beste Freundin war. Sie hatten miteinander in der Frauenliga in Kabul Fußball gespielt; Schirin, die klein, hitzköpfig, breitschultrig war und ihr Haar kurz geschnitten trug wie ein Junge, war eine der besten Spielerinnen, und alle Mädchen wollten sie zur Freundin, sie aber wählte Farah. Sie teilten alles miteinander, Gutes und Schlechtes; sie hatten sich sogar identische Muster in den Unterarm geritzt. Als Farah nicht mehr anrief, war Schirin todunglücklich, weil sie dachte, ihre Freundin habe sie vor lauter Liebesglück vergessen. Eines Tages aber begegneten sie einander auf der Straße, und Schirin sah jetzt, wie deprimiert ihre Freundin war. Sie trug nicht einmal mehr die goldenen Armreifen, die sie früher nie abgelegt hatte, auch nachts nicht. Schirin fragte danach.

Schamrot gestand Farah ihrer Freundin – die sie ewiges Stillschweigen hatte schwören lassen –, dass Haris von den Gläubigern seines Vaters verfolgt werde, die ihn bedrohten. Sie habe ihm schon ihren gesamten Lohn gegeben, und weil es nicht reichte, habe sie auch die Armreifen verkauft.

Erst mit Schirins Hilfe erkannte Farah, dass Haris sie ausnutzte. Voll war das Maß, als sie erfuhr, dass er seiner Mutter und seiner Schwester zum Opferfest Eid schöne Kleider kaufte, nachdem er und Farah vereinbart hatten, dass sie einander nichts schenken würden. Farah löste die Verlobung. Wochenlang zog Haris alle Register, um sie zurückzugewinnen. Er werde niemals eine andere lieben können, versicherte er. Er wartete auf sie, wenn sie von der Arbeit kam, und zeigte ihr seinen Unterarm, in den er sich mit einem Messer ihren Namen geritzt hatte. Eines Tages zwang er sie, zu ihm ins Auto zu steigen. Während der Fahrt zückte er eine Pistole, hielt sie sich an die Schläfe und drohte abzudrücken.

Beinahe wäre sie schwach geworden – hätte sie nicht, dank Facebook, mitbekommen, dass Haris sich nach wie vor mit der Mudscheheddin-Exfrau traf. Als sie Schirin davon erzählte, nahm die Freundin sie tröstend in die Arme.

»Ich kann ohne dich nicht leben«, sagte Farah.

»Das kann ich auch nicht!«

»Aber ich kann hier nicht leben. Ich will weg von hier.«

Sie beschlossen, gemeinsam nach Europa zu fliehen, um dort noch mal von vorn anzufangen. Es war Ende 2015 und die EU noch offen. Sie mussten es nur in die Türkei schaffen und einen Platz auf einem der kleinen Boote ergattern. Maryam, die sich ihrerseits anschickte, das Land zu verlassen, gab Farah etwas Geld, auch Omar gab ihr etwas; Schirin wurde von ihrer Familie unterstützt. Knapp zehntausend Dollar gingen an einen Makler, der den Mädchen, trotz des enormen Andrangs zum Konsulat, türkische Visa versprach. Nach mehreren Wochen hatte der Mann nur ein einziges Visum vorzuweisen, für Farah.

Die Mädchen hatten schon Flugtickets gekauft; nun musste Farah allein nach Istanbul fliegen, bevor ihr Visum verfiel. Sie mietete sich in einem billigen Hotel ein, um dort auf Schirin zu warten. Doch deren Visum kam nicht. Schließlich besorgte sich Schirin ein iranisches Visum, um nach Teheran zu fliegen. Ihrer Familie, die im Leben nicht zugelassen hätte, dass die Tochter auf eigene Faust das Grenzgebirge zwischen dem Iran und der Türkei überquerte, machte Schirin weis, sie fliege direkt nach Istanbul.

An Grenzen konzentriert sich Gewalt, und alleinstehende Frauen, die sie illegal überqueren, riskieren von Schleusern, Grenzpolizisten, anderen Migranten – von Männern schlechthin – überfallen zu werden. Vergewaltigung ist der Preis, mit dem manche ihre Flucht bezahlt. Je brutaler die Grenze, desto größer die Gefahr. Oft wird das Profil des typischen illegalen Migranten – wehrhafter junger Mann – als Rechtfertigung für strengste Grenzkontrollen genannt, tatsächlich aber ist es eher umgekehrt: Nur der wehrhafte junge Mann schafft es auf die andere Seite. Wer nicht reich genug ist, um sich die Ausreise zu erkaufen, für den ist Mobilität ein männliches Privileg.

Nicht so für Schirin. Mit ihrem Kurzhaarschnitt ging sie auch in Afghanistan manchmal als Junge durch, und als sie in Teheran landete, tauschte sie Kleid und Kopftuch gegen Jeans und Hemd. Erst auf halbem Weg durch die Berge kam ihre Gruppe dahinter, dass sie eine Frau war. Von da an hatte sie das Gefühl, dass die Schleuser sie beobachteten. Am letzten Tag versuchten sie Schirin von der Gruppe zu trennen – sie sei schwach, sagten sie, sie müssten sie auf ein Pferd setzen –, Schirin aber schrie und wehrte sich, und am Ende setzte die Gruppe sich einhellig für sie ein. Und so kam auch Schirin unbeschadet in Istanbul an.

Die Freundinnen waren wieder vereint, das Wunder aber war zu Ende. Es war März, und die europäischen Grenzen waren wieder geschlossen. Sie hatten nicht mehr genug Geld, um sich nach Deutschland schleusen zu lassen. Sobald Farahs Visum abliefe, wären beide illegal hier. Doch Farah hatte eine Idee; sie hatte gehört, dass man sich bei den UN um eine Neuansiedlung im Westen bewerben konnte. Wurde man für geeignet befunden, konnte man in ein Land wie die USA oder Kanada auswandern. Akzeptiert zu werden war wie ein Hauptgewinn im Lotto, aber Farah meinte, zwei Afghaninnen ohne Anhang hätten vielleicht eine etwas größere Chance. Und so lange ihre Bewerbungen geprüft wurden, durften sie und Schirin sich legal in der Türkei aufhalten. Mit dem Nachtbus fuhren sie in die Hauptstadt Ankara.

Jedes Jahr verlassen Millionen Menschen ihre Häuser auf der Flucht vor dem Krieg. Die meisten bleiben im Land; sie wechseln lediglich die Stadt oder gehen in ein Lager und hoffen, bald wieder nach Hause zurückzukehren. Wer unter Zwang das Land verlässt, bewegt sich meist nicht weit fort. Mehr als vier Fünftel der Flüchtlinge weltweit sind in Entwicklungsländern untergekommen, wo Grenzen und humanitäre Hilfe seitens der wohlhabenden Länder sie festhalten. Aus diesem vergifteten Brunnen der Vertriebenen nimmt der Westen wohldosierte Schlucke. Von den mehr als zwanzig Millionen, die 2015 weltweit auf der Flucht waren, wurden rund hunderttausend aus dem Limbus geholt und per Flugzeug in ein neues Leben gebracht, die überwiegende Mehrheit in die USA, nach Kanada, nach Australien.[138] Neuansiedlung ist eine freiwillige humanitäre Geste – im Unterschied zu der von der Genfer Flüchtlingskonvention 1951 festgelegten Verpflichtung eines Landes, Asylsuchende, die über seine Grenzen kommen, aufzunehmen –, aber sie wirkt auch als Instrument der sanften Gewalt, das zur Lösung regionaler Krisen beiträgt wie seinerzeit die Devise *offene Küsten für offene Türen* für die vietnamesischen Boatpeople.[139] Außerdem können sich jene Unterzeichnerstaaten, deren Staatsgebiet für Asylsuchende praktisch unzugänglich ist, wie etwa Australien, auf ihre Neuansiedlungsprogamme als Beweis für ihre Hilfswilligkeit gegenüber Flüchtlingen berufen. Aus dem Recht auf Asyl wird das Privileg gewährter Neuansiedlung. Die Bewerbung aber, die gern als simples Schlangestehen abgetan wird – mit Asylsuchenden als Vordrängler –, ist in Wahrheit eine Lotterie.

1979, nach dem Vietnamkrieg, siedelte der Westen jeden zwanzigsten Flüchtling neu an.[140] 2015 war das Verhältnis eins zu zweihundert. Doch die tatsächlichen Chancen eines Individuums hängen erstens von seiner Nationalität ab und zweitens von dem Drittland, in dem es den Antrag stellt. Als Farah und Schirin sich im Frühjahr 2016 auf den Weg nach Ankara machten, beherbergte die Türkei weltweit die meisten Flüchtlinge, dreieinhalb Millionen Menschen: Syrer auf der Flucht vor dem Bürgerkrieg neben Afghanen, Irakern, Iranern und vielen anderen. Aber keine dieser Nationalitäten hatte Anspruch auf dauerhaftes Asyl, denn die Türkei erkennt aus historischen Gründen nur Flüchtlinge aus Europa an, und davon gab es praktisch keinen einzigen. Nichtsdestoweniger war die Türkei mit ihrer großen Schattenwirtschaft und nachsichtigen Polizei zu der Zeit ein relativ gastfreundliches Land für Migranten. Syrern hatte die türkische Regierung temporären Schutz zugesagt; für andere Nationalitäten hatte die Türkei, in der stillschweigenden Voraussetzung, dass diejenigen, die den Status bekämen, letztlich außerhalb des Landes neu angesiedelt würden – was jahrelang auch der Fall war –, schon vor langem den Prozess an den UNHCR delegiert. Jetzt aber brach das System unter dem Gewicht der Neuankömmlinge zusammen, die vor den regionalen Kriegen flohen.[141]

Zwischen 1995 und 2010 hatte das UNHCR-Büro in der Türkei über fünfunddreißigtausend Iraker und Iraner als Flüchtlinge anerkannt und nahezu alle im Westen neu angesiedelt.[142] Die afghanischen Anträge hingegen stapelten sich, weil die Zielländer nicht interessiert waren. 2013 stellten die Vereinten Nationen in Reaktion auf einen jähen Zustrom aus Afghanistan die Registrierung von Afghanen ein. Zwar wurde das Verfahren wiedereröffnet, nachdem sich Menschen vor dem Büro für Asylfragen den Mund zugenäht hatten und in den Hungerstreik getreten waren,[143] doch es kamen immer mehr Afghanen und Afghaninnen nach Ankara, um ihre Geschichte zu erzählen, und der Rückstau wuchs.

An Schirins Schulter gelehnt, fuhr Farah mit dem Bus durch die Nacht, dachte an das bevorstehende Interview und überlegte sich, welche Worte ihr und ihrer Freundin die Tür zu einem neuen Leben öffnen könnten.

In einem Flüchtlingslager sind Geschichten alles, schrieb Dina Nayeri, die als Kind aus dem Iran geflohen war. *An jedem Tag ihres neuen Lebens ist die Geflüchtete aufgefordert, sich vom opportunistischen, dem Wirtschaftsmigranten abzugrenzen.*[144]

Am frühen Morgen stiegen Farah und Schirin in Ankara aus dem Bus, aber bis sie das Asylbüro gefunden hatten, stand dort schon eine lange Schlange vor der Tür. Die meisten Anstehenden waren aus Afghanistan und dem Iran, und in den Gesprächen auf Persisch fiel immer wieder das englische Wort *case*, »Fall«. Vor ihnen am Ende der Schlange stand ein junger, glatt rasierter Afghane mit einem Kind im Arm. Sie begrüßten einander, und er fragte sie mit prüfendem Blick: »Was ist euer *case*?«

Ein *case* war, das wusste Farah, eine Geschichte, die eine Antwort auf die Frage »Warum bist du gegangen?« gab. Sie würde ihre Geschichte einer fremden Person erzählen müssen, die dann entschied, ob sie eine echte Geflüchtete sei oder nicht. Was sollte sie sagen? Eine einzelne Geschichte kann doch kein ganzes Leben zusammenfassen.

Non è la voce che comanda la storia: sono le orecchie, schrieb Italo Calvino[145] – nicht die Stimme bestimmt über die Geschichte, sondern die Ohren. Nach der Definition von 1951 ist ein Flüchtling eine Person, die *wegen ihrer Rasse, Religion, Nationalität, Zugehörigkeit zu einer bestimmten sozialen Gruppe oder wegen ihrer politischen Über-*

zeugung vor Verfolgung flieht. Bei der Bestimmung des *Flüchtlings-status* durch den UNHCR achtet die das Interview führende Person auf eine *kohärente* und *glaubwürdige* Geschichte, die eine *begründete Furcht vor Verfolgung* auf *individueller Basis* beweist.[146] Krieg und andere kollektive Unglücksfälle reichen nicht aus. Unter den NGO-Mitarbeitern in der Türkei war bekannt, dass Afghanen aufgrund kultureller Normen wie dem Gebot, Bescheidenheit zu üben, sowie aus mangelnder Bildung Schwierigkeiten hatten, die richtige Geschichte zu erzählen. So nennt etwa ein lese- und schriftunkundiger afghanischer Bauer, der aus einer von den Taliban beherrschten ländlichen Region geflohen ist, wo sein Dorf aus der Luft bombardiert und seine Söhne zwangsrekrutiert wurden, als Fluchtursache den Ernteausfall, dessentwegen sie jetzt nichts zu essen haben. Nun lautet das Fazit, dass er und seine Familie Wirtschaftsflüchtlinge sind, obwohl die gescheiterte Ernte nur der Tropfen ist, der das Fass zum Überlaufen gebracht hat. *Jeder Schmerz vergeht, nur nicht der Schmerz des Hungers*, lautet ein afghanisches Sprichwort.

Die richtige Antwort auf die Frage, warum man gegangen sei, muss heißen: Weil ich gezwungen wurde. Weil ich keine Wahl hatte. Aber was bedeutet es, in unserer Welt frei zu sein? Der Geflüchtete ist das Negativbild der Freiheit; er illustriert die Geschichte von Fortschritt, die wir uns selbst erzählen.

Die Definition von 1951 wurde mit Blick auf die Dissidenten kommunistischer Regime formuliert, doch hat sich ihre Anwendung seit dem Ende des Kalten Kriegs weiterentwickelt: Seitdem westliche Gerichte sie auch auf Verfolgung wegen Geschlecht und Sexualität anwenden, hat sich sozusagen ihr Geltungsbereich erweitert. Allerdings wurde der Schutz gemäß der Flüchtlingskonvention einem immer kleineren Anteil von Bewerbern gewährt, je größer die Zahl der Asylsuchenden wurde – so will es das Gesetz von Angebot und Nachfrage. Zum Beispiel hatte der Anstieg der Anträge in Schweden zwischen 2015 und 2017 auf das Achtfache zur Folge, dass die Anerkennungsquote für Afghanen von vierundsiebzig auf achtunddreißig Prozent sank.[147] Sie waren jetzt nur noch halb so schützenswert.

Als alleinstehende Afghaninnen hätten Farah und Schirin theoretisch Asyl erhalten,[148] wenn sie irgendwie bis auf kanadischen Boden vorgedrungen wären. Innerhalb vieler EU-Länder und der USA wären ihre Chancen nicht schlecht gewesen, doch hier in Ankara bewarben sie sich um eine sehr kleine Zahl verfügbarer Plätze für eine Neuansiedlung. Sofern sie nicht eine außerordentlich spannende Geschichte zu erzählen hatten, waren ihre Aussichten gleich null.

Farah schwante schon etwas Ähnliches, und so hatte sich in ihrer Vorstellung der einstige Verlobte vom ausfälligen Stalker zum furchterregenden Taliban-Befehlshaber weiterentwickelt, den zu heiraten ihre Familie sie zu zwingen versucht hatte und der ihr jetzt um seiner Ehre willen nach dem Leben trachtete. Als sie dem jungen Afghanen vor ihr in der Schlange ihren Fall erzählte, schüttelte er den Kopf: »Nicht gut genug.«

»Warum nicht?«, fragte Farah.

»Siehst du da die Iraner?« Der Mann deutete zum vorderen Ende, wo sich eine Gruppe um einen Jungen scharte, der lächelnd wie der Überbringer einer frohen Botschaft aus dem Büro getreten war. »Sie gehen alle nach Kanada oder in die USA. Und die einzigen Fälle, die dorthin auswandern, sind entweder Christen oder Schwule.« Er warf einen Blick auf Schirin. »Ich rate euch, wenn ihr nach Kanada wollt, gebt euch als Lesben aus.«

Farah und Schirin sahen einander an und lachten. Doch während die Schlange zentimeterweise weiterrückte, dachten sie über den Rat nach.

»Vielleicht ist es unsere einzige Möglichkeit!«, sagte Farah.

»Vielleicht dürfen wir dann zusammenbleiben!«, sagte Schirin. »Versuchen wir's. Bitte?«

Im letzten Moment, als sie schon am Eingang war, stimmte Farah zu. Sie wurden getrennt zu einem kurzen Vorgespräch hereingerufen. Farah ging zuerst; leicht benommen folgte sie der iranischen Mitarbeiterin durch den Flur. Sie beschloss, ihre Geschichten zu kombinieren, und während die Frau zu der Geschichte von der Zwangsverlobung, die sie bestimmt schon x-mal gehört hatte, erst nur gleichgültig nickte, horchte sie auf, als Farah sagte, sie sei lesbisch und mit ihrer Partnerin hier. Sie beriet sich mit einer Kollegin, und Farah vernahm den Begriff »LGBT«. Sie schöpfte Hoffnung.

Schirin machte eine ähnliche Erfahrung. Zum Glück fragte die Mitarbeiterin kaum nach Details. Und wenn man die beiden miteinander sah, waren sie ja kein unglaubwürdiges Paar. Farah kleidete sich wie die typische Afghanin, doch Schirin ging auch in der Türkei in Männerkleidern. Mit ihrem kurzen Haar, der kunstledernen Fliegerjacke und dem wiegenden Gang legte sie es regelrecht darauf an, für männlich gehalten zu werden. Und sie war, anders als Farah, eindeutig nicht an jungen Männern interessiert. Tatsache ist, dass Schirins Auftreten ganz und gar nicht zu ihrer traditionellen Geschlechterrolle passte, und in der Heimat hätte sie sich sehr viel Ärger eingehandelt.

Nachdem Farah und Schirin sich bei den UN beworben hatten, durften sie legal in der Türkei leben, bis ihr Fall entschieden war, allerdings nur in einer ihnen zugewiesenen Stadt – von Metropolen wie Istanbul und İzmir waren Asylsuchende in der Regel ausgeschlossen. Die UN schickte die beiden in die grüne Universitätsstadt Eskişehir in Zentralanatolien. Afghanen durften normalerweise nicht dorthin, Farah und Schirin aber wurden als *vulnerabel* eingestuft; Vulnerabilität, die sich nach Faktoren wie Gesundheit, Identität und gesellschaftlicher Gruppe bemisst, ist in der Flüchtlingskonvention von 1951 zwar nicht erwähnt, wird heutzutage aber von den UN und den Gastländern als Kriterium benutzt, um bei der Inanspruchnahme von Dienstleistungen und bei der Neuansiedlung zu priorisieren.[149] Der Anthropologe Didier Fassin argumentierte, diese humanitäre Logik sei das Ergebnis einer *neuen Moralökonomie, die Leiden über Arbeit und Mitgefühl über Rechte stellt.*[150] Postindustrielle Gesellschaften wünschen keine eingewanderten Arbeitskräfte mehr und entscheiden auf karitativer Grundlage über die Antragsteller. Theresa May sprach sich zu ihrer Zeit als britische Innenministerin gegen die Aufnahme von Asylsuchenden aus und verurteilte sie als die *wohlhabendsten, glücklichsten und stärksten.*[151]

Farah und Schirin hatten, als sie in Eskişehir eintrafen, keine Ahnung, wo sie wohnen sollten, doch ein junger Iraner, den sie im Park kennenlernten, bot ihnen Hilfe an, und binnen weniger Tage hatten sie ein Apartment und Jobs als Tellerwäscherinnen in der Barstraße, einer Fußgängerstraße, die sich an den Wochenenden mit Studenten füllte.

Die anderen Flüchtlinge in Eskişehir, die sie kennenlernten, waren allesamt Iraner; von manchen, etwa den Kellnerinnen an ihrem Arbeitsplatz, wurden sie als Afghaninnen gemobbt, andere hingegen, wie der junge Mann aus dem Park, waren sehr freundlich. Obwohl im Iran kein Bürgerkrieg war, hatten Iraner bessere Aussichten auf Neuansiedlung als Farah und Schirin, weil die iranische Regierung gleichzeitig repressiv und ein Feind des Westens war. Manche Flüchtlinge waren Anhänger Jesu; zwar gab es im Iran traditionell eine christliche Gemeinde, doch ist dem muslimisch geborenen Menschen der Glaubenswechsel verboten. Unter den Geflüchteten in der Türkei waren westliche Missionare aktiv;[152] vielleicht musste man, wenn man sich taufen ließ, nicht mit dem Boot übers Meer nach Griechenland. Am schnellsten ging es mit der Neuansiedlung angeblich bei lesbischen, schwulen und transgender Personen, wie bei jenem Mullah, der heimlich gleichgeschlechtliche Trauungen vorgenommen hatte und über den im Sommer jenes Jahres die BBC berichtete, nachdem er aus seinem Land geflüchtet war.[153] Farah hörte von einem Anwalt in Ankara, der gegen eine Gebühr von etlichen Tausend Dollar einen *goldenen Fall* konstruierte, den die UN nicht abweisen konnten.

Das Frühjahr verging, während Farah und Schirin auf den alles verändernden Anruf warteten. Im Mai kam Maryam mit Sulaiman in die Türkei und schloss sich den Mädchen an. Doch Eskişehir gefiel ihr nicht. Das Apartment befand sich in einem einzeln stehenden Wohnblock ohne Geschäfte in der Nähe, und die Bushaltestelle war einen zwanzigminütigen Fußweg entfernt, was eine Qual für ihre Knie war, seitdem sich jetzt auch der Diabetes zunehmend bemerkbar machte. Mit niemandem konnte sich Maryam in ihrer Sprache unterhalten, und sie kam sich vor wie taub und behindert zugleich. In der Moschee setzten sich die einheimischen Frauen ostentativ von ihr weg. Sehr bald machte Maryam auch Farah unglücklich:

»Warum hast du mich hergeholt?«

»Hab ich doch nicht! Du bist von allein gekommen!«

Dann hörte Farah, dass auch ihr Vater auf dem Weg von Kabul sei, was bedeutete, dass das Apartment in Eskişehir definitiv zu klein war: Die Eltern ertrugen es nicht, miteinander im selben Raum zu sein. Maryam wollte nach Istanbul, wo andere Afghanen waren und wo man Schleuser finden konnte. Unterdessen hatten sie gehört, dass die Polizei Migranten ohne Ausweis nicht behelligte, sofern man sich still verhielt. Farah und Schirin besprachen die Angelegenheit. Wenn sie aus Eskişehir fortgingen, konnte es sein, dass die UN ihren Antrag auf Neuansiedlung auf Eis legten. Andererseits hatten sie seit Monaten nichts gehört, während ihre iranischen Bekanntschaften längst zum Interview in diverse Botschaften bestellt worden waren. Omar sollte ebenfalls bald aus Afghanistan kommen – bestimmt würde er eine Möglichkeit finden, wie sie alle gemeinsam nach Europa kämen. Am Ende fiel die Entscheidung; im Juni packten sie ihre paar Habseligkeiten und stiegen in den Bus nach Istanbul, wo ich drei Monate später vor ihrer Tür stand.

10

Nicht lange nach meiner Festnahme am Istanbuler Flughafen hatten Omar und sein Freund Malik einen Inlandsflug von Kabul nach Herat genommen und waren dann mit dem Taxi zur iranischen Grenze gefahren. Dort zeigten sie ihre Touristenvisa vor, fuhren weiter in die Stadt Meschhed und übernachteten in einem Hotel in der Nähe des Schreins von Imam Reza, der Jahr für Jahr gut zwanzig Millionen Pilger anlockt.

Am nächsten Morgen brachen sie zu einer zehnstündigen Busfahrt Richtung Westen nach Teheran auf. Es war Eid ul-Adha, das islamische Opferfest, begangen zum Gedenken an Abrahams Glaubenssprung, der zur Folge hatte, dass der Engel dem Messer an der Kehle seines Sohnes Einhalt gebot. Das Fest umfasste mehrere Tage Fasten und Familienbesuche, und der Schleuser meinte, sie könnten sich erst nach dem Ende der Feierlichkeiten auf den Weg machen. Um sich die Zeit zu vertreiben, schlenderte Omar mit Malik durch den Park und staunte, wie modern die Metropole geworden war, seitdem er als Kind im iranischen Exil hier gewesen war. Junge Paare saßen eng beieinander, sichtlich ohne Furcht vor der Religionspolizei. Wie schön es war, abends mit der Liebsten spazieren zu gehen! Wäre Laila hier gewesen, hätte er ihr eine Eistüte gekauft. Beeindruckt von den günstigen Preisen kaufte er zwei Rieseneistüten für sich und Malik, und zum Abendessen verspeisten sie je ein Hühnersandwich von einer Elle Länge.

Niemand behelligte sie. Mit ihrer hellen Haut und den runden Augen gingen sie als Iraner durch, zumal Omar den Schirazi-Dialekt aus seiner Kindheit noch einwandfrei beherrschte. Dazu kam, dass jeder seinen Pass mit regulärem Visum in der Tasche hatte. Im Iran hielten sich etwa drei Millionen Afghanen auf,[154] und deren jeweilige Lage war so unterschiedlich wie die der Mexikaner in den USA. Nicht alle waren illegal wie die zaundürren Kinder, die an den Straßenecken Modeschmuck und Kaugummi verkauften – Marken, die Omar noch gut in Erinnerung waren.

Im warmen Atem der Straße, wenn die Sonne untergeht,
breche ich auf.
Zu Fuß bin ich gekommen, zu Fuß gehe ich.
Heute Nacht wird der Bann des Exils gebrochen
Und das Tischtuch, das leere, gefaltet.

Mohammad Kazem Kazemi, afghanischer Flüchtling und prominenter Schriftsteller, veröffentlichte sein Gedicht »Rückkehr« im Iran der neunziger Jahre als bitteren Abschied vor dem vorweggenommenen Aufbruch.[155] Das viel gelesene Gedicht brachte die iranischen Intellektuellen kurz ins Grübeln über das Schicksal der Afghanen unter ihnen, der Geflüchteten, die in der Anfangszeit der Islamischen Revolution 1979, im Jahr des sowjetischen Einmarsches in Afghanistan, doch sehr willkommen gewesen waren. Als aber der Ayatollah Khomeini ein Jahrzehnt später starb, war aus seinem *Islam ohne Grenzen* ein islamisches Regime in einem einzigen Land geworden, in dem afghanische Flüchtlinge zunehmend missliebig waren.[156] Deren Recht auf freie Wahl des Wohnorts und Arbeitsplatzes wurde widerrufen;[157] nur noch bestimmte Berufe, hauptsächlich handwerkliche, standen ihnen offen, und Reisen durchs Land durften sie nur mit amtlicher Erlaubnis unternehmen. Der *afghanische Müll* war an Kriminalität und Krankheit schuld, war Ziel von Razzien seitens der Einwanderungsbehörde und wurde in Massen abgeschoben, zurück in ein vom Krieg verwüstetes Land. Die Arbeitskraft aber war noch immer erwünscht, und jedes Jahr nahmen Hunderttausende afghanische Migranten die illegale Reise auf sich: eine prekäre, profitable Arbeiterschaft auf iranischen Baustellen und Schrottplätzen, in der Landwirtschaft und in Schlachthäusern.[158]

Und in deinem Hof in diesen Nächten um Eid, Nachbar!
Da wirst du kein Weinen mehr hören, Nachbar!
Der Fremde ohne Geld in der Tasche ist fort
Das Kind ohne Puppe ist fort.

Es gab wohl einige Iraner, die ihre Solidarität mit den Migranten bekundeten, ihre Stimmen wurden lauter in Augenblicken der Tragöde, wie im Fall jenes einheimischen Mannes, der mindestens dreiundvierzig Flüchtlingskinder vergewaltigte und tötete, ehe die Polizei ihn festnahm, denn die Kinder verschwanden einfach, ohne dass sich ein Aufschrei erhob.[159] Doch die iranischen Einwanderungsgesetze wurden schärfer; 2004 schloss die Regierung afghanische Flüchtlinge von den meisten Universitäten und Schulen aus. Einige Tage vor Omars Ankunft in Teheran hatten die Behörden in Schiraz illegale Migranten in Käfigen in einem Park ausgestellt. Angesichts der Abschiebung in ein Land, in dem sie nie gewesen waren, zogen viele im Iran geborene Afghanen die Auswanderung in den Westen vor. Als im Jahr 2015 die Grenzen nach Europa offen waren, brachen ganze Familien ihre Zelte ab und machten sich auf den Weg zur türkischen Grenze, um zu Fuß das Gebirge zu durchqueren, und der stetige Strom schwoll zur Flut.

Nach Eid ul-Adha holte der Schleuser Omar und Malik mit einem Transporter ab. Sie fuhren gut achthundert Kilometer nach Nordwesten, zu einem Safe House am Rand von Maku, nicht weit von der Grenze. Hatten sie Glück, so brauchten sie nicht länger als ein, zwei Tage über die Grenze, mussten allerdings vorher durch das Zagros-Gebirge. Im Winter zuvor hatte der jähe Anstieg der Migration die Schleuser gezwungen, über höhere Gebirgspässe zu gehen, damit es nicht zu Staus kam, und wer hoch oben die Grenze passierte, erzählte von steif gefrorenen Leichen am Wegrand, von Familien, die ihre Alten in hüfttiefem Schnee zurückließen, von einer jungen Mutter, die auf der Flucht vor der Polizei stolperte und ihren Säugling in eine Spalte fallen ließ.

Um vier Uhr morgens wurden Omar und Malik geweckt. Im Dunkeln fuhren sie los, immer bergauf, und hielten unterwegs einmal an, um zwei pakistanische Kunden mitzunehmen. Irgendwann war Schluss; alle stiegen aus und gingen den Gebirgspfad entlang, bis sie auf eine Gruppe wartender Migranten stießen, die von Männern mit Pistolen im Gürtel bewacht wurden. Die Schleuser waren Kurden; sie entstammten einem Volk, das auf vier Länder verteilt ist. Das Zagros-Gebirge bildete die alte, durchlässige Grenze zwischen dem osmanischen und dem persischen Reich, doch nach dem Ersten Weltkrieg zerschlugen Franzosen und Briten das gesamte Grenzgebiet und teilten es zwischen Türkei, Irak und Syrien auf. Im darauffolgenden blutigen Jahrhundert wurden die Grenzen vermint und militarisiert, doch der Grenzverkehr ging weiter: Kurdische *qaçaxçi*, die Schmuggler, die in vielen Bergdörfern die Versorgung sicherstellten, transportierten Benzin und Zigaretten, verbotene Kassetten und Zeitungen – und Menschen, die vor Blutrache, Putsch und Genozid flohen.[160] Doch erst das afghanische Opium machte die Schmuggler zu Königen. In den achtziger Jahren begannen die Heroinlabore Europa über Bulgarien zu beliefern, dessen Mafia den Kurden im Gegenzug Waffen verkaufte, und noch heute läuft eine der Hauptverkehrsrouten über das Zagros-Gebirge.[161]

Omar und Malik kauerten sich aneinander, um sich zu wärmen, während sie warteten: Die Gruppe war noch nicht vollzählig, insgesamt sollten sie rund achtzig Personen sein. Die meisten waren Pakistaner, junge Männer mit Sneakers und Rucksack, die seit Wochen unterwegs waren, weil sie die Route durch die Wüste genommen hatten. Sobald es hell genug war, dass man sehen konnte, wohin man trat, machten sie sich auf den Weg bergauf, im Gänsemarsch den Schleusern hinterher, durch eine Landschaft rötlicher Hügel mit vereinzelten Büschen und zerklüfteten Felsbrocken dazwischen, auf einem von zertretenen Zigarettenschachteln gesäumten Pfad. Gelegentlich blieben Migranten stehen, um Selfies zu machen. Das Morgenlicht brachte den Nebel im Tal unter ihnen zum Leuchten.

Nach zweistündigem Aufstieg überquerten sie einen Grat und blickten hinunter in ein enges Tal, in dem eine mit NATO-Draht abgezäunte Straße verlief. Das war die türkische Grenze. Die Schleuser forderten sie auf, sich zu setzen und zu warten, während sie einen Späher hinunterschickten. Eine halbe Stunde später keuchte der Späher den Berg herauf und schrie:

»Rennt! Polizei!«

Sie rappelten sich auf und hasteten wieder bergauf, aber schon kamen die ersten türkischen Soldaten um die Wegbiegung. Der leichtfüßige Malik, der an der Spitze der Gruppe war, glaubte Omar hinter sich. Als er Schüsse hörte, duckte er sich und drehte sich um, und er sah weit unterhalb eine langsamere Gruppe Migranten mit erhobenen Händen, umstellt von Gewehrläufen. Omar war unter ihnen; er blickte auf, sah Malik und winkte mit beiden Händen: »Hau ab.«

Drei Türken mit wuchtigen Gewehren in der Hand stiegen Malik entgegen, der bergauf floh. Oben auf dem Kamm standen die Schleuser mit Steinen in der Hand.

»*Allahu akbar!*«, schrien sie und warfen die Steine nach den Soldaten, die stehen blieben, um sich zu beschirmen, sodass die übrigen Migranten Zeit zu fliehen hatten.

Omar sah Malik über den Kamm verschwinden. Die drei Soldaten kamen wieder herunter; einer war von einem Stein getroffen worden und fluchte. Die Türken führten ihre Gefangenen zur Straße hinunter und über den Stacheldraht auf türkisches Staatsgebiet, während der Rest des Trupps wartend in einem Cobra-Panzerfahrzeug saß. Die Migranten mussten sich in einer Reihe aufstellen.

»*Türkçe? Türkçe?*«, schrie ein Soldat. Als niemand antwortete, versuchte er es anders: »*English?*«

»Ich kann Englisch«, sagte Omar.

»Afghane?«, fragte der Mann.

»Ja«, sagte Omar. Der Soldat deutete auf die Gruppe. »Pakistani«, sagte Omar.

Die Migranten mussten die Arme vor sich ausstrecken. Ein Soldat hob ein gedrehtes Metallkabel auf, ein anderer ein Stück Plastikrohr, und damit gingen sie die Reihe entlang und schlugen ihre Gefangenen auf Arme und Brust. Wer schrie, wurde noch kräftiger geschlagen.

»Pakistan? Pakistan?«, schrien die Soldaten. »Nix Türkei! Nix Türkei!«

»Nix Türkei! Nix Türkei!«, wiederholten die Migranten und flehten auf Urdu um Gnade.

Omar gab keinen Laut von sich, als er an der Reihe war und die scharfen brennenden Schläge auf seinen Armen landeten. Die Soldaten gingen weiter zum nächsten Opfer. Anschließend wurden die Migranten gefilzt und um Geld und Handys erleichtert. Omar war der Einzige, der einen Pass bei sich hatte, und der Anführer der Patrouille kam herbei, um einen Blick darauf zu werfen.

»Türkisch Visum?«, fragte er.

Omar schüttelte den Kopf.

»Iran Visum?«

Omar nickte.

»Warum Türkei?«

»Mutter Istanbul, Vater Istanbul«, sagte Omar.

Der Soldat bemerkte das Amulett aus Nimroz, das Omar um den Hals trug, mit dem eingravierten Koranvers. »Quran?«, fragte er.

Omar nickte. Der Mann gab ihm den Pass zurück.

Die Soldaten führten die Gruppe die Straße entlang, bis ein Minibus herbeigefahren kam. Ein Mann in Zivil stieg aus und sprach kurz mit dem Kommandeur, winkte dann mit dem Arm zur iranischen Seite. Die Soldaten legten ein Holzbrett auf die Stacheldrahtrolle, damit man darübersteigen konnte, und scheuchten die Migranten mit Tritten und Flüchen davon.

Omar und die anderen rannten, bis sie außer Sichtweite der Soldaten waren, und machten sich an den Aufstieg zurück in den Iran. Irgendwann sahen sie in der Ferne einen iranischen Grenzposten. Omar, der ein bisschen Urdu konnte, sagte, sie sollten höher hinauf ins Gebirge, andere aber wollten sich stellen. Schließlich schlossen sich ihm nur zwei Pakistaner an.

Unterdessen aber war Mittag, und es herrschte brütende Hitze, während sie sich zwischen Felsen aufwärts kämpften. Omar fragte sich, ob er einen Fehler gemacht hatte. Hier oben konnten sie von rivalisierenden Schleusern gekidnappt werden oder verdursten. Auf einmal rief eine Stimme von oben.

»Wessen Reisende seid ihr?« Ein Schleuser.

»Musas Reisende!«, rief Omar zurück.

Sie sollten noch weiter heraufkommen, wies der Mann sie an, und als sie oben waren, brachte er sie zu der Gruppe zurück, die sie zuvor verloren hatten. Malik rannte herbei und fiel Omar um den Hals.

»Ich kann nicht mehr, Malik«, keuchte Omar erschöpft und ließ sich auf einen Felsen sinken. »Ich geh zurück.«

»Es gibt kein Zurück. Wir müssen weiter.«

Sie brauchten drei Versuche, bis sie über der Grenze waren. Die Migranten und die Schleuser stiegen in das Tal ab, die türkischen Soldaten verjagten sie abermals, und diesmal schafften es alle gleichzeitig in den Iran zurück. Am späten Nachmittag berichtete

177

der Kundschafter, die Patrouille sei zum Stützpunkt zurückgekehrt. Die Gruppe stieg erneut ab und überquerte den Stacheldraht. Jetzt schrien die Schleuser ihnen zu: »Rennt! Ihr müsst auf die andere Seite des Tals!« Omar stolperte den Hang aus schwarzem Geröll hinauf, seine Raucherlunge war kurz vor dem Platzen. Als er stolperte, nahm ihm Malik das Gepäck ab und trug es für ihn, und sie quälten sich gemeinsam bergauf, bis sie, oben angelangt, zusammenbrachen.

Inzwischen war die Gruppe in schlechter Verfassung. Viele Migranten hatten bei der Flucht vor den Soldaten ihr Gepäck verloren, niemand hatte mehr Wasser. Von den Schleusern angetrieben, schleppten sie sich benommen weiter, jetzt ging es wieder abwärts zu einer staubtrockenen Hochebene. In der Ferne sahen sie Häuser. Hier vertrauten die iranisch-kurdischen Schleuser ihre Gruppe einigen Einheimischen an.

Bei Sonnenuntergang erreichten sie ein Dorf, und als die Dunkelheit hereinbrach, wurden sie mit Autos in die Stadt Doğubayazıt gefahren. Seitdem sie in der Türkei waren, verloren alle, auch die Schleuser, die Furcht vor der Polizei, die bei vorüberziehenden Migranten meist den Blick abwandte. Wo es um die nationale Sicherheit ging, war Schleusen das geringere Übel. Im Sommer zuvor war die Détente zwischen kurdischen Rebellen und türkischer Regierung zusammengebrochen, und das Militär hatte mit der Niederschlagung des Aufstands begonnen.[162] In den Bergen rund um Doğubayazıt, wo an klaren Tagen der verschneite Gipfel des Ararat zu sehen war, operierten türkische Einheiten mit staatstreuen Milizen, von denen einige mit Schleuserbanden in Verbindung standen.

Das Safe House war ein ebenerdiges Gebäude, dessen Ausstattung aus schmutzigen Teppichen und Decken und einer stinkenden Hocktoilette bestand. Die Eingangstür wurde abgesperrt und von einem bewaffneten Kurden bewacht. Solange die Migranten nicht für die Passage bezahlt hatten, waren sie Gefangene. Maryam brach in Tränen der Erleichterung aus, als Omar sie telefonisch erreichte und sie bat, seinem Freund in Kabul mitzuteilen, dass er jetzt die Überweisung der hinterlegten Summe veranlassen konnte. Danach mussten sie nur noch abwarten, bis die Kurden im Safe House ihren Anteil bekommen hatten.

Und wenn sie nicht zahlten? Drei Jungen gab es hier, die ihre Schulden abarbeiten mussten; solange ihre Verwandten nicht für sie bezahlten, kochten und putzten sie. Man konnte eine Fensterscheibe einschlagen und einen Fluchtversuch unternehmen, was man allerdings bitter bereute, falls ein rivalisierender Schleuser einen erwischte. Die eigene Kundschaft kidnappten die Banden nicht, das wäre schlecht fürs Geschäft gewesen, aber versprengte Migranten, die nicht wussten, wohin, waren leichte Beute. Das Lösegeld für einen Afghanen konnte mehrere Tausend Dollar ausmachen, und wer sollte die Leiche finden, wenn man im Gebirge umgebracht wurde?

Zweimal am Tag wurden Kunden, die bezahlt hatten, mit einem Van zur Busstation gebracht, von wo aus sie die Reise nach Westen antraten. Ihre Plätze wurden jede Nacht neu besetzt, selten mit afghanischen Familien, die mit Kleinkindern unterwegs waren, meist mit jungen Pakistanern. Sie hatten weniger Aussichten, in Europa Asyl zu erhalten als die Afghanen, doch selbst ein paar Jahre anständige Arbeit konnten ausreichen, um die Reise zu bezahlen.

»Europa ist reich«, scherzte ein Pakistaner. »Hast du gewusst, dass du sogar in Athen zweihundert Euro am Tag verdienen kannst?«

»Wirklich?«, fragte Omar. Er hatte gehört, dass Griechenland in einer Wirtschaftskrise steckte. »Wie denn?«

»Indem du vier Griechen fickst – jeder zahlt dir fünfzig.«

Die anderen wieherten.

Das Leben auf der Schleuserroute war, wie im Krieg, hauptsächlich Warten, durchsetzt mit Momenten des Schreckens. Das ewige Herumsitzen im Safe House war eine Tortur. Für alles Lebensnotwendige war man auf die Schleuser angewiesen. In Doğubayazıt bekamen sie nur zweimal täglich Brühe mit Kartoffeln und Brot zu essen, und nachts vibrierte der Raum vom Schnarchen. Omars Sachen verschwanden immer wieder; einmal war er im Bad und vermisste anschließend seine Hose. Jemand stahl sein Shampoo. Und einmal blickte er aus dem Fenster und sah einen afghanischen Jugendlichen – einen, der andauernd seine Gebetskette befummelte und von Religion redete – mit Omars echten North-Face-Stiefeln in den Van steigen. Omar hämmerte an die abgesperrte Tür und schrie, aber vergeblich.

Nach drei Nächten teilten die Schleuser ihm mit, das Geld für ihn und Malik sei jetzt da, und setzten sie in den nächsten Van. Zu seiner Überraschung sah Omar, dass das Safe House nur einen Steinwurf vom Busbahnhof entfernt war. Dort stand bereits eine große Gruppe Migranten und wartete, von der Polizei unbehelligt.

Die letzte Demütigung der Schleuser war, dass sie doppelt so viele Menschen in den Bus stopften, wie es Plätze gab, sodass auch im Mittelgang Leute stehen mussten. Doch sie passierten reibungslos die Kontrollen auf der langen Fahrt nach Istanbul durch die anatolische Landschaft. Omar dachte über das Kind nach, das er gewesen war, als er im Iran auf der Straße billigen Schmuck verkauft hatte; an den Mann ohne Heimatland, der er geworden war, und an die Liebe, die er zurückgelassen hatte. Aber ihr Bild vor seinem geistigen Auge hielt ihn aufrecht.

11

Maryam und ich sahen zu, wie sich Omar und Malik, schlank und sonnengebräunt, auf das Gericht aus Eiern, Paprika und Tomaten stürzten, das sie zubereitet hatte. Omar, der sein Telefon laut gestellt hatte, berichtete seinem Bruder in Schweden von der überstandenen Tortur. »Vergiss es, Khalid-*dschan*, von unseren Füßen ist nix mehr übrig«, sagte er, während er mit dem Brot die Pfanne auswischte. »Sie haben uns geschlagen, haben uns Geld geklaut ... Nein, die Türken ... Ja, wir sind ordentlich verprügelt worden, ich erzähl's dir ein andermal ausführlich. Wie geht's dir? Dem Jungen?«

Maryam lächelte mich an, und ich grinste zurück. Seitdem wir wiedervereint waren, begann ich allmählich Hoffnung zu schöpfen. Aber wie es jetzt weitergehen sollte, mussten wir erst noch ausbaldowern.

Später spazierte ich mit Omar und Malik die 58. Bulvar Caddesi entlang, die nach Süden zur Küste führende Hauptstraße unseres Viertels, in der sich ein Laden an den anderen reihte, fast alle mit gestreiften Markisen über dem Schaufenster. Omar berichtete, er habe im Bus nach Istanbul einen Schleuser getroffen, der ihm vielversprechend schien; wir könnten ihn in ein paar Tagen, wenn er ausgeruht sei, anrufen. Wir schlenderten an Fischhändlern, Geldwechslern, Kebab- und Durum-Läden und Reiseagenturen mit Werbung auf Persisch und Arabisch entlang. Die beiden staunten, wie modern Istanbul wirkte, wie anders hier alles war als in Kabul, von den blitzenden Autos, die keine Corollas waren, bis hin zu den Frauen, die ungeniert auf der Straße rauchten.

»Das ist nichts«, sagte ich, denn ich wollte mit ihnen noch ins Stadtzentrum. »Wartet, bis ihr die İstiklal Caddesi seht.«

Solange man keinen Ärger machte, kümmerte es die Polizei nicht, ob man Papiere hatte oder nicht; vor allem in einem Stadtviertel wie Zeytinburnu, wo die Leute auf der Straße ebenso oft Dari und Usbekisch sprachen wie Türkisch, ließen sie einen in Ruhe. Zeytinburnu war das Zentrum des afghanischen Lebens in Istanbul, das mit seinen fünfzehn Millionen Einwohnern eine Stadt der Migranten war:[163] Afrikaner und Syrer in der Altstadt und Kurden in den einstmals griechischen Vierteln. Aus der ganzen Welt strömten Touristen herbei, um die Paläste und großen Moscheen Istanbuls zu sehen, Bauwerke eines Reichs, das sich einst von Budapest bis Bagdad erstreckt hatte. Jahrhundertelang hatte sich eine kosmopolitische Herrschaftselite rund um den Osmanischen Hof geschart, an dem ein Sklave aus dem Hinterland Großwesir werden konnte. Als die Alliierten nach dem Ersten Weltkrieg das Osmanische Reich zerschlagen hatten, schmiedete Mustafa Kemal Atatürk – Vater der Türken – aus dem Kernland einen neuen Nationalstaat mit einem einzigen Volk, einer einzigen Sprache, eine Nation, die sich auf sich selbst und ihre wirtschaftliche Autarkie konzentrierte. Doch nach dem Wahlsieg von Erdoğan und seiner islamistischen Partei im Jahr 2002 setzte die Türkei neoliberale Reformen in Gang, die aus dem Land ein Drehkreuz des globalen Kapitals machten und die Wirtschaft innerhalb eines guten Jahrzehnts auf das Dreifache anwachsen ließen.[164] Istanbul beherbergt heute Dutzende Milliardäre. 2011 kamen jährlich über dreißig Millionen Ausländer als Touristen hierher. *In osmanischer Zeit waren wir ein multikulturelles Land mit Menschen unterschiedlicher Religion, Volkszugehörigkeit und Kultur,* sagte Abdullah Gül, ein ehemaliger Staatspräsident. *Jetzt werden wir wieder ein Land von solcher Diversität.*[165]

Ein Ausdruck des damaligen Optimismus war die Hoffnung, die Türkei würde EU-Mitglied. Seitdem das Land offiziell Beitrittskandidat war, hatte es die Todesstrafe abgeschafft, den Ehebruch entkriminalisiert, die Rechte von Minderheiten erweitert (sie durften in ihren eigenen Sprachen publizieren),[166] doch die Osterweiterung der Festung Europa vertiefte die Gräben zur Türkei: Als Kroatien und Rumänien der EU beitraten, verloren die Türken ihr bisheriges Recht auf visumfreie Einreise. Und die Türkei war zur wichtigen Route für die klandestine Migration nach Europa geworden und musste sich Vorwürfe der EU wegen ihrer liberalen Visumspolitik gegenüber vielen Ländern des Nahen und Fernen Ostens anhören, die nicht auf der sogenannten Weißen Schengenliste standen.[167] Das Thema Bewegungsfreiheit – wer hat das Recht zu reisen? – hat im einundzwanzigsten Jahrhundert eine vorrangige Bedeutung angenommen. Die Türkei war Europas Torwächter wider Willen; die EU wollte das Tor geschlossen haben. *Wenn unsere Bürger tagtäglich in den Konsulaten der EU-Staaten beleidigt werden*, sagte eine türkische Diplomatin, *dann stellt sich natürlich die Frage, warum wir der EU bei ihren Problemen helfen sollten.*[168]

Im Sommer des Vorjahres, als die Boote zu Tausenden zu den griechischen Inseln aufbrachen, unternahm die Türkei nicht viel. Im Februar kam die damalige Bundeskanzlerin Angela Merkel nach Ankara, um einen Deal zu machen. Die im März 2016 unterzeichnete EU-Türkei-Erklärung nannte das Quidproquo ganz explizit: Die Türkei verpflichtete sich, irreguläre Migranten und Migrantinnen, insbesondere aus Syrien, von der Überfahrt auf die griechischen Inseln abzuhalten, und im Gegenzug versprach die EU sechs Milliarden Euro und eine »Road Map« zu Visaerleichterungen für türkische Staatsbürger. Offene Türen für geschlossene Küsten.

Gleichzeitig verkündete die EU, dass Migranten auf den Inseln blieben und dort in Lagern gehalten würden. Seit Inkrafttreten des Deals patrouillierten die Türken entlang ihrer Küste und nahmen Migranten fest. Ein Team von Frontex, der Grenz- und Küstenwache der EU, wurde auf die griechischen Inseln entsandt und mit Grenzpatrouillenkuttern, schnellen Rettungsbooten und Hubschraubern verstärkt. Die Standing NATO Maritime Group 2, der aus einer Flottille mit vier Marinefregatten bestehende Einsatzverband für das Mittelmeer, stand bereit, um *die illegalen Verkehrswege zu durchbrechen*.[169] Vorläufig machten die Kräfte auf beiden Seiten der Ägäis vereint Jagd auf die kleinen Boote, die nachts die Überfahrt wagten.

Der Bulvar, oder Boulevard, von Zeytinburnu endete in einem kreisförmigen Platz. Dahinter blockierte eine Großbaustelle den Zugang zur Küste. Die Plakate an der Bretterumzäunung zeigten, was hier entstand – gläserne Eigentumswohnungen mit lächelnden, hellhäutigen Paaren darin. Wir umrundeten die Baustelle, bis wir einen Durchgang zu einem Park am Meer fanden; ein paar afghanische Familien kletterten dort auf den ölverschmutzten Felsblöcken an der Küste herum. Omar zog sich die Schuhe aus und watete bis zu den Waden ins Wasser, bespritzte sich Gesicht und Nacken und trank aus der hohlen Hand. Im selben Moment spuckte er geschockt aus. »Das ist ja salzig!«, rief er und stürmte aus dem Wasser, während Malik und ich ihn auslachten.

In der dunstigen Ferne sahen wir riesige Frachter auf dem Weg zum Bosporus, Tausende Container stapelten sich an Deck. *Zeytinburnu* bedeutet wörtlich »Olivennase«, im weiteren Sinn »Olivenlandzunge«, und vor Zeiten hatte man hier, wenn man die Marmaraküste entlangsegelte, auf die hügeligen Olivenhaine vor den Toren des alten Konstantinopel geblickt. Jetzt waren wir mitten im stetig wachsenden urbanen Siedlungsgebiet.

»Wie weit ist es von hier nach Europa?«, fragte Malik.

»Ein paar Tage, mit einem dieser Schiffe«, sagte ich.

Er seufzte. Er musste in Istanbul bleiben, um Geld für einen Schleuser zu verdienen. In einer Bäckerei im asiatischen Teil der Stadt gab es Arbeit, einen *çabuk çabuk*-Job – Türkisch für »schnell, schnell« –, mit dem sich schwarz etwas verdienen ließ; solche Arbeit war hier nicht schwer zu finden. Omar und ich würden ohne ihn weiterziehen. Noch war nicht entschieden, ob wir versuchen sollten, mit einem Boot zu den Inseln zu gelangen. Wir hatten Horrorgeschichten vom Lagerleben gehört – dass Menschen im Müll nach Nahrung suchten, weil es sonst nichts gab, und dass es zwischen den Lagerinsassen und der Polizei ständig zu Gewaltausbrüchen kam. Erst eine Woche zuvor war auf der Insel Lesbos, in Moria, dem größten und berüchtigtsten Lager, im Zusammenhang mit einer Revolte ein Feuer ausgebrochen.

Eine Alternative war, auf einem Schleuserschiff direkt nach Italien zu fahren. Das war allerdings viel teurer, vier- bis fünftausend Euro pro Kopf, außerdem riskanter. Wenn das Schiff sank, wäre man weit draußen auf See; wurde man hingegen abgefangen, endete man so oder so in Griechenland.

Dann gab es noch die Landroute über Bulgarien, den Weg, auf dem ich gekommen war. Dort konnte man von der Polizei oder Bürgerwehr zusammengeschlagen werden (oder Schlimmeres), und die bulgarischen Lager galten als so entsetzlich wie die griechischen.

Ich fragte Omar, was er geplant habe. Jetzt, nach der räumlichen Trennung von Laila, hatte er es eilig, und der schnellste Weg nach Europa waren immer noch die kleinen Boote. Und auf der Migrantenlandkarte war die Route auch im Sinn der Risikominimierung die kürzeste Verbindung. Wir waren beide zuversichtlich, dass wir es, wenn wir erst einmal auf einer griechischen Insel waren, irgendwie nach Athen schaffen würden – es gab immer irgendeine Schleuserroute. »Du musst entscheiden«, sagte ich zu ihm.

Omar rief den iranischen Schleuser an, den er im überfüllten Bus nach Istanbul kennengelernt hatte. Yassin hatte seine Kunden begleitet, eine afghanische Familie, und dafür gesorgt, dass sie Plätze im Bus bekamen, wo alle anderen abwechselnd stehen mussten. Der Schleuser bestellte uns in ein Fast-Food-Lokal am 58. Bulvar, wo wir ihn auf der Terrasse antrafen. Yassin war braun gebrannt, hatte markante tabakgelbe Zähne und trug ein Anzughemd mit Hahnentrittmuster, dazu lederne Slipper im Gucci-Stil. Er saß mit drei anderen zusammen; als wir kamen, standen alle vier auf und gaben uns die Hand. Auf dem Tisch zwischen Teegläsern und überquellenden Aschenbechern lag eine Kollektion ununterbrochen läutender Smartphones.

»Ich war beeindruckt, wie du dich um diese Familie gekümmert hast«, sagte Omar. »Wir suchen jemanden, der uns zu den Inseln bringt.«

»Mein Geschäft ist es, Leute vom Iran in die Türkei zu bringen, und du empfiehlst mich hoffentlich deinen Freunden in Afghanistan weiter«, sagte Yassin. »Was das Boot betrifft, da kann dir vielleicht dieser Mann hier helfen, der dir gegenübersitzt.«

Sein Begleiter, der sich die Ärmel seines gestärkten weißen Hemds über die muskulösen Unterarme aufgekrempelt hatte, blickte von seinem Telefon auf und lächelte. Er stellte sich als Haddschi vor, Usbeke aus Sar-e Pol im Norden Afghanistans. »Ich bin vor mehr als zehn Jahren in die Türkei gekommen, mit siebzehn«, sagte er. »Ich bin praktisch Türke.«

»Damals hat er allen erzählt, er geht nach Kanada«, sagte Yassin lachend.

»Das schaff ich auch noch, wirst schon sehen«, gab Haddschi zurück. Als Yassin aufstand, um einen Anruf entgegenzunehmen, unterbreitete uns Haddschi sein Angebot.

Die Zeit sei günstig. In letzter Zeit patrouillierten die Türken weniger als sonst. Keine Ahnung, warum, aber erst in der vergangenen Woche habe er ein paar Boote erfolgreich hinübergeschickt. Und die Griechen achteten auch nicht mehr so strikt darauf, dass die Leute auf den Inseln blieben. Eine Familie, die er auf den Weg gebracht habe, sei direkt nach der Landung nach Athen weitergefahren, und eine andere habe nach nur fünf Tagen das Lager wieder verlassen dürfen.

Haddschi rief Google Maps auf und zoomte ein Satellitenbild von den griechischen Inseln unmittelbar vor dem türkischen Festland heran. Wir müssten im Safe House im Hafen von İzmir warten, bis das Boot bereit sei. Er werde uns nur bei gutem Wetter losschicken, wenn die Fahrt übers Meer ungefährlich sei. Es sei eine kurze Strecke bis zur Insel Chios, sagte er und zog mit Finger und Daumen den dünnen Streifen Wasser auf dem Display auseinander. Im Schlauchboot eine halbe Stunde, zehn Minuten in einem Schnellboot.

»Was ist der Unterschied?«, fragte Omar.

»Fünfhundert Euro für das Schlauchboot, neunhundert für das Schnellboot«, antwortete Haddschi. Wären wir in einem Schlauchboot unterwegs, bestehe eine kleine Chance, dass ein türkisches Patrouillenboot uns erwischte. Aber selbst wenn wir aufgehalten würden, kämen wir für maximal eine Woche in Haft. Dann konnten wir es wieder probieren. Wir konnten es so oft probieren, wie wir wollten, und müssten erst zahlen, wenn wir es geschafft hätten. »Risiko und Kosten gehen alle auf mich«, sagte er.

Außer das Risiko zu ertrinken, dachte ich.

»Die Lage auf Chios ist jetzt gut«, fuhr Haddschi fort. Er schicke niemanden auf andere Inseln wie Samos oder Lesbos, von wo man nicht so leicht nach Athen komme.

»Und wenn wir auf den Inseln hängen bleiben?«, fragte Omar.

»Ich krieg euch raus. Früher, als es strenger war, konnte ich falsche bulgarische Papiere für zwölfhundert Euro beschaffen.« Er lächelte. »Noch was – ich habe gehört, dass Kanada vorhat, Griechenland sechzehntausend Flüchtlinge abzunehmen. Nicht nur Syrer, auch Afghanen. Ihr solltet nicht zu lang warten.«

Haddschis zwei Handlanger, die mit uns am Tisch saßen, ebenfalls in Lederschuhen und Anzughemden, waren dauernd am Telefon und koordinierten Kunden, von denen manche von der iranischen Grenze kamen, andere nach İzmir aufbrachen.

»Wie war letztes Jahr das Geschäft?«, fragte ich.

Der Schleuser grinste. »Vergiss es. Ich will gar nicht dran denken! Es war unglaublich. Fünfhundert Leute in der Woche! Ich hatte jeden Tag drei Boote laufen. Die türkische Polizei fasste einen nicht mehr an, sobald man auf dem Wasser war. Sorgen machen musste man sich nur an Land. Ich hatte einen Freund bei der Polizei, der mich auf dem Laufenden hielt. Aber Boote waren teuer, praktisch unmöglich aufzutreiben. Und wir hatten oft Streit mit türkischen Schleusern um die besten Strände. Ein paar von denen habe ich verdroschen. Sogar mit Bullen hab ich mich angelegt, mit Zivilbullen. Sie fragten: ›Wieso schlagt ihr uns?‹, und ich drauf: ›Wir wussten doch nicht, dass ihr Bullen seid!‹« Er lachte. »Am Ende bekamen wir unsere eigenen Bereiche.«

Yassin, der iranische Schleuser, kam zurück und schlug einen Spaziergang vor. Omar und ich verabschiedeten uns mit Handschlag von Haddschi und versprachen uns zu melden.

»Ruft mich über Viber oder WhatsApp an, nicht über Telefon«, sagte Haddschi.

Wir schlenderten mit Yassin über den Platz, auf dem Arbeiter Marktstände aufbauten. Yassin hatte seinen Privatlakaien dabei, der Anrufe entgegennahm, einen bärtigen Knaben in einem marineblauen Dreiteiler, der uns seine Schachtel Parliaments anbot.

»Wie viel hat er verlangt?«, fragte Yassin, als er uns Feuer gab. »Fünfhundert? Zu viel.«

Er gab Omar eine andere Nummer. Der Schleuser, der den Anruf beantwortete, verlangte vierhundertfünfzig Euro und wollte sich mit uns treffen.

»Vergesst Haddschi«, sagte Yassin. »Ich hab ihm ein paar Reisende mitgegeben, die dann von der Polizei geschnappt wurden. Heute musste ich mich bei ihm einschleimen, weil er noch paar Kunden von mir hat und sich um sie kümmern muss. Aber ihm geht's nur ums Geld. So einer bin ich nicht. Nicht für eine Million Dollar würde ich wen verraten. Bei euch hab ich gleich gesehen, dass ihr echte Männer seid. Deswegen will ich mit euch arbeiten.«

Er ergriff Omars Ellenbogen, während wir uns durch den Verkehr über die Straße manövrierten.

»Meint ihr«, fragte er, als wir auf der anderen Seite waren, »dass ihr jetzt eure Freunde in Kabul anrufen und mich ihnen empfehlen könnt?«

Die *çabuk çabuk*-Läden hatten die Türen weit offen, um die Brise einzulassen, und ich sah, als wir zur Wohnung zurückkehrten, im Vorbeigehen junge Migranten über Tische gebeugt, sah Scheren blitzen, Rauchfähnchen sich um nackte Glühbirnen an der Decke schlängeln. Sich die Schleusung zu ernähen konnte Jahre dauern. War es besser, in Cafés zu sitzen und mit den Schleusern und Haschdealern zu mauscheln?

Unter den Migranten in Zeytinburnu ging das Gerücht, dass die Grenzen bald wieder offen wären – wenn es einmal passiert war, warum dann kein zweites Mal? Aber Genaueres wusste niemand.

Sechs Monate waren vergangen, und Farah hatte noch immer nichts vom UN-Büro wegen des nächsten Interviews gehört. Abends las sie sehnsüchtig die Werbung auf Facebook: BESORG DIR DEIN VISUM FÜR USA UND KANADA. Sie suchte nach Geschichten über Justin Trudeau, den jugendlichen Premierminister, der so viel Freundliches über die Aufnahme von Flüchtlingen in Kanada gesagt hatte, und überlegte ihm zu schreiben und die unfaire Lage der Afghanen in der Türkei zu schildern.

»Würdest du meine Mail lesen, wenn du Premierminister von Kanada wärst?«, fragte sie mich.

»Na klar«, sagte ich. »Wenn du mir schreibst ...«

Sie lachte. »So hab ich das nicht gemeint.«

Für Maryam und Dschamal bestand eine geringe Hoffnung, dass vielleicht ihre Söhne in Europa die legale Ausreise für sie finanzierten. Aber für Farah, Schirin und den halbwüchsigen Sulaiman gab es nur einen einzigen Weg, und das war der, den Omar und ich einschlugen. Beim Abendessen wollte Maryam von Omar alles über die Tarife der Schleuser wissen. Später sagte er zu mir, seine Mutter habe gefragt, ob die Mädchen und Sulaiman mit uns kommen könnten.

»Was hast du gesagt?«, antwortete ich überrascht.

»Meine Schwester nicht, weil dann niemand mehr da ist, der sich um unsere Eltern kümmert. Und Schirin geht nicht ohne Farah. Aber vielleicht kann ja Sulaiman mitkommen, ich weiß nicht.«

»Echt?«

»Könnte sein, dass die Polizei nachsichtiger mit uns ist, wenn wir ein Kind dabeihaben.«

»Meiner Ansicht nach wird es eher schwieriger, wenn wir ihn mitnehmen«, sagte ich. »Aber das müsst ihr entscheiden. Ich will mich nicht einmischen.«

Mir tat Sulaiman leid, der niemanden in seinem Alter in der Nähe hatte. Als ich vor unserem Aufbruch aus Kabul in seinem Dorf war, hatte ich seinen Vater Ismail kennengelernt, der Bauer war. Ismail hatte mir die verschiedenen Traubensorten auf seinem Feld gezeigt, die bald erntereif waren. »Ich wäre selber gegangen, wenn ich jünger wäre«, sagte er, während wir unterwegs waren, und lächelte schief. Abgesehen von Maryam hatten wenige seiner Verwandten die Reise nach Europa unternommen. »Wir sind ungebildet. Wie soll man den Mut aufbringen, den es braucht, um auszuwandern, wenn man gar nichts von der Welt weiß?«

Dass ein Bauer seinen Ältesten fortschickt, zeugt von tiefem Glauben an den Wert der Bildung. Deshalb hatte Ismail seinen Sohn schon zu Maryam nach Kabul in Pflege gegeben, und deshalb hatte er dem Vermittler mehr als ein Jahreseinkommen bezahlt, damit Sulaiman ein Visum für die Türkei bekam. Aber die Trennung war nicht so vollständig, wie sie noch ein paar Jahre früher gewesen wäre: Eines Abends rief Ismail über Viber in Istanbul an – in seinem Dorf gab es jetzt mobiles Internet –, und wir sahen sein Gesicht als körniges Bild auf Maryams Tablet, breit grinsend, während sein Sohn alle Fragen beantwortete: »Ja, Vater, es geht mir gut. Nein, lieber Vater, ich habe noch nicht mit der Schule angefangen.«

Wie denn auch, wenn alle arbeiten mussten? Sulaiman versäumte die sechste Klasse. Aber er war schlau – in seinem Job als Kellner hatte er schon einiges an Türkisch gelernt. Das Leben in Istanbul war teurer als in Kabul. Maryams Söhne in Europa schickten ihr Geld für die Miete, und ich half ebenfalls aus, doch der finanzielle Druck erhöhte die Spannungen, die in der Wohnung schwelten. Manchmal schimpfte Maryam mit Schirin, weil die zu viel heißes Wasser verbrauchte oder ein Licht hatte brennen lassen, und dann eskalierte der Streit, bis Schirin erklärte, sie werde sich jetzt der Polizei stellen und abschieben lassen. Mit gepackter Tasche saß sie dann auf der Treppe, während Farah ihre Freundin beschmeichelte und ihre Mutter bekniete. Dschamal wiederum war zornig, dass die Mädchen keine Kopftücher trugen und kamen und gingen, wie es ihnen passte, auch nach Einbruch der Dunkelheit. Aber er hatte ja kaum Autorität, wie Maryam ihn gern erinnerte, wenn sie, sobald sie aus dem Haus ging, die Türen zu den anderen Schlafzimmern absperrte. Sie wusste, dass er es nicht wagte, die Hand gegen sie zu erheben. Die Kinder hätten ihn hinausgeworfen.

Abends ging Dschamal auf die Straße, um der Wohnung zu entrinnen, und manchmal schloss ich mich ihm an. Wir schlenderten durch das glitzernde Olivium Outlet Center ganz in der Nähe, der alte Mann mit kleinen Schlurfschritten, während die Käufer mit sperrigen, halb durchsichtigen Einkaufstüten uns rechts und links umrundeten. Wegen seines Rückenleidens war Dschamal nicht mehr gut zu Fuß. In Kabul hatte er noch mit dem Rad fahren können, hier war er praktisch ans Haus gefesselt. Unsere Gespräche begannen mit Themen, die uns beide interessierten, wie die großen

Panzerschlachten im Zweiten Weltkrieg, aber früher oder später kam Omars Vater unweigerlich auf das zu sprechen, was ihm zuvorderst im Kopf herumging.

»Diese Frau hat den Koran in der einen Hand und das Buch des Teufels in der anderen«, sagte er. »Wir leben in einem Tollhaus.« Vor meiner Ankunft hier, berichtete Dschamal, habe sich Schirin während eines Streits im Bad eingesperrt und gedroht, sich mit einer Glasscherbe die Pulsadern aufzuschneiden. »Ich musste die Tür aufbrechen. Kannst du dir vorstellen, was gewesen wäre, wenn sie es wirklich getan hätte? Die Polizei wäre gekommen und hätte mich verhaftet, das wäre gewesen. Die Türken mögen solche Szenen nicht. Sie sind ein ruhiges, ordnungsliebendes Volk. Ich hätte in Kabul bleiben sollen. Aber ich wollte nicht allein sein.«

Seine besten Jahre hatte er im Exil verbracht. Es war ihm nichts geblieben, nicht einmal der Respekt seiner Kinder. Sie warfen ihm vor, dass er sie nicht nach Amerika gebracht hatte. Aber Dschamals Verwandte wollten Maryam nicht dort haben. »Bring zwei deiner Kinder mit«, hatte sein Bruder ihm telefonisch aus Kalifornien mitgeteilt. »Die beiden älteren Söhne. Für dich finden wir hier eine Frau.« Dschamal hatte abgelehnt.

Reue hatte jetzt keinen Sinn mehr, in der Vergangenheit herumzustochern tat ihm nur weh. »Sie hat die Kinder gegen mich aufgehetzt«, sagte er, als wir auf den Stufen vor dem Wohnblock standen. »Wenn ich mit Khalid geschimpft habe, weil er rauchte, hat sie ihn verteidigt und gesagt, ich rauche schließlich auch. Jetzt raucht er eine Schachtel am Tag. Genau wie Omar.« Zitternd hielt er seine Zigarette hoch. »Ich wollte nicht, dass sie so werden wie ich.«

Langsam stieg er die Treppe hinauf. Als er in der Wohnung war, setzte ich mich auf die oberste Stufe, zog mein Telefon heraus und tippte, was er gesagt hatte. Jeden Abend mailte ich mir meine Notizen und löschte sie dann vom Telefon. Ich hatte vor, eines Tages einen einzigen, kohärenten Bericht daraus zu machen. Die Geschichten des alten Mannes waren allerdings sehr konfus, Details aus Pakistan und dem Iran überlagerten und verwischten sich; daraus etwas zu machen, wäre aufwendig.

Als ich fertig war, zündete ich mir eine Zigarette an. Es war spät, aber drinnen hörte ich die Nähmaschine surren.

Omar und ich trafen noch weitere Schleuser, aber Haddschi sagte uns am meisten zu. Auf keinen Fall wollten wir auf Lesbos und in Moria enden, und er hatte uns immerhin versprochen, uns nach Chios zu schicken. Als Omar anrief, sagte Haddschi, wenn wir an diesem Tag das Geld aufbrächten, könnten wir schon in der Nacht nach İzmir fahren.

Omar und Maryam hatten eine letzte private Unterredung, während Sulaiman arbeiten war. Es wurde entschieden, dass der Junge in Istanbul bliebe. Zu dritt gingen wir, Omar, Dschamal und ich, zu dem Geldwechsler, den Haddschi uns empfohlen hatte. Der düstere Laden, der nur aus einem Raum bestand, war gleich hinter dem Bulvar, neben einem afghanischen Restaurant; es roch nach Linoleum, und in einer Eckte stand ein Aquarium mit trübem Wasser und dicken Goldfischen. Drei Männer standen hinter einer Vitrine mit verstaubten Mobiltelefonen. Hier war eine Anlaufstelle zu dem informellen Zahlungsverfahren *hawala*, oder persisch *sarof*, das auf internationaler Ebene operiert, sehr ähnlich dem chinesischen *fei-ch'ein*.[170] Von hier aus konnte man günstig Geld nach Kabul, Dubai oder New York überweisen, an jeden beliebigen Ort, zu dem eine von anderen *hawala*-Stationen geknüpfte Verbindung bestand. Geldüberweisungssysteme wie *hawala*, die weitgehend unterhalb des staatlichen Radars agieren, werden von Kämpfern und Handeltreibenden, Schleusern und Wohltätigkeitsorganisationen genutzt und sind überlebenswichtig vor allem für die Illegalen der Welt, denen der Zugang zum offiziellen Bankwesen in der Regel verwehrt ist. Es überquert kein echtes Zahlungsmittel die Grenzen, nicht für individuelle Transaktionen; stattdessen zieht *hawala* typischerweise Händler in der Heimat heran, die mit den getätigten Einlagen Importe finanzieren, wodurch die Gesamtbilanz am Ende ausgeglichen werden kann. Gehälter von Migranten fließen in Form von Waren wie Gebrauchtwagen oder Bratöl ins Herkunftsland.[171] Auf diese Weise hatte ein Großteil des ländlichen Afghanistans in den neunziger Jahren überlebt.[172]

Omar trat an den Ladentisch. Haddschi habe uns geschickt, sagte er, woraufhin der Mitarbeiter ein dickes Buch voller handschriftlicher Einträge hervorzog, Omars Bündel Euros zählte und Haddschis Namen, den Betrag, dann Dschamals Namen und seine Telefonnummer notierte. Auf einen Streifen Papier schrieb er einen fünfstelligen Code mit seiner Mobilnummer und faltete ihn zusammen.

»Das ist euer *ramz*«, sagte er. »Lasst den Code niemanden sehen. Wenn ihr in Europa seid, sagt eurer Familie, sie sollen anrufen und uns den *ramz* nennen, oder sie sollen ihn dem Schleuser nennen. Wenn was passiert und ihr zum Beispiel verhaftet werdet, ruft uns an, bevor ihr eure Familie anruft, damit wir das Geld sperren können. Wenn der Schleuser uns sagt, ihr habt es nach Europa geschafft, versuchen wir euch zu erreichen. Andernfalls habt ihr drei Tage Zeit, um uns Bescheid zu sagen, falls es irgendein Problem gibt. Erst dann zahlen wir ihm das Geld aus.«

Weil diese *hawala*-Anlaufstellen etablierte Dritte sind, die große Geldbeträge umschlagen, haben Migranten und Schleuser die Möglichkeit, Geschäfte auch ohne gegenseitiges Vertrauen abzuwickeln. Das System ist für den gesamten Untergrund eminent wichtig. Der Anteil des Ladens waren sechs Euro für jeden hinterlegten Hunderter, ob wir es schafften oder nicht. Der Mann reichte den Papierstreifen Dschamal, der mit zusammengekniffenen Augen darauf blickte; der kleine Zettel schien in seiner Pranke noch kleiner zu werden. In früherer Zeit wäre der *ramz* vielleicht die abgerissene

Hälfte eines Geldscheins oder Polaroidfotos gewesen, die mit der Post verschickt wurde. Heutzutage erfolgen solche Transaktionen in Echtzeit.

Omar rief Haddschi an und teilte ihm mit, dass das Geld bereitliege.

»Heute Abend um acht geht ein Bus nach İzmir«, sagte der Schleuser. »Um sieben hole ich euch auf dem Platz ab.«

Auf dem Rückweg kamen wir an dem Restaurant vorbei, in dem Schirin und Sulaiman arbeiteten. In ihren roten Uniformen kamen sie heraus. Im Gesicht des Jungen stand die Hoffnung, dass wir ihn mitnähmen.

»Es geht nicht, Sulaiman«, sagte Omar leise.

»Warum?«, stieß der Junge heftig hervor, hatte sich aber gleich wieder im Griff. Omar legte ihm die Hand auf die Schulter; irgendwann sei auch er an der Reihe.

In der Wohnung angelangt, stopften wir unsere wenige Habe in unsere Rucksäcke. Omar ließ seinen afghanischen Pass zurück, falls sein Rucksack verloren ginge oder gestohlen würde; ich hatte ohnehin keine Papiere mehr. Die anderen standen um uns herum und lächelten, so gut es ging. Wieder war es Zeit, sich zu verabschieden.

»Ich suche mir meinen Platz in Europa«, sagte Omar, »dann werde ich schauen, welcher Weg für euch der beste ist.«

»Möge Gott dich beschützen«, sagte Maryam. Wir umarmten alle und gingen die Treppe hinunter.

»Moment! Es braucht noch Wasser!«, rief Dschamal, als wir schon unten an der Tür waren, und Farah rannte noch einmal hinauf und kam mit einem vollen Topf zurück, damit er es hinter uns werfen konnte – ein Ritual, das Glück bringt und uns bald wieder vereinen sollte.

Es wurde schon dunkel. Omar und ich schulterten unsere Rucksäcke und machten uns auf den Weg. Der alte Mann bestand darauf, uns humpelnd bis zur nächsten Straßenecke zu begleiten, dann bis zur übernächsten. »Es ist gut, Vater«, sagte Omar immer wieder. Endlich blieb Dschamal stehen und sah uns nach, bis wir in der Menge verschwanden.

12

E in Taxi hielt, der Fahrgast auf dem Beifahrersitz winkte uns zu sich. Es war Haddschi. Wir warfen unsere Rucksäcke auf den Rücksitz und setzten uns dazu. Als das Taxi sich in den Verkehr einfädelte, drehte Haddschi sich um und reichte mir ein Päckchen, bestehend aus Plastiksäckchen mit einem grünlichen Pulver darin: *naswar*, Importware aus Afghanistan.

»Nehmt das mit nach İzmir«, sagte er. »Sie haben dort nichts mehr und liegen uns deswegen schon in den Ohren.«

Widerstrebend steckte ich das Päckchen ein – ich wusste, dass es nur Tabak war, aber natürlich konnte jemand anderes es leicht für Drogen halten.

Der wichtigste Istanbuler Busbahnhof Esenler war ein riesiges Sechseck aus Parkdecks, ganz oben das Terminal. An der Zufahrt hielten uns zwei Polizisten mit Maschinenpistolen auf. Beim An-blick unserer Rucksäcke begannen sie Haddschi Fragen zu stellen, der auf Türkisch antwortete.

»Das sind Afghanen«, sagte er lässig.

Die Bullen musterten Omar und mich, dann nickten sie dem Fahrer zu. Wir fuhren die Rampe hinauf und auf das oberste Deck, das umsäumt von Fahrkartenschaltern und Imbissständen war.

»Jetzt muss ich den Ticketmenschen schmieren, weil ihr keine Papiere habt«, beschwerte sich Haddschi und wies uns an, oben in der Lounge zu warten, wo im Fernsehen eine türkische Seifenoper lief. Zwanzig Minuten später kam der Angestellte des Busunter-nehmens und brachte uns zu einem Omnibus, der mit laufendem Motor wartete. Haddschi war nicht mehr da. Alle anderen Passagiere saßen schon, und als Omar und ich unsere Plätze ganz hinten eingenommen hatten, fuhr der Bus los.

Über Istanbuls zweite Bosporusbrücke fuhren wir hinüber auf die asiatische Seite der Stadt. Vom schwarzen Wasser unter uns leuchteten die Lichter von Fähren und Vergnügungsschiffen herauf, und rechter Hand sahen wir das beleuchtete Deck der ersten Bosporusbrücke, heute Brücke der Märtyrer des 15. Juli genannt: Sie war während des Putschversuchs im Juli 2016, zweieinhalb Monate zuvor, Schauplatz heftiger Auseinandersetzungen zwischen putschenden Militärangehörigen, die mit Panzern die Brücke blockierten, und zornigen Unterstützern des türkischen Präsidenten – Letztere blockierten wiederum die Panzer, und am Ende waren vierunddreißig Menschen tot. Jetzt, an diesem Abend, schien der Glanz der Stadt ganz ungetrübt, Leuchtreklamen und Megamalls zogen vorüber, während wir von einer Stadtautobahn zur anderen wechselten. Es dauerte zwei Stunden, bis wir den Stadtrand von Istanbul erreicht hatten. »Das ist bestimmt eine der größten Städte der Welt«, murmelte Omar. »Wie viel größer als Kabul, was meinst du?«

Wir fuhren die ganze Nacht durch Kleinasien, die Kontinentalnaht, wo sich frühere Migrationsströme überschnitten hatten wie Ley-Linien. Bis zur Gründung von İzmir durch griechische Siedler erfasst die Geschichtsschreibung drei Jahrtausende: Das damalige Smyrna schloss sich Athen an und zog mit in den Krieg gegen die Perser. *Fürchte dich nicht vor den Leiden, die dir bevorstehen* (Offb. 2,10), riet der Prophet Johannes der Kirche von Smyrna unter den Römern, nachdem er seine *apokalypsis*, seine Offenbarung, erlebt hatte. Die Seldschuken eroberten Smyrna; die Kreuzritter plünderten es; Tamerlan machte es dem Erdboden gleich. *Von jenen, die sich ins Meer gestürzt*, schrieb der Abbé de Vertot, *entkamen sehr wenige.*[173]

Die Stadt wuchs zu einem florierenden Zentrum für Exporte nach Europa heran, und wegen der Überzahl an christlichen Kaufleuten und sephardischen Juden, die vor der Verfolgung in Spanien hierher ausgewandert waren, nannten die Osmanen sie das »ungläubige İzmir«. Nach dem Ende des Ersten Weltkriegs fiel die hellenische Armee mit britischer Billigung in Smyrna ein und beanspruchte die Stadt für die *Megali Idea*, das geplante hellenische Großreich, in das auch das Territorium des ehemaligen Byzanz eingehen sollte.[174] Nach drei Jahren erbitterter Kämpfe und beiderseitiger Massaker wurden die Griechen von Atatürk und seinen Nationalisten aus Kleinasien zurückgedrängt. Es folgte die Vertreibung der jeweiligen nationalen Minderheiten aus Kleinasien und Griechenland, rund einer Million Menschen, was als »Bevölkerungsaustausch« in die Geschichte einging.[175] Die Überfahrt über die Ägäis beobachtete 1922 der amerikanische Gesandte Henry Morgenthau in Thessaloniki. *Der erbarmungswürdige Zustand dieser Menschen bei der Ankunft in Griechenland spottete jeder Beschreibung. Sie waren auf jedes halbwegs schwimmfähige Gefährt getrieben worden,* schrieb er. *Wer überlebte, wurde am Strand abgeladen, ohne Obdach, schmutzbeladen, fiebergeschüttelt, ohne Decken oder wenigstens warme Kleidung, ohne Essen und ohne Geld.*[176]

Viele Vertriebene landeten auf Inseln wie Lesbos und Chios, die wie frisch gekalbte Eisberge direkt vor der Küste liegen und vom Festland aus auch für kleine Wassergefährte leicht erreichbar sind, zumal sich zahlreiche Buchten in die Küstenlinie graben. Als die Nazis in Griechenland einfielen, flohen Widerstandskämpfer über das Wasser nach Osten in die Türkei. Nach dem Militärputsch von 1980 flohen türkische Dissidenten nach Westen auf die Inseln. Ein Jahrzehnt später setzten die Wellen der vor dem Krieg Geflüchteten ein, Heimat-, Staaten- und Rechtlose setzten mit Booten übers Meer auf die ägäischen Inseln. Im Jahr 2000 trat Griechenland dem Schengenraum bei, und an der schmalsten Stelle trennten nur eineinhalb Kilometer Wasser die Türkei vom Friedensversprechen in Europa.

Früh am nächsten Morgen trafen wir am Busbahnhof von İzmir ein und mussten ein paar Stunden warten, bis uns Haddschis Partner, ein Kurde, in einem weißen Hyundai-Fünftürer abholte. Persisch konnte er nur in Bruchstücken, doch seiner Pantomime entnahm ich, dass er das Päckchen *naswar* wollte. Ich reichte es ihm, und er mimte das Einwickeln einer Prise in Zigarettenpapier, um es in den Mund zu stecken. Kein Papier, tu's einfach so in den Mund, gestikulierte ich. Nach seiner Begeisterung zu urteilen, schien er irgendein Rauschgift zu erwarten. Ich führte ihm die Wirkung einer Überdosis vor – Übelkeit und Schwindel –, was jedoch sein Interesse nur steigerte.

Über die Autobahn fuhren wir in die Stadt und dann weiter auf eine steile Anhöhe oberhalb des Hafens, während die Häuser entlang unseres Wegs immer kleiner und schäbiger wurden. Vor dem Eingang zu einer engen Gasse hielten wir an; der Schleuser telefonierte, und kurz darauf kam ein drahtiger Mann in Flipflops heraus. Er nahm das Päckchen *naswar*, leicht gekürzt um die Tüte, die der Kurde für sich abgezweigt hatte, und forderte uns auf Dari auf, ihm zu folgen. Wir packten unsere Rucksäcke und gingen die Gasse entlang bis zum Safe House. Der Mann klopfte an, ein afghanischer Junge machte auf, und wir traten ein. Nur langsam gewöhnten sich unsere Augen an das Halbdunkel in der kleinen Einraumwohnung.

Wir zogen die Schuhe aus und setzten uns auf eine Pritsche, während der Mann hastig eine der *naswar*-Tüten aufriss und sich ein Beutelchen in den Mund steckte. »Mir ist schon vor ein paar Tagen der Vorrat ausgegangen«, sagte er Minuten später mit speichelfeuchter Aussprache. Erleichtert lächelnd lehnte er sich zurück. Aus der Küche brachte seine Gattin, eine redselige mondgesichtige Frau, ein Tablett mit Tee, Schafskäse und Fladenbrot, und wir setzten uns zusammen und aßen.

Auch sie warteten auf ein Boot. Der Mann hieß Sardar und kannte Haddschi seit Jahren. Sardar sagte, er habe mehrere Bekleidungsgeschäfte besessen, in Istanbul ebenso wie in Kabul, und sei einmal wohlhabend gewesen. Doch eine lange Nervenkrankheit, dazu der wirtschaftliche Zusammenbruch in Afghanistan hätten sein Vermögen und sein Glück erheblich geschmälert. Er glaube nicht mehr an die Zukunft seines Landes und kaum noch an die Aussichten der Türkei, denn es werde hier bald einen zweiten Staatsstreich geben, da sei er sicher, und die Folge werde ein Bürgerkrieg sein.

Daher hatte Sardar schon in den letzten Jahren seine Verwandten mit Schleusern nach Europa geschickt, die meisten seien letztlich in Deutschland oder Schweden gelandet. Angesichts der offenen Grenzen im vergangenen Jahr habe er sogar selbst ein Schlauchboot gekauft und mit Freunden und Angehörigen gefüllt. Das Boot habe in Istanbul fünftausend Euro gekostet, weitere dreitausend habe er in Transport und Bestechung investiert, um es zur Küste nahe İzmir bringen zu lassen, dem wichtigsten Sammelpunkt für die große Auswanderung nach Europa.[177] Damals waren die Plätze in der Stadt voller Menschen mit Schwimmwesten, und von den Stränden berichteten türkische TV-Teams live und filmten Familien, die durch die Brandung zu den Booten wateten.

Er und seine Frau wären selbst schon längst aufgebrochen, sagte er, doch sie seien von geschäftlichen Angelegenheiten zurückgehalten worden. Der Junge sei sein Schwager, der Bruder seiner Frau, und ein paar Wochen zuvor über Land aus Afghanistan gekommen. Sie hätten vor, zu dritt von Griechenland nach Italien überzusetzen, vielleicht in einem Frachtcontainer, und von dort über Land nach Deutschland weiterzureisen. Würden sie in Italien aufgegriffen und registriert, säßen sie nach den Dublin-Regeln dort fest, aber Italien sei auch nicht der schlechteste Platz, um Asyl zu beantragen. Die Italiener wiesen Afghanen selten zurück, und man bekomme dort recht schnell das Aufenthaltsrecht.

»Da möchte ich auch hin«, sagte Omar.

Haddschi hatte auch ihnen versprochen, sie auf die Insel Chios zu schicken. Auf keinen Fall, sagte Sardar, dürfe man nach Lesbos, wo es erst vor ein paar Tagen zu Ausschreitungen und einem Brand gekommen sei. Er habe den Aufschlag für ein Schnellboot bezahlt, weil Schnellboote weniger leicht abgefangen würden, aber er habe schon einmal Pech gehabt. Eine Woche zuvor, als sie es zuletzt versuchten, sei ihnen auf halbem Weg ein riesiges Kriegsschiff entgegengekommen, mit einem Scheinwerfer, der die Nacht zum Tag gemacht habe. Der Bootsführer habe auf der Stelle kehrtgemacht und flaches Gewässer angesteuert, doch dort habe sie ein türkisches Patrouillenboot mit vorgehaltenen Waffen gestoppt. Die Syrer hätten an Land gehen dürfen, die Afghanen seien in ein Internierungslager gebracht worden. Nicht so schlimm, sagte Sardar, die Zimmer seien sauber gewesen und die Duschen heiß. Ein türkischer Mullah sei gekommen und habe ihnen ins Gewissen geredet, sie sollten es ja nicht noch einmal versuchen: »Was wollt ihr denn in einem ungläubigen Land? Bleibt hier in der Türkei.«

Als sie nach vier Tagen wieder freigelassen wurden, kehrten Sardar und seine Familie geradewegs nach İzmir zurück. »Manches muss man eben öfter probieren«, sagte er. »Schließlich steht viel auf dem Spiel.«

»Hättet ihr nicht ins Wasser springen können, um den Türken zu entgehen?«, fragte Omar.

»Es ist Salzwasser. Das bringt dich binnen Minuten um«, antwortete Sardar. Er zeigte uns weiße Flecken an seiner schwarzen Jeans. »Ein paar Spritzer – und schau, wie sie meine Hose gebleicht haben.«

Wir wussten nicht, wann es weiterging: vielleicht noch in derselben Nacht, hatte Haddschi gesagt, aber genauso gut konnte es Tage dauern, womöglich Wochen; das hing vom Wetter und von der Polizei ab. Wir würden es erst in letzter Minute erfahren, müssten also immer bereit sein. Doch Sardar sagte, die Boote nach Chios gingen nicht vor dem frühen Morgen. Omar und ich legten uns aufs Ohr, und als wir aufwachten, hatten wir Hunger und beschlossen, uns Essen zu besorgen. Sardar gab uns seinen jugendlichen Schwager mit, weil er ein bisschen Türkisch konnte. Wir gingen die Straße hinunter, bis wir ein kleines Dönerlokal fanden, wo man uns das gegrillte Fleisch vom Spieß in dünnen Scheiben absäbelte und mit Gemüse und Zwiebeln und Würzsoße in ein aufgeschnittenes Fladenbrot schichtete; dazu bestellten wir Cola.

»Das ist ein Kurdenviertel«, sagte der Junge, als wir uns setzten. »Hier kommt keine Polizei her.«

Im selben Moment trat ein Polizist mittleren Alters ein und ging so an uns vorbei, dass Funkgerät und Waffe auf Höhe unserer Augen waren. Wir sagten kein Wort mehr, sondern widmeten uns intensiv dem Essen. Der Polizist aber orderte nur ein Adana-Kebab zum Mitnehmen. Tatsächlich war das Essen hier sehr gut, das Fleisch genau fett genug, um Kreuzkümmel und Chili zu absorbieren.

Später saßen wir in einem Park auf einer Anhöhe, von der aus man praktisch ganz İzmir überblickte – eine endlos weite urbane Ausdehnung, aus deren Mitte ein paar Wolkenkratzer stachen. Die Bucht streckte sich lang und stahlblau nach Westen. Omar reichte die Zigaretten herum, die er für sechzig Cent das Päckchen im Laden an der Ecke gekauft hatte – auf den Filtern stand Calboro.

»Vielleicht schickt uns Haddschi alle zusammen auf den Weg«, sagte der Junge.

Omar und ich wechselten einen Blick. Bekämen wir womöglich umsonst ein Upgrade auf ein Schnellboot? Mir gefiel die Vorstellung, die Überfahrt mit Sardar gemeinsam zu machen; hoffentlich nahm sich Haddschi seiner an.

Omar und der Junge staunten unterdessen, wie schön und modern die Türkei war und wie friedlich die Leute – niemanden kümmerte es, ob man Minirock trug oder Hidschab, eine Bar besuchte oder eine Moschee. Ob Afghanistan eines Tages wohl ähnlich werden konnte – vielleicht in einem anderen Leben, schnaubte Omar –, und ob man hier nicht sehr gut leben könnte, wenn man Papiere bekäme und ein Geschäft eröffnen könnte? Andererseits hatte Sardar das alles gehabt und machte sich jetzt auf die Flucht nach Europa.

Die Sonne hatte sich in Tausenden Splittern aus Opal über die Bucht gebreitet. Wir blickten auf die Containerstapel im Hafen und die Portalkräne daneben, die dastanden wie Galgen für Riesen. Zwischen den Tankern und Fähren schob sich ein Kriegsschiff in den Hafen, und ich fragte mich, ob es zum Schleuserbekämpfungsgeschwader der NATO gehörte, das aus griechischen und türkischen Schiffen bestand, nicht zu vergessen die kanadische Fregatte Charlottetown.[178]

An einem so schönen sonnigen Tag konnte man sich schwer vorstellen, wie sich 1922 die Menschen auf den Kais gedrängt hatten, als sie vor Atatürks Armee hatten fliehen müssen, während die christlichen Stadtviertel von Smyrna in Flammen aufgingen. Einige der damaligen Migranten blieben nicht in Griechenland: *Er rettete mit Müh und Not sein Leben in einem kleinen Schiff, mit dem er durch die Ägäis und von dort weiter nach Ellis Island fuhr*, schrieb Admiral James Stavridis über seinen Großvater, einen Lehrer aus Smyrna, in seinen Erinnerungen, die er unter dem Titel *Destroyer Captain* veröffentlichte. Siebzig Jahre später war Admiral Stavridis Kapitän auf einem milliardenteuren US-Kriegsschiff unterwegs zu einem Hafenaufenthalt in İzmir und staunte über dieses Gewässer, das einst sein Großvater überquert hatte: *Vor mir lag die erstaunlichste Ironie der Geschichte, die ich mir vorstellen kann.*[179]

Zurück im Safe House spielten wir das afghanische Kartenspiel *fis kut*, schafften aber nur ein paar Runden, bis wir von Sardars Telefon unterbrochen wurden.

»Packt eure Sachen, sie warten draußen«, sagte er. Also schickte Haddschi Omar und mich getrennt von den anderen los. Aber es war erst sechs Uhr abends, zu früh für die Boote nach Chios.

»Oh, bestimmt fahrt ihr nach Lesbos«, rief seine Frau aus und verstummte im selben Moment, als sie unsere bestürzten Gesichter sah.

Beunruhigt packten wir rasch zusammen und gingen auf die Straße hinunter, wo in dem weißen Hyundai jetzt ein arabischer Junge wartete. Er brachte uns zu einer Moschee in der Nähe, wo wir in ein Taxi umstiegen. Der Fahrer, ein nervöser Türke, bog in eine steil bergab führende Gasse ein, die sich als Sackgasse herausstellte, und musste dann, mit heißlaufender Kupplung, rückwärts bergauf fahren, bis wir endlich die Hauptstraße gefunden hatten und in Haarnadelkurven zur Innenstadt hinunterfuhren. Die Sonne war vor einem Moment untergegangen, und İzmir lag vor uns wie ein sich im Wasser spiegelndes bernsteinfarbenes Gittergeflecht. Omar versuchte immer wieder Haddschi zu erreichen. Als der Schleuser endlich ans Telefon ging, fragte Omar, ob er uns etwa nach Lesbos schicke.

»Nein, ihr geht nach Chios«, beruhigte ihn Haddschi.

Was sollte man davon halten? Vielleicht hatten Sardar und seine Frau falsche Informationen über die Abfahrtszeiten.

In der Innenstadt war Rushhour. Wir hielten vor einem Hotel und stiegen aus; es war das Susuzlu, sah ich, als ich die Fassade hinaufblickte, drei Sterne. Berufspendler eilten vorbei. Zwei weitere Schleuser kamen, konferierten mit unserem Fahrer und wiesen uns an, in einen vor dem Hotel geparkten Van zu steigen. Ledergeruch empfing uns, als wir die Schiebetür öffneten. In der Decke waren Lautsprecher, vor den Fenstern Vorhänge, und es gab einen Minikühlschrank. Ein Partyvan, Nebenjob in der Nebensaison. »Nicht schlecht«, sagte Omar und fuhr mit der Hand über die glatte Lehne.

Ein anderer Türke, ein großer, bärtiger Mann, setzte sich ans Steuer. Er konnte ein bisschen Englisch, wusste aber angeblich nicht, wo es hinging. Wir fuhren in ein Wohngebiet und parkten. Eine halbe Stunde saßen wir im Wagen und warteten, dann ging die Tür auf, und es kam, einer nach dem anderen, eine ganze Schar junger Männer herein, sie wurden immer mehr, bis sie aufeinandersaßen und die Wagendecke sie zwang, den Kopf abzuwinkeln. Omar und ich waren ganz hinten in einem Dickicht aus Knien und Ellenbogen gefangen.

Die Männer sprachen Arabisch; ich probierte meine spärlichen Kenntnisse aus. Der Typ auf meinem Schoß sagte, sie seien aus einem Dorf nahe Aleppo, im Norden Syriens – wo ich selbst schon als Korrespondent ein paarmal gewesen war. Sie wussten nicht, welche Insel wir ansteuerten, oder es war ihnen egal, sie waren einfach nur froh, das Safe House hinter sich zu haben, in dem sie zwei Wochen lang gewartet hatten. »Fünfzehn Tage!«, sagte sein Freund.

»Sind Afghanen hier?«, schrie von vorn jemand auf Persisch mit iranischem Akzent. »Gut, bleiben wir zusammen!«

Der Fahrer wartete, bis der Begleitwagen kam, dessen Job es war, mit zehn Minuten Vorsprung vor uns herzufahren, um vor Polizeikontrollen zu warnen. Als wir auf die Autobahn auffuhren, sah ich zu meiner Bestürzung, dass wir nach Norden unterwegs waren, Richtung Çanakkale – und Richtung Lesbos.

»Ruf Haddschi noch mal an«, sagte ich zu Omar. Er tat es.

»Keine Sorge«, sagte der Schleuser, »die drehen bald um.«

Seine Antwort war absurd, aber was konnten wir tun? Wir steckten ja fest, buchstäblich. Der Van bog von der Autobahn ab und fuhr auf den Parkplatz einer sichtlich stillgelegten Tankstelle. Der vorausfahrende Begleitwagen habe ein Problem am Motor, erklärte der Fahrer, wir müssten warten. Wir sollten die Fenster und Vorhänge schließen und den Mund halten. Dann machte er sich davon – wahrscheinlich weil er nicht mit uns zusammen erwischt werden wollte, falls die Polizei aufkreuzte.

Im Auto wurde es bald erdrückend heiß. Die Syrer flüsterten im Dunkeln miteinander. In meinen Gelenken pochte es, ein knochiges Körperteil meines Nachbarn bohrte sich in meine Niere. Eine

Welle der Übelkeit erfasste mich, und ich schloss die Augen. Als Kind hatte ich oft Albträume von einem stockfinsteren Raum gehabt, in dem ich unter Druck und Hitze gefangen war, ungefähr so, wie ich mir das Erdinnere vorstelle. Bei der Vorbereitung zu unserer Reise hatte ich von einundsiebzig Migranten gelesen, die im vergangenen Sommer in Österreich in einem Fleischlaster erstickt waren,[180] und mir geschworen, niemals in eine solche Lage zu geraten. Jetzt musste ich daran denken, was der Mann in Nimroz zu uns gesagt hatte: Bruder, wir sind wie ein Fußball, der auf dem Feld hin und her geschossen wird. Die Erkenntnis, dass man sich Kriminellen ausgeliefert hat, macht einen schwindlig. Man kann niemanden zur Verantwortung ziehen für das, was einem widerfährt, weder juristisch noch moralisch; alle Schuld trifft einen selbst, weil man sich überhaupt in diese Lage gebracht hat.

Eine Stunde verging. Es war fast zehn Uhr, als der Fahrer zurückkam, einstieg, wieder losfuhr, weiter nach Norden. Haddschi erzählte uns das Blaue vom Himmel, so viel war sicher. Omar rief ihn noch einmal an, sie stritten am Telefon, dann sagte Haddschi, er wolle mit dem Fahrer reden. Das Telefon wurde durch den Wust der Gliedmaßen nach vorn gereicht.

»Okay«, gab Haddschi zu, als das Telefon wieder zurückgekehrt war, »ihr fahrt nach Lesbos. Aber was spricht dagegen? Ist eine schöne Insel.«

»Wir wollen nicht in Moria eingesperrt sein!«, sagte Omar.

Haddschi sagte, er werde uns mit dem Fahrer nach İzmir zurückschicken, sobald der die anderen Passagiere abgesetzt habe, und beendete das Gespräch.

»Was machen wir?«, flüsterte Omar. Wir waren Kopf an Kopf zusammengequetscht.

»Was *können* wir machen?«, flüsterte ich zurück.

»Nichts. Gar nichts.«

Nach vierzig Minuten fuhren wir von der Autobahn ab, zwei

weitere Fahrzeuge schlossen sich uns an, und im Konvoi fuhren wir auf Landstraßen mit immer spärlicherem Verkehr durch Olivenhaine und schlafende Dörfer. Es ging hügelabwärts, dann hinein in die engen Gassen des Küstenorts Bademli, und schließlich fuhren wir mit ausgeschalteten Scheinwerfern durch einen Kiefernwald, bis wir an der Küste anlangten. Am Strand sprangen alle erleichtert aus dem Auto, nur Omar und ich blieben sitzen und versuchten zu erklären, dass wir nach İzmir zurückwollten.

»Los, haut ab«, zischte der Fahrer. »Polizei!«

Ein anderer Schleuser kam dazu, ein untersetzter Mann, der mich am Arm aus dem Auto riss. Hinter mir leistete Omar noch Widerstand, bis der Typ eine Pistole aus dem Gürtel zog, woraufhin Omar rasch ausstieg. Die Autos fuhren ab und ließen drei Kleinbusladungen Migranten, zwei arabische Schleuser und ein luftloses Schlauchboot zurück.

Omar rief Haddschi an.

»Sie haben uns ausgesetzt«, sagte Omar.

»Was? Okay, ich schicke jemanden.« Der Schleuser legte auf.

»Vergiss es«, sagte ich. »Er schickt niemanden.«

»Dieser *khar kos lauda*!«

Wir setzten uns auf den Boden, sprachlos. Was konnten wir tun, außer uns seitwärts in die Büsche schlagen, wo wir Gefahr liefen, erschossen zu werden? Ob wir wollten oder nicht, wir mussten nach Lesbos.

»Hier«, sagte Omar und reichte mir eine leere Mülltüte. Ich verstaute meinen Rucksack darin und knotete die Tüte fest zu. Wir befanden uns am Ende eines langen schmalen Meeresarms, wo die Straße auf einen mit Strandhafer bewachsenen Hügel führte und gleich danach wieder abbog, zurück zwischen die Kiefern. In der Dunkelheit zählte ich etwa vierzig Menschen, die im hohen Gras hockten, ein paar Frauen und Kinder darunter, auch Säuglinge. Die Mehrheit waren Araber, aber es waren auch ein paar Afrikaner hier.

Die meisten, aber nicht alle trugen Schwimmwesten, einige mit aufblasbaren Innenschläuchen.

»Wo sind unsere Westen?«, fragte Omar.

Im Safe House hatte man angeboten, Rettungswesten für uns zu besorgen, aber obwohl wir pro Kopf fünfunddreißig Dollar berappt hatten, sagten die Schleuser jetzt, es seien keine mehr da; alle schon verteilt. Ich wollte es gut sein lassen, aber Omar rastete aus und fing an zu schreien, dass wir ohne Rettungsweste nicht ins Boot steigen würden. Die Schleuser brachten ihn schnell zum Schweigen, und nach einer Minute kam der eine mit einer einzelnen Weste zurück.

»Mehr gibt's nicht«, sagte er.

Ich sagte zu Omar, er solle sie nehmen.

Während wir mit den Schleusern diskutierten, hängten sich die beiden Iraner aus dem Van an uns und hatten etwas auf dem Herzen. Der eine stand dicht vor mir, während ich auf dem Boden kniete und meinen Rucksack packte, und fragte immer wieder dasselbe mit seinem starken Teheraner Akzent, als verstünde er nicht, was ich sagte.

»Bist du Afghane?«

»Ja.«

»Bist du Afghane?«

»Ja!«

»Bist du Afghane?«

Ich sprang auf und schrie ihn an: »Ich sag dir doch, dass ich Afghane bin, bist du taub?«

Omar trennte uns. Die anderen Migranten starrten uns alarmiert an.

»Ja, wir sind Afghanen, reg dich nicht auf«, sagte Omar zu ihm.

»Hör zu, wir sagen, dass wir auch Afghanen sind, okay? Jetzt sag, wer ist der Präsident von Afghanistan?«

Ich entfernte mich ein paar Schritte, um mich abzuregen. Es gibt zwei Präsidenten, dachte ich, und dann musste ich lachen. Die Iraner wollten sich gegenüber den griechischen Behörden, die manchmal solche Fragen stellten, als Afghanen ausgeben. Aussichtslos. Ich verlor allmählich die Nerven; ich hätte nicht schreien sollen.

Omar und ich gingen hinunter zum Strand, wo wir leichter abhauen konnten, falls die Polizei kam. Die Schleuser hatten das Rauchen verboten, aber wir zündeten trotzdem eine an und teilten sie uns, die Glut in der hohlen Hand verbergend, während wir auf die schwarze Fläche des Meeresarms hinausstarrten.

»Bist du bereit?«

»Bin ich, Bruder.«

Wie röchelnder Atem hörte es sich an, als die Schleuser mit einer Fußpumpe das Schlauchboot aufbliesen. Ab und zu kam ein Auto knirschend die Schotterstraße entlang, woraufhin alle verstummten und in Deckung gingen; nur sekundenkurz ließen die Scheinwerfer Umrisse von Gestalten aufleuchten.

Wie viele waren vor uns hierhergekommen? Mit Sicherheit waren wir weder die Ersten noch die Letzten. Wie wir hatten auch die anderen alles zurückgelassen, was sie nicht tragen konnten. An diesem Strand hatten sie in verschiedenen Sprachen um dasselbe gebetet: Lass uns heil übers Wasser kommen.

Jetzt kamen mehrere Flüchtlinge den Hang herunter und trugen auf den Schultern die grün-weißen Schwimmkörper des Boots. Wir Übrigen versammelten uns am Ufer, als das Boot zu Wasser gelassen wurde, und sahen zu, wie die Schleuser den Außenbordmotor befestigten. Sie schoben das Boot so weit hinaus, bis sie bis zum Bauch im Wasser standen, und hatten ein paar letzte Anweisungen für den Steuermann. Der war ein Flüchtling wie wir, den sie unter uns ausgewählt hatten, wahrscheinlich im Austausch gegen freie Fahrt, denn die Schlauchboote machten die Fahrt immer nur in eine Richtung. Als die Schleuser uns winkten, packten wir unsere Sachen und stürmten vorwärts.

Die Kühle des Wassers an meinen Beinen durchfuhr mich wie

ein elektrischer Schlag. Ich erreichte das Boot, hievte mich über den quietschenden Seitenwulst und fand einen Platz an der Backbordseite. Omar kam neben mich.

»Der Reihe nach!«, sagte der eine Schleuser auf Arabisch. Als alle Männer mit den Gesichtern zueinander entlang der Schwimmkörper saßen, setzten wir die Frauen und Kinder in der Mitte auf den Boden. Wir waren knapp fünfzig Personen, zusammengepfercht auf siebeneinhalb Meter gummierter Leinwand.

Das Starterseil des Motors wurde angerissen, der Motor sprang dröhnend an. Die Schleuser schoben uns an, der Steuermann legte den Gang ein, und das Boot preschte los, eine lange v-förmige Heckwelle hinter sich herziehend. Auf einer Insel knapp vor der Einfahrt zu dem Meeresarm standen, violett und grün angestrahlt, gemauerte Gebäude und Holzhütten: ein Luxusresort. Es war fast Mitternacht, und wenn dort ein Gast spätnachts noch draußen war, hätte er uns in Ufernähe sehen können, wie wir aneinandergekauert in die Dunkelheit davonfuhren.

Als wir die Landspitze umrundeten, kam am Horizont ein flimmernder Streifen in Sicht: Lesbos. Bis dorthin waren es etwa fünfzehn Kilometer. Je weiter das Land zurückwich, desto bedrohlicher rückte das Meer heran. Die Wellen hatten dieses Kabbelige wie nach einem Sturm, und das Boot begann ungleichmäßig zu schaukeln. Abgesehen von den Bodenbrettern gab es in diesem Schlauchboot keinerlei stützende Struktur, es bäumte sich mit jeder Welle und warf uns gegeneinander. Unser Gefährt war lächerlich seeuntauglich, wie ein überdimensioniertes Poolspielzeug, das jeden Moment platzen konnte.

Wir mussten griechische Gewässer erreichen, bevor die Türken uns fassen konnten, doch unser Steuermann, ein junger Syrer mit flaumigem Bewuchs auf seinen eingefallenen Wangen, hatte den Gashebel auf Leerlauf gestellt und war taub für das Drängen der Passagiere, die ihn zur Eile nötigen wollten. Vielleicht hatten die

Schleuser ihm eingeschärft, das Boot auf keinen Fall überzustrapazieren. In prekärer Stellung, halb hockend, halb stehend, schwang er die Pinne hin und her, und immer wenn wir in ein Wellental abtauchten, schickte er heulbojenartig ein Stoßgebet zu Gott: »*Ya Rah! Ya Rah!*« Seine Freunde neben ihm machten ebenfalls Krawall, salbaderten von Gottvertrauen und der Türkei, die wir hinter uns hätten, und allerlei sonst, dem ich nicht folgen konnte.

Ein irakisches Mädchen mit Lockenhaar, das mit seinen Eltern hier war, saß direkt vor mir auf dem Boden. Der zunehmend heftige Wellengang ließ ihren Kopf immer wieder gegen mein Knie schlagen, bis ich die Hand ausstreckte und ihren Hinterkopf hielt. Die Mutter schien nichts zu bemerken; sie kam mir eher seekrank vor. Es war zu dunkel, um die Gesichter der Passagiere zu erkennen, doch das Seufzen und Stöhnen ringsum ließ mich das blanke Entsetzen an Bord spüren. Omar neben mir verkrampfte sich bei jeder Welle. Es war sein erstes Mal auf See, und so wie ihm ging es zweifellos vielen an Bord. Die größte Angst haben wir vor dem Unbekannten. Für mich war es etwas anderes, ich war am Meer aufgewachsen. Ich hatte andere Ängste – ich stellte mir vor, wie das Wasser mit seiner jähen Kälte ins Boot schwappte, und probte im Geist, wie ich mich dann verhalten würde. Ich war ein guter Schwimmer und konnte mich allein retten, daher würde ich Omar helfen, aber mir war auch klar, dass ich, weil ohne Rettungsweste, zusehen musste, dass ich von den anderen fortkam, um nicht von panischem Um-sich-Schlagen mitgerissen zu werden. Wir würden also außer Reichweite schwimmen und warten. Ertrinken ist eine lautlose Angelegenheit; man braucht Luft, um zu schreien. Danach wäre es für diejenigen, die sich an der Oberfläche hielten, eine Frage der Zeit. Ich hatte gehört, dass die Westen oft Fälschungen waren und sich mit Wasser vollsogen. Aber selbst wenn wir uns über Wasser hielten, würden wir am Ende doch an Unterkühlung sterben, auch wenn das Meer um diese Jahreszeit wahrscheinlich noch warm genug war, dass wir die Nacht überstanden. Die weiteste Strecke bis zum nächsten Ufer waren acht Kilometer, und es gab Strömungen – ein weiter Weg, wenn man ihn schwimmend zurücklegen musste. Besser war es, zusammenzubleiben und auf Rettung zu warten, sofern sie kam.

Der Kinderkopf war warm in meiner Handfläche, und ich merkte, dass das Mädchen eingeschlafen war. Der Mond war noch nicht aufgegangen, doch auf den in Facetten zerlegten Wellen tanzten Sterne. Entlang der Küstenlinie blinkten rote und grüne Lichter. Wir durchquerten den Festungsgraben Europas. Das Mittelmeer ist die tödlichste Grenze der Welt. Laut Aufzeichnungen sind seit dem Jahr 2000 mehr als dreißigtausend Migranten hier umgekommen, und das sind nur diejenigen, von denen wir wissen.[181] *Die Natur reinigt das Schlachtfeld*, schrieb Jason De León im Zusammenhang mit der in Mexiko und den USA gelegenen Sonora-Wüste und ihren Geiern.[182] Wenn es keine Leiche gibt, die bestattet werden kann, ist auch die Trauer der Hinterbliebenen unvollständig – daher das Entsetzen vor dem Tod durch Ertrinken in so vielen Kulturen; daher auch die Vorstellung von Geistern, die am Ufer warten.

Das Kriegsschiff tauchte lautlos auf, als wär's ein Traum, auf einmal war es da, und seine schwarze Silhouette ragte in den mitternachtsblauen Himmel. Es war eine NATO-Fregatte, kaum einen Kilometer entfernt glitt sie parallel zu unserem Kurs dahin. Sicher war sie unserer Radarsignatur gefolgt, vielleicht auch einem Wärmebild. Stumm sahen wir sie näher kommen. Als ihr gleißender Suchscheinwerfer uns erfasste, schrien die Passagiere auf, manche weinten, andere beteten. Mir gegenüber schlug ein zierlicher Eritreer das Kreuz; als unsere Blicke sich begegneten, sah ich den grellen Widerschein des Flutlichts in seinen Augen.

»Fahr, *scharmuta*!«, schrie ein arabischer Junge den Steuermann an, der nach wie vor im Schneckentempo dahintuckerte.

Schon zuvor hatte ich weit achtern ein rot-blaues Blinklicht gesehen, ein Boot, das entlang der türkischen Küste südwärts fuhr. Jetzt wechselte es den Kurs nach erfolgter Peilung, fuhr geradewegs auf uns zu und war bald in den Kreis des Suchscheinwerfers eingedrungen; es war ein Festrumpfschlauchboot, nicht viel größer als unser eigenes Gefährt, mit einem Namen an der Flanke: *Sahil Güvenlik*, Küstensicherheit. Anscheinend hatte die Fregatte die türkische Küstenwache alarmiert, und die war jetzt da, um uns festzunehmen und zurückzuholen.

Zwei Männer standen am Bug des türkischen Boots; sie hatten Stablampen, aber, soweit ich sehen konnte, keine Schusswaffen. Einen Moment lang waren die Passagiere still, und ich nahm an, es ginge alles friedlich ab. Als die Türken näher kamen, rief der eine: *»Engine off! Engine off!«*

Doch unsere Bootsgefährten standen auf und schrien zurück: *»No Turkey! No Turkey!«*

Daraufhin rammten sie uns hart mittschiffs, sodass ein Schwall Meerwasser über uns niederging; mich warf es nach vorn über die Frau und ihr Kind. Die Türken versuchten sich mit dem Seitenwulst ihres Bootes in den unseren zu verhaken, um uns unter Kontrolle zu bringen, doch unser Steuermann gab jäh Gas, und wir rissen uns los. Begleitet vom Johlen und Pfeifen unserer Leute.

Das Kriegsschiff hatte seinen Scheinwerfer ausgeschaltet und entschwand in die Dunkelheit. Die Küstenwache hingegen umkreiste uns und schoss abermals auf uns los, diesmal mit mehr Geschwindigkeit und Wucht; ich musste aufspringen, um bei der Kollision nicht gerammt zu werden. Der Türke kurbelte das Steuerrad, um uns vom Kurs abzudrängen, doch unser Steuermann drehte noch mehr auf. Unter dem Heulen der Motoren hörte ich das dumpfe Schlagen von Gliedmaßen, die gegen Schwimmkörper prallen, das Zischen von Wasser unter dem Bug. Einer der Türken versuchte ein Seil um unseren Außenborder zu werfen, aber die Syrer warfen es zurück und stießen die Faust in die Luft. Der andere

Türke schleuderte einen Enterhaken, der unseren Schwimmkörper entlangschrammte. Unser Steuermann riss den Gashebel bis zum Anschlag heraus, und unser Boot schoss davon; an Bord erhob sich ein Chor: »*Allahu akbar!*«

An dieser Stelle, erfuhr ich später, drangen wir in griechisches Gewässer ein. Das türkische Boot drehte ab. Aber ein paar Hundert Meter nach Steuerbord gab sich jetzt ein größeres Boot zu erkennen, indem es die Decklichter aufdrehte. Die Passagiere starrten in seine Richtung, während unser Steuermann die Fahrt verlangsamte.

»Das sind die Griechen!«, sagte jemand.

»Nein, es sind Türken, fahr bloß zu!«, schrien andere. Das andere Boot hielt rasch auf uns zu und richtete einen Scheinwerfer auf uns.

»Zeigt ihnen die Kinder!«

Von anderen gestützt, stand die vor mir sitzende Mutter auf und hob ihr lockiges Mädchen in die Höhe, dem Tränen in die Augen stiegen, als es in das grelle Licht starrte. Auf einmal näherte sich ein lauter werdendes Brummen; ich fuhr herum und sah das türkische Boot auf uns zuhalten.

»Passt auf!«

Sie rammten uns so hart, dass unser Boot einen Satz machte; Mutter und Kind fielen in das Knäuel der Leiber. Versuchten sie uns zu versenken? Wieder drehten sie ab, doch diesmal schob sich das andere Schiff, ein großer Kutter, zwischen uns und die anderen, und die Türken gaben ihre Verfolgung auf. Unser Schlauchboot hielt immer noch auf Lesbos zu, und jetzt ragte der Bug des Kutters als schwarzes Dreieck über uns auf. An der Reling standen, von hinten beleuchtet, stämmige Seeleute mit Pistolen an der Hüfte, und schrien auf Englisch herunter:

»*Stop the engine!*«

Es war klar, dass an Flucht nicht mehr zu denken war, und doch diskutierten die Leute, ob wir uns ergeben sollten oder nicht. Dann aber sahen wir im Scheinwerferlicht die auf dem Achterdeck wehende Flagge: Es war die norwegische, dunkelblaues Kreuz in Weiß auf rotem Grund.

Ein Jubelgeheul brach aus. »Das ist die griechische Flagge!«, schrien sie, und unser Steuermann schaltete den Motor aus. Der Kutter drehte längsseits. Aufgeregt schrien Einzelne auf unserem Boot immer wieder »*No Turkey! No Turkey!*« zu den Norwegern hinauf, die uns zu beschwichtigen suchten. Omar arbeitete sich nach achtern durch und sprach Englisch mit unseren Rettern. Die forderten nun alle auf, sich zu setzen und Ruhe zu bewahren. Und schließlich wurden wir einer nach dem anderen an Bord gehievt, die Frauen und Kinder zuerst, wurden durchsucht und weiter auf das offene Deck im Bug des Kutters geschickt.

Der Kutter war die Peter Henry von Koss, die als Rettungsschiff im Auftrag der Frontex unterwegs war. Als wir Fahrt aufnahmen, fuhr uns der Wind in die nassen Kleider. Im Licht der Decklampen sah ich zum ersten Mal meine Bootsgefährten, denen allmählich der Schrecken aus den Gesichtern wich und einem erschöpften Triumph Platz machte: Sie hatten ihr Leben gegen das Meer riskiert und gewonnen. Was immer als Nächstes passierte – wir hatten es nach Europa geschafft.

Die Norweger brachten Wärmedecken für die Familien; für die Kinder hatten sie sogar Teddybären mit Rettungswesten.

»Ihr seid netter als die Muslime«, sagte einer der Syrer auf Englisch, und in seinem Ton schwang Zorn auf die Türken mit.

Ein Polizist mit leutseligem, pausbäckigem Gesicht zählte uns und gab dann über Funk die Zahlen pro Nationalität durch. Als er Omar in der Menge entdeckte, kauerte er sich neben ihm nieder.

»Danke für deine Hilfe«, sagte er. »Wie kommt's, dass du so gut Englisch kannst?«

»Ich habe bei den Koalitionstruppen in Afghanistan gedient«, antwortete Omar. »Ich fliehe vor den Taliban.«

Der Norweger erklärte Omar, er werde etliche Monate im Lager auf der Insel aushalten müssen, bis die Leute sortiert seien. Viele Migranten kämen nur, weil sie ein besseres Leben suchten, sagte der Mann, und Europa sei nun mal nicht groß genug für alle, sie nähmen nur den echten Flüchtlingen wie ihm den Platz weg.

»Weißt du, ich glaube, du hast sehr gute Aussichten, dass du in Europa ein neues Leben anfangen kannst«, sagte er.

»Danke, Sir«, sagte Omar.

»Du benimmst dich wie ein Europäer. Du bist friedlich und leise. Die Europäer mögen es nicht, wenn die Leute zu schreien anfangen und sich aufführen wie verrückt. Warum sind die anderen alle so ausgerastet? Wir sind das überhaupt nicht gewohnt.« Er sah uns fragend an.

Omar seufzte. »Es war wegen der Auseinandersetzung mit den Türken.«

Der Norweger fragte ihn, wie viel er für die Fahrt bezahlt habe. »Weißt du«, sagte er, während er sich die Antwort notierte, »die Schleuser bringen die Leute indirekt um, indem sie solche unsicheren Boote losschicken. Wie diese grünen hier. Wir haben schon welche gesehen, denen auf halbem Weg hinüber die Luft ausging. Dann fallen alle ins Wasser, und die Leute sterben.«

»Was passiert mit uns, wenn wir auf Lesbos sind?«, fragte Omar.

»Ihr kommt nach Moria«, sagte er stirnrunzelnd. »Die Griechen werden leider nicht so nett sein wie wir.«

Als wir in Mytilini anlegten, der größten Hafenstadt auf Lesbos, zitterten wir vor Kälte. Es war vier Uhr morgens. Meine Bootsgefährten hatten sich entlang der Reling aufgestellt und blickten zu den steinernen Hafengebäuden hinüber. »Schau, eine Moschee«, sagte einer der Iraner und deutete auf einen beleuchteten Kirchturm.

Die griechische Polizei erwartete uns, als wir steifbeinig von Bord gingen. Die Norweger hatten bereits unser Gepäck am Kai ausgeladen, und als ich meinen Rucksack nehmen wollte, packte einer der Griechen meinen Arm und zerrte mich weg. Wir sollten uns in Reih und Glied aufstellen, schnauzte er. Als wir ordentlich dastanden, erklärte uns ein Polizist auf Englisch, das Erstaufnahmezentrum sei bis zum Morgen geschlossen, wir müssten so lange im Hafen warten. Die Familien wurden zu einem Zelt gebracht, wir übrigen zu einem leeren Bus.

Omar und ich setzten uns nebeneinander in eine der vorderen Reihen. Er kippte sofort weg und war binnen Sekunden im Tiefschlaf, ich aber saß da in meiner nassen Jeans und war zu aufgedreht, um auch nur ein Auge zuzumachen. Weil mein Telefon trocken geblieben und der Akku noch Saft hatte, notierte ich mir, was passiert war. Noch immer spürte ich das Wogen der Wellen. Die Gesichter, die ich in der Nacht gesehen hatte, waren alle lebendig. Dennoch empfand ich keine Freude. Was uns am Morgen erwartete, wenn wir ins berüchtigtste Flüchtlingslager Europas gebracht würden, machte mir Sorgen. Als ich damals die Idee gehabt hatte, Omar zu begleiten, waren die Grenzen noch offen gewesen, und ich hatte gedacht, wir könnten unbemerkt inmitten von Menschenmassen an Land gehen und dann auf eigene Faust weiterreisen. Ich wollte nicht ins System eingeführt werden. Was, wenn wir keine Möglichkeit fanden, aus Moria zu fliehen?

Um acht kam ein anderer Bus, gefolgt von einem holländischen Gefangenentransporter. Wir stiegen um und fuhren durch die Straßen von Mytilini, kamen an einer Mauer vorbei, auf die NO NATO NO FRONTEX gesprüht war, dann ging es die Küste entlang weiter nach Norden. Nach ein paar Kilometern bogen wir ins Landesinnere ab und kamen durch eine hügelige Landschaft voller Olivenbäume. Wir sahen einen Trupp Bereitschaftspolizisten in ockerfarbenen Kampfanzügen und waren am Ziel: einem Lager mit Steinmauern und Wachtürmen und Stacheldraht.

TEIL 3

Das Lager

13

Auf jeder Insel schauen die Leute aufs Meer hinaus. Auf Lesbos kamen mit dem Frühling die kleinen Boote. Von einer der Landzungen im Norden sah man sie von der türkischen Seite des Fahrwassers nahen, kleine Punkte, die größer wurden, bis man die leuchtfarbenen Rettungswesten erkannte und das Jaulen der Motoren hörte, dann die Stimmen der Leute, wenn sie die Brandung durchquerten. Sie landeten am Strand, wenn sie Glück hatten, und wenn sie keines hatten, auf den Felsen.

Die Boote trafen ein wie Nachrichten aus fernen Kriegen; in manchen Jahren kamen mehr als in anderen. 2014, als Syrien brannte, landeten an die vierzigtausend Personen auf den griechischen Inseln, was bis dahin ein Rekord war.[183] In den Winterstürmen wagten nur die Verzweifeltsten die Überfahrt. Doch im darauffolgenden Frühjahr, als es wieder warm wurde, zeigte sich, dass 2015 kein Jahr wie andere war.

Im März waren es fast achttausend, die auf den Inseln landeten, ungewöhnlich viele innerhalb eines Monats. Im April verdoppelte sich der Zustrom und schwoll kontinuierlich an, bis im Juli fünfundfünfzigtausend an Land gingen. Unterdessen drang die Krise ins Bewusstsein der Welt, und die Medien strömten nach Lesbos, an den von weggeworfenen Rettungswesten orange gefärbten Stränden lauerten Fotografen. Die Kamera im Anschlag beobachteten sie, wie die Bootsflüchtlinge sich in den Sand warfen und vor Freude weinten, Gott dankten und Selfies machten und dann losmarschierten. Im völlig überlaufenen Erstaufnahmezentrum verteilten die griechischen Behörden Zettel mit Anweisungen zur *Selbstabschie-*

bung und ließen sie dann an Bord der Fähre nach Athen, wo sie sich auf den Weg nach Norden machten, durch die Balkanländer, tiefer hinein nach Europa.[184]

Im August landeten hunderttausend Menschen auf den griechischen Inseln, die meisten auf Lesbos. Die Mehrheit waren Syrer, und seitdem klar war, dass man gefahrlos reisen konnte, sobald man festen Boden unter den Füßen hatte, war immer auch eine ungewöhnlich hohe Zahl Frauen und Kinder darunter.[185] Im Dezember war ein Drittel der Ankömmlinge minderjährig. Nicht alle schafften die Überfahrt: Unter den achthundert, die auf See umgekommen oder verschollen waren, waren zweihundertsiebzig Kinder.

An den Stränden war die Hölle los. An manchen Tagen konnte man meinen, die Welt ginge unter. *Und das Meer gab die Toten heraus, die in ihm waren.*[186] Leichen ohne Kopf, mit fehlenden Gliedmaßen wurden an Land gespült, aber auch ganz unverletzte Tote, die aussahen, als schliefen sie. Die Namen, an denen die Fischer die Küsten unterschieden, veränderten sich, schrieb ein Inselbewohner später. Ein Felsen, der bisher der Seehund geheißen hatte, war jetzt Alter Mann. Einige Einheimische wollten keinen Fisch mehr fangen, denn die Fische seien *mit den Leichen ertrunkener Einwanderer gefüttert.*[187]

Am 2. September stieg eine vierköpfige Familie in der Türkei in ein Boot. Es waren syrische Kurden aus der Stadt Kobani, wo drei Monate zuvor der IS über zweihundert Menschen massakriert hatte. Vor Tagesanbruch kenterte das Boot im rauen Meer; die Mutter und ihre zwei Söhne ertranken. Bei Sonnenaufgang wurde der dreijährige Alan – oder Aylan, wie er der Welt bekannt wurde – Kurdi am Strand gefunden. Ein türkischer Fotograf hielt die Szene fest: ein vornüber gefallener Junge, wie es erschöpften Kleinkindern passiert, das rote T-Shirt ein Stück hochgezogen, sodass man den weißen Bauch sieht, eine Welle umspielt seine Stirn. Er hat noch seine Schuhe an.

In diesem Sommer wurden viele Bilder von ertrunkenen Kindern gemacht, aber vielleicht war es die engelhafte Ruhe des kleinen Jungen, die bewirkte, dass das Bild mit über fünfzigtausend Tweets pro Stunde auf geschätzten zwanzig Millionen Bildschirmen über Facebook und Twitter viral ging.[188] *Was ist mit Aylan Kurdi passiert?* war, neben *Was verursacht die Flüchtlingskrise?*, eine der häufigsten Suchen auf Google. Das Bild des toten Jungen erschien europaweit auf den Titelseiten.[189] *Ein Bild, das Europas Gewissen erschüttert*, titelte *El País* in Spanien. Die in Großbritannien meistverkaufte *Sun*, deren Kolumnistin noch fünf Monate zuvor geschrieben hatte: *Diese Migranten sind wie Kakerlaken*, initiierte eine Spendenkampagne *Für Aylan*. Die deutsche Boulevardzeitung *Bild* zeigte die Kinderleiche auf der letzten Seite, die leer war bis auf den Text: *Dieses Foto ist eine Botschaft an die ganze Welt, endlich vereint dafür zu sorgen, dass kein einziges Kind mehr auf der Flucht stirbt. Denn wer sind wir, was sind unsere Werte wirklich wert, wenn wir so etwas weiter geschehen lassen?*

Der Künstler Ai Weiwei besuchte den Strand von Lesbos und stellte für ein Foto die Position des toten Kinds nach. Der Schriftsteller Karl Ove Knausgård sagte, das Bild habe ihn aufgerüttelt, er habe die Flüchtlingskrise bis dahin mit *den dauernden Berichten über Autobomben im Irak oder Schulmassaker in den USA* gleichgesetzt.[190] Senator John McCain, der die USA gedrängt hatte, Truppen nach Syrien zu entsenden, trat mit einem Foto des toten Kleinkinds vor den US-Kongress.

Von einem Kind ging das Wunder aus.[191] Am zweiten Tag nach Aylans Tod öffneten Deutschland und Österreich ihre Grenzen für Tausende, die sich in Ungarn gestaut hatten, und ließen sie mit Bussen und Zügen Richtung Norden fahren. Andere Länder zogen nach, und es entstand der sogenannte *humanitäre Korridor* durch den Balkan. Auf Twitter wurde #refugeeswelcome zum Trendthema. In München begrüßte eine begeisterte Menge die ankommenden Migranten mit Schokolade und Applaus; in Wien erklärten sich Hunderte Bahnarbeiter zu kostenlosen Überstunden bereit. Am 10. September machte ein syrischer Asylsuchender ein Selfie mit Angela Merkel. *Wir schaffen das*, verkündete die Kanzlerin.

Die Grenze war offen. An den Stränden von Lesbos sah man Polizisten, Anarchisten, Touristen und Missionare gemeinsam Migranten durch die Brandung und weiter nach Europa helfen. Im Oktober landeten zweihunderttausend Menschen auf den griechischen Inseln, ein Strom, der in der Zahl zehntausend an einem einzigen Tag gipfelte. Eine Million kam innerhalb von vierzehn Monaten übers Meer. Es war die größte Flüchtlingsbewegung über Wasser in der Geschichte.[192]

Doch als der Winter nahte und die Wellen höher schlugen, schlug auch die Stimmung in Europa um. *Es ist nicht mehr wie noch vor einem Monat, als lauter ganz normale Leute ihrer Ankunft applaudierten*, sagte ein Polizist im Oktober in einer deutschen Grenzstadt. Im Sommer hatten die meisten Deutschen Merkels Entscheidung, die Grenzen zu öffnen, begrüßt; jetzt sagte eine Mehrheit, es sei ein Fehler gewesen.[193] Tatsächlich bemühten sich die europäischen Staatschefs krampfhaft, den Flüchtlingsstrom einzudämmen; Österreich, Ungarn und Slowenien errichteten Stacheldrahtbarrieren entlang des Balkankorridors.[194]

Am 13. November verübten neun Männer mit Sturmgewehren und Sprengstoffwesten Terroranschläge an fünf Orten in Paris und töteten hundertdreißig Menschen. Zwei der Terroristen, stellte sich später heraus, waren als Flüchtlinge getarnt über die griechischen Inseln gekommen. In der Silvesternacht verübten Gruppen von Männern in Köln sexuelle Übergriffe auf Hunderte Frauen in der dicht gedrängten Menschenmenge in und vor dem Kölner Hauptbahnhof und bestahlen sie.[195] Am 1. Januar bezeichnete die Kölner Polizei die feiernde Menschenmenge noch als *ausgelassen* und *weitgehend friedlich*; drei Tage später verkündete der Polizeichef angesichts eines lauter werdenden Aufschreis in den sozialen Medien, es hätten sich Verbrechen *einer völlig neuen Dimension* ereignet, und die Verdächtigen seien Araber. Das Massenblatt *Bild* warnte vor *Sex-Mobs quer durch Deutschland*. Die französische Satirezeitschrift *Charlie Hebdo* brachte unter dem Titel *Migranten* einen Cartoon des ertrunkenen Jungen und fragte: *Was wäre aus dem kleinen Aylan geworden, wenn er groß geworden wäre?*

Die Antwort, unter einer Zeichnung von Männern, die verängstigten Frauen nachstellen: *Ein Arschgrabscher in Deutschland.*[196]

Wir müssen die Schengen-Außengrenzen jetzt sichern, sagte der damalige Finanzminister Wolfgang Schäuble gegenüber der Presse.[197] Erst wurden die Landesgrenzen mit Stacheldraht und Bereitschaftspolizei geschlossen; dann, am 18. März, wurde das EU-Türkei-Abkommen verkündet, das Bootsflüchtlinge abschrecken sollte. Asylsuchende, die auf einer griechischen Insel an Land gingen, sollten dort interniert und über ein sogenanntes *Hotspot-System* weiterverarbeitet werden. Das Herzstück und mit Abstand größte Lager war auf Lesbos.

Unser Bus fuhr durch das Haupttor von Moria und hielt vor einer inneren Einfriedung, die ebenfalls mit NATO-Draht gesichert war. Durch das Fenster sah ich eine Reihe von Funktionären, manche mit UN-Westen, alle mit Klemmbrettern. Mir war mulmig, als ich zusammen mit den anderen ausstieg. Du musst das nicht machen, sagte ich mir. Ich könnte laut auf Englisch ausrufen, ich sei Journalist und von Schleusern hereingelegt worden. Wahrscheinlich würde ich lediglich von Omar getrennt; käme allerdings den Schleusern zu Ohren, dass sich ein Spion bei ihnen eingeschlichen hatte, brächte ich Omar und die anderen in Gefahr. Im Lager konnte alles passieren. Ich schwieg.

Als ich durch das Tor ging, befestigte eine Frau ein Papierarmband mit einer Seriennummer an meinem Handgelenk. Wir wurden in einen Wartebereich geführt, einen Hangar aus Segeltuch mit einigen Holzbänken, wo man uns nach Sprache platzierte: Die Araber waren die größte Gruppe, gefolgt von einigen Tigrinischsprachigen aus Eritrea. Omar und ich saßen bei den Iranern, und Dolmetscher in Westen sorgten für die Verständigung mit einem griechischen Amtsträger, der erklärte, man werde uns die Fingerabdrücke abnehmen und ärztlich untersuchen und uns dann ins Hauptlager weiterschicken. Während der nächsten fünfundzwanzig Tage dürften wir das Lager nicht verlassen. Sobald unsere Registrierung abgeschlossen sei, könnten wir uns auf der Insel frei bewegen, dürften sie aber erst verlassen, wenn wir unser erstes Asylinterview hinter uns hätten. Und wir würden nicht in andere europäische Länder weiterreisen. Wenn uns das nicht passte, könnten wir in die Türkei zurück.

Erst riefen sie die Eritreer zur Registrierung auf. Es folgten die Afghanen. Weil die zwei Iraner ihre Meinung geändert hatten und sich nicht mehr als Afghanen ausgeben wollten, betraten nur Omar und ich den Verwaltungsbereich,[198] vor dem drei zerzauste Pinien mit weiß gestrichenen Stämmen in einem Pflanzgefäß standen. Die ägäisblauen Containerbüros waren zu einem Parcours entgegen dem Uhrzeigersinn geordnet; Schritt eins war die *Nationalitätsprüfung.* Ein Frontex-Mitarbeiter sollte herauszufinden versuchen, ob wir tatsächlich Afghanen waren.

Weil manche Nationalitäten von den Behörden bevorzugt behandelt wurden, versuchten Iraner oder Pakistaner sich manchmal als Afghanen auszugeben, Marokkaner als Syrer und Äthiopier als Eritreer. Aber da viele, wie ja auch Omar und ich, ohne Papiere unterwegs waren und man sich in der Türkei leicht gefälschte Ausweise beschaffen konnte, pflegten die Frontex-Prüfer und ihre Dolmetscher die Leute nach ihren Heimatländern auszufragen. Meist stellten sie simple Fragen nach Flagge oder Währung, doch als die Migranten anfingen, sich vorher schlauzumachen – manche Schleuser verkauften sogar Spickzettel –, fragten die Prüfer nach

Wahrzeichen, nach der Anzahl der Ziffern auf den Nummern-schildern oder nach dem Preis für Mehl. Das Problem war, dass viele Flüchtlinge ihr Leben fern ihrer eigentlichen Heimat verbracht hatten – des Landes, dessen Staatsangehörigkeit sie besaßen. Ein in Teheran groß gewordener Afghane sprach Persisch mit iranischem Akzent und wusste von Kabul vielleicht weniger als ich. Entschei-dungen fielen schnell und summarisch. Fehler waren möglich.

Omar ging zuerst hinein, ich saß draußen auf der Bank. Ein paar Kinder von unserem Boot waren mit Spielsachen beschäftigt, zwei kurzbeinige Straßenköter schnüffelten herum. Es war fast neun Uhr, das Personal trudelte ein, Kaffeebecher in der Hand, manche in Uniform, holländische Gefangenenwärter und griechische Küsten-wachleute. Zwei Männer in Cargohosen plauderten kettenrauchend auf Französisch vor dem Container für die Fingerabdruckregis-trierung. Dann gab es die bekannten NGOs: Mercy Corps, Action-Aid, Save the Children. Die NGO-Mitarbeiter waren jünger als die Behördenvertreter und erinnerten mich an die jungen Leute, die rotationsmäßig in Kabul eingesetzt waren: schmale Hüften, teure Stiefel, Mienen der Betroffenheit. Meine Bootsgefährten, ihre Re-gistrationspapiere in der Hand, wanderten verunsichert zwischen ihnen umher. An mehreren Containern klebte ein Plakat, immer das gleiche: eine weiße Hand, die eine braune Hand aus den Wellen zieht. *Un arrêt ici*, stand da, Zwischenhalt hier.

Ein Frontex-Mitarbeiter mit Stachelhaar und Brille kam aus dem Registrierungscontainer: »Afghane?«

Ich folgte ihm hinein, wir setzten uns an einen runden Plastik-tisch, das Herz schlug mir bis in den Hals. Ein gelangweilt drein-blickender afghanischer Dolmetscher mittleren Alters saß schon da, wir begrüßten einander auf Persisch. Er übersetzte die Liste der elementaren Fragen, die der Frontex-Mann an mich hatte. Keine Papiere? Macht nichts. Der Frontex-Mann wollte vor allem die Bro-cken Dari anwenden, die er gelernt hatte.

»*Az kodscha asti?*«

»*Ma az Kabul umadom.*«

»Wo in Kabul?«, fragte der Dolmetscher scharf.

»Qala-e Fatullah.«

»Okay«, sagte der Frontex-Mann und kritzelte etwas ans Ende seines Formulars.

»Das war's?«, fragte ihn der Dolmetscher auf Englisch, überrascht.

»Das war's«, sagte der Frontex-Mann und lächelte mich an. »*Khoda hafez.*«

»Sag ihm vielen Dank«, sagte ich zu dem Dolmetscher und verließ den Container mit meinem Formular in der Hand. Draußen blinzelte ich ins grelle Licht. Jetzt war es also amtlich. Ich setzte mich auf die Bank und zündete mir eine Zigarette an; ich fühlte mich emotional leer. Allmählich wurde es warm, und während ich meine immer noch feuchte Jeans in die Sonne hielt, machte ich mir Gedanken um Omar.

Tatsächlich war von uns beiden er derjenige, für den sich Frontex interessierte. Ein belgischer Ermittler hatte gehört, wie Omar auf Englisch berichtete, dass er als Dolmetscher für die NATO gearbeitet habe, und bat ihn zu einem Gespräch in einen anderen Container, wo ein griechischer Polizist zu ihnen stieß.

Das freundliche Duo bot Omar Kaffee an und gab ihm das WLAN-Passwort. Dann erkundigten sie sich nach seinem Schleuser. Im Besonderen interessierten sie sich dafür, wie das Bezahlsystem funktionierte. Wenn er wolle, sagten sie, könne Omar von ihrem Telefon aus seinen Kontakt anrufen, um ihn wissen zu lassen, dass sein Boot gelandet sei. Ob er ihnen die Nummer des Schleusers gäbe?

Omar war gesprächig, aber nicht mitteilsam. Die Schleuser, sagte er, benutzten nie ihren richtigen Namen und änderten andauernd die Telefonnummer, weshalb er sich gar nicht erst die Mühe gemacht habe, sie sich zu merken. Die Ermittler sagten, sie könnten ihn als Dolmetscher beschäftigen, schließlich werde er eine Weile im Lager festsitzen. Omar wollte es sich überlegen.

Dann kam er wieder heraus und stellte sich zu mir in die Schlange vor dem Fingerabdruckcontainer, unserer nächsten Station im Parcours. Eine zentrale Funktion der Hotspots bestand darin, Migranten in das Fingerabdruckidentifizierungssystem EURODAC (European Dactyloscopy)[199] einzuspeisen, um der Auflage des Dublin-Abkommens zu genügen, wonach Asylsuchende im ersten EU-Land, das sie betreten, ihren Antrag stellen und dort auch bleiben müssen. In der Praxis bedeutete dies: im ersten Land, in dem man aufgegriffen wurde. Deshalb war es so wichtig, so lange mit Schleusern im Untergrund zu bleiben, bis man dort war, wohin man wollte – manche Migranten gingen bei der Festnahme so weit, ihre Fingerkuppen anzusengen oder zu verstümmeln, damit sie nicht abgescannt werden konnten. Andernfalls konnte man, wenn man beispielsweise in Deutschland um Asyl nachsuchte und sich herausstellte, dass die Fingerabdrücke in Italien oder in Bulgarien registriert worden waren, dorthin abgeschoben werden. Allerdings nicht nach Griechenland, nicht seit 2011, seitdem der Europäische Gerichtshof für Menschenrechte entschieden hatte, dass die Bedingungen dort zu schrecklich seien.[200] Die EU versuchte die Sache zu regeln, aber vorläufig hatte Omar nichts zu befürchten. Ich ließ ihm den Vortritt.

Durch die offene Tür sah ich zu, wie einer der Franzosen, die vorhin geraucht und geplaudert hatten, jetzt mit Latexhandschuhen Omars Fingerkuppen, dann seine Handballen über die Glasscheibe eines Crossmatch-Scanners rollte. Von jetzt an war er für den Staat lesbar. Als EURODAC 2003 in Betrieb ging, war die Datenbank strikt auf asylpolitische Belange beschränkt.[201] 2015 wurden die Regeln geändert, um wegen *schwerer Verbrechen und Terrorismus* auch den Strafverfolgungsbehörden Zugang zu gewähren. Auf diese

Weise hatte die Polizei die Fingerabdrücke zweier Attentäter von Paris Personen zuordnen können, die auf der Insel Leros als Flüchtlinge registriert worden waren: zwei Toten, deren wahrer Name unbekannt ist.[202] Nun wurde EURODAC mit anderen Datenbanken zu einem umfassenden System verknüpft, um alle Besucher der EU zurückverfolgen zu können.[203] Auf dem Bildschirm des Frontex-Mitarbeiters sah ich die Kringel sich zu einem Bild von Omars Fingerabdrücken verwirbeln, bis ein Signalton verkündete, dass die Abdrücke klar erfasst und gespeichert waren.

Innovation erfolgt an der Peripherie ebenso oft wie im Zentrum; die Fingerabdruckmethode wurde von Kolonialbeamten in Britisch-Indien entwickelt, bevor Scotland Yard sie übernahm.[204] Heutzutage wandern Technologien wie Biometrik, Drohnen, automatisierte Massenüberwachung von Kriegen in weiter Ferne erst in die Grenzregionen und zuletzt in die Metropolen.[205] In Afghanistan hatte die US Army, bevor sie mich als Kriegsberichterstatter akzeptierte, meine Fingerabdrücke und die Iris vermessen: Teil eines unermesslichen, dort und im Irak zusammengetragenen Datenschatzes, den sich das Militär mit dem FBI und dem Heimatschutz teilte.[206]

Als ich an der Reihe war, trat ich an den Tisch und stellte mich vor den französischen Frontex-Mitarbeiter hin, der seine Kamera in Stellung brachte, um mich zu fotografieren. In Europa waren meine Fingerabdrücke noch nicht erfasst worden, aber ich fragte mich, ob die Europäer seit den Pariser Attentaten ihre Ergebnisse nicht vielleicht doch mit der amerikanischen Datenbank abglichen. Und wenn sie meine wahre Identität nicht aufdeckten, würde dann mein Alter Ego Habib fortan als Wiedergänger durch mein Leben geistern? Wenn ein lebendiger Mensch zu Nullen und Einsen wird, kann sein digitaler Doppelgänger ja ein ewiges Leben führen. Wenn ich allerdings meinen Freund nicht in Gefahr bringen wollte, führte kein Weg an der Registrierung vorbei. Der Frontex-Mann ergriff mein Handgelenk; der Scanner leuchtete grünlich.

Biopolitische Tätowierung hat es der Philosoph Giorgio Agamben genannt.[207]

Der Mann drückte meine Hand auf das Glas.

»Bruder, das wird superwitzig, wenn sie rauskriegen, dass du Kanadier bist«, sagte Omar, als wir mittags im Gänsemarsch in den Hangar zurückkehrten. Er lachte. Durch den Nebel meiner Erschöpfung blinzelte ich zu ihm hinüber und fragte mich, ob er womöglich durchgedreht war. Vielleicht war er aber nur froh, am Leben zu sein. Ich lachte auch ein bisschen.

Durch den Zaun sahen wir die Insassen des Hauptlagers in zusammengewürfelter, weil gespendeter Kleidung vorbeigehen. Ein paar Afghanen, die uns entdeckten, riefen uns an den Maschendrahtzaun.

»Salam! Wie viele Afghanen seid ihr? Familien auch dabei?«

Sie suchten nach Verwandten, die schon hätten hier sein sollen. Nach geliebten Angehörigen, von denen sie nichts gehört hatten. Sie nannten uns Namen, gaben uns Beschreibungen, die uns nichts sagten.

Wir setzten uns in den Schatten des Hangars zu den zwei jungen Iranern, die unterdessen drei Landsleute von einem anderen Boot getroffen hatten – zwar waren sie einen Tag vor uns gekommen, ihre Registrierung aber war noch nicht abgeschlossen. Sie waren guter Dinge, vor allem Firouz, ein iranischer Kurde in den Sechzigern, klein und agil, mit grau meliertem Schnauzbart und buschigen Brauen.

»Keine Sorge, Leute, wir sind im Nullkommanix in Athen«, sagte Firouz und rückte zur Seite, um Omar und mir auf den Kartons, auf denen sie saßen, Platz zu machen. »Wir haben schon alles klargemacht.«

Es stellte sich heraus, dass Haddschi auch ihre Überfahrt organisiert hatte. »Na, dann ist ja alles gut!«, rief Firouz aus. »Er hat einen, der uns von dieser Insel runterbringt, alles easy. Zwölfhundert pro Nase. Sobald wir im Hauptlager sind, besorgen wir uns eine griechische SIM und rufen ihn an. Wenn ihr das Geld habt, fahren wir alle zusammen nach Athen.«

Das Mittagessen war eine Pappschachtel Reis und Linsen mit Pitabrot, unsere erste Mahlzeit seit dem Döner in İzmir. Danach konnte ich die Augen nicht mehr offen halten. Omar und ich sackten beide weg, und als wir auf dem Hangarboden wieder aufwachten, hatten andere unseren Platz in der Schlange. Es war schon dunkel, bis wir zur ärztlichen Untersuchung vorgerückt waren. Eine Afghanin und ihre halbwüchsige Tochter warteten vor dem Container, beide mit den gleichen länglichen, feinen Gesichtern. Sie waren aus dem Hauptlager hergekommen, wo sie seit mehreren Monaten festsaßen.

»Wie ist es?«, fragte ich.

»Schrecklich, schrecklich«, sagte die Mutter. »Die Leute sind aus so vielen verschiedenen Ländern, das ist Teil des Problems. Es sind viele Afrikaner da. Aber wisst ihr, bei der Überfahrt war unser Boot ganz voll mit Schwarzen. Und sie waren total freundlich zu uns Familien. Sie trugen unser Gepäck zum Strand, und sie wehrten die türkische Küstenwache ab.« Sie kicherte. »Daher sage ich, Gott segne die Afrikaner, mögen ihre Hände nicht schmerzen.«

Ihre Tochter ging allein hinein, um mit dem Psychologen zu reden.

»Kommt ihr direkt aus Afghanistan?«, fragte die Frau. Sie hatten als Flüchtlinge im Iran gelebt.

»Ja, aus Kabul.«

»Die jungen Leute heutzutage reden alle wie du«, frotzelte sie. Auch sie hielt mich meinem Aussehen nach für einen Hazara. »*Sahist, sahist*, mit diesem Kabuler Akzent. Was ist aus deinem Hazaragi geworden?«

Die Untersuchung kam ohne Körperkontakt aus. Ich saß auf einem Stuhl, während ein griechischer Arzt der Organisation Ärzte der Welt seine Checkliste durchging. Ich hatte Mühe mit den Wörtern, die der iranische Dolmetscher für Begriffe wie »Rezept« verwendete, und er schien keine Ahnung vom Dari-Dialekt zu haben, weil er einfach immer wieder dasselbe sagte, zunehmend erbost, bis ich endlich kapierte, was er meinte. Haben Sie ernste Erkrankungen, ja oder nein? Nehmen Sie irgendwelche Medikamente? Haben Sie eine oder mehrere Behinderungen? Psychologische Probleme? Sind Sie Opfer von Folter, Missbrauch, sexueller Gewalt?

Der Arzt sagte, ich solle ihm die nächste Person hereinschicken.

Mutter und Tochter waren wieder fort, doch auf der Bank vor dem Polizeicontainer saß eine Reihe verdrießlich dreinblickender junger Männer. Später erfuhr ich, dass dies der nächtliche Fang von der Fähre war – Leute, die versucht hatten, sich an Bord zu schmuggeln.

Als Omar und ich in den Hangar zurückkehrten, sahen wir, dass die anderen die Prozedur abgeschlossen hatten und ins Hauptlager weitergeschickt worden waren. Für uns sei es jetzt zu spät, sagte der Polizist, wir müssten hier übernachten.

Von draußen tönten Musik und Getrommel herein, und wir sahen Menschenmassen die Straße entlangwandern. Ein Junge tauchte auf und rief: »Wo sind die Äthiopier?« Er hatte zwei Frauen bei sich und hielt eine Flasche in der Hand, die nach Schnaps aussah. Ein Polizist verscheuchte ihn.

Ein anderer Insasse, ein magerer Typ in weitem T-Shirt, das seine Tattoos sehen ließ, kam an den Maschendrahtzaun und hatte Zigaretten und SIM-Karten im Angebot. Auf Englisch stellte er sich als Abu Adam aus Palästina vor. Ich fragte ihn, wie die Situation im Lager sei.

»Hier hauen sie dich wegen einem Euro übers Ohr«, sagte er und beugte sich nah an den Zaun. »Als ich den ersten Tag hier war, wie ihr, habe ich einem Typen zehn Euro für eine SIM gegeben. Bis heute habe ich ihn nicht wiedergesehen. Traut niemandem, okay? Nicht mal mir, glaubt nicht, was ich euch sage.«

Er wandte den Blick ab und reihte sich wieder in die Menge ein. Erschöpft ging ich zum Hangar.

Es wurde wieder kalt. Ein junger Amerikaner kam mit einer Kiste voller Fleecedecken an, marineblau mit der Aufschrift SAMARITAN'S PURSE®. Omar und ich wickelten uns ein, legten uns auf Pappkartonteile und waren im Handumdrehen eingeschlafen.

14

Ein Schwarm Spatzen flog auf, als über den Olivenwäldchen der Tag anbrach, und die tief stehende Sonne wärmte die zwischen Stacheldraht gespannten Zelte. Am inneren Tor standen Omar und ich mit geschulterten Rucksäcken, unter dem Arm die Schlafsäcke, die uns, nachdem wir entlassen und ins Hauptlager weitergeschickt worden waren, ein Mitarbeiter mit dem Hinweis ausgehändigt hatte, wir sollten uns bei einer NGO namens EuroRelief oben auf dem Hügel unser Zelt abholen.

Geschockt starrten wir auf das Bild der Verwahrlosung. Entlang der schlammigen Schotterstraße standen die verkohlten Gerippe von Containern und UNHCR-Baracken, die dem Lagerbrand in der Woche zuvor zum Opfer gefallen waren. Jeder freie Flecken Erde ringsum war von den orange-blauen Kuppeln der Zweipersonenzelte besetzt, über denen mit Seilen und Holzstangen schattenspendende Planen gespannt waren. Kanalgestank hing in der Luft. Während wir die Straße entlanggingen, sahen wir durch die offenen Zeltklappen die Bewohner sich gähnend aus ihren Schlafsäcken schälen und die Schuhe anziehen. Andere trotteten auf dem Gang zu den Toiletten an uns vorbei.

Wir fanden den EuroRelief-Hänger auf halbem Weg hügelaufwärts, gegenüber dem großen Zelt, in dem Mahlzeiten ausgegeben wurden. Omar trat auf eine junge Frau mit Haube und Kittel der Mennoniten zu und erklärte ihr auf Englisch, wir seien neu hier. Sie nahm unsere Papiere entgegen und ging ihren Laptop holen.

Während wir warteten, sahen wir etliche Lagerinsassen, die eine Gruppe anderer Mitarbeiter umlagerten. Sie hätten bei dem Brand

Obdach und Kleidung verloren, sagten sie, erhielten jedoch die Auskunft, die Zelte seien nur für Neuankömmlinge wie uns, und die Kleiderausgabe finde nur an dem und dem Tag, um soundso viel Uhr statt …

»Aber gestern habt ihr Schuhe ausgegeben!«, schrie ein Mann.

Die Mennonitin kam in Begleitung zweier Amerikanerinnen in Shorts und Polohemd zurück; die eine trug ein Zelt. »Sie suchen euch einen Platz und helfen euch beim Aufstellen«, sagte sie. Wir folgten den beiden Ehrenamtlichen den Hügel wieder hinunter.

»Momentan ist das Lager brechend voll«, sagte die eine entschuldigend mit Mittelwestlerakzent. Beide hatten die piepsige Sprechweise von Collegestudentinnen. »Wir haben einen Platz unten neben den Toiletten gefunden, aber der ist nicht toll.«

»Wir wären lieber in der Nähe anderer Afghanen«, sagte Omar.

»Oh, stimmt«, antwortete sie. »Na, dann schauen wir mal auf der oberen Ebene, ja?«

»Dürfen wir das?«, fragte ihre Kollegin.

Die andere zuckte die Achseln. Wir machten wieder kehrt und gingen bergauf. Gegenüber dem Essenszelt standen zwei lang gestreckte Reihenunterkünfte für Familien, eingezäunt. Zwischen der oberen und der unteren Reihe verlief ein schmaler Kiesweg, der am Zaun endete. Diese Sackgasse war gerade breit genug für eine Reihe der rechtwinkeligen UNHCR-Baracken, die den Brand überlebt hatten, aber wo immer dazwischen noch etwas frei war, drängte sich eines der kleinen Kuppelzelte in die Lücke. Schließlich fanden wir einen freien Platz.

Die beiden Frauen montierten die Zeltstangen, und die Bewohner der Gasse kamen herbei, um zuzuschauen.

»Stellen sie jetzt noch mehr Zelte hier auf?«, nörgelte einer auf Dari.

»Ja, aber es hilft ja nichts.«

Omar begrüßte sie.

»Stellt euer Zelt nicht hier auf«, sagte ein dürrer grauhaariger Mann auf Krücken.

»Wieso nicht?«, fragte Omar.

Er deutete auf eine Röhre, die aus der Stützmauer ragte.

»Das ist ein Abflussrohr. Es kommt dreckiges Wasser heraus.«

Wir hoben das Zelt wieder auf und quetschten es zwischen zwei Baracken. Wir bedankten uns bei den Ehrenamtlichen und begleiteten sie noch zum anderen Ende der Gasse.

»Wie kommt's, dass ihr so gut Englisch könnt?«, fragte die eine.

»Wir waren Dolmetscher bei den Koalitionstruppen in Kabul«, sagte Omar.

Die andere klopfte ihre Taschen ab. »O mein Gott, ich habe mein Handy verloren.«

Sie eilten zurück und begannen den Kies abzusuchen. Der Grauhaarige tauchte wieder auf.

»Habt ihr was verloren?«, fragte er sie auf Dari. Er zog ein iPhone aus der Tasche und reichte es der grenzenlos erleichterten Frau.

»Wäre es irgendwer anders gewesen, hätte ich es behalten, bei Gott«, sagte er zu uns, als die Amerikanerinnen fort waren. Seine Miene leuchtete auf, als wir unsere Zigaretten hervorholten, und Omar bot ihm eine an. »Seit Tagen keine Kippe mehr«, sagte er und rauchte genussvoll. »Ich bin völlig blank.« Seit fünf Monaten, sagte er, sitze er hier mit Frau und Kindern fest.

»Willkommen im Knast«, knurrte ein großer Jugendlicher mit einem Pflaster auf dem Kehlkopf, der aus der Nachbarhütte trat.

»Können wir denn hier raus, bevor unsere fünfundzwanzig Tage um sind?«, fragte ich.

»Da hinten ist ein Loch im Zaun. Aber das Lager ist nicht das Problem. Das Problem ist die Insel«, antwortete der Jugendliche. Er war seit viereinhalb Monaten hier.

»Von dieser Insel kommt ihr nicht runter«, sagte eine sonore Stimme hinter uns, und als wir uns umdrehten, war aus der anderen Hütte neben uns ein Mann mit Walrossschnauzbart getreten. Er hatte nur ein Bein; auf eine Krücke gestützt, ließ er sich auf einem Campingstuhl nieder. »Es gibt nur einen einzigen Weg: die Lkws. Sucht euch einen, der Salz, Holz oder Müll nach Athen transportiert, und versteckt euch darin. Das ist die einzige Rettung.«

»Das stimmt«, ergänzte der Grauhaarige. »Wir haben es alle probiert und aufgegeben. Ihr werdet auch aufgeben, wenn ihr's erst kapiert habt.«

»Aber wir kennen einen Schleuser, der uns für zwölfhundert Euro Papiere beschafft«, sagte Omar.

Mit verächtlichem Schnauben kehrte der Jugendliche in seine Hütte zurück.

»Das wird nichts«, sagte der Grauhaarige und nahm den letzten Zug von seiner Zigarette.

»Von dieser Insel kommt ihr nie weg«, sagte der andere von seinem Stuhl aus.

Wir hatten Hunger, und weil unsere Nachbarn uns geraten hatten, uns beizeiten fürs Mittagessen anzustellen, verstauten wir unsere Rucksäcke im Zelt und verließen die Gasse, oder *kutsche*, wie ihre afghanischen Bewohner sie nannten. Unser neues Zuhause befand sich ziemlich genau auf der Mitte des Hügels, der Moria beherbergt. Der Haupteingang zum Lager war unten, neben dem inneren Bereich, in dem wir die erste Nacht verbracht hatten, und von dort wand sich die Schotterstraße bergauf, vorbei an den zwei Reihenunterkünften und dem Essenszelt, und wieder abwärts zu einem zweiten eingezäunten Bereich, in dem, neben den Toilettenblocks, die Asylinterviews stattfanden.

Ursprünglich für zweitausend Menschen konzipiert, war das Lager aktuell mit fünftausend Bewohnern belegt,[208] und wöchentlich trafen weitere Hunderte ein. Die ausgedehnte Zeltstadt war durch Sprache und Nationalität in informelle Bezirke unterteilt; auf der

Straßenseite gegenüber unserer *kutsche* waren Araber, ein Stück weiter abwärts wohnten hauptsächlich Afrikaner, und im hinteren Bereich gab es pakistanische und kurdische Viertel. Dem Lager fehlte es an Nahrung und sanitären Einrichtungen für die vielen Menschen, und die Stimmung unter den Bewohnern war äußerst gereizt. Den anwesenden Polizisten ging es vorwiegend um den Schutz des inneren Bereichs, in dem die Mitarbeiter beschäftigt waren. Nachts zogen sie ab und überließen die Bewohner sich selbst, obwohl es zu Raubüberfällen und Vergewaltigungen gekommen war. Moria schlingerte schon seit Monaten am Rand der Katastrophe dahin.[209]

In der Woche vor unserer Ankunft hatte eine Gruppe afrikanischer und arabischer Bewohner einen Hungerstreik zu organisieren versucht, doch die Afghanen machten nicht mit. Der Aufruhr begann bei der Ausgabe des Mittagessens, bei der immer zuerst die Frauen und Kinder an die Reihe kamen. Ich hörte zwei verschiedene Versionen der Ereignisse: Nach der einen hatten die Streikenden die Afghaninnen einfach am Betreten des Essenszelts gehindert; nach der anderen, afghanischen Version waren sie beschimpft worden, und man hatte ihnen die Tabletts aus der Hand geschlagen. Jedenfalls kam es zur Schlägerei, die in einen Nahkampf mit Steinwürfen ausartete. Polizei und Lagerpersonal zogen sich in den inneren Bereich zurück, dessen beeindruckende Umzäunung ebenso Einfriedung nach innen wie Verteidigung gegen außen war. Einige Randalierer bewarfen gegenseitig ihre Baracken mit brennenden Lumpen, und das Feuer griff rasch um sich, während die Bewohner, von denen die meisten mit dem Gewaltausbruch gar nichts zu tun hatten, auf die umliegenden Felder flohen.[210] Als es Nacht wurde, loderten die Flammen orange in den Himmel, und ihr Hab und Gut verbrannte. Die Feuerwehr traf noch rechtzeitig ein, um den inneren Bereich zu retten. Bemerkenswerterweise war niemand ums Leben gekommen, doch lebten die Menschen von da an in windigen Zelten im Schlamm.

Als Omar und ich zum Essenszelt kamen, hatte sich dort schon eine lange Schlange gebildet, obwohl es bis zur Speisung der Männer noch gut eine Stunde dauerte. Einer der größten Missstände in Moria war das Essen; es war miserabel und reichte nie. Immer gab es Gekochtes, Stärkehaltiges wie Nudeln und Kartoffeln. War man früh genug dran, gab es noch Beilagen wie einen Apfel oder Pitabrot, manchmal sogar Bohnen oder ein Stück Fleisch. Aber nie war genug für alle da, und das machte die Leute aggressiv. Normalerweise beaufsichtigten Polizisten die Schlange Stehenden, an unserem ersten Tag jedoch war keiner in Sicht. Ein paar kommunale Angestellte waren da, aber auf sie hörte niemand. Unter Geschubse und Geschrei zankten sich die Leute, ob man Plätze für Freunde freihalten dürfe oder nicht, während die weiter hinten Stehenden pfiffen und johlten. Die Schlange vor uns wurde immer länger.

Am Ende gaben wir auf und traten aus der Schlange, neben einen der Gemeindemitarbeiter, einen Griechen mit langer Rockermähne. Er gab uns Feuer.

»Geht es immer so zu?«, fragte Omar auf Englisch, während wir das Chaos beobachteten.

»Nicht immer.«

Endlich tauchten die Bullen auf und zogen schreiend den einen oder anderen Rädelsführer aus der Schlange.

»Was macht die Polizei, wenn die Leute nicht auf sie hören?«, fragte Omar.

»Sie schlagen zu«, antwortete der Grieche sachlich. »Aber keine Angst, ihr seht ja friedlich aus.«

Immerfort um etwas anstehen zu müssen, was man dringend braucht und womöglich nicht bekommt, kann einen Menschen zu seinem Nachteil verändern. Im australischen Internierungslager auf Papua-Neuguinea standen Asylsuchende tagein, tagaus um alles Mögliche an, Essen, Badbenutzung, ärztliche Untersuchungen, Telefon, Zigaretten, sogar Malariatabletten. *Das System des Schlan-*

gestehens hat Handlungsmacht, und die stellt eine Regel auf: Je ge-
hässiger und brutaler ein Mensch sich im Gefängnis benimmt, desto
bequemer wird sein Leben, schrieb der kurdisch-iranische Journalist
Behrouz Boochani, der dort vier Jahre verbracht hatte. *Wir sind ein*
Häuflein ganz gewöhnlicher Menschen, deren einziges Verbrechen
darin besteht, dass sie eine Zuflucht suchen. Die größte Leistung ei-
nes Gefängnisses könnte es in einem solchen Kontext sein, dass es die
Hassgefühle zwischen seinen Insassen manipuliert.[211]

An der Wand des Essenszelts prangte eine Taube mit Olivenzweig
im Schnabel; die Mahlzeiten bereiteten die Mensajeros de la Paz zu,
eine von einem katholischen Priester gegründete spanische Gruppe.
Das damalige Moria wurde, sonderbarerweise, hauptsächlich von
christlichen Ehrenamtlichen betrieben, viele Amerikaner darunter,
wie die beiden jungen Frauen, die uns den Zeltplatz zugewiesen
hatten. Deren Gruppe, EuroRelief, war eine vor der Krise kaum bekannte griechisch-evangelikale Hilfsorganisation, die im Sommer
2015 nach Lesbos gekommen war, um am Strand Tee auszuschenken.
Kurze Zeit später war eine Flut von Freiwilligen aus dem Ausland
über die griechischen Inseln hereingebrochen, die, nachdem sie die
Flüchtlinge im Fernsehen gesehen hatten, unbedingt helfen wollten. Die ebenfalls evangelikale amerikanische Megahilfsorganisation
Samaritan's Purse unter ihrem Präsidenten, dem Prediger Franklin
Graham (Sohn des »Maschinengewehrs Gottes«), schloss sich mit
EuroRelief zusammen, was die Zahl der Mitarbeiter massiv erhöh-
te.[212] *Er hat einen Plan,* schrieben zwei Frauen, die aus Minnesota
dazugestoßen waren, in ihrem Blog, *und vielleicht gehört dazu auch,*
jedenfalls zu einem ganz kleinen Teil, Muslime zu Sich zu holen, indem
Er sie durch einen Becher heißen Chai Seine Liebe erkennen lässt.[213]

Obwohl inzwischen rund achtzig NGOs auf Lesbos aktiv waren,
kamen noch immer so viele Volontäre, dass manche Gruppen von
den Hilfswilligen Geld verlangten, bevor sie mitarbeiten durften.[214]
Zur Zeit der offenen Grenzen hatten die NGOs die Flüchtlinge bei

der Weiterreise nach Europa unterstützt; jetzt standen sie ihnen in der Gefangenschaft zur Seite. Nachdem infolge des EU-Türkei-Deals im März Moria und die anderen Flüchtlingsunterkünfte auf griechischen Inseln Internierungslager geworden waren, zogen das UNHCR und etliche andere Hilfsorganisationen wie Ärzte ohne Grenzen unter Protest ab.[215] Die griechische Regierung und die EU erwischte es kalt; in puncto Basisdienstleistungen wie Verpflegung und medizinische Versorgung hatten sie auf die Gemeinnützigen gesetzt. Das gesamte Hotspot-System wäre zusammengebrochen, hätte nicht EuroRelief beschlossen dazubleiben und das Lager am Leben zu erhalten. Innerhalb von Tagen kehrten dann auch Samaritan's Purse und einige andere Gruppen zurück. Moria war gerettet.

Das Hotspot-System der EU bestand aus zwei Hauptkomponenten: Erstens – eintreffende Migranten wurden samt Fingerabdrücken registriert, wie Omar und ich. Zweitens – Migranten, die einen Asylantrag stellten, wurden im Lager überprüft. Der einzige legale Weg nach Athen führte über das bestandene Interview; danach durfte man zur abschließenden Bewertung des Asylantrags aufs Festland. Wer beim Interview versagte und aus einem Land kam, in dem ein *Rückführungsabkommen* mit der EU bestand, beispielsweise Pakistan, konnte von der Insel abgeschoben werden.

Morgens versammelte sich eine Menschenmenge vor dem abgezäunten Bereich bei den Toilettenblocks, wo die Asylinterviews geführt wurden. Als ich mich zu den Leuten stellte, die auf ihren Aufruf zum Interview warteten, erkannte ich unter den Vorgelassenen einige der Syrer von unserem Boot und schöpfte Hoffnung: Vielleicht lief das Verfahren schneller, als wir angenommen hatten. »Rufen sie heute Afghanen auf?«, fragte ich den afghanischen Jungen neben mir.

»Wie lang bist du schon da?«

»Eben angekommen.«

Er lachte. »Ich bin seit zwei Monaten hier und war noch immer nicht beim ersten Interview. Sie rufen jetzt erst die Afghanen von vor vier Monaten auf.«

Also hatten unsere Nachbarn in der Gasse recht – man saß hier fest. Ich sah die Leute ihre Papiere durch den Maschendraht reichen. Die Mitarbeiter und ihre Dolmetscher auf der anderen Seite gehörten zur EU-Asylagentur, deren Personal, wie bei Frontex, aus Delegierten der verschiedenen Mitgliedsstaaten bestand. Obwohl die Insassen von Moria ihren Asylantrag in Griechenland stellten, wurden sie von EU-Beamten angehört, die den Hotspot de facto unter Kontrolle hatten.[216] Die griechische Regierung, die wegen ihrer Schuldenkrise beinahe aus der Eurozone hätte austreten müssen, riskierte jetzt den Ausschluss aus der Schengenzone, wenn sie diese exterritoriale Ausnahme auf ihrem Hoheitsgebiet nicht zuließ.[217] *Es ist nicht zwingend, aber in der Praxis ist es eben doch zwingend*, hatte der schwedische Innenminister erklärt.[218]

Die EU-Beamten hatten Wachpersonal bei sich, unbewaffnet, aber mit Westen aus offensichtlich stichfestem Material, Angehörige des multinationalen Sicherheitsunternehmens G4S, dessen Vertragsnehmer ich auch schon im Irak und in Afghanistan gesehen hatte.[219] Die Wächter, Griechen ohne Beamtenstatus, hatten schlecht sitzende Uniformen, während die Beamten schicke Schnürschuhe und Chinohosen trugen. Die EU-Dolmetscher kleideten sich wie ihre Kollegen, sahen aber so aus wie die Wartenden draußen vor dem Zaun.

»Wann bist du aus Kabul weg?«, fragte ich den afghanischen Jungen.

»Vor einem Jahr.« Er lächelte reumütig und zeigte mir die Narben an seinen Handgelenken, helle Linien in der tiefen Sonnenbräune. »Im Iran wurden wir von Dieben entführt.«

Als die Beamten alle Namen für diesen Tag aufgerufen hatten, zerstreute sich die enttäuschte Menge. Am Zaun hing ein Papier mit den Namen der achtundzwanzig Länder, aus denen die Antragsteller stammten: Ägypten, Afghanistan, Algerien, Bangladesch, Burkina Faso, Burundi, Dominikanische Republik, Eritrea, Gabun, Gambia, Ghana, Guinea, Haiti, Indien, Irak, Iran, Kamerun, Libanon, Libyen, Mali, Marokko, Nepal, Niger, Nigeria, Pakistan, Palästina, Senegal, Syrien.

Einige unserer Bootsgefährten würden das Lager schneller verlassen dürfen als andere. Die Syrer wurden bei Asylinterviews und Unterbringung bevorzugt und insgesamt von der Polizei und den Mitarbeitern der Hilfsorganisationen mit größerer Rücksicht behandelt. Sogar Papst Franziskus, der im April 2016 einigen Geflüchteten aus Lesbos Asyl im Vatikan anbot, nahm nur Syrer in seinem Flugzeug mit.[220] Afghanen standen irgendwo in der Mitte der Hierarchie; Menschen aus Ländern wie Senegal und Pakistan galten als Wirtschaftsflüchtlinge, solange nicht das Gegenteil bewiesen war. In Moria standen die Insassen in Konkurrenz um Nahrung, Obdach und medizinische Versorgung, am meisten aber wollten sie von der Insel fort, und diese Hackordnung vertiefte die Gräben. Die Syrer, deretwegen die Grenzen geöffnet worden waren, beschwerten sich über die Trittbrettfahrer, die mit ihnen nach Europa geströmt waren. Die Afghanen nahmen den Syrern übel, dass ihnen mehr Sympathie entgegengebracht wurde, wo doch der Krieg in *ihrem* Land schon Jahrzehnte länger dauerte, waren aber schnell bereit, Pakistanern den Status echter Flüchtlinge abzusprechen. Ein Eritreer sagte, er sei sauer auf die Westafrikaner, die nicht wie er vor einer Diktatur geflohen seien. Und die Pakistaner und Senegalesen wiederum konterten, letztlich hätten alle die Türkei aus demselben Grund verlassen: um in Europa ein besseres Leben zu führen.

Vorurteile aufgrund von Hautfarbe und Religion hatten schon im Herkunftsland existiert, im Lager aber wurden sie von einer neuen Logik befeuert, einer, die den Lauf der Dinge rechtfertigte. Die Migranten lernten, sich mit den Augen des Westens zu sehen.

15

Ich folgte Omar zwischen den Zelten auf der Hügelkuppe, unter Wäscheleinen hindurch und an einer Gruppe Karten spielender Pakistaner vorbei bis zum Zaun. »Hier ist es!«, rief er. Wir hatten einen der Ausgänge gefunden, ein Loch, das die Lagerinsassen in die äußere Umzäunung geschnitten hatten. Diese Löcher waren kein Geheimnis; jeder wusste von ihrer Existenz, auch die Polizei – sie waren die Überdruckventile des Lagers. Omar und ich hätten während unserer ersten fünfundzwanzig Tage das Lager nicht verlassen sollen, aber sei's drum – wir duckten uns unter dem ausgezackten Maschendraht hindurch und standen in einem zerzausten Olivenhain, wo wir aufpassen mussten, nicht in Fäkalien zu treten. Die Löcher im Zaun waren inzwischen so bekannt, dass nicht weit von hier an der Zufahrtstraße Imbisswagen standen. Wir gingen zum Haupttor hinunter, wo weitere solche Wagen Souvlaki und Kaffee verkauften. Eine Ansammlung von Plastiktischen war mit Mehrfachsteckdosen ausgestattet, damit die Leute ihre Telefone aufladen konnten – im Lager waren Steckdosen Mangelware.

Es war eine Erleichterung, außerhalb des Zauns zu sein, aber das änderte nichts daran, dass wir auf Lesbos festsaßen, auch wenn wir jetzt innerhalb des angeblich grenzfreien Schengenraums waren. Touristen aus Frankfurt und Amsterdam brauchten keinen Pass, wenn sie herkommen wollten, um ihre Euros auf den griechischen Inseln auszugeben, so wenig wie Amerikaner für eine Reise nach Miami. Mit einem Personalausweis waren Sonne, Sand und Ouzo nur einen EasyJet-Flug entfernt. Aber die Bootsflüchtlinge durften die Insel nicht verlassen – nicht bevor sie ihr erstes Asylinterview

245

hinter sich hatten; Polizei und Frontex riegelten Flug- und Fähr-hafen ab.

Firouz, der iranische Kurde, den wir am ersten Tag kennen-gelernt hatten, behauptete ja, wir kämen mit Schleuserhilfe von der Insel fort. Omar rief ihn an. Firouz sagte, sie hätten das Lager schon verlassen, wir sollten in die Stadt kommen und ihn dort tref-fen. Omar und ich warteten an der Bushaltestelle vor dem Haupt-tor, bis ein ramponierter Stadtbus nahte; wir kauften Tickets und setzten uns. Ein eigens eingerichteter Fahrdienst vollführte eine Schleife von Moria bis zum Hafen; die Strecke verlief erst durch die kargen Hügel ins Landesinnere, an einem Militärstützpunkt entlang und weiter nach Süden, zur Bucht von Gera, wo wir bei einem kleineren Lager für Familien hielten und ein paar Frauen mit Kinderwagen einstiegen. Vorbei an ehemaligen Autohändlern ging es wieder aufwärts, hinter uns glitzerte die Bucht im Sonnen-schein. In den seichten Lagunen von Lesbos hatte Aristoteles die erste systematische Erforschung der Natur vorgenommen und war zu dem Ergebnis gelangt, dass die Seele nicht vom Körper getrennt sei und alle Lebewesen in der *großen Kette des Seins* miteinander verbunden.

Auf der Hügelkuppe begannen die Ausläufer von Mytilini. Wir fuhren vorbei an Apotheken mit neonfarben leuchtendem Kreuz, an Autowerkstätten, Wettgeschäften, dann dem Rathaus und ka-men schließlich zum alten Fischereihafen, der einst ein wichtiger Stützpunkt der osmanischen Marine gewesen war[221] – jetzt lagen hier mehrere Schiffe der Hellenischen Küstenwache und Kutter der britischen Border Force. Am anderen Ende, hinter dem Polizeidock, wo unsere norwegischen Retter uns abgesetzt hatten, waren die An-legestellen für die riesigen Fähren nach Athen. Unsere letzte Halte-stelle war der Hauptplatz mit einer Statue der Sappho, der Dichterin der Liebe, deren Lieder in Fragmenten erhalten sind:

jemand wird sich unser entsinnen
hört mich an
auch in einer anderen Zeit[222]

Der Platz war gesäumt von Cafés, und an einem der Kaffeehaustische im Freien entdeckten wir Firouz mit seinen zwei Reisegefährten: Arasch, ein korpulenter Mann mit weißer Mähne, war Kantinenwirt einer Ölgesellschaft in Teheran gewesen, und Reza, ein junger Mann in den Zwanzigern mit gegelter Tolle, hatte im selben Unternehmen gearbeitet. Alle drei wollten nach Deutschland.

»Wohnt ihr im Lager?«, fragte Firouz. Er verzog das Gesicht. »Voll widerlich.« Seine Frau, die schon in Deutschland war, hatte für ihn den Kontakt mit einer neuen Schleuserin hergestellt, einer Ägypterin, die sie für vierzig Euro pro Nacht in einem Hotel untergebracht hatte, für das man normalerweise einen Ausweis brauchte. Die Schleuserin verlangte denselben Preis, den Haddschi genannt hatte, zwölfhundert Euro für gefälschte Dokumente und einen Flug nach Athen, und behauptete außerdem, sie werde einen Flughafenmitarbeiter bestechen, um sie bis zur Maschine durchzuschleusen. Sie wollte vierhundert im Voraus, aber Firouz war nicht weiter beunruhigt: »Sie ist besser als Haddschi. Hundertpro«, sagte er und streifte die Asche von seiner Winston. Er und seine Freunde wollten sich auf den Weg machen, sobald die Ägypterin grünes Licht gäbe, hoffentlich Ende der Woche. Er versprach, uns mit ihr bekanntzumachen. »Ihr könntet euch noch ein paar Kunden suchen, falls ihr interessiert seid. Dann kriegt ihr Rabatt«, sagte er.

»Was denkst du?«, fragte ich Omar, als sie gegangen waren. »Ich denke, wir sollten abwarten, was passiert«, sagte er.

Wir sahen uns auf dem Platz um, entdeckten etliche Migranten, die sich hier die Zeit vertrieben, und weil wir gehört hatten, dass die Polizei einen in der Stadt in Ruhe ließ und keiner von uns Lust hatte, ins Lager zurückzukehren, spazierten wir zum Fährhafen, wo

247

jemand an die lange Betonmole SMASH THE BORDERS geschrieben hatte, zerschmettert die Grenzen. Tausende Geflüchtete hatten im Sommer 2015 hier kampiert, während sie warteten, bis sie an Bord einer Fähre gehen konnten.[223] An einigen geschlossenen Reisebüros hingen noch Plakate auf Persisch und Arabisch, die Bustickets von Athen zur nordmazedonischen Grenze anboten.

Hinter der Einzäunung entdeckten wir eine Schwimmplattform voller Steine und Ölflecken, mit hölzernen Umkleidekabinen und einer Dusche. Zwei afghanische Jungen lagen hier in der Sonne und winkten uns. Ich blickte ins trübe blaue Wasser. Meine Haut kribbelte vor Dreck. Kurzentschlossen zog ich mich bis auf die Unterhose aus und sprang hinein. Die beiden Jungs hinterdrein. Omar hingegen, der in Afghanistan immer der Erste gewesen war, der in einen Weiher oder See sprang, stand unschlüssig in Boxershorts am Rand.

»Komm schon, was ist?«, rief ich, wassertretend.

»Ist das Salzwasser?«

»Klar. Das ist das Meer.«

»Ich bin noch nie in Salzwasser geschwommen. Verbrennt es einen nicht?«

Ich lachte, warf mich nach hinten und ließ mir das Wasser über Nase und Mund rinnen. Omar überlegte noch eine Minute, dann sprang auch er hinein und tauchte grinsend wieder auf. Zu viert schwammen wir hinaus und ließen uns treiben. Wenn man sich flach im Wasser liegend auf die eine Seite drehte, ragte der rote Schornstein der Fähre in den Himmel, und auf der anderen Seite vereinigten sich Himmel und Meer zu einer blassblauen Walze.

Später stellten wir uns unter die Freiluftdusche und legten uns anschließend zum Trocknen auf den Beton. So mager und braun gebrannt, wie die beiden anderen waren, sah man ihnen an, dass sie schon lang auf der Insel waren. Ali, siebzehn, mit blondierten Haarspitzen, war seit einem halben Jahr hier. Nur Tage nach der Schließung der Inseln im März war er an Land gegangen; damals konnte man sich noch eine gefälschte Asylkarte kaufen – die Sorte, die einem nach dem ersten Interview ausgestellt wurde – und damit die Fähre nach Athen besteigen.

»Damals wollten sie hundertfünfzig Euro dafür«, sagte er. »Aber weil es hieß, wir würden sowieso bald interviewt, dachte ich, das Geld spar ich mir. Dann stieg der Preis auf dreihundertfünfzig, dann auf sechshundert, dann auf tausend, und jetzt hat der Wisch sowieso keinen Sinn mehr.« Die Polizei kontrollierte den Zugang zur Fähre streng. Wenn man das Glück hatte, nach Athen geschickt zu werden, mussten die UN eine Begleitperson abstellen, die einen auf die Fähre eskortierte.

»In den Hafen lassen die Bullen euch nicht, aber hier tun sie euch nichts«, sagte Ali. Er deutete auf ein paar zusammengefaltete Decken und Rucksäcke am Zaun. »Manche Jungs schlafen hier.«

Wir stiegen auf den Hügel hinter der Plattform, die Sonne wärmte unsere Haut. Oben stand, auf einem als Relief gestalteten Sockel, eine Bronzestatue in klassischem Gewand mit entblößter Brust und reckte mit dem rechten Arm die Fackel der Freiheit in die Luft. Mit trotziger Miene blickte sie zur türkischen Küste hinüber, die an klaren Tagen wie diesem gut zu sehen war. Es war eines von mehreren Denkmälern auf der Insel, die an den Bevölkerungsaustausch von 1922/23 erinnerten, als es in den Straßen von Mytilini von kranken, obdachlosen Flüchtlingen wimmelte.[224] Viele von ihnen ließen sich hier auf der Insel nieder, wo ihre Siedlungen noch heute *prosfygika* heißen: Flüchtlingsorte.[225] Manche der damals Vertriebenen konnten nicht einmal Griechisch: Der Vertrag von Lausanne vom Januar 1923 schuf den gesetzlichen Rahmen für die Alchemie, die aus osmanischen Muslimen und Christen Türken und Griechen machte; ausgebürgert wurden die Menschen allein aufgrund ihrer Religionszugehörigkeit. Die letzte Phase dieser ethnischen Säuberung überwachte der Völkerbund; auf der Konferenz von Lausanne schlug der Polarforscher Fridtjof Nansen, der unterdessen Hochkommissar für

Flüchtlingsfragen geworden war, einen kompletten Austausch vor, um *die Völker des Nahen Ostens zu entmischen.*[226] 1922 erhielt er den Friedensnobelpreis.

Den restlichen Tag verbrachten wir am Hafen und fuhren erst mit dem letzten Bus um zweiundzwanzig Uhr nach Moria zurück. Manche Passagiere waren sichtlich betrunken. Im Lager war Alkohol verboten, aber durch die Löcher konnte man importieren, was man wollte und sich leisten konnte. »Ich könnte auch gut was zu trinken gebrauchen«, sagte ich wehmütig zu Omar, als der Bus vor dem flutlichtbeschienenen Tor hielt. »Wir hätten uns was besorgen sollen.«

»Warte kurz, ich hab eine Idee«, sagte Omar und marschierte davon. Mit einer braunen Papiertüte kam er wieder und winkte mir, ihm zu folgen. Wir gingen ein Stück die Straße hinauf, bis wir außerhalb des Lichtkegels waren. Er zeigte mir den Inhalt seiner Tüte: zwei große Dosen Alfa-Bier.

»Wo hast du die denn her?«, fragte ich verblüfft.

»Von den Lkws.«

Wir gingen weiter bergauf, bis wir eine ebene Stelle unter ein paar Olivenbäumen entdeckten, wo wir uns mit Blick auf die mondbeschienenen Hügel niederließen und unsere Bierdosen aufrissen. Hinter uns hörten wir die Generatoren des Lagers brummen. War es ein Riesenfehler gewesen, dass wir hergekommen waren? Die Lage hier war noch viel schlimmer, als ich mir vorgestellt hatte. Ich blickte zu Omar hinüber und fragte mich, ob er mich für verrückt hielt, dass ich hier mit ihm ausharrte.

»*It's-a cold but it make-a you warm, brudder*«, sagte Omar, schlürfend, und ich verschluckte mich am Bier – er imitierte meinen afghanischen Akzent, mit dem ich im Lager mit den Mitarbeitern der Hilfsorganisationen Englisch sprach.

»*Cheers, brudder.*«

»*Cheers.*«

Um so selten wie möglich im Lager herumzusitzen, fuhren wir von da an jeden Morgen mit dem Bus in die Stadt. Gleich nach dem Frühstück ging es los, und zurück kamen wir erst spätabends. Wenn wir Glück hatten, bekamen wir zu essen auf dem Sappho-Platz, wo Hilfsorganisationen Mahlzeiten ausgaben; an anderen Tagen gaben wir ein paar Euro für ein Pita-Sandwich aus. Wir besaßen fünfhundert Euro, die ich in meine Hose eingenäht hatte, und mussten so lange wie möglich damit auskommen. Mit Omars Mutter war verabredet, dass sie uns Geld aus Istanbul schicken würde, aber auf Lesbos gab es keine *hawala*-Station, und weil wir beide keine Papiere hatten, konnten wir auch die hiesige Western-Union-Filiale nicht nutzen. Später, als unsere Mägen schon geschrumpft waren, schafften wir es ohnehin nicht mehr, eine ganze Restaurantmahlzeit auf einmal aufzuessen.

Auf der Schwimmplattform am Hafen hatte sich unterdessen ein Trupp Afghanen aus unserer Gasse niedergelassen. Unter Bäumen hatten sie ein Zelt aufgestellt, hatten auch ein paar Decken mitgebracht, und wir saßen mit ihnen zusammen, spielten Karten und dachten uns Möglichkeiten aus, wie wir von der Insel fortkämen. Die anderen waren eine gemischte Gruppe; obwohl afghanische Migranten in der Regel über Netzwerke unterwegs waren, die nach Heimatstadt und Volkszugehörigkeit organisiert waren, und obwohl zwischen Sunniten und Schiiten oder Persisch- und Paschto-Sprechern oft Feindschaft herrschte, standen alle Afghanen angesichts der brutalen internationalen Rivalitäten im Lager zusammen wie ein Mann.

Ein paar von den *kutsche*-Jungs hatte die Polizei wegen ihrer Beteiligung an den Ausschreitungen und dem darauffolgenden Feuer auf dem Kieker; sie kehrten immer erst spätnachts durch eines der Löcher im Zaun zurück.

»Die anderen haben uns zusammengeschlagen, und wir waren zahlenmäßig unterlegen. Das schrie nach Rache«, erzählte uns ei-

251

ner. »Wir haben Kopftücher mit Benzin getränkt, angezündet und auf die Zelte der Afrikaner geworfen. Jetzt wissen sie, dass sie sich mit uns nicht anzulegen brauchen.«

Ein Mann, der seinen narbengekerbten, bürstenhaarigen Kopf mit einem Topfhut zudeckte, war schon wegen Messerangriffen im Lagerknast gewesen und wartete jetzt auf den Transfer aufs Festland. Die Aufseher hatten beim Ausbruch des Feuers die Flucht ergriffen, woraufhin er und die anderen Gefängnisinsassen das Tor eintraten und ausbrachen. Er stammte aus den Slums am westlichen Stadtrand von Kabul und war für jeden Überlebenskampf gerüstet. Eines Tages, nachdem er ein paar Pakistaner mit Schlägen und Flüchen zurückgetrieben hatte, fragte ich ihn, warum er ständig in Prügeleien geriet.

»Du bist ein Neuling«, antwortete er mit verächtlichem Grinsen. »Wärst du früher hier gewesen, hättest du erlebt, wie oft die Pakistaner die Afghanen verdroschen haben. Jetzt ist Ruhe im Lager, oder? Seit dem Feuer fürchten sie sich vor uns. Weil wir gekämpft haben, kannst du dich jetzt in aller Ruhe ums Essen anstellen.«

Im Großen und Ganzen aber ließen die Jungs die anderen Flüchtlinge in Ruhe, wenn sie zum Baden kamen oder mit Brotteig als Köder an Schnüren angelten. Das andere Ende der Plattform war gemäß stillschweigender Vereinbarung älteren Einheimischen vorbehalten. Davon abgesehen war nicht viel los; nur eine weiße Limousine sah man des Öfteren vorbeifahren, aus deren offenem Fenster ein blasser Arm hing.

»*Ena! Ella!*«, buhten die Jungs.

»Jeden Tag kommt dieser *morde-gaw* hier vorbei«, knurrte der Typ mit dem Topfhut.

»Wieso, was will er?«, fragte ich.

Unser einbeiniger Nachbar schnaubte. »Gib ihm deinen Arsch, und er zahlt dir fünfzig Euro.«

»Aha, es stimmt also!«, rief Omar. Ein paar der Jungs bekamen eine leicht verlegene Miene.

Jeden Abend legte die Fähre zu ihrer zwölfstündigen Fahrt nach Piräus ab, dem Hafen von Athen. Im Lauf des Nachmittags sammelten sich Migranten am Zaun und äugten nach der Heckrampe. Zwar brauchte man gültige Reisedokumente, um ein Ticket kaufen zu können, oder musste andernfalls den maßlosen Schwarzmarktpreis berappen, doch stand die Polizei gern an der Landungsbrücke und kontrollierte, falls sie einen als flüchtigen Migranten im Verdacht hatte. Afghanen und Syrer mit ihrer helleren Haut und europäischeren Gesichtszügen gingen leichter als Einheimische oder Touristen durch als die Pakistaner oder Marokkaner, die wiederum bessere Chancen als die Eritreer und Senegalesen hatten. Die Jungs redeten Omar immer wieder zu, er solle es probieren.

»Du schaust aus wie ein Ausländer«, sagte Ali, der Siebzehnjährige. Ali war Hazara und sah recht asiatisch aus. »Und du kannst gut Englisch.«

»Was ist mit mir?«, fragte ich.

Er lachte und zog mit den Zeigefingern seine Augenlider zu Schlitzen. »Sorry, Bruder, du siehst aus wie ich.«

Wenn man nicht als Tourist durchging, blieben noch die Lkws.

Einen Großteil des Schiffsbauchs nahmen die Sattelzüge in Anspruch, die Waren zwischen den Inseln und dem Festland beförderten. Ein echter Draufgänger kroch unter den Auflieger und klammerte sich oberhalb einer Radachse fest wie der vor dem Zyklopen Polyphem fliehende Odysseus am Bauchfell des Widders. Viele versuchten es, vor allem wendige Knaben wie Ali. Aber jeder Lkw wurde bei der Einfahrt in die Fähre kontrolliert, und ein blinder Passagier in seinem Unterbau war schnell entdeckt. Besser war es, sich zwischen der Ladung zu verstecken, aber der Parkplatz am Hafen war zu gut bewacht. Man musste sich also seinen Lastwagen irgendwo auf der Insel suchen und einbrechen. Holzlager, Steinbrüche und Recyclinghöfe waren vielversprechend, denn die dorther kommenden Lkws waren meist unterwegs zum Festland. Allerdings konnte es passieren, dass man ein, zwei Tage im Frachtraum wartete, bis es endlich losging, und um sich nach Athen durchzuschlagen, brauchte es womöglich mehrere Anläufe – wobei man jedes Mal Gefahr lief, in einem Container aus Stahl zermalmt zu werden oder zu ersticken.

Während die Afghanen im Iran und in der Türkei passive *Reisende* gewesen waren, die Schleusern gehörten, waren sie hier auf Lesbos Spieler im *game*, wie sie es nannten. Den ganzen Tag war von nichts anderem die Rede – wo fand man Lkws, bei denen man es versuchen konnte, und sollte man sich einen Rollkoffer oder Rucksack besorgen, um als Europäer durchzugehen. Wenn es Abend wurde, gingen alle, die nicht im Spiel waren, zum Zaun und schauten zu, beobachteten, was passierte. Um sechs Uhr ging es los. Erst tauchte das Fährpersonal auf, kenntlich am Ausweis, der um den Hals getragen wurde. Sie kontrollierten die Fahrkarten. Ein griechischer Polizist in Uniform stellte sich zu ihnen, ein zweiter bemannte das Tor, weitere patrouillierten auf dem Gelände und schrien uns an, wenn wir uns am Zaun ballten; die Argusaugen des Staates. Ein Kraftkerl mit dickem Bauch und Hawaiihemd stand mit den anderen Reisenden an. Der holländische Gefangenentransporter fuhr vor und entließ massige Wachleute mit Warnwesten; sie waren diejenigen, die Festgenommene nach Moria zurückbrachten. Zuletzt kamen die Spezialkräfte der Hellenischen Küstenwache, die *Kommandos*, wie die Migranten sie nannten, weil sie Stiefel und Tarnklamotten trugen und die Ärmel bis über den Bizeps aufgekrempelt hatten. Sie zogen Gummihandschuhe an und zückten lange metallene Taschenlampen.

Durch die Lkw-Kolonne ging ein Donnern, als sich alle in Bewegung setzten und auf die Auffahrtrampe zukrochen, während die Kommandos jeden von unten inspizierten und anschließend in den Frachtraum schauten. Die Passagiere, die zu Fuß an Bord gingen, zogen im Gänsemarsch an den Lkw-Fahrern vorbei. Touristen waren um diese Jahreszeit kaum unterwegs, aber viele NGO- und Lagermitarbeiter. Inzwischen wurde es dunkel.

Die Migranten am Zaun verfolgten das Geschehen mit einem fortlaufenden Kommentar: wer es heute probierte, wer sich einen Koffer gekauft hatte und beim Friseur gewesen war, wer schon seit gestern in einem Lkw saß.

»Wo bist du? Drin?«, flüsterte der Typ neben mir in sein Telefon. »Mach bloß keinen Lärm und halt dich an irgendwas fest, dann kommst du durch.«

Wir fieberten mit den Spielern mit. Morgen konnten wir selbst es sein.

»Da ist Dschawad«, zischte jemand, »in Shorts.« Ein Jugendlicher mit Trolleytasche huschte aus dem Schatten des Parkplatzes und mischte sich geschickt unter die Passagiere auf der Rampe.

»Er hatte ein Ticket, er hat's geschafft – oh.«

Zwei Bullen führten ihn am Ellenbogen die Rampe wieder hinunter. Nicht mal an Bord der Fähre war man sicher – ein Iraner hatte es bis aufs Oberdeck geschafft und wurde dann doch erwischt: Ein verdeckter Polizist hatte ihn erspäht.

Wieder ein Stöhnen. Die Kommandos zogen zwei Jugendliche unter einem Lkw heraus. In der Regel waren sie nicht brutal, gaben einem vielleicht mal einen Klaps auf den Hinterkopf, wenn man zu langsam war, auf jeden Fall aber führte der Weg in den holländischen Transporter. Wenn dort kein Platz mehr war, schickten sie einen einfach weiter; haut ab, sagten sie, *fyge malaka*. Solange man keine gefälschten Papiere hatte, war das Schlimmste, was einem passieren konnte, ein, zwei Nächte im Lagerknast. Zwanzig und mehr Spieler gingen den Bullen pro Abend ins Netz. Die interessante Frage aber war: Wie viele kamen durch? Die Fähre ließ ein letztes Mal ihr Horn ertönen und verließ den Hafen. Ihre Lichter funkelten in der feuchten Nacht.

Die Insel ist ein Gefängnis, schrieb Christos Ikonomou in einer seiner Kurzgeschichten über die griechische Wirtschaftskrise, *und das Meer sind die Gitterstäbe.*[227]

Eines Abends hörten wir auf dem Sappho-Platz Rage Against the Machine aus einer Anlage donnern; ein paar Hundert Leute hatten sich zu einer Kundgebung gegen *die Faschisten* versammelt, die ausländerfeindlichen Parteien in Athen, die auf den Inseln an Popularität gewannen. Die hauptsächlich jungen Leute zogen in einem Bogen durchs Zentrum, vorbei an den Eis- und Ouzoständen und den Sonnenbrillenboutiquen, und skandierten auf Griechisch und Englisch: »*Say it loud, say it clear, refugees are welcome here!*« Sagt es laut und deutlich, Flüchtlinge sind uns willkommen.

Wir schauten aus der Ferne zu; später starrte Omar entgeistert auf ein Graffito der Gegendemonstranten: FUCK ISLAM.

Wegen des Mitgefühls, das sie den Bootsflüchtlingen im Sommer zuvor entgegengebracht hatten, waren die Bewohner der griechischen Insel für den diesjährigen Friedensnobelpreis nominiert. *Wir haben die Flüchtlinge aufgenommen, weil wir selber von Flüchtlingen abstammen*, sagte eine ältere Frau gegenüber der Presse.[228] Im September 2015, elf Tage nach dem Tod von Alan Kurdi, gab der Bürgermeister von Lesbos zusammen mit seinen Amtskollegen aus den *Asylstädten* Paris, Barcelona und Lampedusa eine Erklärung heraus: *Was ist unsere Botschaft an die Welt, wenn wir weiterhin Mauern bauen, Grenzen schließen, die Schmutzarbeit an andere Staaten delegieren und sie als Gendarmen unserer Grenzen einspannen?*, schrieben die Bürgermeister. *Wir, die Städte Europas, wollen Flüchtlinge aufnehmen.*[229]

Für die auf Lesbos geleistete Arbeit gab es zahlreiche Preise: World Press Photo Award, den Pulitzer, den Olof-Palme-Preis, den Nansen-Flüchtlingspreis des UNHCR. Der Europarat verlieh den Raoul-Wallenberg-Preis *für außergewöhnliche humanitäre Leistungen* an die auf Lesbos tätige NGO Agkalia. *Wissen Sie, nach den*

Preisen wurden wir praktisch überall eingeladen, in Sofia, in Wien, überall, sagte Giorgos Tyrikos-Ergas, ein Mitglied von Agkalia, später. *Sobald wir aber von den Ursachen reden, von Krieg und wie die westliche Welt nicht aufhört, andere Länder auszuplündern, läuft die Diskussion so:* »*Ach, Sie haben ja so recht, aber es ist kompliziert. Konzentrieren wir uns lieber auf die Unterbringung der Flüchtlinge, auf Umsiedlungen.*«[230]

Am 7. Oktober sollte der diesjährige Friedensnobelpreisträger bekannt gegeben werden – davon hörten sogar wir in Moria. Die Onlinewettbüros setzten dreizehn zu acht auf die Griechen.[231] Die Zeitungen brachten Porträts der zwei als Stellvertreter auserkorenen Kandidaten, die beide auf Lesbos lebten, eine Großmutter und einen Fischer.

Der Preisträger war der Präsident von Kolumbien, der ein Friedensabkommen mit den Guerillakämpfern ausgehandelt hatte.

Die Aufmerksamkeit der Welt verlagerte sich, die Inselbewohner wurden mit den in Europa Unerwünschten alleingelassen. Die Grenze war zu, aber die Boote kamen nach wie vor. Und auf den Inseln kippte die Stimmung. In *Früchte des Zorns* hatte John Steinbeck beschrieben, wie die Menschen in ihren Häusern für die Einwanderer erst Mitgefühl, dann Abscheu und schließlich Hass empfanden.[232] Die Taten Einzelner wurden der Gesamtheit zugeschrieben; die Flüchtlinge waren schuld an Diebstählen, an den Kothaufen am Hafen, an sexistischen Übergriffen auf Polizistinnen. Und die Inselbewohner litten ebenfalls. Es kamen kaum noch Touristen, seitdem die Inseln Hotspots waren,[233] und Griechenland steckte noch immer tief in der Wirtschaftskrise. Es kam zu Schlägereien zwischen Einheimischen und Migranten, das Lager auf Chios wurde mit Brandbomben angegriffen.[234] Auf Lesbos versperrten Schülereltern die Tore einer Schule mit Ketten, um Flüchtlingskinder fernzuhalten.[235]

Eines Morgens, als wir wieder im Bus saßen, erstarrte Omar und stieß mich mit dem Ellenbogen an. Eine junge Araberin, wahrscheinlich Syrerin, stieg mit einem Kinderwagen aus dem Bus aus; sie hatte Lailas zarte Augenbrauen und die gleiche cremeweiße Haut unter dem dunklen Schleier. Omar flüsterte heiser: »Sie sieht genauso aus wie sie. Wie aus dem Gesicht geschnitten.«

Wir fuhren jeden Tag mit diesem Bus, außer am Sonntag; da fuhr der Bus erst nachmittags, und wir gingen die acht Kilometer zu Fuß. Auf dem Weg in die Stadt begegneten wir Gruppen afrikanischer Migranten in Begleitung christlicher Lagermitarbeiter; im Sonntagsstaat – Anzug und Hemd mit Kragen, die Frauen mit Hüten wie tropische Vögel – kamen sie aus der Kirche. An der Kreuzung standen matronenhafte Griechinnen und verteilten die Zeitschriften der Zeugen Jehovas auf Persisch, Urdu, Französisch und Englisch. Inzwischen genügte ihnen ein Blick, um zu erkennen, welche Sprache angezeigt war.

Ich hatte sie auf Persisch bekommen. Auf dem Titelbild loderten Flammen, doch im Text stand, dass Gott, weil er gut ist, seine Kinder niemals in der Hölle quälen wird.

»Das glauben die Muslime auch«, sagte Omar, als wir weitergingen. »Sie glauben, dass niemand für immer in der Hölle sitzt, denn Gott ist barmherzig.«

»Da hab ich ja Glück.«

»Aber zuerst musst du deine Sünden büßen.« Er lachte. »Keine Sorge, Bruder, ich lege ein gutes Wort für dich ein, damit du in den Himmel kommst.«

»Ich nehme die Schleuserroute.«

»Das gibt es drüben nicht.«

»Es gibt immer eine Schleuserroute.«

Firouz rief an und bestellte uns ins Café auf dem Sappho-Platz. Bei ihm saß die Ägypterin, eine untersetzte, hennahaarige Frau, die ihre Augen hinter einer Gucci-Sonnenbrille verbarg. Sie musterte uns kurz, während Firouz für sie ins Arabische dolmetschte, dann sagte sie, sie werde uns als Nächste auf den Weg bringen.

Später trafen wir uns mit den drei Iranern im Park hinter dem Theater. Sie waren frisch rasiert, trugen saubere Hemden und hatten sich drei identische Rollkoffer gekauft, das billigste Modell. Sie zeigten uns die Papiere, die sie von der Schleuserin bekommen hatten; Reza, der jüngste, hatte einen französischen Pass und war seinem Passfoto nicht besonders ähnlich, was ihn beunruhigte. Als ich den Namen vorlas, bedankte er sich – er hatte nicht gewusst, wie man ihn ausspricht.

»Keine Angst, das ist hundertpro«, sagte Firouz. »Die stellen keine Fragen. Am Airport haben sie einen, den sie schmieren.«

Firouz und Reza sollten am selben Abend an Bord gehen, Araschs Flug ging am nächsten Tag. Alle waren nervös, weil die griechischen Gerichte einen manchmal zu sechs Monaten Haft verurteilten, wenn man mit falschen Papieren erwischt wurde, und das bedeutete: Gefängnis auf dem Festland.

Wieder im Lager, sahen wir über uns ein Flugzeug, rötlich leuchtend im letzten Sonnenlicht, und waren sicher, dass sie an Bord waren. »Stell dir vor, wir säßen auch drin«, sagte Omar wehmütig.

Am nächsten Morgen rief er Firouz an und fragte, wie es gelaufen sei. Firouz berichtete. Die Schleuserin hatte sie am Flughafen abgesetzt. Sie gingen gemeinsam hinein und checkten ein; so weit alles gut, doch als die Securityfrau Rezas Pass durch die Maschine laufen ließ, runzelte sie erst die Stirn, ging dann weg und kam mit einem Polizisten zurück, der sie in ein Büro führte. Ein weiterer Beamter stieß dazu und sprach Reza auf Französisch an. Reza zuckte nur die Achseln, doch als ihm Handschellen angelegt wurden, fing er zu weinen an.

»Ist schon gut«, tröstete ihn der Bulle.

Er nahm ihnen die falschen Papiere ab, filzte sie und fuhr sie zurück zum Sappho-Platz, wo er ihnen die Handschellen abnahm und sagte, sie sollten Leine ziehen. Das war alles. Sie hatten Glück gehabt – ob Migranten angeklagt wurden oder nicht, hing anscheinend davon ab, wie beschäftigt die Bullen und Gerichte am jeweiligen Tag waren.

Die Ägypterin ging nicht ans Telefon. Die Iraner waren achthundert Euro los, plus die zweihundert, die sie fürs Hotel bezahlt hatten. Firouz kochte vor Zorn und ging zur nächsten Polizeistation, um sich zu beschweren. Dort lachten sie ihn aus.

Als Omar das Gespräch beendete und mir die Geschichte erzählte, war er sehr bedrückt. »Also sitze ich hier fest«, sagte er. »Das kann sechs Monate dauern.«

»Wir bleiben nicht hier«, antwortete ich. »Wir finden einen Ausweg.«

Er lächelte, sagte aber nichts. Wir wussten beide, dass ich nichts weiter hätte tun müssen als einen Anruf zu tätigen, um meinen Pass zurückzubekommen und das Lager zu verlassen, wann immer ich wollte.

Wenn wir im Lager auf unsere Bootsgefährten trafen, wechselten wir Blicke des Erkennens und teilten zwar keine Sprache, aber Gedanken. Die gemeinsame Überfahrt vereinte uns. Einmal zeigte uns ein syrischer Junge ein Video von unserer Rettung, das er mit dem Handy gemacht hatte. Die Kamera schwenkt von den gleißenden Scheinwerfern des norwegischen Kutters zu ihm und seinen Freunden, die staunend und glücklich grinsen, das dazugehörige Audio trieft vor Adrenalin. Ich bin ein dunkler verschwommener Fleck im Hintergrund. *Seine Macht war, dass er praktisch als Muttersprachler unter ihnen gelebt hatte,* schrieb Edward Said, *und auch als heimlicher Schriftsteller.*[236]

Die Mauer war auch in uns. Wenn der Bus am Morgen so hoch hinaufgefahren war, dass wir unter uns die Bucht sehen konnten, blickte ich von einem müden Gesicht zum anderen, bis auch mir die Tränen kamen, sodass ich den Blick auf die Reihe abgewetzter Sneakers senken musste, und es war, als leuchtete ich mit einer Lampe in einen Spiegel: So mochte es sich anfühlen, Gott zu lieben, doch in meinem Herzen wusste ich, dass es nur Mitgefühl war.

Es spielte keine Rolle, was ich empfand. Ich wünschte, ich wäre das Auge einer Kamera gewesen. Aber nachts kroch ich in unser Zelt und in meinen Schlafsack, verlangsamte den Atem und lauschte den Klangschichten: Omar neben mir, das Lachen eines Nachbarn, das Klirren von Löffeln und das Geräusch von Wasser, dann immer ferner, Kreis um Kreis, bis ich bei völliger Stille angelangt wäre. Dort würde ich Morias fünftausend Seelen hören.

16

Für sein Buch *Der Weg nach Wigan Pier*, eine düstere Schilderung britischer Armut in den dreißiger Jahren, reiste George Orwell zu den Minen und Slums des industriellen Nordens. *Es ist eine Art Pflicht, solche Orte hin und wieder zu sehen, besonders zu riechen, damit man nicht vergisst, dass es sie gibt.* Er appellierte weniger an das Mitgefühl seiner Leser als an ihre innere Aufrichtigkeit: Sie sollten etwas über sich selbst erfahren. Die Kohlengrube mit ihren brutalen Arbeitsbedingungen war *das absolut notwendige Gegenstück zu unserer Welt oben*, in der *alles, was wir tun, vom Eisessen bis zur Atlantiküberquerung*, vom fossilen Brennstoff Kohle abhing. Unsichtbare Ketten fesselten die elenden Hütten, die Orwell besuchte, an die feudalen Wohnzimmer der Leser. Orwell war zu der Zeit engagierter Sozialist, seine Argumentation aber entsprang keiner politischen Ideologie, ob radikal oder nicht. *Wenn man die Zivilisation, die sie hervorgebracht hat, gutheißt, darf man sie nicht übersehen.*[237]

Seit unserer Ankunft auf Lesbos hatten wir Sonnenschein gehabt, doch in unserer zweiten Woche zogen nachmittags Wolken auf, es begann zu nieseln, und abends setzte starker Regen ein, der die ganze Nacht, mal stärker, mal schwächer, auf den dünnen Zeltstoff über uns herunterprasselte. Wir lagen wach und spürten das Wasser in unsere Schlafsäcke eindringen.

Am Morgen hatte sich das Lager in einen Sumpf verwandelt. Etliche Zelte waren im Regen zusammengebrochen, andere hatten Sturzbächen im Weg gestanden. Meinem Magen ging es nicht gut, und ich machte mich zu den Toiletten auf. Vor den Essenszelten standen schon die Ersten um das Frühstück an. Hügelabwärts nahm der Gestank zu: verrottender Müll, ungewaschene Leiber und, alles überlagernd, Scheiße, aus der die Linsen und Zwiebeln vom Vorabend herausrochen. In den unteren Bereichen des Lagers standen knöcheltiefe Pfützen Schmutzwasser. Ich stellte mich in die Schlange vor den Männerklos und zündete mir eine Zigarette an, inhalierte und fing sofort zu husten an, in meinem Kopf pochte es; ich war eigentlich nie ein richtiger Raucher gewesen, hatte mich aber, seitdem wir unterwegs waren, an Omar angepasst, der mehrere Päckchen am Tag wegrauchen konnte. Und Zigaretten halfen wirklich – gegen den Gestank und gegen den Hunger.

War man erst drinnen, wurde es noch schlimmer; es half nichts, durch den Mund zu atmen, der Gestank heftete sich an alle Schleimhäute. Eine einzelne Glühbirne beschien die versifften Böden und Wände. Links gab es Waschbecken und sechs Spiegel, von denen vier zerbrochen waren. Rechts war aus Blech eine Reihe Kabinen zusammengeschraubt. Der Beton quatschte unter meinen Schuhsohlen, als ich eines der Hockklosetts betrat. Papier gab es nicht, aber einen im Dreck liegenden Wasserschlauch. Ich verriegelte die Tür, ließ meine Hose so herunter, dass ich den Stoff zwischen den Knien zusammenraffen konnte, damit beim Hinhocken ja nichts den Boden berührte. Mit angespannten Oberschenkeln senkte ich mich dem Loch entgegen.

Wirksamer Grenzschutz ist nichts für Zartbesaitete, hatte einen Monat zuvor der frühere australische Premierminister Tony Abbott zu einigen Politikern gesagt, als sie im Prager Palais Lobkowitz tagten. *Sie müssen der Überzeugung jener, die Einlass begehren, mit größerer Überzeugung begegnen, dass Sie das Recht haben, nein zu sagen.*[238]

Abbott pries Australiens pazifische Lösung, bei der Asylsuchende auf See von der Marine abgefangen und zur bürokratischen Weiterbearbeitung auf abgelegene Inseln gebracht wurden, wo sie jahrelang in Lagern sitzen mussten, zerstochen von Mücken, die Überträger des Dengue- und des Zikavirus waren.[239] Manche wurden am Ende in ein Drittland weitergeschickt, aber niemand, so berechtigt der Asylanspruch sein mochte, durfte sich in Australien niederlassen. Die Politik stieß bei einer Mehrheit der Australier auf Zustimmung und hatte sich als effizient erwiesen; 2013 waren zwanzigtausend Menschen gekommen, 2015 kein einziger mehr.[240] Masseninhaftierung ist auch eine Antwort auf Massenmigration.

Europa steht vor Herausforderungen von einer anderen Größenordnung, und die Geographie ist eine andere, sagte Abbott, *aber mit dem richtigen Willen und der entsprechenden Organisation gibt es keinen Grund, weshalb Sie nicht ähnliche Erfolge erzielen sollten.*

Ich stand zitternd draußen vor dem Toilettenblock und zündete mir eine weitere Zigarette an. Die Schlange war jetzt länger und zog sich über die trockenen Inseln in der Jauche. Ich zählte sieben Kabinen im unteren Block und weitere zwölf ein Stück höher; ein dritter Block war derzeit nicht benutzbar – die Wasserversorgung des Lagers fiel oft ganz aus. Neunzehn Toiletten für mehrere Tausend Männer, dazu noch ein paar Dixiklos. Die Frauen hatten ihre eigenen Toiletten, aber bei Dunkelheit waren sie nicht mehr sicher, sowenig wie die Felder außerhalb des Zauns.[241]

Ich ging zurück, den Hügel hinauf, und mein Husten stimmte in den Hustenchor ringsum ein. Ich hatte Halsschmerzen, und es fühlte sich an, als brütete ich etwas aus. Im Lager ging irgendeine Atemwegserkrankung um, vielleicht Grippe. Vor allem die Kinder hatten geschwollene Augen und Hälse. Moria hatte bereits Ausbrüche von Krätze und Windpocken erlebt,[242] und wir alle waren übersät mit Insektenstichen und Hautausschlägen.

Internationale Massenmigration ist eine Folge extremer globaler Ungleichheit, schrieb der britische Ökonom Paul Collier. *Das ein-*

undzwanzigste Jahrhundert werde noch viel mehr Migrations-
bewegungen erleben, weil die Leute dank fortschrittlicher Technik
leicht sähen, wie es anderswo ist, und dann hinreisen könnten. *Aus
diesem Grund sind Migrationsbeschränkungen keine peinlichen Aus-
wüchse an Nationalismus und Rassismus, sondern in allen wohlhabenden Gesellschaften immer wichtiger werdende Werkzeuge der
Sozialpolitik.*

Wenn Grenzen das notwendige Gegenstück einer ungerechten
Welt sind, dann, glauben manche wie Collier, der für seine Arbeit
über Afrika in den Ritterstand erhoben wurde, wird das Wachstum
dank globalem Kapitalismus diesen Graben zwangsläufig schließen.
*Massenmigration ist daher kein dauerhaftes Merkmal der Globali-
sierung,* schloss Collier, *sondern eine temporäre Reaktion auf eine
hässliche Phase, in der Wohlstand noch nicht globalisiert ist.*[243]

Nationen wie China haben sich tatsächlich dem Westen an-
geglichen, andere hingegen wurden noch weiter abgehängt, zumal
in Afrika, in dem wahrscheinlich um die Mitte des Jahrhunderts ein
Viertel der Weltbevölkerung leben wird.[244] Wenn wir das Problem
absolut betrachten, werden wir, um die Art von Armut zu beenden, die hinter Massenmigration steht, den Umfang der globalen
Wirtschaft um ein Vielfaches vergrößern müssen – und damit auch
unseren Ressourcenverbrauch und die Erzeugung von Abfall aller
Art, worunter auch Treibhausgase fallen –, es sei denn, wir nehmen
eine radikale Umverteilung vor, denn momentan ist es so, dass nur
ein kleiner Bruchteil des neu generierten Reichtums den Armen
zugutekommt.[245]

Mit der Erderwärmung steigt der Meeresspiegel. Eines der ersten
Länder, die dann untergehen, werden wahrscheinlich die Maledi-
ven sein, ein tief liegender Inselstaat im Indischen Ozean, dessen
ehemaliger Präsident Mohamed Nasheed erklärte, wenn die reichen
Länder ihre CO_2-Emissionen nicht drastisch reduzierten, müssten
die Malediver fliehen, was die Menschen im Westen vor die Wahl

stelle: *Ihr könnt uns hereinlassen, wenn wir in unseren Booten vor euren Küsten auftauchen. Oder ihr könnt uns erschießen, wenn wir in unseren Booten vor euren Küsten auftauchen. Ihr entscheidet.*[246]

Die Grenzlager der reichen Welt werden eine dritte Option eröffnen.

Während unseres Aufenthalts in Moria fand das islamische Aschura-Fest statt, und in den Reihenunterkünften oberhalb unserer Gasse veranstalteten die schiitischen Bewohner eine Trauerzeremonie im Hof, die allen offenstand; es kamen auch einige der christlichen Ehrenamtlichen, um das Ritual zu sehen, bei dem das Massaker an Imam Husain und seinen Anhängern in der Schlacht von Kerbala im Jahr 680 betrauert wird. Auch ich war unter den Zuschauern, während an die hundert Männer wehklagend die eine Hand hoben und sich mit der anderen zeremoniell an die Brust schlugen, immer abwechselnd, und auf ihrer nackten Haut zeigte sich rot der Abdruck der schlagenden Hand, Zeichen eines kollektiven Traumas.

So gelangten Bruchstücke früherer Einigkeit, zurückgelassener Heimat und Sprache nach Moria, und trotz des brutalen Lagerchaos verwoben sich die Menschen hier aufs Neue miteinander. Die afghanischen Familien, die im Container nebenan wohnten, hatten Verwandte und Freunde unter den *kutsche*-Bewohnern, und zu den Essenszeiten reichten sie uns Extrarationen durch den Zaun, damit wir uns nicht anstellen mussten. Ihre Kinder wanderten oft allein durch die Gasse, aber alle hatten ein Auge auf sie, und es bestand kein Grund zur Sorge. Zwei kleine Hazara-Mädchen spielten gern auf der Böschung über uns; mit ihren identischen schwarzen Stirnfransen hätten sie Japanerinnen sein können. Ich hörte sie von unserem Zelt aus:

»Salam, Lehrer!«

»Salam. Jeder hat zehn Tage Ferien wegen Eid.«

»Echt? Hab ich auch Ferien?«

Jede Woche trafen hundert neue Flüchtlinge auf Lesbos ein. Unsere Gasse war vor Überfüllung kaum noch betretbar. Immer neue Zelte krochen den Hügel hinauf wie die Slums in Kabul. Nachts landeten die Boote, und am Morgen sahen wir die Neuankömmlinge feucht und erschöpft im Empfangsbereich sitzen, wo auch wir gesessen hatten. Wenn sie herauskamen, stellten alle immer dieselbe Frage: »Wie kommen wir nach Athen?«

Auf dem Rückweg vom Frühstück wurde Omar von zwei jungen Afghanen nach dem Weg zum Essenszelt gefragt. Zalmai war zwanzig, groß und schlaksig; sein Cousin Radscha war elf und sah aus wie ein schmollmündiger Kinderstar. Fünf Tage zuvor waren sie im Morgengrauen mit sechzehn anderen in der Türkei an Bord eines kleinen hölzernen Schnellboots gegangen, das so heillos überladen war, dass die Bordwände kaum über das Wasser ragten. Zu ihrem Glück ging an diesem Tag kein Wind, das Meer war ruhig.

Ursprünglich aus Mazar-e Scharif in Nordafghanistan stammend, waren sie auf eigene Faust hier in Moria. Radschas Mutter – Zalmais Tante mütterlicherseits – hatte ihren Sohn seinem älteren Cousin anvertraut und ihnen eingeschärft, sie müssten es unbedingt nach Deutschland schaffen, wo Radschas ältere Brüder Asylantrag gestellt hatten. Weil der Junge ohne Eltern unterwegs war, wollte ihn die Lagerverwaltung als unbegleiteten Minderjährigen behandeln und in einen abgesperrten Schlafsaal im inneren Bereich stecken. Zalmai aber beharrte darauf, dass er der rechtmäßige Vormund des Jungen sei, woraufhin man sie vier Tage im Empfangsbereich festhielt und Druck auf Zalmai ausübte, damit er den Jungen hergab. Eine junge Sozialarbeiterin setzte sich zu Radscha, hielt seine Hand und beschmeichelte ihn in gedämpftem Ton, in den Bereich für Minderjährige mitzukommen. Dort seien andere Kinder, sagte sie, außerdem würden Unterbringungen für sie in Athen gesucht. Sobald sie bereit seien, werde man ihn nach Athen schicken.

»Sag, was du drauf gesagt hast«, forderte Zalmai ihn auf.

Radscha verschränkte die Arme und schob die Unterlippe vor: »Nein!«

Omar und ich lachten. Natürlich wollte der Junge nur mit seinem Cousin zusammenbleiben und wusste nichts von den Selbstmordversuchen im Bereich für Minderjährige,[247] der im Grunde nichts anderes als ein Gefängnis war. Am Ende gab die Verwaltung nach und registrierte Zalmai offiziell als Radschas Vormund. Ihr Zelt stand weit oben, in einer pakistanischen Umgebung, und wir halfen den beiden, es in unsere Nähe in die *kutsche* zu verlegen.

Zalmai und Radscha wollten uns gern in die Stadt begleiten. Zu viert stiegen wir in den Bus und gingen vom Sappho-Platz zur Schwimmplattform bei der Fähranlegestelle. Die Sonne schien wieder, und die Freiheitsstatue strahlte über uns. Die Gang aus unserer Gasse fehlte, und ausnahmsweise waren mehr Griechen anwesend als Flüchtlinge. Wir sahen einer Gruppe älterer Schwimmer zu, die sich Badekappen und Schwimmbrillen aufsetzten und nach ein paar Lockerungsübungen ins Wasser sprangen, wo sie flink wie Fische wurden.

Auch wir sprangen hinein, nur Radscha nicht, weil er nicht schwimmen konnte, obwohl seine Familie nicht weit vom Ufer des Amudarja wohnte, an der Grenze zu Usbekistan. Gegenüber ihrem Jüngsten war seine Mutter überfürsorglich gewesen.

»Keine Sorge, ich bring's dir bei«, sagte Omar.

Als wir nach dem Schwimmen beisammen saßen und uns trocknen ließen, nahte ein eulenhaft aussehender älterer Mann auf dem Fahrrad. Er begrüßte die anderen Griechen, ließ den Blick über die nahezu leere Plattform schweifen und kam auf Zalmai zu, der das unter der Dusche gewaschene T-Shirt auswrang.

»Das ist keine Wäscherei!«, schrie er auf Englisch.

Zalmai errötete und stotterte: »Es tut mir wirklich, wirklich leid.«

»Ihr nehmt uns den ganzen Platz weg, wir können hier nicht mal schwimmen! Ihr sollt auf diese Seite gehen.«

Zalmai fuhr fort, sich zu entschuldigen, was den Griechen etwas besänftigte.

Omar sprang ihm bei. »Es tut mir leid, *sir*. Wir sind hierhergekommen, weil wir sonst nirgends hinkönnen.«

»Wenn ich in eurem Land wäre, dürfte ich auch nicht überall herumlaufen, das weiß ich.«

»Tatsächlich, *sir*, werden Ausländer in unserem Land respektiert. Wir haben kein Problem mit ihnen.«

»Nein, ich dürfte es nicht, weil ich Christ bin. Ein Ungläubiger. Ich meine nicht euch persönlich, aber ihr habt schon ganz schön viele Religionsfanatiker bei euch.«

Omar fehlten die Worte.

»Jetzt können wir hier nicht mal zum Schwimmen kommen. Ich habe Angst. Keine Ahnung, was für Absichten ihr habt! Es hat etliche Vorfälle gegeben, und die Leute fürchten sich. Ihr verbraucht hier jede Menge Wasser«, sagte er, auf die Dusche deutend. »Wir zahlen dafür. Wir zahlen Steuern. Hier ist Wirtschaftskrise. Ich bin ein gebildeter Mann, aber seit sechs Jahren arbeitslos.«

Er warf einen Blick über die Schulter zu den anderen Griechen, die zuschauten.

»Ist nicht eure Schuld. Es steht jemand hinter euch, der diese ganzen Probleme verursacht.« Er gestikulierte in Richtung Osten, zur Türkei hin. »Die Türken machen einen Haufen Geld mit euch. Das ist nichts anderes als Menschenhandel, zweihundert Prozent illegal.«

Er seufzte und blickte auf Radscha und mich.

»Sag ihnen, es ist nicht persönlich gemeint. Ich weiß nicht, ob sie mich verstehen. Wir wollen einfach respektiert werden. Im Grunde sind wir in der gleichen Lage. Wir stecken beide in etwas fest, das viel größer ist als wir.«

Später, als ich mit dem Duschen an der Reihe war, kam der Mann noch einmal und sah mir beim Einseifen zu.

»Du darfst hier keine Seife verwenden«, sagte er. Er trug ein Rhodesierritter-T-Shirt.

Ich sah ihn verständnislos an. »*No English.*«

Er schüttelte den Kopf und bestieg sein Fahrrad.

Bei Sonnenuntergang stiegen wir zur Festungsruine oberhalb des Hafens hinauf, wo eine Gruppe, die sich No Border Kitchen nannte, oft Essen ausgab, Pappbecher voll Reis und Kichererbsen mit Kreuzkümmel und Nelken. Beim ersten Mal war Omar sehr angetan gewesen und hatte zwei Portionen verdrückt. »Viel besser als der Lagerfraß«, erklärte er. »Vielleicht haben sie morgen Huhn.«

»Omar, das sind Veganer«, sagte ich.

»Was ist das?«

»Sie essen nur Gemüse.«

Er schüttelte den Kopf und lachte. Von da an nannte er sie No Border Chicken. Sie waren eine Truppe vorwiegend deutscher Aktivisten mit Tattoos und Dreadlocks und, soweit wir sehen konnten, die Einzigen, die sich um die Männer im Wald unterhalb der Burgruine kümmerten, Pakistaner und Araber, die abgelehnt und zur Abschiebung vorgesehen waren. Vor einigen Tagen war es in der Warteschlange vor dem No-Border-Transporter zu einem Handgemenge zwischen den beiden Gruppen gekommen, doch als wir Zalmai und Radscha herbrachten, war alles ruhig, und es war genug da, sodass sich jeder, der wollte, eine zweite Portion holen konnte. Omar holte sich eine dritte.

Weil es ein milder Abend war, beschlossen wir, zu Fuß ins Lager zurückzukehren. Im schwindenden Licht kraxelten wir unterhalb der Burgmauern den Hügel hinunter und gingen weiter zum alten Hafen, vorbei an den Touristen in den Fischtavernen. Bis wir die Landstraße erreichten, war es dunkel. Vor uns waren ebenfalls Leute unterwegs, andere Gruppen, die nach Moria zurückkehrten und bewegte Schatten im Scheinwerferlicht vorbeifahrender Autos warfen.

Zalmai erzählte, er habe in Mazar Medizin studiert, sich aber auf den Weg nach Europa gemacht, als die Grenze offen war. Ein knappes Jahr war er schon fern der Heimat. Er hatte es bis in die Türkei geschafft und die Überfahrt versucht, doch sein Boot war zweimal abgefangen worden. Als die Grenze geschlossen wurde, gab er auf und kehrte nach Istanbul zurück, wo er einen Job in einem Restaurant fand. Dann kamen Radscha und seine Mutter mit dem Flugzeug aus Afghanistan; sie suchte ärztliche Behandlung ihres Diabetes und war entschlossen, ihren Jüngsten zu seinen älteren Brüdern nach Deutschland zu schicken. Ihr Mann hatte einen lukrativen Posten beim Zoll an der usbekischen Grenze, und sie bot Zalmai an, seine Reise zu bezahlen, wenn er dafür Radscha mitnahm. So kam es, dass unsere neuen Freunde das Geld für einen Schleuser aufs Festland hatten. Omar setzte ihm auseinander, wie schwierig es war, legal abzureisen.

»Zuerst kriegen die Syrer und Iraker Asyl, alle anderen müssen warten«, sagte Omar. »Gerechtigkeit gibt's hier nicht. Das Gedöns der Europäer von Menschenrechten und so ist Blödsinn.«

»Gäbe es nur eine Brücke oder ein Tunnel von dieser Insel«, sagte Zalmai.

»Es geht nur mit dem Schiff oder dem Flugzeug.« Er sei nicht verrückt genug, um sich unter einem Lkw zu verstecken, sagte Omar, aber er überlege, sich bei einem Schleuser falsche Papiere zu beschaffen. Trotz des Risikos, im Gefängnis zu enden.

»Wir sind bereit, alles zu versuchen«, sagte Zalmai. »Radscha, pass auf, geh nicht auf der Straße.«

Ich sagte dem Jungen, er solle neben mir gehen.

»Wie läuft es so?«, fragte ich ihn.

»Nicht schlecht, aber ich glaube, ein verwöhntes Kind käme hier nicht so gut klar«, sagte Radscha. »Als wir ankamen und die Leute sagten: Willkommen im Knast von Griechenland, hätte ich fast geweint. Aber man gewöhnt sich.«

Radscha, erfuhr ich, fürchtete sich nur vor dreierlei: vor Hunden, Katzen und Hühnern. Und seine Mutter ließ ihn nicht im Amudarja schwimmen. Dabei war er schon Auto gefahren, mit hundert Sachen auf der Autobahn nördlich von Mazar. Wie schnell ich schon gefahren sei?

»Wahrscheinlich ungefähr genauso schnell«, sagte ich.

»Was für ein Auto hast du in Kabul gehabt?«

»Gar keins, ich bin immer bei Omar mitgefahren.«

Der Junge schwieg eine Weile. »Wenn wir nach Deutschland kommen, werden wir's gut haben, oder? Wir schauen uns Sehenswürdigkeiten an und essen im Restaurant. Haben sie dort afghanisches Essen? Und du kannst meine Brüder und den Rest der Familie kennenlernen.«

Die Straße verlief landeinwärts und führte uns durchs Dorf. In der Ferne waren schon die Lichter des Lagers auf dem Hügel zu sehen. In einem Garten rannte ein junger Schäferhund knurrend zum Zaun, als wir daran entlanggingen. Andere Häuser standen leer, manche mochten Sommerhäuser sein, aber es gab auch noch steinerne alte Villen aus osmanischer Zeit, von denen manche Ruinen waren.

»Dieses Haus dort – darin sind bestimmt Dschinns«, sagte Radscha. »Würdet ihr da reingehen?«

»Ich schon«, antwortete Omar. »Ich hab mal auf einem Friedhof übernachtet.«

Zalmai spielte uns mit seinem Handy Musik vor, Liebeslieder von Ahmad Zahir und Nasrat Parsa, dann einen Klassiker von Farhad Darya, bei dem wir im Gehen laut mitsangen:

Aus diesem Exil, von dieser Wanderung,
Aus dieser Einsamkeit, aus diesem Gefängnis –
Nach Kabul-dschan, nach Kabul-dschan, salam![248]

Am Samstag verteilten Aktivisten auf dem Sappho-Platz Flugblätter, die auf Englisch und Persisch der EU und der afghanischen Regierung vorwarfen, Flüchtlinge zu kaufen und zu verkaufen. Im vorigen Winter, den Omar und ich noch in Kabul verbracht hatten, war der deutsche Innenminister zu Besuch gekommen und hatte mit seinem afghanischen Amtskollegen eine Pressekonferenz gegeben; beide Männer waren fast verdeckt von einem Gesteck aus Rosen, Flieder und Krokussen, das vor ihnen auf dem Tisch aufgebaut war. Deutschland, hatte Thomas de Maizière gesagt, sei willens, im Land zu bleiben und Afghanistan zu helfen, aber die Afghanen müssten zu Hause bleiben – zu viele kämen aus wirtschaftlichen Gründen nach Europa. *Vom menschlichen Standpunkt aus verständlich*, sagte er, *aber das gibt ihnen kein Recht auf Schutz.*[249] Nun hatte die Regierung unter Präsident Ghani nach viel Überredung den Joint Way Forward unterzeichnet, den Plan für ein gemeinsames Vorgehen Afghanistans und der EU in Migrationsfragen, mit dem sich Afghanistan bereit erklärte, abgeschobene Landsleute zurückzunehmen.[250]

Gegen Abend, als sich die Restaurants um den Platz mit Gästen und Musik füllten, kreuzten die No-Border-Leute mit ein paar afghanischen Familien auf und protestierten mit Sprechchören gegen das neue Abkommen:

»Öffnet die Grenzen!« – »Moria ist ein Knast!«

»Afghanistan ist nicht sicher!«

Wir vier standen am Fuß der Sappho-Statue und schauten zu. »Eigentlich müssten wir das ganze Lager zum Protest mobilisieren«, sagte Zalmai. Er überlegte eine Minute und seufzte. »Nein, sie werden uns nie weglassen. Das ist ja die beste Methode, um die Leute fernzuhalten.«

Die Kunde von den entsetzlichen Zuständen auf den Inseln hatte Migranten bereits veranlasst, auf andere Routen auszuweichen, etwa über Land und die türkisch-griechische Grenze, aber für uns war es zu spät. Wir gingen in den Park hinter dem Theater, in dem sich Migranten gern aufhielten, und kauften uns an einem Kiosk anderthalb Liter Wein zu drei Euro plus eine Cola für Radscha. Als wir die Flasche herumgehen ließen, erwachte Omar, der in letzter Zeit verdrießlich und wortkarg gewesen war, zu neuem Leben und begann wieder von seinen Abenteuern in Kabul zu erzählen, von der vielen Kohle, die er mal bei USAID verdient hatte, von den Phasen, in denen er pleite gewesen war, und von dem Mädchen, für das er um die ganze Welt und zurück gehen würde.

»Das Leben, das sind nur zwei Tage, Brüder«, sagte er seufzend. »Der Tag, an dem man geboren wird, und der Tag, an dem man stirbt.«

Ein Eritreer, eine Bierflasche in der Hand, taumelte zu uns herüber.

»Was für ein Mensch ist euer Präsident?«, schrie er auf Englisch. »Er verkauft euch!«

»Recht hast du!« Omar sprang auf und schüttelte die Faust.

Alle fluchten abwechselnd auf Präsident Ghani, der gegenüber der BBC gesagt hatte, er habe *kein Mitgefühl* mit den Migranten, die *unter dem leisesten Druck schon wegwollen*.[251]

»*Benamus!*«

»Seine Kinder leben in Amerika, aber wir sollen nach Afghanistan zurück«, schimpfte Zalmai. »Wirklich, ein Ehrloser!«

Als wir die erste Flasche geleert hatten, holten wir uns eine zweite. Der Wein wurde zunehmend süffig. Wir schafften gerade noch den letzten Bus, in dem ich einen erschrockenen Kameruner auf Französisch anquatschte, das ich angeblich von Soldaten in Kabul gelernt hatte. Zalmai hängte sich in seinen Haltegriff und beobachtete mich. Er war der Einzige, der je von Angesicht zu Angesicht meine Geschichte angezweifelt hatte. Einmal, als wir ohne die anderen unterwegs gewesen waren, hatte er mich in entschuldigendem Ton gefragt, warum ich mich vom Akzent her ein bisschen wie ein

Ausländer anhöre. Ich deckte meine Lüge mit einer zweiten Lüge zu, die ich mir für solche Fälle zurechtgelegt hatte: Tatsächlich sei ich in Malaysia aufgewachsen, wo mein afghanischer Vater Arbeit gefunden habe, aber dann sei er gestorben, und wir seien nach Kabul abgeschoben worden. Ich wolle nicht, dass die anderen Migranten Bescheid wüssten, fügte ich hinzu. Ich hätte noch weitere Details parat gehabt, aber Zalmai war schon zufrieden.

»Klar, jetzt verstehe ich«, sagte er und klang erleichtert. Vielleicht hatte er das Gefühl, dass ich ihm gegenüber aufrichtig war, irgendwie.

Aufgemuntert wurden wir von einer recht guten Nachricht: Unser Freund Yousef, ein witziger Syrer mit schiefem Lächeln, war entkommen. Er versuchte schon seit einer ganzen Weile, zu seiner Verlobten durchzudringen, die als Flüchtling in Schweden war. Als Omar und ich ihn am Hafen kennengelernt hatten, war eben sein vierter Fluchtversuch gescheitert: Erst hatte Yousef versucht, unentdeckt auf die Fähre zu gelangen; dann wurden er und ein Freund in einem Lkw erwischt; dann hatte er es mit gefälschten Asylunterlagen probiert; und schließlich war er mit einem bulgarischen Ausweis am Flughafen festgenommen worden. Zu seinem Glück ließen die Bullen Syrer in der Regel einfach laufen.

Und eines Tages kam eine Nachricht von ihm: Er war in Athen. Yousef konnte nicht viel Englisch, aber er schickte mir eine ganze Kette von Emojis, die bildlich schilderten, wie er es dorthin geschafft hatte. Er hatte sich ein Ticket für die Fähre gekauft und sich noch einmal gefälschte Papiere besorgt – aber als es Zeit war, an Bord zu gehen, hatte ein segensreicher Wolkenbruch die Bullen davon abgehalten, zum Kontrollieren eigens herauszukommen …

Omar setzte unterdessen Himmel und Hölle in Bewegung, um einen Ausweg zu finden. Im Lager gab es jede Menge Leute, die Geld hatten, aber die Schleuser hatten Schwierigkeiten, sie von der

Insel fortzubringen. Die Jungs von der Gasse schmiedeten Pläne, wie wir uns in einem Lieferwagen versteckten und mit ihm auf die Fähre kämen; das Vorhaben fiel aber schnell durch, und nun war die Rede von einem Schleuser, der ein Privatboot hatte. Aber auch daraus wurde nichts. Die Iraner, die auf die Ägypterin gesetzt hatten, waren demoralisiert von ihrem Fehlschlag und hatten keinen Plan B. Eine Option aber gab es, die wir noch nicht probiert hatten: Haddschi, der Schleuser in Istanbul, der uns dieses Schlamassel eingebrockt hatte. In unserer dritten Woche im Lager entschloss sich Omar, wenn auch widerstrebend, es noch einmal mit ihm zu versuchen.

»Ah, ich habe schon auf euren Anruf gewartet!«, sagte Haddschi. Er entschuldigte sich für das kleine Missverständnis am Strand und sagte, er kenne einen in Athen ansässigen Schleuser, der uns für zwölfhundert Euro pro Kopf mit falschen Papieren rausholen könne. Damit es sich für ihn auch rentiere, sollten wir mindestens vier Kunden auftreiben.

»Wir *sind* vier«, sagte Zalmai, als Omar es ihm erklärt hatte.

Omar und ich wechselten einen Blick. Ich hatte für mich schon entschieden, dass falsche Papiere eine rote Linie waren, die ich nicht überqueren wollte, und wir hatten besprochen, dass ich eine Freundin anrufen würde, die mir meinen Pass brachte – den nicht verbrannten, in Triest deponierten, mit dem ich die Insel verlassen konnte. Sobald Omar in Athen wäre, würde ich als Matthieu zu ihm stoßen, woraufhin wir wieder gemeinsam abtauchen würden. Bis Italien war es noch weit.

»Habib kommt nicht mit«, sagte Omar.

Zalmai und Radscha sahen mich so enttäuscht an, dass ich ein schlechtes Gewissen bekam.

»Ich hab das Geld noch nicht parat«, sagte ich. »Aber hoffentlich kriege ich es bald, dann komme ich nach.«

276

Eines Morgens erwachten wir zum ersten Mal davon, dass Arbeiter Verbesserungen am Lager vornahmen. Auf der Krone des Zauns, der unsere Gasse vom Familienbereich trennte, montierten sie Halterungen, die der Anbringung von NATO-Drahtrollen dienten.

In Moria ging das Gerücht um, dass die Löcher im Außenzaun verschlossen würden und das Lager abgeriegelt. Angeblich würden ab sofort die Anträge aller Afghanen, die man ja jetzt dank dem neuen Abkommen abschieben konnte, innerhalb von zehn Tagen bearbeitet; ein paar Glückspilze dürften nach Athen weiterreisen, der Rest würde nach Afghanistan zurückgeschickt. Einer der Jungs vom Hafen behauptete, es seien mitten in der Nacht geheimnisvolle Busse voller Flüchtlinge angekommen, die auf die Fähre nach Kavala in Nordgriechenland verladen wurden.

Je näher der Winter rückte, desto verzweifelter suchten die Leute nach einer Möglichkeit zur Flucht aus dem Lager. Manche ließen sich von Schleusern in die Türkei zurückbringen; es gab Schnellboote, die ihre Passagiere absetzten und sofort neue von den Inseln an Bord nahmen. Eines Tages wanderten mehrere jugendliche UNHCR-Mitarbeiter mit Klemmbrettern durch unsere Gasse und sagten, sie führten eine Zählung durch. Anscheinend wusste niemand genau, wie viele Menschen in Moria lebten. Eine Gruppe von uns scharte sich um eine iranisch-dänische Frau, die Persisch sprach.

»Wozu machen Sie das?«, fragte Omar. »Werden Leute nach Athen geschickt?«

»Na ja, der Winter naht«, sagte sie. »Wir wollen euch schöne Sachen bringen.«

»Was zum Beispiel?«

»Vielleicht wärmere Zelte und Decken und solche Sachen.«

Als sie fort war, drehte sich Omar zu den anderen um und lachte: »Solche Versprechungen kenne ich – die haben wir auch gemacht, als ich Dolmetscher bei der NATO war.«

In der Tat legten die UN und die Regierung ein *Überwinterungs-*

programm für die griechischen Lager auf. *Es leben keine Flüchtlinge oder Migranten mehr in der Kälte*, verkündete der Migrationsminister Ioannis Mouzalas im darauffolgenden Januar.[252] Im selben Monat gab es auf Lesbos einen ungewöhnlichen Schneefall, der die kleinen Zelte zudeckte. Drei Männer starben an einer Rauchgasvergiftung, nachdem sie Müll verbrannt hatten, um sich zu wärmen.[253]

Niemand schien eine übergeordnete Verantwortung für Moria zu haben: Polizei, UN, Hilfsorganisationen, Ehrenamtliche und Frontex gehörten alle unterschiedlichen Hierarchien an. *Wollte man diese Kette zurückverfolgen, würde man womöglich auf Tausende von weiteren Bossen stoßen. Und alle würden immer das Gleiche sagen:* »*Der Boss hat es so angeordnet*«, schrieb Boochani über die Machtverhältnisse in seinem australischen Lager. Wenn niemand verantwortlich war, schloss er, *kann der Gefangene mit all seinen Gefühlen der Hoffnungslosigkeit nichts weiter tun als mit der Faust auf eine Containerwand einzuschlagen.* Eine Gewalt, die sich nach innen wandte, *eine seltsame Sehnsucht nach Blutvergießen, ein seltsamer Drang, sich selbst zu verletzen.*[254]

Ärzte ohne Grenzen prangerten einen *psychologischen Notstand*[255] auf den Inseln an: In ihre Klinik auf Lesbos kämen wöchentlich sechs bis sieben Migranten in akuten Krisensituationen – Selbstmordversuche, Selbstverletzung, Psychosen. Natürlich waren die Leute schon bei der Ankunft traumatisiert von Krieg und Schleppern, aber ich hatte den Eindruck, dass solche Taten auch einen politischen Aspekt hatten, wie die wiederholten Bitten, gesehen zu werden, die man seit der Grenzschließung in den Nachrichten hörte: *Warum töten sie uns nicht einfach?*, fragte eine Frau. *Bringt mich doch um!*, schrie ein Vater der Polizei entgegen. *Erschießt mich doch einfach!*[256]

Haddschi rief an, während wir in der Stadt waren, und sagte, sein Mann aus Athen sei auf der Insel und wolle uns in einer Stunde treffen. Einen Haken hatte die Sache allerdings: Omar und Zalmai würden schon am selben Tag auf den Weg gebracht, Radscha hingegen musste noch ein paar Tage warten und dann mit einer iranischen Familie als deren Kind reisen. Zalmai blockte sofort ab, doch Haddschi sagte, es sei zu riskant, wenn sie miteinander unterwegs seien – jemand könnte nach den Eltern des Jungen fragen.

Zalmai war niedergeschmettert. »Ich kann ihn doch nicht allein zurücklassen!«, sagte er. Eine Weile dachte er nach, dann sah er mich an. »Habib, ich kann ihn dir doch anvertrauen, oder?«

Oh, Scheiße, dachte ich, sagte aber: »Natürlich.«

Wie hätte ich mich weigern können, wenn ich doch angeblich hier festsaß, weil mir das Geld für einen Schlepper fehlte? Und es stimmte ja, Moria war kein Ort, an dem ein Kind allein sein sollte. Zalmai rief Radschas Mutter an, die wieder in Afghanistan war, und erklärte ihr die Situation: Habib, ein guter Muslim und Landsmann, werde sich während der zwei Tage, die sie getrennt seien, um ihr Kind kümmern. Zalmai lauschte eine Minute, dann reichte er mir das Telefon. »Sie will mit dir reden.«

Die Stimme von Radschas Mutter kam abgehackt wegen der schlechten Verbindung über Lautsprecher.

»Hallo? Herr Habib, sind das Sie?«

Wir wechselten Grußworte.

»Sind Sie sicher, dass Sie auf meinen lieben Radscha aufpassen können? Ich habe solche Angst um ihn.«

»Selbstverständlich, *khanom*.«

»Gott segne Sie, Sie sind wie ein Sohn für mich. Versprechen Sie mir, dass Sie sich um ihn kümmern.«

»Ich verspreche es.«

Ich gab Zalmai das Telefon zurück.

»Das ist also abgemacht«, sagte er. »Radscha bleibt bei Habib, bis er mit der iranischen Familie nach Athen geht. Du wirst Habib keinen Ärger machen, oder, Radscha?«

Radscha schüttelte den Kopf.

Nach einigen Stunden rief der Schleuser aus Athen an, und ich begleitete Omar zu dem Café, in das er uns bestellt hatte, wo ich mich als potenzieller Kunde ausgeben wollte. Der Schleuser, gepflegt, mit Lederjacke und rasiertem Kopf, saß auf der Terrasse. Er sei ursprünglich aus Herat, sagte er, lebe aber schon zehn Jahre in Griechenland, inzwischen mit legalem Aufenthalt. Ein weiterer Kunde von Haddschi, ein hagerer junger Afghane, dem die Haare über die Augen hingen, gesellte sich zu uns. Er saß mitsamt seiner Familie seit fünf Monaten auf Lesbos fest und zahlte Haddschi viertausendfünfhundert Euro, damit der ihn, allein, auf direktem Weg nach Deutschland brachte, wo er später Frau und Kinder nachkommen lassen wollte.

Der Schleuser bestellte eine Runde Eiscappuccino und flirtete auf Griechisch mit der Kellnerin. Er reichte ein Päckchen Camel herum. »Nachher kriegt ihr von mir eure Flugtickets und Papiere«, sagte er.

»Wir fliegen?«, fragte Omar. »Was ist mit der Fähre?«

Der Schleuser schüttelte den Kopf. »Zu viel Polizei. Am Flughafen ist es besser als auf der Fähre.«

Die Kellnerin brachte unsere Getränke. Als sie fort war, erklärte uns der Schleuser Grundriss und Anlage des Flughafens, außerdem die Gepäck- und Ausweiskontrolle. Wenn Omar und die anderen in Athen wären, müssten sie ihn anrufen, er werde dann jemanden schicken, der sie am Flughafen abhole und ins Safe House bringe. Omar und ein vierter Kunde, ein Iraner, der noch nicht da war, würden um sieben Uhr fliegen. Zalmai und der hagere jugendliche Vater sollten um zehn Uhr in das zweite Flugzeug steigen.

Der Schleuser zückte ein Bündel Fünfzigeuroscheine, zahlte unsere Getränke und schickte uns in den Park, wo wir auf ihn warten sollten. Eine halbe Stunde später kam er und überreichte Omar einen Umschlag mit Bordkarten und Ausweisen. Haddschi hatte Omar und Zalmai schon zuvor um biometrische Passbilder vor hellem Hintergrund gebeten, und tatsächlich machten die Ausweise einen hochwertigen Eindruck. Ein österreichischer Pass war für den Afghanen, der nach Deutschland reiste; ein ungarischer Personalausweis war für den Iraner, ein spanischer für Zalmai; und Omars Visage prangte auf einem litauischen Ausweis.

»Litauen?« Omar sah mich zweifelnd an.

Eins der blonderen Länder Europas, dachte ich, hielt aber den Mund.

Sie hatten den restlichen Tag, um sich vorzubereiten. Wir waren schon in einem der chinesischen Läden mit Billigklamotten gewesen; man erkannte sie an den ausgehängten Papierlaternen. Vor den Regalen hatten Omar und Zalmai debattiert, welches Outfit am wenigsten migrantisch aussah. Ein untersetzter Mann mittleren Alters mit Bürstenhaar heftete sich an unsere Fersen – ein Zivilbulle. Hatte er es nur auf Ladendiebe abgesehen, oder witterte er Fluchtabsichten? Wir gingen zum nächsten Chinesen. Dort entschied sich Omar für ein enges schwarzes T-Shirt und schwarze Jeans und erstand auch noch eine sündhaft teure Trolley-Tasche. Zalmai, der an seinem Rucksack hing, kaufte sich nur einen Hoodie. Zur Vervollständigung ihrer Erscheinung gelten sie sich das Haar und rasierten sich.

Im Park zogen sie sich um. Omar übte die Details seiner neuen Identität ein.

»Also, Vygaudas«, fragte ich ihn auf Englisch, »wo kommst du her?«

»Ich bin aus Wilnius.« Er sagte es mit englischem *w*, wie in *will*.

»Das spricht sich Vilnius aus.«

»Wilnius.«

»Vilnius.«

»Wilnius.«

»Vilnius!«

»Ich bin aus … Wwwilnius.«

»Na gut, passt. Wird schon klappen.«

Wir waren beide nervös. In wenigen Stunden wäre er in Athen oder im Knast.

Als es Zeit war, begleitete ich ihn zum Taxistand. Auf dem Weg dorthin kamen wir an einem Laden vorbei, der einen Ständer mit gebrauchten Taschenbüchern herausgestellt hatte, und ich kaufte Omar eine englische Übersetzung von Nikos Kazantzakis' *Rechenschaft vor El Greco.*

»Hier«, sagte ich und drückte ihm das Buch in die Hand.

Wir umarmten uns zum Abschied. »Wir sehen uns in Athen, okay?«

Er grinste und ging davon in seinem engen schwarzen Outfit, die Rolltasche hinter sich herziehend. Ich kehrte zurück in den Park, zu Zalmai und Radscha, wo wir auf einer Bank saßen und warteten. Nach einer halben Stunde dachte ich, er müsste jetzt durch die Sicherheitskontrolle sein. Kurz darauf vibrierte mein Telefon. Es war eine Nachricht von Omar: *Sie haben uns erwischt.*

Zum Flughafen, dessen Lichter wir von der türkischen Küste und unserem kleinen Boot aus gesehen hatten, war es nur eine zehnminütige Fahrt entlang der Küstenstraße. Vor dem Eingang bezahlte Omar den Fahrer und zog seine Trolley-Tasche durch die automatischen Türen. Der Flughafen auf Lesbos war sehr klein; im Sommer war hier viel Charterflugbetrieb aus ganz Europa, jetzt aber, außerhalb der Saison, war er sehr übersichtlich, und Omar entdeckte gleich den iranischen Jungen, mit dem er reisen sollte. Sie wechselten einen kurzen Blick. Weil noch Zeit war, rauchte Omar eine letzte Zigarette im Freien. Dann ging er zur Sicherheitskontrolle; eine Frau prüfte seine Bordkarte und den Ausweis, gab ihm beides zurück. Er betrat den Abflugbereich, setzte sich und war sicher, dass er es geschafft hatte. Doch nach einer Minute sah er den Iraner zwischen zwei uniformierten Polizisten. Sie kamen direkt auf Omar zu, und das war der Moment, in dem er seine Nachricht an mich absetzte: *Sie haben uns erwischt.*

Aber sie gingen an ihm vorbei und führten den Jungen in ein Büro. Omar saß da, das Taschenbuch ungeöffnet auf dem Schoß. Die Minuten verrannen. Das Flugpersonal rief zum Boarding. Er stand auf, folgte den anderen Passagieren zum Bus, der über die Rollbahn zum Flugzeug fuhr. Er fand seinen Platz. Als er saß, sah er den iranischen Jungen einsteigen, den einen Polizisten dicht hinter ihm, und wieder sank ihm das Herz in die Knie. Doch der Iraner setzte sich auf einen Platz im vorderen Bereich, der Polizist stieg wieder aus, und bald ging es los, die Maschine rollte zur Startbahn. Der Junge drehte sich suchend um, entdeckte Omar, grinste breit und hob den Daumen. Omar wandte verlegen den Blick ab und tat, als hätte er nichts bemerkt. Als die Maschine über die Startbahn raste, tippte er rasch eine zweite Nachricht: *Bin im Flugzeug, geschafft.*

Ich starrte auf Omars zweite Nachricht und traute meinen Augen nicht. War das wirklich er, oder war es irgendein Trick der Polizei? Eine Stunde später rief er vom Athener Flughafen an und sagte, er werde jetzt in den Zug steigen.

»Er ist in Athen!«, schrie ich und sprang von der Parkbank auf.

Zalmai strahlte. »Dann hab ich auch eine Chance«, sagte er.

Bald war auch für ihn Zeit zum Aufbruch. Radscha und ich blieben auf der Parkbank zurück. Jetzt war ich verantwortlich für das Kind. Mir war nicht wohl dabei, aber ich hatte die Hoffnung, dass er und Zalmai bald wiedervereint in Athen wären und ich mich auf den Weg zu Omar machen konnte. Meine Freundin, die Passüberbringerin, war schon auf einer Fähre zur Insel.

»Keine Sorge, Radscha – wenn du jetzt mit mir hier festsitzt, löse ich dich einfach bei deiner Familie aus, und wir gehen beide nach Athen«, sagte ich. Er grinste.

Eine junge Griechin fuhr auf dem Fahrrad vorbei, freihändig, und warf einen Seitenblick auf Radscha.

»Kannst du Wheelies?«, fragte er mich. »Ich kann's.«

Mein Telefon vibrierte. Es war Zalmai: *Wurde erwischt, bei Gott.*

Einen Moment lang saß ich da wie betäubt. Aber ich gab die Hoffnung nicht auf, dass es ihm vielleicht genauso erginge wie Omar und auch er es am Ende ins Flugzeug schaffte. So oder so mussten Radscha und ich den letzten Bus zum Lager erwischen.

Bei einem Gyrosstand auf dem Weg hielten wir an, und ich kaufte Radscha ein Hühnergyros im Pitabrot und mir ein großes Bier; ich hatte keinen Hunger. Ich sah ihm zu, wie er einzeln die Pommes herauspflückte, und fragte mich, in welches Schlamassel ich da hineingeraten war. Als der Junge aufgegessen hatte, erklärte ich ihm, was sein Cousin geschrieben hatte.

»Keine Angst, Radscha. Ich bin sicher, er kommt klar. Und ich lass dich nicht allein, bis er zurück ist.«

Er nickte und blickte über den Hafen zu dem dunklen Wasser, wo tagsüber die Fähre lag.

Bei unserer Ankunft im Lager stand vor dem Tor eine Gruppe Polizisten, denen man lieber aus dem Weg ging. Stattdessen schlichen wir uns weiter oben durch eines der Löcher im Zaun. Ich fürchtete, dass die Behörden auf die Idee kommen könnten, Radscha im Bereich für Minderjährige einzusperren – zu seinem eigenen Schutz –, falls sie erfuhren, dass sein Vormund gefasst worden war. Solange ich bei ihm war, würde niemand das Kind anfassen. Die Stimmung in Moria schien gereizter als sonst; Grüppchen von Männern standen in den Schatten zwischen den Lichtkegeln der Scheinwerfer. In der *kutsche* hörten wir von Demonstrationen und Zusammenstößen mit der Polizei, nachdem bekannt geworden war, dass die Asylinterviews um weitere zwei Monate zurückgestellt würden. Einige Eritreer waren festgenommen worden.

Ich brachte Radscha zu seinem Zelt und kroch in mein eigenes, das mir jetzt, da ich allein war, seltsam geräumig vorkam. Ich fragte mich, wie es Omar wohl in Athen erging, aber sein Telefon war aus. Und was war aus Zalmai geworden? Ein Hustenanfall schüttelte mich; die Erkältung wurde offenbar schlimmer.

Wir standen früh auf und fuhren mit dem Bus in die Stadt. Ich hatte vorsorglich meinen Rucksack dabei, falls wir abends nicht zurückkämen. Auf meinem Telefon keine Nachrichten; man musste davon ausgehen, dass Zalmai im Gefängnis war. Wahrscheinlich stand ihm eine sechsmonatige Haft bevor. Ich wollte dringend fort, nach Athen, aber ich konnte ja Radscha nicht einfach zurücklassen – nachdem ich seiner Mutter versprochen hatte, dass ich mich um ihn kümmern würde, war ich im Grunde mit einem Kind auf der Flucht. Einstweilen sah es so aus, dass Haddschi noch immer Radscha mit der iranischen Familie nach Athen zu schicken plante.

Der Junge trug es mit Fassung. Während wir im Park saßen, nahm er Anrufe von seiner Mutter und Haddschi entgegen. »Sie will dich sehen«, sagte Radscha und richtete die Handykamera auf mich. Ich winkte und bemühte mich, Zuversicht auszustrahlen.

Haddschi hinterließ ausufernde Sprachnachrichten für Radscha auf Viber: »Hab keine Angst, mach dir keine Sorgen, ich hol dich raus. Dass Zalmai erwischt wurde, war sein Fehler, meine Auslagen kann ich jetzt in den Kamin schreiben, aber sei's drum, du gehst nach Athen, und ich schätze, du bist dort auf dich gestellt.« Haddschi kicherte. »Aber keine Sorge. Wir können dich von dort nach Deutschland schicken, wenn du unbedingt dorthin willst.«

Radscha hielt sich das Handymikrophon vor den Mund und sprach seine Antwort: »Kein Problem, Haddschi, ich versteh schon, wir machen es so, wie du sagst, du weißt es besser als ich. Ich hab nur die eine Bitte, dass du meine Mutter anrufst und es ihr erklärst.«

Um uns die Zeit zu vertreiben, spazierten wir die Hafenkais entlang und sahen uns die alten Tanker an, die im Containerhafen lagen. Ein Stück weiter war ein Jahrmarkt mit Fahrgeschäften, und daneben hatten Roma ihr Lager aufgeschlagen, bestehend aus Zelten, die aussahen wie die aus Moria, und einigen bewohnten Limousinen. Ein kleines Mädchen schleppte einen Säugling herum, und eine ältere Frau rührte in einem Topf, aus dem es nach Bohnen und Zwiebeln roch.

Wir setzten uns auf eine Bank in der Nähe. Ein verschmerzbares Ungemach dieser Reise war, dass ich allem englischen Lesestoff hatte abschwören müssen – englische Lektüre hätte zur Figur Habib nicht gepasst. Aber ohne Omar und Zalmai brach ich ein und kaufte mir in der Stadt einen Roman, die englische Übersetzung von Elena Ferrantes *Tage des Verlassenwerdens*.

Die Hälfte hatte ich durch, als ich aufblickte und sah, dass Radscha gegen die Bank trat und ins Leere starrte. Das arme Kind langweilte sich. Aber was konnten wir miteinander unternehmen? Mir kam eine Idee.

Auf dem Sappho-Platz gab es ein Internetcafé, und dorthin gingen wir jetzt. Es war eine in violettes Licht getauchte Höhle mit mehreren Reihen Bildschirmen. Hinter der Theke plauderte ein Mädchen mit Anime-T-Shirt mit drei jungen Kerlen. Sie beäugte uns skeptisch, als wir eintraten.

»Habt ihr irgendwelche Computerspiele?«, fragte ich auf Englisch.

Sie runzelte die Stirn und wedelte mit ihrer Zigarette. »Über fünfhundert, würde ich sagen.«

Seit meiner Gaming-Zeit waren viele Jahre vergangen, heutzutage spielte man nicht mehr mit CD-ROMs, es war alles in der Cloud. Ich mietete zwei Computer nebeneinander, und wir trafen unsere Wahl. Radscha raste mit einem gestohlenen Lamborghini und einer großmäuligen Lindsay-Lohan-Doppelgängerin auf dem

Beifahrersitz durch Los Angeles und schoss nieder, was sich ihm in den Weg stellte, während ich mit einer für 7,62 Millimeter NATO ausgerüsteten SCAR auf Taliban schoss.

Auf diese Weise vergingen Stunden. Die verrauchte Luft brannte in meiner angegriffenen Lunge. Ich schwitzte und fror gleichzeitig. Es wurde später und später, Haddschi reagierte nicht mehr auf Radschas Nachrichten, und ich hatte Bedenken, ihn nach Moria zurückzubringen. Ein Blick auf mein Telefon verriet mir, dass die Freundin mit meinem Pass auf der Insel eingetroffen war. Ich wollte sie nicht mit Radscha überraschen, konnte den Jungen aber auch nicht allein in einem Hotel einquartieren. Andererseits brauchte ich unbedingt Ruhe; mein Kopf fühlte sich an, als wäre er nahe daran, abzufallen. Während ich noch überlegte, was zu tun sei, kam eine Nachricht von Zalmai: Er war aus dem Gefängnis frei.

Die Schleuser pflegten ihre Kunden in Gruppen auf den Weg zu bringen. Der Grund dafür mochte sein, dass manche Flüchtlinge sich auf einem Flughafen nicht zurechtfanden: Da sorgte man besser dafür, dass wenigstens eine Person in der Gruppe war, die Englisch konnte und sich auskannte, was allerdings eine verhängnisvolle Folge hatte: Wenn einer erwischt wurde, riss er die anderen mit.

Zalmai hatte es durch die Sicherheitskontrolle geschafft und sich gerettet geglaubt, aber von hinten tönte ein lauter Ruf, ein Polizist eilte auf ihn zu und legte ihm an Ort und Stelle Handschellen an. Er führte ihn ab und sperrte ihn in einen Raum, in dem schon der andere Afghane saß, der jugendliche Vater mit den langen Stirnfransen.

»Hast du mich verpfiffen?«, fragte Zalmai.

»Kein Wort habe ich gesagt, ich schwöre bei Gott.«

Ein Zivilbulle kam herein und fragte Zalmai auf Englisch, woher er sei.

»Spanien«, sagte Zalmai.

Der andere lachte. »Ich habe tausend Leute wie dich festgenommen.« Er redete ihn auf Spanisch an.

Bis zum folgenden Nachmittag wurden sie in ein Gefängnis gebracht, dann vor Gericht. Der andere Afghane, der in Kabul für ausländische NGOs gearbeitet hatte und gut Englisch konnte, fragte den Polizisten, der sie eskortierte, wie es jetzt weitergehe.

»Hängt vom Richter ab, aber wahrscheinlich kriegt ihr sechs Monate.«

»Was?« Der Afghane begann zu flehen. »Du hast versprochen, mir zu helfen!«

Der Bulle zuckte die Achseln. »Sag das dem Richter.«

Er hat mich doch verpfiffen, dachte Zalmai kochend vor Zorn.

In Handschellen wurden sie dem Richter vorgeführt. Der hatte eine Dolmetscherin, deren Englisch für Zalmai schwer verständlich war. Vor ihnen waren ein junger Afrikaner und eine Griechin an der Reihe, die am Abend zuvor an der Fähre festgenommen worden waren. Nachdem der Richter die Details des Falles gehört hatte, verurteilte er den Mann zu sechs Monaten, die Frau hingegen wegen Schleusung zu einem ganzen Jahr. Unter Tränen ließen sich beide abführen.

Dann forderte der Richter Zalmai auf, seinen Fall vorzutragen. Zalmai erklärte, er habe nur seinen Cousin aus den entsetzlichen Bedingungen des Lagers herausholen wollen, damit sie gemeinsam zu ihren Verwandten in Deutschland reisen konnten. Er bat den Richter, ihn um Radschas willen nicht einzusperren. Der Richter wiederum machte ihm Vorwürfe: Wie hatte er ein Kind einfach zurücklassen können?

Zalmai ließ beschämt den Kopf hängen, wie schon vor dem Rhodesierritter.

Wie sie durch die Dolmetscherin erfuhren, zog der Richter den Umstand in Betracht, dass es ihr erstes Vergehen war und dass sie aus einem kriegsgeschundenen Land kamen, sodass für beide das

Urteil lautete: sechs Monate Haft und eine Geldstrafe in Höhe von fünfzehntausend Euro, und wenn sie ein zweites Mal erwischt würden, bekämen sie ein Jahr.

Zalmai wurde schwindlig. Was sollte aus Radscha werden?

Der andere Afghane begann zu wehklagen. »Das können Sie mir nicht antun! Bitte! Ich bin Aktivist für die Zivilgesellschaft.«

Bei dem Ausbruch stutzte der Richter und beriet sich eine Weile mit der Dolmetscherin. Verlegen teilte sie den beiden Beklagten danach mit, ihre Strafe sei zur Bewährung ausgesetzt. Ins Gefängnis müssten sie erst, wenn sie ein zweites Mal festgenommen würden.

Am Abend brachten die Polizisten beide zurück ins Lager und ließen sie gehen. Zalmai hatte uns in der *kutsche* gesucht und mich angerufen, als er uns nicht fand. Am Telefon sagte ich ihm, er solle zur Bushaltestelle am Tor kommen und dort auf uns warten, ich würde ihm Radscha schicken, es sei ja nur eine kurze Fahrt ohne Umsteigen.

Ich ging mit dem Jungen zur Haltestelle am Sappho-Platz, wo wir auf den Bus warteten. Der Bus kam, Radscha stieg die Stufen hinauf und drehte sich zu mir um, als er merkte, dass ich nicht folgte.

»Kommst du nicht mit?«, fragte er verwirrt.

»Nicht gleich«, antwortete ich. »Grüß mir Zalmai.«

»Wir sehen uns bald«, sagte er und lächelte schläfrig. Er umarmte mich und verschwand im Bus. Ich schauderte; die Straßenlaternen schienen zu flackern. Ich wartete noch, bis der Bus, der den Jungen nach Moria zurückbrachte, außer Sicht war.

TEIL 4

Die Stadt

17

Ehe du kamst, war alles nur, wie es war, schrieb der Dichter Faiz Ahmed Faiz, *die Straße genau eine Straße, der Horizont fest, Begrenzung des Sichtbaren, ein Glas Wein nicht mehr als ein Glas Wein.*[257]

Omar blickte hinunter auf das Wasser tief unten, die im Dämmerlicht verblassenden weißen Narben der Wellenkämme. Zum ersten Mal flog er über Meer. Laila war überhaupt nie geflogen, aber er schwor sich, dass er sie eines Tages in ein Flugzeug nach Europa setzen und vom Krieg fortbringen würde. In weniger als einer Stunde hatte das Flugzeug die Ägäis überquert und setzte zum Landeanflug an. Omars Magen krampfte sich zusammen. Der Insel war er entronnen, aber er hatte Angst vor Polizeikontrollen am Athener Flughafen. Wenn sie herausfanden, dass er in Moria gewesen war, würde er auf der Stelle zurückgeschickt. Er tastete nach der Plastikkarte in seiner Tasche. Er war Litauer und hieß Vygaudas.

Den Blick geradeaus, reihte sich Omar in den Strom der Passagiere ein und trat durch die automatischen Schiebetüren ins Freie, wo er die kühle Luft einatmete und sah, dass es Nacht war. Er rief mich an, um mir die frohe Kunde mitzuteilen, dann sah er sich nach dem Zug in die Stadt um: Er musste den Flughafen rasch hinter sich bringen. Sein Telefon läutete. Es war der Schleuser. Die Anweisung hatte gelautet, dass Omar das Safe House in Athen aufsuchte und dort die litauische Identitätskarte zurückgab. Aber warum eigentlich? Der Schleuser hatte behauptet, die Plastikkarte gehöre einer anderen Person, was aber nicht sein konnte, denn das Bild darauf zeigte Omar. Und der hatte dafür gezahlt. Wahrscheinlich wollten sie ihn nur zwingen, weitere Dokumente für die Ausreise aus Griechenland zu erwerben. Und er brauchte diese Karte hier in Athen. Er ignorierte den Anruf.

Die Wegweiser führten ihn zu einer Rolltreppe und über eine Fußgängerbrücke. Am Automaten kaufte er sich einen Fahrschein, und als der Zug kam, stieg er ein und suchte sich einen Platz zwischen Reisenden und Gepäckstücken. Niemand beachtete ihn. Der Schleuser rief immer wieder an, bis der Zug in den Untergrund abtauchte und die Funkverbindung abriss. Omar wechselte die Linie, und als seine Haltestelle, Viktoria, angekündigt wurde, stieg er aus.

Der Viktoria-Platz in Athen ist Treffpunkt und Anlaufstelle nicht nur für afghanische Migranten in Athen. Omar stieg vom Untergrundbahnhof die Treppe hinauf und sah eine rechteckige Grünanlage, zwei mal vier Blocks, in der Mitte eine riesige Bronzestatue auf einem graffitibesprühten Sockel, ein Kentaur, der eine sich windende, von Taubenkot gestriemte Nackte entführte. Auf den Holzbänken ringsum saßen Männer in Gruppen zusammen und unterhielten sich auf Persisch. Omar fragte sich durch und hatte bald, wonach er suchte: ein *khabgah*.

Die Wohnhäuser rund um den Viktoria-Platz waren voller Absteigen für Migranten, wo man für fünf Euro pro Nacht einen Platz auf dem Sofa oder Boden bekam. Nach Papieren fragte niemand. Im Flur vor der Wohnung, in der Omar landete, stapelten sich Flipflops und Sneakers, und drinnen gähnte weitgehende Leere bis auf einen fleckigen Teppich, eine Kochplatte, ein Gewirr von Smartphones, die an einer Steckdosenleiste hingen, und einen Fernseher mit unscharfem Bild in einer Ecke. Im Bad schichtete sich menschlicher Bodensatz, und durch die Luft waberten Zigarettenrauch und träge Gespräche über Schleuser und die verlassene Heimat.

Die Bewohner waren Afghanen: zwei Familien in den beiden Schlafzimmern im hinteren Teil und acht Männer im Wohnzimmer, die bei Omars Ankunft schon im Dunkeln unter Fleecedecken aufgereiht lagen, ein paar Gesichter wurden vom Handydisplay beleuchtet. Als er sich niederlegte, läutete sein Samsung. Diesmal ging er ran.

»Was ist los? Wo bist du?« Es war der Schleuser, den er auf Lesbos getroffen hatte, der mit dem rasierten Kopf.

»Ich bin in Athen bei einem Freund. Sorry.«

»Wir wollen die Karte zurück.«

»Ich hab sie auf der Flughafentoilette in den Müll geworfen«, antwortete Omar, »weil ich im Flugzeug Angst bekam, dass die Polizei mich schnappt.«

»Ach ja? Ich glaub dir kein Wort. Wieso kommst du nicht hierher?«

»Vielleicht morgen«, sagte Omar und beendete das Telefonat. Dann sah er eine Nachricht von Haddschi: *Gib die Karte zurück, oder es nimmt ein böses Ende mit dir.*

Scheiß drauf, dachte er, und schaltete sein Telefon aus.

Am nächsten Morgen verließ Omar die muffige Wohnung, ging hinunter auf den Platz und sah sich die Umgebung bei Tageslicht an, die heruntergekommenen Wohnblocks, die gesprungenen Pflastersteine. In der Luft hing Uringestank. An der Ecke war ein afghanisches Lokal, und es gab einige chinesische Läden mit Plastikwaren in der Auslage. Das also ist der berühmte Viktoria-Platz, dachte Omar; unter afghanischen Migranten galt er als Schlüssel, der eine fremde Stadt aufschloss, wie Zeytinburnu in Istanbul. Er rief mich an und erfuhr, dass Zalmai verhaftet worden war und ich mit Radscha auf Lesbos festsaß. Er werde auf mich warten müssen, sagte ich. Omar setzte sich zu einem älteren Griechen auf eine Parkbank. Also war Zalmai derjenige, der den Kürzeren gezogen hatte, dachte er. Die Chancen hatten fünfzig zu fünfzig gestanden.

Er rief Maryam an, um sie wissen zu lassen, dass er sicher in Athen gelandet war, erkundete dann den Platz, rauchte, saß auf verschiedenen Bänken, aß ein Sandwich, wanderte wieder herum, rauchte wieder. Am späten Nachmittag war er derart angeödet, dass er einen anderen Afghanen fragte, ob es irgendwo einen Park in der Nähe gab, wo man relaxen und sich amüsieren konnte. »Du meinst den Alexander-Park?«, fragte der Mann und deutete nach Osten. »Einfach geradeaus weiter.« Omar querte eine vielbefahrene Kreuzung und sah, am Rand einer weitläufigen Grünfläche, wieder ein riesiges Reiterstandbild, dieses von König Konstantin I., den die Afghanen für Alexander den Großen hielten. Vielleicht gibt es Fahrgeschäfte in diesem Park, wie im Iran, sagte sich Omar. Hinter der Statue waren zwischen den Bäumen Zelte zu entdecken. Kampierten hier Touristen? Als er näher kam, sah er ungekämmte, schäbig gekleidete Leute, die Pulver von einer Alufolie rauchten. Mitten auf dem Weg stand ein groß gewachsener Mann und tätigte Verkäufe; Omar beobachtete ihn.

»Was verkaufst du hier?«, fragte er auf Englisch.

»Heroin und *schischa*«, antwortete der Mann mit starkem Akzent. *Schischa* war Crystal Meth.

»Wer sind deine Kunden?«

»Alle«, sagte der Dealer und musterte Omars Statur. »Bist du Bulle?«

»Würde ich Englisch mit dir reden, wenn ich Bulle wäre?«

Verdutzt starrte der Mann ihn an, dann fauchte er: »Wenn du was kaufen willst, tu's, wenn nicht, halt die Klappe.«

Omar ging weiter den Weg entlang, sah die Müllberge zwischen der verwahrlosten Vegetation und trat auf eine Gruppe junger Männer zu, die Paschto sprachen. Sie tauschten Grußworte. Seitdem die Grenze zu Nordmazedonien geschlossen sei, berichteten die Männer, säßen sie in Griechenland fest, schon seit acht Monaten.

»Was ist passiert?«, fragte Omar und blickte von einem ausgemergelten Gesicht zum anderen. »Wie seid ihr süchtig geworden?«

Sie sahen einander an und feixten.

»Keine Kohle mehr, nichts zu tun.«

»Wir haben mentale Probleme, Bruder.«

»Womit bezahlt ihr die Drogen, wenn ihr kein Geld habt?«, gab er zurück. Sie waren peinlich berührt.

»Es ist Gottes Vorsehung«, antwortete einer.

»Wir treiben es irgendwo auf. Manche Jungs klauen.« Sie deuteten auf einen afghanischen Jungen in der Nähe.

»Der da ist ein *kuni*. Verkauft seinen Arsch.«

»Du bist neu hier – wirst schon noch sehen, wie es ist.«

Omar verabschiedete sich und ging tiefer hinein in den Park. Die Begegnung mit seinen Landsleuten beschämte ihn. Wie konnte derlei in Europa passieren? Er wusste, dass Griechenland in einer schweren Wirtschaftskrise steckte, und hätte doch nie vermutet, dass Athen derart heruntergekommen sein könnte. Im Vergleich dazu war Istanbul eine hochmoderne Stadt. Kein Wunder, dass die Migranten hier nicht bleiben wollten.

Er setzte sich auf eine wackelige Bank. In diesem Teil des Parks war das Gestrüpp dichter. In der Nähe saßen andere Männer, allein oder zu zweit, manche äugten zu ihm herüber. Wenigstens ist es hier ruhig, dachte Omar und steckte sich eine Winston an.

Eine junge Transfrau – er hatte ihresgleichen in Pakistan getroffen, wo das dritte Geschlecht, zusammenfassend *hidschra* genannt, zur traditionellen Kultur gehörte – stakste auf hohen Absätzen heran und erbat sich auf Englisch eine Zigarette.

»Willst du Sex?«, fragte sie, nachdem er ihr Feuer gegeben hatte.

»Nein danke«, antwortete er mürrisch.

Die Nacht brach herein, auch im Park wurde es dunkel, weil hier nicht viele Straßenlampen standen, und doch erwachte die Gegend zum Leben. Einige Paare verschwanden ins Gebüsch, die geräumten Plätze nahmen andere ein. Zu Omar setzte sich ein rundlicher Grieche.

»Hallo. Wo bist du her?«, fragte er.

297

»Litauen«, antwortete Omar.

Die Antwort schien den Mann zu verblüffen. »Was magst du? Magst du Sex?«

»Natürlich mag ich Sex.«

»Ich blase dir einen, wenn du willst.«

Omar lachte. »Nein, ich meine, mit einer Frau.«

Der Mann entfernte sich rasch wieder, und Omar entschloss sich zu gehen. Auf dem Rückweg zum Viktoria-Platz wunderte er sich über manche Paare, die ihm auf der Straße entgegenkamen, junge Frauen mit hinfälligen Männern. Er sah ein Mädchen mit gespreizten Beinen auf dem Gehweg sitzen.

»Hallo«, sagte er, aber sie starrte nur leer vor sich hin.

Es war noch früh am Abend, aber er war müde. Er kehrte in die Absteige zurück.

Als der Bus, der Radscha nach Moria zurückbrachte, um die Ecke gebogen war, rief ich die Freundin an, die mir meinen Pass nach Lesbos gebracht hatte. Weil es zu spät war, um noch am selben Abend nach Athen aufzubrechen, organisierte sie uns eine Übernachtungsmöglichkeit in der Stadt bei jemandem, den sie kannte. Was immer das Leiden war, das ich im Lager erwischt hatte – es war übel. Mit Schüttelfrost und Hustenanfällen ging ich ins Bett und erwachte mitten in der Nacht mit einem aufs Doppelte angeschwollenen Schädel. Die nächsten paar Tage vergingen in einem Delirium, von dem ich nicht mehr viel weiß; ich erinnere mich nur an quälende Visionen von unmöglichen geometrischen Figuren und der Hand der Freundin auf meiner Stirn. Sie verkündete meine Temperatur und sagte, wenn das Fieber noch weiter steige, müssten wir ins Krankenhaus, aber so weit kam es zum Glück nicht.

Sobald ich wieder auf den Beinen war, wollte ich schnellstmöglich nach Athen. Meine Freundin machte sich Sorgen um mich, aber ich fürchtete, ich könnte sie in Schwierigkeiten bringen, wenn wir gemeinsam reisten, und fuhr daher allein zum Flughafen, bleich und rasiert. Ich begegnete einem Polizisten, den ich vom Lager wiedererkannte, und mied tunlichst jeden Augenkontakt. Pass und Flugticket in der Hand, ging ich an Bord.

Im Viktoria-Park fielen Omar und ich uns um den Hals und schwelgten eine Weile im Triumph, dass wir der Insel entronnen waren. Aber wir mussten entscheiden, wie es weiterging. Ich sah mich auf dem Platz um, sah die herumlungernden Werber für Schleuser und musste einsehen, dass die Straßen von Athen nicht besonders sicher waren; wenn die Bullen Omar aufhielten und den Verdacht hatten, dass er aus Moria geflohen war, bestand durchaus die Gefahr, dass sie ihn zurückschickten oder auf dem Festland einsperrten. Und ich hatte ihn auch noch nicht vor der neofaschistischen Bürgerwehr gewarnt, die durch die Stadt patrouillierte. Zehn Minuten von uns entfernt war die Kirche Agios Pandeleimon, wo die Goldene Morgenröte, marschierende Schwarzhemden mit hakenkreuzähnlichem Symbol, einen Krawall gegen Einwanderer angezettelt hatte, nachdem einige Afghanen bei einem Raubüberfall einen Griechen umgebracht hatten.[258] Wir sollten lieber zusehen, dass wir wieder abtauchten – aber erst mussten wir eruieren, wie. Durch den Balkan nach Italien war es weit, und ich war von meiner Krankheit noch sehr erschöpft. Wir brauchten eine Pause, um nachzudenken.

»Ich hab noch meine Karte«, sagte Omar. »Vielleicht kriegen wir damit ein Hotelzimmer.«

»Welche Karte?«

Bestürzt hörte ich, wie er den Schleusern ausgebüxt war. Die Absteigen waren ohnehin grenzwertig, ganz abgesehen von ihrem hygienischen Zustand; jetzt hatten wir auch noch Haddschi und seine Schläger am Hals. Ein Hotel war wegen der Polizei keine Lösung, aber ich hatte noch eine andere Idee.

Zum ersten Mal war ich aus Anlass der vorgezogenen Parlamentswahlen im Januar 2015 nach Athen gekommen. Nach der

Protestwahl gegen die Austeritätspolitik, die den Griechen wegen ihrer Schuldenkrise auferlegt worden war, erzielte die radikalsozialistische Partei Syriza einen Überraschungssieg. Für die griechische Linke war es ein Moment der Euphorie, eine Zeit großer Hoffnung, und während der Siegesfeiern hatte ich einige einheimische No-Border-Aktivisten kennengelernt – genau die Art von Leuten, die für unsere gegenwärtige Zwangslage sicher Verständnis hatten. Daher rief ich meinen Freund Nasim an, einen Afghanen, der sich als Geflüchteter in Griechenland niedergelassen hatte, und sagte, ich sei eben in Athen eingetroffen und müsse ihn in einer wichtigen Angelegenheit sprechen. Er bestellte mich nach Exarchia.

Das Viertel war eine Hochburg der Anarchisten, nur fünfzehn Minuten Fußweg entfernt, doch wir mussten, um dorthin zu gelangen, sozusagen die Front überqueren: Vor dem Archäologischen Museum stand eine Truppe muskelstrotzender Bereitschaftspolizisten neben ihrem Bus Wache. *Elefthera Exarchia* hieß das Anarchoviertel bei einigen Bewohnern: freies Exarchia. Es galt schon lange als Heimstätte radikaler Politik, und 2008 wurde Exarchia für die Polizei, nachdem sie dort den fünfzehnjährigen Alexis Grigoropoulos erschossen hatte, endgültig zur No-go-Zone. Immer wieder kam es zu Protestkundgebungen, die an Heftigkeit zunahmen, vor allem im Jahr darauf, als die globale Finanzkrise Griechenland in eine Depression stürzte, die schlimmer war als die Wirtschaftskrise der dreißiger Jahre.[259]

Die Gebäude hier waren übersät mit Graffiti und Plakaten – umso mehr, je näher wir dem zentralen Platz kamen. Die Hausmauern waren die Infotafeln des Viertels, Punkfestivals wurden dort ebenso angekündigt wie Spendensammelaktionen für inhaftierte Aktivisten; hier und dort hingen Porträts von Antifaschisten, die im Kampf mit den Kurden gegen den IS gefallen waren, dazwischen standen Slogans auf Griechisch und Englisch wie ALLE BULLEN SIND SCHWEINE und KEIN MENSCH IST ILLEGAL. Endlich waren wir auf dem Exarchia-Platz, der ein Dreieck mit schütterem Baumbewuchs zwischen den Pflastersteinen ist; das griechische Wort *plateia* bezeichnete in der Antike einen weiten Versammlungsplatz, wie der Tahrir-Platz oder der Majdan, der Tiananmen oder der Zuccotti Park einer ist. Auf einem Transparent in einer Ecke des Platzes stand, auf Englisch: AIRBNB-ANHÄNGER GEHT HEIM, HIER IST KLASSENKAMPF.

In Exarchia waren wir sicherer. Die Bürgerwehr hütete sich hierherzukommen, und selbst die Bullen konnten nur anrücken, wenn sie in voller Stärke kamen und auf Molotowcocktails werfende Jugendliche gefasst waren; die Straßen hier waren, ähnlich wie in einer mittelalterlichen Kasbah, stellenweise so eng, dass man von Dach zu Dach springen konnte. Hier lebten die Anarchisten;[260] das Viertel war voller Lokale, Kollektivcafés und besetzter Häuser, es gab sogar einen selbst verwalteten Park, Navarinou, wo die Leute einen Parkplatz herausgerissen und stattdessen Bäume gepflanzt hatten: *Sous les pavés la plage.* Unter dem Pflaster liegt der Strand.

Wir trafen Nasim im Steki Metanaston, dem »Einwandererstammplatz«, einem Treffpunkt linker Gruppen wie seine eigene, Diktyo, ein griechenlandweites Netzwerk von Einwanderungsaktivisten, das seit Jahrzehnten existierte.[261] Das Steki besetzte ein dreistöckiges Stadthaus gleich hinter dem Platz, eine steile Gasse nur für Fußgänger führte hinauf. Omar und ich stiegen die Treppe zur Hauptetage hinauf. Dort saßen ein paar Leute rauchend an ramponierten Tischen vor einer Bar, deren Glasschränkchen eine Kollektion unterschiedlichster Tassen, Becher, Gläser beherbergte, dazu Glaskaraffen für den allgegenwärtigen griechischen Schnaps, den Ouzo. Schränke und Wände waren nahezu verschwunden unter Plakaten und Aufklebern, manche von Skabands und Syndikalisten auf Durchreise, andere von der griechischen Solidaritätsbewegung *kinema allilengyis*, einer Ausblühung der Wirtschaftskrise, die ehrenamtliche Kliniken, Essensbanken, kostenlose Schulen und andere basisdemokratische Initiativen umfasste.[262] Als im letzten Jahr die ersten kleinen Boote anlandeten, halfen viele Solidaritätsgruppen den Flüchtlingen in Abstimmung mit Organisationen wie Diktyo und verschmolzen schließlich zu etwas, was die Aktivisten schlicht Die Bewegung nannten.

Im Hinterzimmer fand unter einem Wandgemälde in Pastelltönen, gemalt von Zapatisten während ihres Besuchs hier, eine Besprechung statt, und unter den Köpfen am Tisch entdeckte ich Nasims drahtige schwarze Haartolle. Als er mich sah, ließ er die Besprechung sausen und kam heraus, schnappte sich im Vorbeigehen noch drei Flaschen Alfa-Bier von der Bar, und wir setzten uns an einen Tisch, stießen an, grinsten. Ich hatte, offen gestanden, die Athener Aktivisten mit ihrer ätzenden Verachtung gegenüber der Bourgeoisie zum Teil recht einschüchternd gefunden, aber Nasim und ich hatten uns auf Anhieb verstanden. Er war aus Dschaghori, einer Hazara-Gegend in Zentralafghanistan, aus der eine außerordentlich weit gestreute talentierte Diaspora hervorgegangen war; er hatte seine Heimat aber seit seiner Kindheit nicht mehr gesehen, denn er war als Flüchtlingskind im Iran aufgewachsen und als Jugendlicher in die Türkei geflohen. Vor etwa zehn Jahren war er in einem Schlauchboot mit drei Freunden nach Lesbos gepaddelt. Inzwischen war er durch und durch hellenisiert und radikalisiert, ein kettenrauchender Ouzotrinker, der fließend Griechisch und Englisch sprach und prominenter Wortführer von Diktyo war. Die zehn Jahre Aktivismus auf der Straße und sein Lebenswandel hatten ihren Tribut gefordert. Er sah älter aus, als er war – Anfang dreißig –, und hörte sich unsere Geschichte mit gewohnt grimmiger Miene an, doch als ich ihm erzählte, dass unser Boot, das wir in der Türkei bestiegen hatten, uns nach Moria gebracht hatte, kam sein jungenhaftes Grinsen wieder zum Vorschein.

»Ihr seid wahnsinnig«, sagte er mit einem Lachen. Er war selbst erst auf den Inseln gewesen, als Dolmetscher einer Menschenrechtsorganisation, die über die grausigen Zustände in den Lagern berichtete. »Moria ist das ärgste von allen«, stimmte er zu.

Ich sagte, wir brauchten eine Unterkunft, bis wir wüssten, wie es weitergehen sollte; ob sie uns beherbergen könnten? Im vergangenen Frühjahr hatten Diktyo und ein paar andere Gruppen ein leer stehendes Hotel nahe dem Viktoria-Platz besetzt, die Schlösser geknackt und Geflüchtete von den Straßen und aus den Lagern einquartiert.[263] Etwa vierhundert Menschen lebten jetzt in dem besetzten Haus, Aktivisten und Migranten gemischt.

Stirnrunzelnd zog Nasim an seiner Marlboro; seine Augen waren gerötet vor Erschöpfung. »Leider haben wir eine riesige Warteliste«, sagte er, »und Familien gehen vor.« Allerdings hätten sie auch ein paar Zimmer für Freiwillige aus dem Ausland, die zu Besuch nach Athen kämen. Da könne er uns unterbringen, aber wir müssten dafür arbeiten, Küchendienst machen, solche Sachen.

»Kommt morgen Nachmittag, ich bring euch hin«, sagte Nasim. Er leerte sein Bier und kehrte in die Besprechung zurück.

Das Hotel war fünf Gehminuten vom Viktoria-Platz entfernt, ein gedrungener, achtstöckiger Betonklotz mit Balkonen, auf denen Wäsche zum Trocknen hing. Senkrechte Buchstaben an der Fassade verkündeten:

H
O
T
E
L

C
I
T
Y

P
L
A
Z
A

Die Flitterwochen zwischen der linken Syriza-Regierung und der Bewegung waren schnell vorbei gewesen. Sieben Monate nach der Wahl brachen Griechenlands Gläubiger unter deutscher Führung Syrizas Widerstand gegen die verordnete Austerität mit der Drohung, das Land aus dem Euroraum auszuschließen.[264] Kurz darauf begann Europas Flüchtlingskrise; die regierende Syriza, die das Ende der Masseninhaftierung von Migranten zugesagt hatte, musste unter dem Druck von außen Lesbos und die anderen Ägäisinseln in Gefängnisse verwandeln.[265] Diktyo und die anderen Aktivisten, die Syriza unterstützt hatten, waren entsetzt. Im vergangenen Winter, als die Grenzen zu den Balkanländern dichtgemacht wurden, saßen rund fünfzigtausend Flüchtlinge auf dem griechischen Festland fest, viele lebten auf der Straße oder in behelfsmäßigen Lagern, etwa auf dem stillgelegten Flughafen Ellinikon, wo Familien unter Anzeigetafeln schliefen, die noch Flüge nach London und Frankfurt ankündigten.[266] In Athen waren während der Wirtschaftskrise zahlreiche Gebäude aufgegeben worden, die jetzt leer standen, und angesichts der humanitären Krise, die sich auf den Straßen ihrer Stadt abspielte, widersetzten sich die Aktivisten dem Willen der Regierung und machten aus obdachlosen Flüchtlingen Hausbesetzer. Inzwischen lebten rund zweitausend Migranten in ein paar Dutzend besetzten Gebäuden in und um Exarchia.[267]

Das City Plaza war das größte und das einzige, von dem ich wusste, dass hier Aktivisten und Geflüchtete zusammenlebten. Trotz der Proteste der Besitzerin, einer Schauspielerin, deren Vater 1974 das inzwischen bankrotte Hotel gegründet hatte,[268] waren sie staatlicherseits bislang geduldet. Eine andere Sache waren die griechischen Medien. Wenn Migranten widerrechtlich in ein nationales Territorium eindringen, so verletzen Hausbesetzer etwas noch viel Heiligeres, nämlich privaten Besitz, und das ist Hausfriedensbruch. Daher war für die konservative Athener Presse, zum Großteil Eigentum der griechischen Oligarchie, der hausbesetzende Migrant das Feindbild schlechthin. Nach den griechischen Zeitungen zu urteilen wurden in dem besetzten Hotel – unserem neuen temporären Zuhause – finstere Ränke geschmiedet.[269] Der Eingang war in einer Seitenstraße. Wir wollten zu Nasim, sagten wir zu den Aktivisten, die den Zugang kontrollierten, und wurden in den Mezzanin hinaufgeschickt, wo die Lobby war – mit marmornem Brunnen in der Mitte des Raums, abstrakten Drucken an den Wänden und einer Empfangstheke, hinter der Nasim und etliche Griechen in anarchoschwarzen Klamotten standen, Selbstgedrehte rauchend. Sie verhandelten mit einem syrischen Paar, das nach mehr Windeln verlangte. Als Nasim uns kommen sah, langte er nach einem Schlüssel und kam hinter der Theke hervor. Wir gingen am Speisesaal vorbei, in dem es nach Zwiebeln und gekochtem Reis roch, und im Treppenhaus führte uns Nasim in die Gepflogenheiten des Hauses ein: Sie seien ein konsensgeführtes, basisdemokratisches Kollektiv, in dem alle arbeiteten, allerdings ohne Chefs, was für manche schwer nachvollziehbar sei; und die Regeln, die man sich hauptsächlich merken müsse, seien: keine Gewalt und kein Alkohol – Letzteres aus Respekt vor den muslimischen Bewohnern, aber auch, um Ärger zu vermeiden.

Treppe um Treppe stiegen wir höher. Es gab zwei Aufzüge, aber die waren außer Betrieb – absichtlich, sagte Nasim, weil sie zum Kinderspielplatz geworden waren. Es lebten an die hundert Flüchtlingskinder im Haus, und viele waren verwildert in dem einen Jahr, das sie mit ihren Eltern auf der Flucht gewesen waren, in Schleuserverstecken und Booten auf dem Meer. Spielende Kinder rannten in kleinen Gruppen treppauf und treppab, schrien einander auf Dari und Arabisch zu, und ihr Kreischen hallte von den Fliesen wider. Wir spürten es ordentlich in den Beinen, als wir in der sechsten, der vorletzten Etage ankamen, in der die meisten Freiwilligen wohnten. Nasim sperrte unser Zimmer auf, reichte uns den Schlüssel und sagte, später werde er uns alles Arbeitstechnische erklären.

Omar und ich traten ein und setzten unsere Rucksäcke ab. Das Zimmer war cremefarben gestrichen und mit hellem Holz eingerichtet, und es hatte ein eigenes Bad. Ein Nachttisch trennte die beiden Einzelbetten. Eine Glasschiebetür führte auf einen kleinen Balkon. Wir traten hinaus und blickten auf die Straßen hinunter, in denen wir uns eben noch herumgetrieben hatten. Wir grinsten einander an. Die letzten Bewohner hatten einen Saustall hinterlassen, aber es war das absolut phantastischste Quartier, das wir seit Kabul betreten hatten.

»Ich geh und frage nach einem Besen«, sagte Omar.

Nach einigen Nächten im Hotelbett lebte ich wieder auf. Haddschi und seine Handlanger riefen nicht mehr an, und Omar fühlte sich sicher genug, um zum Viktoria-Platz zu gehen und herumzufragen, wie man von hier aus weiterkomme. Ich blieb zurück, faulenzte in unserem Zimmer und genoss die Einsamkeit. Die Reise durch den Balkan würde bestimmt brutal; ich hätte es schön gefunden, eine Zeit lang im besetzten Hotel zu bleiben, hätte nur nicht der Winter vor der Tür gestanden.

Scharf klopfte es an der Tür. Mit einem Satz war ich auf den Beinen und machte auf. Vor mir stand ein Afghane Mitte vierzig mit gestutztem Kapitänsbart, gekleidet in Jeansjacke und Tarnhose.

»Fatiha«, schnauzte er und ging weiter zum nächsten Zimmer.

Die Sure al-Fatiha, das erste Kapitel des Korans, war ein afghanisches Kürzel für den Gottesdienst, der gehalten wurde, wenn jemand gestorben war. Der Mann hielt mich offensichtlich für einen der ihren. Im Plaza waren Omar und ich ein uneindeutiges Paar. Das Geheimnis unseres Ausbruchs aus Moria wusste nur Nasim, aber einige Aktivisten kannten mich von früher, und wenn ich jetzt gefragt wurde, stellte ich mich als kanadischen Journalisten namens Matthieu vor. Aber die meisten anderen hielten uns für Bootsflüchtlinge, wenn sie Omar und mich Dari sprechen hörten. Mir war das recht, denn außerhalb des Plaza musste ich immer noch Habib sein – schließlich waren wir drauf und dran, in den Untergrund zurückzukehren.

Ich zog meine Schuhe an und ging die sechs Treppen hinunter in den Mezzanin, wo die Gemeinschaftsräume waren, Speisesaal, Bar, Küche. Dort waren die Wände tapeziert mit Kinderzeichnungen, handgeschriebenen Terminplänen und einer Collage aus Porträtfotos, die Besucher gemacht hatten – in Plakatgröße zusammengeklebt und aufgehängt wie in einer Grundschulklasse. Ich folgte dem Klang der Koranrezitation bis zum Konferenzraum. Auf den rund fünfzig Stühlen entlang der Wände saßen Männer und Jungen – für Frauen gab es eine eigene Zeremonie –, die mich begrüßten, »As-salamu alaikum«, als ich mich dazusetzte. Wir lauschten der klagenden Stimme aus einem Ghettoblaster, die im klassischen Arabisch des Korans verkündete: *Alles Lob gebührt Allah, dem Herrn der Welten.* Ich blickte von Gesicht zu Gesicht: Araber, Afghanen, Kurden und Pakistaner, noch vor sechs Monaten einander völlig unbekannt, saßen jetzt beieinander und trauerten um einen Mann aus Herat, der Walid geheißen hatte und tags zuvor außerhalb Athens im Meer ertrunken war.

Hamid, ein zaundürrer junger Afghane mit buschigen Brauen, brachte ein Tablett voller Becher mit dampfendem, stark gesüßtem Tee und einer Schachtel Datteln. Später erzählte er mir von seinem Freund Walid, der mit Frau und Tochter aus Afghanistan gekommen war und weiter in die Schweiz wollte, zu seiner Schwiegerfamilie, die dort schon rechtmäßigen Aufenthaltsstatus hatte. Wie die anderen hatte auch Walid gegen die Verzweiflung gekämpft, als die Grenze geschlossen wurde und er in Griechenland festsaß. Zwei Tage zuvor war er nachts allein zum Strand gegangen; er war ein guter Schwimmer. Am Morgen fand die Polizei am Strand seine Leiche.

Hamid schaltete den Ghettoblaster aus, und wir begannen zu beten, die Hände emporgewandt und übers Gesicht streichend, immer alle gemeinsam:»Wahrlich, wir gehören Allah, und zu ihm kehren wir zurück.«

Später bedankte sich Walids aus der Schweiz angereister Schwager bei allen. Die Familie hatte überlegt, Walid hier in Griechenland zu begraben, doch am Ende konnten sie doch das nötige Geld auftreiben, um ihn mit dem Flugzeug nach Herat zurückzubringen, wo er zwischen den Wildblumen liegen sollte, die er als Kind gekannt hatte.

Wir schoben uns aus dem Raum, und ich entdeckte Nasim, der bedrückt und nachdenklich war. Es sei schwer zu begreifen, sagte er später zu mir, dass jemand jahrzehntelangem Krieg getrotzt, zu Fuß das Gebirge überwunden, in einem Schlauchboot das Meer überquert hatte, um dann in Europa auf diese Weise ums Leben zu kommen.»In Griechenland sagt man: Wer geboren ist, zu ertrinken, der kommt auf keine andere Weise um.«

Nach einer Woche mit strahlend blauem Himmel brauten sich über den Bergrücken schwarze Wolken zusammen und zerbarsten unter Donnergetöse – es regnete *Stuhlbeine*, wie die Athener sagten, bis die Kanalisation überlief. Omar und ich waren froh, dass wir diesmal ein Dach über dem Kopf hatten; aber nach mehrstündigem Platzregen brach durch die abgehängte Decke des Mezzanins ein Sturzbach, der auf mysteriöse Weise die darüberliegenden sechs Stockwerke umflossen hatte und auf die Bewohner herunterplatschte, die zum Mittagessen anstanden. Omar und ich arbeiteten in der Küche und mussten rasch Töpfe und Pfannen hinausbringen, damit man das Wasser auffangen konnte.

Wir wussten noch immer nicht, wie es für uns weitergehen sollte, denn einstweilen beanspruchte uns das hektische Leben im besetzten Haus, wir halfen im Wachdienst und im Haushalt, dolmetschten für das ehrenamtliche Klinikpersonal, und unsere Tätigkeiten wurden koordiniert von dem Team am Empfang, das die täglichen Krisen auffing – mit babylonischer Sprachenvielfalt und mediterranen Manierismen: dem klagenden *Wieso* mit aufwärts zusammengelegten Fingerspitzen, dem wortlosen, lediglich durch ein kurzes Rucken des Kinns geäußerten *Nein*, der allgegenwärtigen Anrufung: *Filemou, habibi, mein Freund!*

Die allerwichtigste Aufgabe war der Küchenbetrieb, denn von Luft und Liebe lebt sich's nicht lang. Weil die Rechtsstreitigkeiten noch immer nicht entschieden waren, verfügte das bankrotte Hotel noch über seine gesamte Ausstattung. Umringt von Kochkesseln und Backofen im Kompanieformat, drei Gasherden und einer handgekurbelten Kochwanne, die einem mittelalterlichen Belagerungsgerät ähnelte, würzte einer von drei im Wechsel arbeitenden Küchenchefs – eine Syrerin, ein Kurde, ein Gräkochilene – nicht fingerspitzen-, sondern faustweise mit Kreuzkümmel und Paprika und schwang einen Pürierstab von Baseballschlägerlänge, während ein Dutzend Handlanger (wie Omar und ich) Zwanzig-Kilo-Säcke Zwiebeln und Kartoffeln aus dem zerbeulten Hotellieferwagen hievten und klein schnitten, Bottiche voll Tomaten und Kopfsalat verarbeiteten, Linsen-Bohnen-Eintöpfe mit Reis oder Pitabrot kombinierten, je nachdem, was auf dem Bauernmarkt im Angebot oder aber gespendet worden war. Einmal bekamen wir eine halbe Tonne Gurken geschenkt und verzehrten sie in rasender Eile, im Salat, als Zaziki und pur, damit sie nur ja nicht zu schimmeln anfingen. Kleinkinder wanderten mit kinderarmlangen Gurken durch die Gänge, und noch Wochen später fanden wir angebissene Reste hinter den Möbeln. Manchmal war das Essen nur halbgar, manchmal war es angebrannt, aber manchmal, Leute, manchmal war es spitzenmäßig. Gebackene Fleischbällchen mit Reis in Knoblauch-Tomaten-Soße. Fattusch, das arabische Salatgericht, mit Croutons und einem Dressing aus Zitronensaft und einheimischem Olivenöl. Die syrische Köchin, die alle Mama nannten, machte den Reis nach persisch-levantinischer Art, bei geringer Hitze auf einer Schicht Öl gedämpft, sodass sich am Topfboden eine goldbraune Kruste bildet, und Omar quollen die Augen aus dem Kopf beim Anblick der servierplattengroßen Scheiben *tahdig*, die sie am Ende aus den Töpfen auslöste und ihren Gehilfen kredenzte.

Die Mahlzeiten lockten ein lärmendes, hungriges Gedränge in den großen Speisesaal. Manche Bewohner füllten Behälter und kehrten in ihr Zimmer zurück, andere setzten sich an die runden Tische. Wenn zwei Drittel gegessen hatten, mussten wir die Teller einsammeln und die Spülmaschine laufen lassen, um wieder Geschirr zu haben. Das war der Moment, in dem sich der eine oder die andere vom Küchendienst davonstahl. Das Aufräumen überließ man dem Koch beziehungsweise der Köchin vom Dienst und den wenigen Helfern, die sich nicht lumpen ließen: Ein paar gute Seelen, die anpackten und Kessel schrubbten, blieben immer.

Am Tag nach dem Gewitter kam Nasim in die Bar, wie sie allgemein hieß, obwohl es hier nur aufgegossenen Nescafé mit viel Zucker gab, und schickte die Freiwilligen aufs Dach, damit sie nach dem Leck suchten. »Und wenn ihr schon dabei seid, macht auch die Dachterrasse sauber.« Neben den Aktivisten von Gruppen wie Diktyo, hauptsächlich Griechen, und den Geflüchteten bildeten die Freiwilligen das dritte Standbein des Plaza. Sie waren eine bunt gemischte Truppe mehr oder minder normaler Leute, die meisten jung und aus ganz Europa und darüber hinaus; sie waren zu Besuch und halfen im besetzten Hotel mit, oft als Gegenleistung für Kost und Logis. Mundpropaganda und Social Media führten sie her, aber auch Berichte in der Presse, denn das Plaza hatte ein gewieftes PR-Team, und das Ausland – wenn schon nicht die griechischen Medien – berichtete voller Bewunderung. Das Nachrichtenmagazin *Time* nannte das besetzte Hotel *tatsächlich ein Paradies im Vergleich zu den fürchterlichen Zuständen in den staatlichen Lagern, in denen die meisten Migranten untergebracht sind.*[270]

Wie mit Nasim vereinbart, hatten Omar und ich uns als Freiwillige verpflichtet, und da wir beide Englisch sprachen, gingen die anderen davon aus, dass wir, wie sie, offiziell eingereiste Besucher in Athen seien. Dass Freiwillige aus denselben Ländern stammten wie die Flüchtlinge, etwa Zied aus Tunesien, war nichts Ungewöhnliches. So wenig ungewöhnlich wie dass andere, etwa Carles der Katalane, der als Straßenmusiker nach Brasilien und wieder zurück gereist war, fast genauso pleite waren wie die Geflüchteten. Den Unterschied zwischen den einen und den anderen machten die Ausweispapiere.

Auf Nasims Bitte hin stiegen also ein paar von uns aufs Dach, begleitet von einigen afghanischen und syrischen Jugendlichen, die er ebenfalls dienstverpflichtet hatte. Oben schloss Mar, einer aus Valencia, die Tür auf, und wir traten hinaus auf die Dachterrasse, die mit zertrümmerten Gartenmöbeln übersät war. In den Ecken hatte sich der herbeigewehte Dreck zu einer Schicht gesammelt, die hoch genug war, um Unkraut sprießen zu lassen. An der Bar hing noch die Getränkekarte – vor sechs Jahren hatten Gäste hier Campari getrunken und Toast verspeist. Mar und die Teenager begannen zu kehren und förderten Kondome und leere Bierflaschen aus der herrenlosen Zeit des Gebäudes zutage. Assistiert von Henrique, einem bärenstarken portugiesischen Backpacker, der nach Sydney wollte, versuchte ich das Leck zu finden. Die andere Hälfte des Flachdachs beherbergte die Klimaanlage und das Lüftungssystem, außerdem zwei massive Aufzugmotoren deutschen Fabrikats. Wir schickten jemanden mit einem Walkie-Talkie nach unten und spritzten mit dem Schlauch Wasser in die Aufzug- und Kabelschächte, um festzustellen, ob hier die Ursache lag, fanden aber nichts.

Später trollten sich die Jugendlichen, und die Freiwilligen kletterten auf das Terrakottadach, wo wir einen Joint herumgehen ließen. Der Rauch kräuselte sich im Sonnenlicht, das Hotel war ringsum das höchste Gebäude, und wir hatten einen wunderbaren Panoramablick. Im Südosten überragte die Kuppel der Sankt-Georgs-Kapelle die bewaldeten Hänge des Lykavittos, weiter im Süden erkannten wir die weißen Marmorsäulen des Parthenon. Der Hafen lag, vom Dunst verdeckt, in weiter Ferne, während landeinwärts kahle Berge den Horizont begrenzten. In alle Richtungen dehnte sich ein Meer von Wohnblocks, bestückt mit Markisen, Balkonen, Satellitenschüsseln und, auf den Dächern, Wassertanks.

Die Sonne brannte auf unsere nackten Gliedmaßen, und wir unterhielten uns darüber, wo wir alle herkamen und wohin wir wollten. Manche waren eigens wegen des Projekts City Plaza nach Athen gekommen, andere hatte es auf einer Urlaubsreise hierherverschlagen. Dass ich unter den Freiwilligen mein wahres Ich war, hatte insofern etwas Paradoxes, als ich damit meinen illegalen Aufenthalt hier in Griechenland verschleierte. Manchmal musste ich schüchtern tun und auf Fragen ausweichend antworten – hauptsächlich ging es um biographische Details –, aber es wurden auch die großen Fragen gestellt, etwa warum wir uns der Geflüchteten annähmen und was wohl die Lösung der Migrationskrise sein könnte. Was soll man tun in einer Welt, in der Fremde ertrinken? Die Gewissheiten der Aktivisten hatten wir Freiwillige nicht. Das City-Plaza-Projekt forderte offene Grenzen, aber wie das funktionieren sollte, war schwer vorstellbar. Begriffe wie *Demokratie* und *Gerechtigkeit* klangen richtig, führten einen aber im Kreis herum, wenn man sie auf planetare Maßstäbe erweiterte, denn ihre Gebote errichteten ringförmige Zäune um den Nationalstaat. Die Freiwilligen waren auf der Suche nach Wahrheit, aber im Plaza fanden sie Liebe.

Seitdem wir das Lager hinter uns hatten und das reine Überleben nicht mehr oberste Priorität hatte, dachte Omar oft an Laila. Er hatte sie seit seiner Abreise aus Kabul nicht mehr gesprochen, und es quälte ihn die Vorstellung, wie sie von Freiern belagert wurde wie einst Penelope. Gegen seine Phantasie war er machtlos. Um ihn abzulenken, überredete ich ihn, mit uns auszugehen, wenn wir, eine gemischte Gruppe aus Griechen, Freiwilligen und Flüchtlingen, durch Exarchia bummelten. Wir schlenderten an ehemals prachtvollen, inzwischen heruntergekommenen Häusern entlang, vorbei an bougainvilleaüberwucherten Innenhöfen hinter rostigen schmiedeeisernen Toren, der Marmor war angeschlagen, aber sie hatten eine *gute Substanz*, wie ein Bauunternehmer gesagt hätte. Trotz der Krise, die das griechische Durchschnittseinkommen um vierzig Prozent beschnitten hatte, stiegen die Immobilienpreise und Mieten in der Athener Innenstadt, weil ausländische Investoren Wohnungen kauften und über Airbnb an Touristen vermieteten.[271] Zusätzlicher Anreiz war, dass Griechenland das günstigste Goldene Visum in der EU anbot: Aufenthaltsrecht gegen den Kauf von Immobilien im Wert einer Viertelmillion Euro. Häufig sah man chinesische Reisegruppen, die in Bussen die Stadt besichtigten.

Vor den Augen der Bereitschaftspolizei betrat unsere Truppe die autonome Zone. Auf dem Platz, der Plateia Exarchion, ging damals die Post ab, vor allem am Wochenende, wenn die Jugend aus ganz Athen herkam, um billiges Kioskbier zu trinken oder auf den Technopartys zu feiern, die von Anarchisten veranstaltet wurden, um Geld zu beschaffen. Zu ihnen gesellten sich gern junge Migranten aus den besetzten Häusern der Umgebung, von denen manche, wie das Haus in der Notara-Straße, bei den Einheimischen wohlgelitten waren und Zuspruch fanden, andere wiederum waren düstere Unterkünfte in ausgeweideten Halbruinen. Die Leute vermischten sich zu einer harmonischen Menge, doch unter der Oberfläche geriet das freie Exarchia unter dem Druck von außen und dem Gewicht der eigenen Widersprüche allmählich aus den Fugen. Jahrelang war das Viertel von Drogenbanden belagert worden,[272] die an die Feiernden verkaufen wollten und dabei – sagten die Anarchisten – insgeheim von der Polizei ermutigt wurden. Das Problem war, dass die Banden dazu übergegangen waren, ihren Nachwuchs unter den Migranten aus den besetzten Häusern zu rekrutieren. Zu Beginn des Jahres 2016 griff ein ägyptischer Dealer ein paar Anarchisten vor ihrem Café mit dem Messer an, woraufhin Truppen schlagstockschwingender Anarchisten den Platz räumten, indem sie jeden zusammenschlugen, der nach Dealer aussah; später veranstalteten sie einen bewaffneten Marsch durchs Viertel. Als derselbe Dealer unklugerweise zurückkam, wurde ihm unweit des Platzes in den Kopf geschossen. *Wir übernehmen die Verantwortung für die Hinrichtung des Mafioso Habibi*, verkündeten die bis dato unbekannten »Bewaffneten Milizgruppen«. *Dieser Abschaum, Dreckskerle, die vorgeben, sie seien Escobar und furchtlos, sind gewöhnliche Spitzel und Verbündete der Polizei …*[273]

Aber in diesen milden Herbstnächten war von solcher Gewalt nichts zu bemerken, nicht, wenn der Platz mit Musik und dem Gewirr ungezählter Stimmen erfüllt war. Die City-Plaza-Truppe saß gern an den Tischen vor dem Tattoostudio, das der Antifa-Klub betrieb, dieselbe Gruppe radikalisierter Exhooligans, die sich im Plaza um die Sicherheit kümmerten. Sie hätten einen Kampfklub, hatte ich gehört, und manche trainierten bei einem afghanischen Kung-Fu-Schwarzgürtel, der in Viktoria einem Faschisten den Arm gebrochen hatte. Migrantifa, sagte Nasim. Wir beendeten den Abend nebenan im Steki, dem linken Klubhaus, in dem der DJ immer und unbedingt bestimmte Lieder spielen musste, egal an welchem Abend; wir stießen erst zur Partisanenhymne *Bella ciao* miteinander an und dann zu Manu Chao: *Mi vida va prohibida, dice la autoridad.*[274]

Immer mehr Leute aus dem Plaza strömten herein und applaudierten, Koch Shero und seine kurdische Truppe, der Australier Ned, der im Handstand tanzen konnte, und sogar Omar, der immer eine Flasche Alfa in der Hand hatte und das Lächeln der Frauen erwiderte, aber an Laila dachte. Im Plaza, wo so viele junge Leute in großer Nähe zusammenlebten, lag Liebe in der Luft. Sie waren alle Menschen, und Haut war nur Haut, die letzte Grenze zwischen zwei Herzen. Nicht wenige weibliche Freiwillige taten sich mit männlichen Flüchtlingen zusammen – allerdings nicht umgekehrt –, was bei einer NGO ein Skandal gewesen wäre, aber nicht in einem Kollektiv, in dem alle gleich sein sollten; und in manchen Nächten im Steki fühlte es sich auch so an.

»Schau, siehst du das kleine Mädchen auf dem Foto?«, fragte Hamid, der bei der Trauerfeier Süßigkeiten serviert hatte. Wir standen im Mezzanin unter den von Besuchern aufgenommenen SchwarzWeiß-Porträts. Er deutete auf ein lockenhaariges Kind, das strahlend lächelte. »Die ganze Familie hat es beim ersten Versuch nach Schweden geschafft. Sechs Leute.«

Sie hatten über zehntausend Euro für falsche Papiere bezahlt und waren nach Stockholm geflogen – der Jackpot in dem Spiel, das die halbe Mannschaft im Plaza betrieb. Flüchtlinge ließen sich auf Europäisch umstylen und verschwanden im Schlepptau von Schleusern. Das nächste Mal sah man sie auf Facebook in Deutschland. Oder sie kamen ein paar Tage später ins Plaza zurück, abgebrannt und kleinlaut mit ihrem neuen Haarschnitt. Oder sie gingen ins Gefängnis.

In liberalen Demokratien hat die Grenze die einzigartige Macht, aus gewöhnlichen Bedürfnissen kriminelles Verlangen zu machen. Die Griechen waren es schon lang gewohnt und wollten von den Schleusergeschäften nichts wissen, aber einige Freiwillige ließen sich hineinziehen. Es war nicht so, dass sie etwa eine neue Wahrheit erkannt hätten; vielmehr war aus der Flüchtlingskrise die

Krise von Freunden und geliebten Menschen geworden. Sie sahen ihr Problem als eine Linie, und die Lösung lag darin, sie zu überschreiten. So kam es, dass manche Freiwillige den eigenen Ausweis an Geflüchtete abtraten, die ihnen ähnelten; es gab gemischte Paare, die als vermeintliche Touristen aus Griechenland ausreisten. Solche Taten zählten zu den *Solidaritätsverbrechen*,[275] die in diesem Jahr in ganz Europa verübt wurden. In Italien und Griechenland wurden die Retter von Bootsflüchtlingen als Schleuser strafrechtlich verfolgt. Eine siebzigjährige Dänin wurde zu einem Bußgeld verurteilt, weil sie Migranten, die zu Fuß entlang einer Fernstraße unterwegs waren, im Auto mitgenommen hatte. In Frankreich wurde ein Landwirt verurteilt, der Hunderte über einen Gebirgspass nach Italien gebracht hatte – die Presse sprach von einer *französischen Untergrundeisenbahn*;[276] im Berufungsverfahren wurde seine Verurteilung nach dem Verfassungsgrundsatz der *fraternité* wieder aufgehoben. In diesem Herbst wurde eine Aktivistin aus Barcelona am Athener Flughafen festgenommen, weil sie versucht hatte, einen kurdischen Jugendlichen an Bord des Flugzeugs mitzunehmen. Sie hatte dem Jungen den Ausweis ihres Sohnes gegeben.[277]

Eines späten Abends kam die Witwe des ertrunkenen Walid mit ihrer kleinen Tochter im Schlepptau im Mezzanin auf mich zu und fragte, ob wir unter den gespendeten Gegenständen vielleicht einen Kinderrucksack hätten. Es gab offizielle Zeiten für die Ausgabe von Kleidung und anderem, aber sie brauchte den Rucksack noch in dieser Nacht. Ich fragte nicht, warum. Wir schlossen das Lager auf und suchten herum. Es war unsere letzte Begegnung, aber später hörte ich, dass sie und ihre Tochter in der Schweiz angekommen seien.

18

Wann immer ich das Plaza verließ, musste ich mir wieder einschärfen, dass ich Habib war. Auf dem Viktoria-Platz begegneten Omar und ich des Öfteren Flüchtlingen, die wir von Lesbos kannten – sie waren entweder geflohen oder waren zum Asylinterview in die Hauptstadt bestellt worden, so wie Yousef, der witzige Syrer, dessen fünfter Versuch, sich auf die Fähre zu schleichen, geklappt hatte. Die Araber bevorzugten in der Regel den Syntagma-Platz im Stadtzentrum, Yousef aber schaute auch gern auf dem Viktoria vorbei, um mit den afghanischen und pakistanischen Schleusern zu plaudern, die ihre Kunden über die Grenze nach Nordmazedonien brachten. Yousef sagte, er denke darüber nach, über Land zu gehen, durch die Balkanländer bis hinauf nach Schweden, zu seiner Verlobten.

Wenige Tage nach unserer Ankunft in Athen hatte Omar angerufen, als ich allein in unserem Zimmer war, und mich zum Viktoria-Platz beordert. »Ich hab eine Überraschung für dich«, sagte er, ich müsse mich beeilen. Als ich ankam, sah ich eine grauhaarige, gebeugte Gestalt neben Omar und erkannte Firouz, unseren iranisch-kurdischen Freund aus Moria, der so viel Pech mit der ägyptischen Schleuserin gehabt hatte. »Salam, Habib!«, sagte er, als wir uns umarmten.

Firouz war eben in Athen eingetroffen. Irgendwann habe er sich einfach ein Ticket für die Fähre gekauft und sei an Bord gegangen, vorbei an dem Bullen, der keine Anstalten machte, seinen Ausweis zu kontrollieren. Tatsächlich konnte man Firouz mit seinen silbrigen buschigen Augenbrauen durchaus für einen Griechen halten.

Tags darauf verabredete sich Firouz mit uns in einem persischen Restaurant in der Nähe; es hatte den geflügelten zoroastrischen *faravahar* in seinem Logo. Wir fanden Firouz auf der Terrasse sitzend, zusammen mit drei anderen: seinem erwachsenen Sohn Schahin und einem weiteren iranischen Vater-Sohn-Gespann, der ältere kahl, mit gelben Augenringen, der jüngere mit langem Bart und tätowierten Unterarmen. Die drei waren schon ein paar Monate hier und lebten in dem provisorischen Lager im ehemaligen Flughafen am Stadtrand von Athen. Sie alle wollten nicht in Griechenland bleiben, sondern weiter nach Deutschland.

Wir bestellten Tee und tauschten Informationen aus. Auf der Balkanroute wurde das Wetter Tag für Tag schlechter, und die Schleuserpreise stiegen. Zwischen Griechenland und Deutschland waren mindestens fünf Grenzen, und sie zu überqueren hieß: durch Wald und Gebirge schleichen. Eine andere Option war Italien, übers Meer, sofern man bereit war, sich im Hafen von Patras an Bord eines Lkws zu schmuggeln. Mit dem Flugzeug kostete es Tausende Euro, und wie immer bestand die Gefahr, dass man ins Gefängnis wanderte, wenn sie einen bei der Ein- oder Ausreise mit gefälschten Papieren schnappten.

»Bevor ans Weggehen überhaupt zu denken ist, müssen wir ein anderes Problem lösen«, sagte Firouz. »Wir sind ohne Papiere in Athen. Wenn sie uns erwischen, wie wir aus Griechenland abhauen wollen, schicken sie uns womöglich nach Moria zurück. Wir brauchen ein *Dreiblatt.*« Das war der persische Spitzname für die Asylkarte, ein leicht zu fälschendes gefaltetes Stück Pappe mit einem aufgedruckten körnigen Foto.

»Es gibt einen Ort, an dem man gefälschte Papiere kriegt«, sagte Schahin. »Nämlich auf dem pakistanischen Basar.«

Er bot an, uns hinzubringen. Firouz lehnte ab, weil sein Bein schmerzte; stattdessen beauftragte er Omar und mich, die Lage für ihn zu sondieren. Auf dem Weg mit der U-Bahn in die Innenstadt erzählte der schwarzhaarige, adlernasige Schahin mit dem unruhigen Blick, er sei Anfang des Jahres mit seinem Bruder auf den griechischen Inseln gelandet. Zu dem Zeitpunkt war die makedonische Grenze schon für alle außer Syrer, Iraker und Afghanen geschlossen. Bei der Nationalitätsprüfung hatten die Brüder versucht, als irakische Kurden durchzugehen. Schahin bestand das Interview, sein Bruder nicht; er war bei ihm geblieben, ohne zu ahnen, wie hart es nach der kompletten Grenzschließung würde, Griechenland zu verlassen.

»Wo ist dein Bruder jetzt?«, fragte Omar.

»Vergiss ihn«, sagte Schahin. »Er verkauft Drogen und hat im Lager Telefone geklaut. Er hat Schande über uns gebracht.«

Am Omonia-Platz, einem Verkehrsknotenpunkt mit ohrenbetäubendem Gehupe, stiegen wir aus und fuhren mit der Rolltreppe an die Oberfläche. Wir gingen nach Süden, vorbei am Rathaus, das auf einen weiten Platz nur für Fußgänger mit Statuen von Theseus und Perikles hinausging. An dessen anderem Ende war eine eingezäunte archäologische Grabung: Hier waren ein alter Friedhof freigelegt und die dort beigesetzten menschlichen Überreste exhumiert worden, darunter ein Knabe, der vor zweitausendfünfhundert Jahren mitsamt seiner Schildpattlyra begraben worden war.[278] Hier waren wir außerhalb der Stadtmauern des antiken Athen, von hier hatte die Hauptstraße nach Süden zur Agora geführt, dem Zentrum eines Reichs, das Migranten wie den Philosophen Diogenes angelockt hatte. Der war vom Schwarzen Meer hergekommen und hatte »nach Hundeart« gelebt, in einem tönernen Vorratsgefäß[279] von der Art, wie sie Flüchtlingen im Peloponnesischen Krieg als Notunterkunft gedient hatten; eine der verwirrenden Äußerungen des Kynikers gegenüber den Athenern lautete, er sei ein *kosmopolitis*, ein Weltbürger. In der Blütezeit des antiken Athen hatte dort wohl mehr als eine Viertelmillion Menschen gelebt. Platon und Aristoteles, die überzeugt waren, dass die Geschichte in Zyklen verläuft, wären nicht überrascht gewesen, hätten sie erlebt, wie Athen 1821, zur Zeit des griechischen Unabhängigkeitskriegs gegen die Osmanen, zu einer Kleinstadt mit fünfzehntausend Bewohnern geschrumpft war, die zwischen prächtigen Ruinen lebten.[280] Doch die orthodoxen Dorfbewohner glaubten an eine andere künftige Stadt, an das Neue Jerusalem. Die Großmächte, die Schirmherren Griechenlands, schickten ihnen den Wittelsbacher Otto von Bayern als König; derselbe Otto ließ den Platz bauen, den wir jetzt überquerten, und benannte ihn nach seinem Onkel Ludwig; 1977 wurde er zu Ehren der Kämpfer gegen die Nazis zum Platz des Nationalen Widerstands umbenannt, die Athener aber nannten ihn nach wie vor Kotzias-Platz[281] nach dem Athener Bürgermeister Konstantinos Kotzias, der hier das alte Stadttheater hatte einreißen lassen, nachdem es während des Bevölkerungsaustausches von ehemals osmanischen Flüchtlingen besetzt worden war, die, um sich zu wärmen, die Inneneinrichtung des Theaters verbrannt, in Dialekten und fremden Sprachen gesprochen und Athener Stadtviertel nach ihrer verlorenen Heimat in Asien benannt hatten, Nea Smyrni zum Beispiel, und deren melancholische Musik, der Rembetiko, heute in den Tavernen über der ausgegrabenen Agora für die Touristen gespielt wurde.

Im Gefolge der drei Iraner betraten Omar und ich die beengten Quartiere des alten Athen und kamen in eine schmale Gasse, in der Männer allein oder in wachsamen Gruppen standen. Vor ihnen auf dem Pflaster waren Planen ausgebreitet, auf denen sie heiße Ware anboten, hauptsächlich Telefone; es roch scharf nach Masala und Betel von den Straßenverkäufern, die Kichererbsen und *paan* anboten. Noch lebhafter ging es auf der Sophokles-Straße zu, in der sich Geschäfte aneinanderreihten, Soulehria Brothers, Raja Jee Fast Food, New Hong Er Da Import-Export, Dubai Shopping Center und Shalimar Computers, Schriftzüge auf Griechisch, Arabisch, Englisch und Mandarin. Schahin sprach kurz mit einem bangladeschischen Geschäftsinhaber, der den Kopf schüttelte. Wir drangen tiefer ein ins Gewühl, bis wir ein Funkgerät krächzen hörten und Schahin erstarrte.

»Schaut, die Hunde sind da«, zischte er.

An der nächsten Kreuzung standen zwei Motorradpolizisten und befragten einen dunkelhäutigen älteren Mann, dessen Papiere sie in den Händen hielten. Die Menge zerstreute sich langsam.

»Ich fürchte, es ist nicht die richtige Zeit«, sagte Schahin und führte uns um eine Ecke. Doch genau in diesem Moment stieß er mit einem anderen Iraner zusammen, der uns in eine Arkade zog. Der Mann fischte eine Asylkarte aus der Tasche und reichte sie Omar. Ich spähte über seine Schulter; die Karte, schmutzig und abgegriffen, zeigte das Bild eines dicklichen Pakistaners. Der Typ wollte hundert Euro dafür.

Omar schüttelte den Kopf.

Es stellte sich heraus, dass Firouz schon mal in Athen gewesen war, vor über zwanzig Jahren. In den neunziger Jahren hatte es ihn mit der ersten Welle kurdischer Flüchtlinge nach Griechenland verschlagen, und er hatte einen Sommer lang bei der Obsternte geholfen, bevor er sich nach Deutschland aufgemacht hatte, wo seine Frau und seine Tochter noch immer lebten. Aus Gründen, die er nicht näher ausführte, war er in den Iran zurückgekehrt und hatte seine Entscheidung bitter bereut.

»Schauen wir uns die Lichter an«, schlug Firouz uns eines Tages vor, als wir wieder mal am Viktoria-Platz abhingen.

»Welche Lichter?«

»Werdet ihr sehen.«

Wir gingen mit ihm in eine Straße in der Nähe, in der vor den Häusern gläserne Laternen hingen, die auch tagsüber und bis in die Nacht hinein brannten. Firouz blieb vor einer violetten Tür stehen.

»Los«, sagte er zu mir. »Geh rein.«

»Warum?«, fragte ich. »Was ist da drin?«

»Was ist, hast du Schiss?«

Ich öffnete die Tür und betrat einen niedrigen Raum mit einer Couch am einen Ende und einem Perlenvorhang vor dem anderen. Omar folgte. Die Luft war merklich feucht und parfümiert, und eine Discokugel warf ein Netz aus rosafarbenen Lichtern über den Raum. Schwindelerregend.

»*Kalispera*«, flötete eine honigsüße Stimme, und eine ältere Frau, elegant onduliert, raschelte herein. Bei unserem Anblick jedoch entgleiste ihre Miene.

»*No sex! Only Greeks!*«, fauchte sie und machte auf dem Absatz kehrt. Einen Moment lang starrten wir einander verdutzt an.

»*Go!*«, rief die Madame hinter dem Vorhang.

»Nur Griechen?«, sagte Firouz, als wir ins helle Sonnenlicht hinausstolperten. »Früher war das anders.«

Die Straßen rund um den Viktoria-Platz, erfuhr ich, waren Teil eines informellen Rotlichtbezirks,[282] der sich bis ins Zentrum erstreckte und immer billiger wurde, bis man in Metaxourgeio war, wo Migranten als Kundschaft willkommen waren und Frauen Sex für gerade mal zehn Euro verkauften oder verkaufen mussten. Prostitution war legal in Griechenland, aber offizielle Lizenzen wurden selten vergeben, und die Prostituierten selbst waren häufig illegal, viele aus Afrika oder ehemals sowjetischen Ländern. Der Viktoria- und der Alexander-Park wurden von männlichen Prostituierten genutzt,[283] und seit dem vergangenen Jahr gab es ein Überangebot an jungen Migranten, die Blowjobs für fünf Euro anboten. Ich wurde häufig von Griechen mit der hoffnungsvollen Frage »Afghanistan?« angemacht. Ein sehr bemerkenswertes Individuum gab es, einen Mann, der einen gewaltigen Bauch vor sich herschob wie ein Eisbrecher seinen Bug; abends wandelte er durch den Viktoria-Park, suchte sich einen Knaben und verschwand mit ihm, doch eine Stunde später war er wieder da, offenbar unersättlich, blickfickend im Vorbeigehen.

322

Hinsichtlich der Zahl von Minderjährigen, die ohne Eltern in Europa ankamen, nahm Afghanistan die Spitzenposition ein.[284] Fast alle waren männlich. Manche hatten ältere Gefährten gehabt, waren unterwegs aber getrennt worden, doch gab es auch viele, die sich allein oder in einer Gruppe von Kindern auf den Weg machten, in der Regel mit Zustimmung und finanzieller Unterstützung der Eltern. Söhne waren Teil einer diversifizierten Überlebensstrategie: einer muss Bauer werden wie der Vater, einer muss zum Staat, einer zu den Taliban, einer nach Europa. In manchen Dörfern galt die Regel, dass ein Sechzehnjähriger reif zum Ausziehen war, denn man hatte viel mehr Sympathie zu erwarten, wenn man vor dem achtzehnten Geburtstag in Europa ankam. Manche Länder, Schweden zum Beispiel, erlaubten sogar den Nachzug der Eltern; man musste es nur bis dorthin schaffen.[285]

Als die Grenzen geschlossen wurden, saßen Tausende unbegleitete Kinder in Griechenland und kamen nicht weiter, manche lebten auf der Straße, wo sie unter Drogenhändler und Freier gerieten. Einmal traf ich einen sechzehnjährigen Jungen, der auf sich gestellt in dem aufgelassenen Flughafen lebte. Er erzählte, er sei neulich von einem anderen jungen Afghanen zum Essen ins Haus eines Griechen eingeladen worden. Weil er Hunger hatte, aber kein Geld, nahm er an. Später dankte er dem Gastgeber für die Einladung, und der sagte, nicht der Rede wert, aber wenn er wirklich dankbar sei, solle er herkommen und ihm einen Kuss geben. Der Mann besaß ein Trinkglas mit dem aufgedruckten Foto eines afghanischen Jugendlichen: Diesen Jungen habe er sechs Monate bei sich behalten, dann habe er ihm Geld gegeben, damit er nach Deutschland weiterreisen könne. Der Sechzehnjährige ergriff die Flucht.

Die obdachlosen Jungen hatten die Aktivisten vom Plaza in ein Dilemma gestürzt. Von Rechts wegen sollten die Kinder in Zentren wohnen, die vom Staat und von NGOs verwaltet wurden; in der Praxis war das System derart überfordert, dass die Kinder in

Gefängnissen untergebracht wurden.[286] Oft liefen die Jungs sowieso aus den Zentren fort, um sich einen Schleuser zu suchen. Die meisten wollten es mit den Lkws am Hafen von Patras versuchen, was die billigste Lösung war, zumal Minderjährige nicht zu fürchten brauchten, dass in Italien ihre Fingerabdrücke registriert würden. Als Notmaßnahme brachten die Hausbesetzer schließlich eine Gruppe Teenager in der siebten Etage unter; sie bildeten eine aufs Geratewohl zusammengewürfelte Familie, spielten und rauften miteinander und wurden von anderen Bewohnern beaufsichtigt. Zied, der Freiwillige aus Tunesien, besaß Handschuhe und Schienbeinpolster und zeigte ihnen das Kickboxen. Ich sah einmal beim Unterricht zu; die Jungs waren begeistert. »Du willst nach Deutschland?«, schrie Zied und bearbeitete seinen Sparringspartner mit beiden Fäusten. »Dort gibt's Nazis! Wehr dich! Wehr dich!«

Es gab Jungen, die mit Babyspeck in den Wangen die Wüste durchquert, Jungen, die ältere Brüder überlebt hatten. Einer der Ältesten war bei einem Tattookünstler im Iran in die Lehre gegangen und verzierte jetzt die Plazabewohner auf deren Wunsch hin: ein Schmetterling für Dschamila, ein Wolf für Mustafa. Ein anderer, Ezat, ein bleicher, ernster, lispelnder Junge, lernte immerhin so viel Englisch, dass er die anderen Bewohner bei Krankenhausbesuchen unterstützen konnte. Ezat war Kind von Flüchtlingen im Iran, und obwohl er von zwölf an in einer Ziegelei hatte arbeiten müssen, fand er Zeit, um freitags zu lesen; nach und nach war er geradezu besessen von Geschichten über Paris. Er suchte sich einen Flecken Gras, setzte sich nieder, versenkte sich in sein Buch und stellte sich vor, er könnte den Eiffelturm sehen, wenn er nur aufblickte. Solange er die Illusion aufrechterhalten konnte, las er, ohne den Kopf zu heben.

Als Omar und ich im Plaza aufkreuzten, leerte sich der siebte Stock allmählich. Manche Jungs waren auf legalem Weg mit Familienmitgliedern anderswo in Europa zusammengeführt worden;

andere wurden ins griechische System aufgenommen und warteten auf eine geeignete Unterbringungsmöglichkeit. Der Rest machte sich heimlich davon zu den Lkws in Patras.

Ende Oktober hörten wir, dass das Lager in Calais von der französischen Bereitschaftspolizei geräumt wurde. Der Dschungel – so hieß die Barackenstadt mit zehntausend Bewohnern – stand am Ufer des Ärmelkanals am anderen Ende des Flüchtlingsuntergrunds, der sich durch Europa zog, sozusagen als Antipode von Athen. Nachts versuchten sich die Migranten dort an Bord von Lastwagen zu schleichen, die nach England unterwegs waren; die Afghanen nannten es *andakht*, benutzten dazu ein Verb, das schießen oder werfen bedeuten kann, aber in diesem Zusammenhang »probieren« meint; im Jahr zuvor hatte ein junger Musiker aus dem Dschungel, ein gewisser Abdullah, zu einer traditionellen Melodie dieses Lied gedichtet:

Der ganze Dschungel scheint leer
Und ich vermisse den lieben Ibrahim
Der ganze Dschungel scheint leer
Und ich vermisse den lieben Ibrahim
Qasim probiert es oft
Er kennt alle Tricks
Er schläft nicht im Zelt
Dann ist da Bola Dschan
Er wird krank von zu viel Schlaf
Und ich vermisse den lieben Ibrahim sehr
Der ganze Dschungel scheint leer
Und ich vermisse den lieben Ibrahim[287]

Überall in Europa kam der *lange Sommer der Migration*,[288] wie man ihn nannte, allmählich zum Ende. Eine Million Menschen waren durch den Kontinent gezogen, aber jetzt wurden die Netzwerke, die sie in Richtung Norden gebahnt hatten, lahmgelegt – durch staatliche Maßnahmen und durchs Wetter. Wer versuchte, Zäune zu überwinden, musste mit rigoroser Gewalt rechnen.[289] Omar zeigte mir entsetzt ein Facebook-Video von Afghanen an der ungarischen Grenze, die weinend erzählten, wie sie von Wächtern geschlagen und gezwungen worden waren, unter Stacheldraht hindurchzukriechen.

Unseren syrischen Freund Yousef trafen wir gar nicht mehr auf dem Platz und fragten uns, ob er es wohl bis zu seiner Liebsten nach Schweden geschafft hatte. Eines Tages aber erhielt Omar eine Sprachnachricht auf WhatsApp von ihm, die wir uns von einem arabischen Bewohner des Plaza übersetzen ließen. Yousef war in Serbien. Er und ein anderer Syrer waren nach Nordgriechenland gefahren und hatten einem pakistanischen Schleuser zweitausend Euro pro Kopf bezahlt, damit er sie durch den Balkan brachte, doch er hatte sie in den makedonischen Bergen sitzen lassen. Sie kannten sich nicht aus, und es regnete. Yousef sagte, sie hätten ein paar Nächte im Freien verbracht, aber die Temperatur war nahe null, und sie wären wahrscheinlich erfroren, hätte nicht eine Polizeipatrouille sie gefunden. Zwei Nächte wurden sie in eine verdreckte Zelle gesperrt, dann brachten die makedonischen Bullen sie in eine menschenleere Gegend an der Grenze zu Serbien und sagten: »Rüber mit euch.« Jetzt war Yousef in Belgrad gestrandet, war pleite und obdachlos. Die Stadt sei voller gestrandeter Flüchtlinge, warnte er uns, und es werde immer kälter. Wir baten unseren Arabischübersetzer, ihm zu schreiben, ihm Hilfe anzubieten.

Was immer ihr vorhabt, nehmt nicht diese Route, antwortete Yousef ein paar Tage später. Wir hörten nie wieder von ihm.

19

W ie die anderen vor uns verließen auch wir das Plaza, ohne uns zu verabschieden. Wir waren schon seit zwei Wochen hier, länger als geplant. Von der Horrorvision geplagt, dass Laila in seiner Abwesenheit zwangsverheiratet würde, wollte Omar so schnell wie möglich nach Italien gelangen. Wir zogen die Secondhandjacken an, die wir uns erschnorrt hatten, schulterten die Rucksäcke und schlichen uns in aller Frühe davon, als alle anderen noch schliefen – nachdem sie bis spätnachts noch auf gewesen waren, um eine Feier zum halbjährigen Bestehen des Plaza vorzubereiten. Mir tat es ein bisschen leid, dass wir die Party verpassten – aber unseren Zimmerschlüssel hinterlegten wir vorsichtshalber bei einem Freund für den Fall, dass wir zurückkommen mussten.

Mit einem Fernbus fuhren wir Richtung Westen, nach Patras. Nach dem, was Yousef widerfahren war, hatte Omar die Idee, die Balkanroute zu nehmen, wieder fallengelassen. Die Fähren über die Adria, die italienische Häfen wie Venedig und Triest anliefen, boten Omar die Chance, direkt sein endgültiges Ziel zu erreichen. Man musste einen der Schleuser bezahlen, die sich Zugang zu den Lkws gesichert hatten, und das kostete immerhin nur ein paar Hundert Euro. Andererseits war es gefährlich, unter einen Lastwagen zu kriechen. Ich würde mitmachen, wenn er dazu bereit wäre, sagte ich, aber Omar war noch unschlüssig. Er hatte von einer anderen, teureren Option gehört, die sich *Nachtfracht* nannte: Der Schleuser steckte einen vor dem Hafen in einen Lkw-Frachtraum, normalerweise mit stillschweigender Duldung des Fahrers. Omar entschied, dass wir erst einmal nach Patras fahren und in den leer stehenden

Fabrikgebäuden, wo Migranten lebten, herumfragen würden. Diese Gebäude, Holz- und Pandschiri-Fabrik genannt, wurden von rivalisierenden Schleuserbanden kontrolliert, die häufig aneinandergerieten; erst ein paar Wochen zuvor war ein Afghane erstochen worden, und die Polizei hatte das ganze Betriebsgelände dichtgemacht. Inzwischen war allerdings zu hören, dass das *game* in Patras wieder in Gang war wie zuvor.

Die Busfahrt dauerte drei Stunden. Wir fuhren hinüber auf den Peloponnes und am Golf von Korinth entlang. Patras, die drittgrößte Stadt Griechenlands, veranstaltete jedes Jahr vor der Fastenzeit einen berühmten Karneval; über den Sommer kamen dann die Touristenscharen, die, auf Liegestühlen unter dem Sternenhimmel Wein trinkend, mit den Fähren übersetzten, doch als wir am Busbahnhof ausstiegen, hatten die Reisebüros ringsum schon über den Winter geschlossen, und das Hafenviertel wirkte ausgestorben. Früher war der Fährhafen direkt hier in der Stadt gewesen, neben dem Marinestützpunkt, wo der Admiral der ionischen Flotte,[290] wenn er zum Fenster hinausblickte, Migranten die Anlegeleinen hinaufklettern sah. Zu der Zeit hatte es am Stadtrand von Patras eine Barackenstadt gegeben,[291] in der an die tausend Personen Obdach gefunden hatten, hauptsächlich Afghanen, doch die Polizei hatte sieben Jahre zuvor alles mit Planierraupen niedergewalzt. Dann wurde weiter im Süden der neue Fährhafen eröffnet, und die Migranten zogen in die aufgelassenen Fabrikgebäude ringsum.

Mit geschulterten Rucksäcken gingen Omar und ich die Landstraße entlang auf die großen Schiffe in der Ferne zu. Nach ein paar Kilometern kamen wir zu einem Gebäudekomplex aus Backstein mit teilweise eingestürztem Schindeldach gegenüber dem Fährhafen. Vor dem Tor lungerten Männer herum, deren Kleider und Gesichter mit Öl verschmiert waren, andere kauerten auf unserer Straßenseite am Hafenzaun. Wir gingen zu ihnen und spähten ebenfalls durch die Zaunstäbe: Zwei Männer, der eine mit einem

Brett auf der Schulter, pirschten sich geduckt an eine Reihe Lkws heran, die etwa hundert Meter entfernt standen.

»Wessen Reisende seid ihr, Brüder?«, fragte ein stämmiger Mann auf Dari. Ihm fehlte das rechte Auge.

»Wir sind eben erst aus Athen gekommen, wir haben noch keinen Schleuser«, antwortete Omar. In dem Moment kamen die beiden Migranten angerannt, verfolgt von einem Wächter auf einem Motorroller. Wir stoben alle davon zu den Bäumen auf der anderen Straßenseite. Als die zwei über den Zaun sprangen, drehte der Rollerfahrer ab und kehrte zu den Sattelzügen zurück. Der eine Zaunspringer, ein älterer Mann, schleppte sich zu uns herüber und verschnaufte, vornübergebeugt.

»Da, die Lastwagen da drüben«, sagte der einäugige Schleuser. »Ihr klettert ins Untergestell eines Lkws und fahrt mit ihm los, direkt auf das Schiff dort.« Er deutete auf die riesige Fähre.

»Ist das nicht gefährlich?«, fragte Omar.

»Nein.«

Ein Koloss in Jogginghose kam auf uns zu und reichte uns seine Pranke. »Wessen Reisende seid ihr, Freunde?«

Wir seien neu, erklärte Omar. »Ist das hier die Holzfabrik?«

»Nein, die Pandschiri-Fabrik«, sagte der Einäugige. »Die andere ist da unten. Dort sind unsere lieben Landsleute, die Hazaras«, sagte er mit spöttischem Grinsen.

»Was passiert, wenn einen die Polizei schnappt?«, fragte Omar.

»Unterm Lastwagen? Nix passiert. Mach, dass du weiterkommst, sagen sie. Wenn sie dich allerdings *im* Lastwagen erwischen, landest du im Knast.«

»Aber geschlagen wird man nicht?«

»Die krümmen dir kein Haar.«

»Mir schon«, warf ein Jugendlicher mit schwarzer Schmiere auf der Wange ein. »Diese *padar nalat* haben mich an den Eiern erwischt. Sie stochern nämlich mit Stecken herum, ob sich jemand unter dem Lkw versteckt, und mich haben sie voll an den Eiern erwischt. Ich hab natürlich geschrien wie am Spieß.«

Der ältere Zaunspringer keuchte noch, als sein Begleiter ihm auf die Schulter tippte:»Los, komm. Sie sind weg.«

Die beiden rannten wieder über die Straße, sprangen wieder über den Zaun – das heißt, der Schleuser sprang, mit einer einzigen fließenden Bewegung, bei seinem Reisenden ging es wesentlich mühsamer. Aber fast sofort machten sie wieder kehrt. Diesmal kam der Aufpasser zu Fuß hinter ihnen her, rannte ihnen bis zum Zaun nach, steckte dann auch sein Telefon durch den Maschendraht und filmte uns alle. Wir drehten uns rasch um oder versteckten uns hinter den Bäumen.

»Der stellt das auf Facebook«, sagte der Junge mit dem Schmierfleck kichernd. Der Grieche hob das Holzbrett auf, das die beiden verloren hatten, und trat dagegen, um es zu zerbrechen, allerdings mit mäßigem Erfolg, was weiteres schadenfrohes Gelächter auslöste.

Der Koloss mit der Jogginghose meinte, wir sollten nicht mit Rucksäcken auf der Straße herumstehen, sondern ins Gebäude hereinkommen, aber wir dankten ihm und sagten, wir kämen später wieder, wir wollten erst die Holzfabrik sehen. Auf der Fernstraße machten wir uns wieder auf den Weg.

Achthundert Meter und einen Supermarkt weiter stand der nächste Komplex mit einem vierstöckigen Bürogebäude und einer Lagerhalle mit rotem Dach, auf dem in griechischen Buchstaben ABEX stand. Wir gingen den Holzzaun entlang bis zu einer Stelle, an der ein paar Latten abgerissen worden waren, und stiegen ein.

Durch wucherndes Gestrüpp sahen wir Leute in einem Hof stehen, der so groß wie ein Fußballfeld sein mochte. Aus den Ritzen im Asphalt schoben sich Gräser und Schösslinge. Die offene Lagerhalle krümmte sich um den Hof; rechter Hand war ein Hangar, drei Stockwerke hoch. Durch zerbrochene Fenster und Wellbleche konnte man tief ins dunkle Innere schauen. Links war eine erhöhte

Laderampe, auf der drei Zelte standen. Ein paar Migranten saßen dort auf ergatterten Möbeln, andere standen im Hof und plauderten mit einer Gruppe junger Männer und Frauen in Jeans und Pullover, die wie Mitarbeiter einer Hilfsorganisation aussahen.

Wir gingen auf die Laderampe zu, wo eine von verkohltem Holz und rußigem Blech eingefasste Feuerstelle war. Ein hängebackiger Mann mittleren Alters stand von seinem Campingstuhl auf und begrüßte uns herzlich. Er stellte sich als Haider aus Kabul vor. »Ihr müsst euch hier einen guten Schleuser suchen. Mit unserem sind wir nicht zufrieden. Er heißt Abu Fazl«, sagte er und deutete mit dem Kinn auf einen großen bärtigen jungen Mann. »Zahlt kein Bargeld, deponiert das Geld bei einem Geldwechsler, damit ihr nicht auf einen bestimmten Schleuser angewiesen seid.«

»Wer ist denn der beste?«, fragte Omar.

»Dschawad Zaun ist ziemlich gut. Das ist der dort.« Er deutete auf einen Mann in grauen Shorts und Strickmütze, der in dem Moment durch den Hof kam.

»Was ist mit Rambo?« Omar hatte den Namen in Athen gehört: Der sei der Beste, hieß es.

»Rambo und Onkel sind momentan nicht hier. Morgen kommen sie wohl.«

Es stellte sich heraus, dass Omar und Haider beim selben US-Vertragspartner in Kabul gearbeitet hatten. Während sie Erfahrungen austauschten, kam ein jüngerer Mann auf mich zu, der eine schmutzige Trainingshose trug. Wir musterten einander; seine Wangen waren tiefrot, und seine Nase mündete in eine himmelwärts gewandte Spitze.

»Salam«, sagte er. »Wo bist du her?«

»Kabul.«

»Wo in Kabul?«

»Schahr-e Nou.«

»Wo in Schahr-e Nou?«

»Qala-e Fatullah.«

»Wo in Qala-e Fatullah?«

»Wazirabad-Straße.«

»Echt?«, fragte er lang gezogen. »Gibt's nicht. Ich bin aus der Wazirabad und kenne jeden dort. Wieso hab ich dich nie gesehen?« Ich war in einer gewissen Verlegenheit, doch Omar kam mir zu Hilfe, indem er den Knaben seinerseits mit Fragen löcherte. Die beiden bombardierten sich eine Zeit lang mit Namen von Polizeichefs und Schulrektoren, bis der andere offenbar die Echtheit unserer Herkunft akzeptierte und die Hand ausstreckte. »Ich bin Scharif. Seit drei Monaten hier in Patras. Keine Sorge, ich zeige euch, wie alles hier läuft.«

Die Mitarbeiter der Hilfsorganisation kamen zu uns herüber; sie waren von Praksis, einer medizinischen Einrichtung, und die lokale Koordinatorin, eine junge Frau namens Maria, führte ein paar belgische Kollegen herum, die zu Besuch waren. Sie begrüßte uns mit Hilfe ihres Dolmetschers, eines Afghanen, der ein Hemd mit geknöpftem Kragen trug und eine Brille mit eckigen Gläsern. Praksis betreibe ein Heim für unbegleitete Minderjährige in Patras, erklärte sie, aber sie hätten auch eine Anlaufstelle für Erwachsene, die bei ihnen Frühstück und eine Dusche bekämen.

»Ich war im besten Minderjährigenheim von Athen, und es wurde von Praksis betrieben«, rief ein iranischer Junge im Trainingsanzug.

Ich drehte mich um, weil ich ein quietschendes Geräusch hinter mir vernahm, und sah einen Mann, nackt bis auf gräuliche Boxershorts und Pantoffeln, der einen Einkaufswagen vor sich herschob; darin eine Lidl-Tüte, in die er seine Klamotten gestopft hatte. Niemand beachtete ihn, als er den Hof überquerte.

Mit noch tiefer geröteten Wangen starrte Scharif Maria an. »Frag sie, ob sie auch was gegen gebrochene Herzen tun können«, forderte er den Dolmetscher auf.

Maria lächelte, gab aber keine Antwort.

»Wisst ihr, wir waren fünfzehn vor fünfzehn Jahren, vielleicht habt ihr auch für uns einen Platz in einem Minderjährigenheim«, witzelte Omar auf Englisch, und die Belgier lachten. Omar begann ihnen von seiner Arbeit bei den Koalitionstruppen zu erzählen.

Ich schlenderte davon, tiefer hinein in das Lagerhaus, und staunte über die vielen Ebenen auf unterschiedlicher Höhe, die über Leitern und Treppen miteinander verbunden waren. Obwohl alle Oberflächen im Gebäude entweder verrostet waren oder abblätterten, sahen die Zedernholzbalken, die Stahlträger und Betonplatten aus, als hielten sie bestimmt noch ein Jahrhundert durch. Ich betrat einen zweiten Hof, an dessen anderem Ende das vierstöckige Bürogebäude stand. Die Glassplitter, die noch in den Fensterrahmen steckten, spiegelten die untergehende Sonne, und als ich den Blick hob, sah ich über den aufgespannten Wäscheleinen im obersten Stock eine Silhouette eine Leiter zum Turm auf dem Dach hinaufklettern.

Ich kehrte zurück, Maria und ihre Truppe waren fort, und Omar kickte mit Dschawad Zaun, Scharif und einem anderen afghanischen Jungen einen Fußball herum. Omar fragte den Schleuser, wie es mit der Alternative zur Beförderung unter dem Lkw aussehe, nämlich als *Nachtfracht.*

»Das hab ich früher gemacht, aber jetzt nicht mehr«, sagte Zaun mit ausgeprägtem Hazaragi-Akzent. Er hatte ein sympathisches verwittertes Gesicht, das komplett frei von Behaarung aller Art war. »Es ist teuer. Außerdem hab ich momentan zu viele Reisende. Warum versucht ihr's nicht einfach?« Er lächelte über Omars Zögern und sagte, zu den anderen gewandt: »Die Leute, die aus Athen kommen, haben immer erst mal Angst.«

»Ich hatte auch Angst, aber jetzt ist es ganz normal«, sagte der Junge. »Ich kenne alle Plätze unter einem Lkw.« Es gebe drei Verstecke: den Werkzeugkasten, die Reservereifen und die Achsen, die das beste Versteck seien, leider aber auch das gefährlichste, denn man könne sich in der Aufhängung oder der Antriebswelle verheddern. »Nehmt ein Brett zum Drauflegen mit«, sagte er. Und wir müssten unbedingt hinter die rückwärtigen Reifen klettern, damit wir beim Anfahren nicht zerdrückt würden. Zaun schüttelte uns die Hände – er drückte zu wie mit einer Eisenklaue – und marschierte davon Richtung Bürogebäude.

»Was ist mit dir, Scharif?«, fragte ich. »Wieso bist du schon so lang hier, willst du's nicht versuchen?«

Er lachte herzhaft. »Ich versuche es an Stellen, wo es so gefährlich ist, dass sich außer mir niemand traut«, sagte er. »Trotzdem haben mich die Bullen jedes Mal erwischt. Jetzt warte ich auf einen Freund, der bald aus dem Knast freikommt, damit wir's zusammen versuchen. Bis dahin helfe ich einfach den Schleusern.«

Der Mann mit dem Einkaufswagen hatte sich und seine Klamotten an einem Wasserhahn gewaschen und kam jetzt in seinen Boxershorts quietschend zurück.

»Wer ist der?«, fragte ich Scharif.

»Der Schwarze? Keine Ahnung, wie er heißt.«

»Wo kommt er her?«

»Er sagt, er ist aus Portugal.«

»Hallo«, sagte ich auf Englisch, als er vorbeikam. Er blieb stehen und lächelte. Er war klein und schien mir mittleren Alters, hatte allerdings kein Gramm Fett an seinem gedrungenen Körper. Lange Dreads hingen ihm über die rasierten Schläfen. Ja, aus Portugal sei er, sagte er. Ich fragte, wie es ihn hierherverschlagen habe – dürfe er denn nicht auf die Fähre und einfach nach Hause fahren?

Er habe hier Leute kennengelernt, sagte er, und sich mit ihnen betrunken, dann sei er in einer Gasse wieder aufgewacht, und zwar völlig ausgeraubt, Reisepass inklusive. Er sei seit acht Monaten in Patras und habe natürlich die portugiesische Botschaft aufgesucht, aber aus irgendeinem Grund hätten sie sich dort geweigert, ihm einen neuen Pass auszustellen. Ich hatte Mühe, seiner Geschichte zu folgen – seine Sätze wurden immer verworrener und zugleich schneller. »Alles hier ist eine Chance«, sagte er und sah sich scheu um. »So viele Leute kommen und gehen wieder, Afghanen, Syrer, sie schlafen hier und sind wieder weg. Aber ich bleibe.« Er packte den Griff des Einkaufswagens, dann drehte er sich noch einmal zu mir um. »Ich gehe im Geist in die Stadt, verstehst du, was ich meine? Ich muss alles am eigenen Leib erleben.«

Er schob seinen Wagen auf die Laderampe, an den Zelten vorbei und zu einer Treppe, die zu einer höheren Ebene hinaufführte. Zwei afghanische Jungen halfen ihm, den Wagen hinaufzutragen. Da es keine Wände gab, sah man ihn wie in einem Puppenhaus seine gewaschenen Sachen aufhängen.

Allmählich wurde es dunkel. Haider brachte das Feuer in Gang und schlitzte eine Plastiktüte mit roher Hühnerleber auf, während auf seinem Smartphone ein trauriges Lied von Naghma lief. Zwei Katzen, eine dreifarbige und eine getigerte, durchforsteten den Müll. Ein anderer Afghane, der mit Haider reiste, ein kahlköpfiger mit runder Professorenbrille, stand auf, um seine Waschungen vorzunehmen, und ermahnte uns, das Beten nicht zu vergessen.

»Wir sind hier am Ende der Fahnenstange«, sagte Haider. »Sorgen mach ich mir nicht um mich. Sondern um den Jungen.« Er war mit seinem zehnjährigen Sohn hier. Seit acht Monaten versuchten sie aus Griechenland fortzukommen. Zweimal wollten sie mit Schleusern in einem kleinen Boot die Adria überqueren, waren aber beide Male von der Polizei abgefangen worden.

Haiders Sohn kam herbei und betrachtete mit ernster Miene unter seiner Topffrisur die glänzende Leber. Für sein Alter kam er mir klein vor. Eine junge Frau war ihm gefolgt. In einem ausgebeulten Pullover, das kastanienbraune Haar unbedeckt, stand sie hinter ihm und beobachtete uns stumm im Widerschein des Feuers. Haider strich seinem Sohn über den Kopf.

»Wir gehen nach London, so Gott will. Ich habe Verwandte

dort. In Athen habe ich uns ein paar französische Personalausweise besorgt. Ich würde sie euch ja zeigen, aber sie sind in seinen Pulli eingenäht.« Er klopfte seinem Sohn zwischen die Schulterblätter. »Sobald wir in Italien sind, kommen sie zum Einsatz. Mit einem PA kann man Zugtickets kaufen und in Hotels wohnen.«

»Warum benutzt du sie nicht, um ein Ticket für die Fähre zu kaufen?«, fragte Omar.

Haider schüttelte den Kopf. »Klappt nicht. In Italien holen sie dich gleich am Hafen raus und registrieren deine Fingerabdrücke.«

»Wo seid ihr her?«, fragte die Frau mit iranischem Akzent.

»Kabul«, sagte Omar. »Grad angekommen.«

»Wir haben Glück.« Sie hatte eine hohe Kinderstimme.

»Hä? Inwiefern haben wir Glück?«

»Glück, dass wir hier sind.«

Omar schnaubte. »Ach ja?«

»Wir haben das Glück, hier zu sein, denn wir kommen durch.«

»Warum sind Sie da so sicher?«

»Weil Gott groß ist.«

Mit gemurmeltem Singsang führte sie Haiders Sohn fort.

»Gestern hat sie mir ihre Geschichte erzählt«, sagte Haider. Er hatte sie hier in der Holzfabrik aufgegabelt. Sie war im Iran aufgewachsen; beide Eltern waren tot. Er schüttelte den Kopf. »Das arme Ding, sie ist ganz allein. Ich hab ihr gesagt, wir helfen ihr, nach Europa zu kommen.«

Haider stand auf, um Speiseöl aus seinem Zelt zu holen. Omar und ich sahen der Iranerin nach, die das Kind an der Hand führte. Zum ersten Mal seit unserem Aufbruch sahen wir eine junge Frau, die auf eigene Faust unterwegs war.

»Sie ist mit einem afghanischen Freund hergekommen, aber er hat sie sitzen lassen und ist allein nach Italien«, sagte Scharif.

»Der Glatzkopf hat ihr dreihundert Euro gegeben«, sagte ein lockiger iranischer Jugendlicher, der sich zu uns gesellt hatte. Er meinte Haiders Reisegefährten, den Mann mit der Brille. »Ich wette, sie ficken sie.«

Haider kam wieder und begann Leber mit Zwiebeln auf dem Feuer zu braten. Hungrig suchten Omar und ich den Supermarkt an der Straße auf, wo wir uns im hellen Neonlicht wie bunte Hunde fühlten. Mit Eiern, Tomaten, Zwiebeln, Pitas und drei großen Dosen Heineken eilten wir zurück und huschten durch den Zaun, zwei dunkle Gestalten, die in einem Loch verschwinden.

Haider war mit dem Kochen fertig, und Omar stellte die Pfanne wieder aufs Feuer, das ich mit Zedernholzschnitzeln fütterte. Er briet das gewürfelte Gemüse, bis es weich war, und schlug die Eier darüber auf. Als das Eiweiß geronnen war, langten wir zu, mit Brocken geröstetem Brot als Besteck, und luden den iranischen Jungen zum Mitessen ein.

Später, als wir satt waren, rauchten wir mit fettglänzenden Fingern. Scharif war unterwegs, um die Schleuser zu treffen, und als er zurückkam, zeigte ihm Omar die drei Heineken-Dosen, die er aus Respekt vor den religiösen Gefühlen der anderen in der Einkaufstüte gelassen hatte. »Gehen wir in den Park«, sagte Scharif und kicherte. »Dort sieht man küssende Leute.«

Wir gingen wieder die Fernstraße entlang. »Hey, kommst du mit?«, schrie Scharif einer einsamen Gestalt zu, die auf der anderen Straßenseite am Hafenzaun kauerte, aber die winkte nur ab.

»Versucht er's?«, fragte Omar.

»Nö, ist nur ein Junkie.«

Während wir am Zaun entlanggingen, erfuhren wir von Scharif, dass die Schleuser den Hafen unter sich aufgeteilt hatten. Rambo und Onkel hatten sich eine Wiegestation gegenüber der Holzfabrik gesichert, wo die Lkws sich vor der Einfahrt ins Terminal wiegen lassen mussten. »Morgen lernt ihr Rambo kennen«, sagte Scharif. Aus seinem Dari-sprechenden Mund hörte sich Rambo an wie »Rimbaud«.

»Der ist bestimmt ein Kaliber, mit so einem Namen«, sagte ich.

»Gar nicht. Ein supernetter Typ. Wenn du mit ihm redest, glaubst du, du kennst ihn schon ewig.«

Bei der Pandschiri-Fabrik waren keine Migranten mehr am Zaun, aber wir erkannten die Silhouette des hünenhaften Schleusers, den wir ein paar Stunden zuvor kennengelernt hatten; er stand am Tor. Scharif zog seine Kapuze fester. »Ich bin im Krieg mit ihnen«, flüsterte er. »Die haben einen Rochus auf uns. Der Messerangriff auf den Typen neulich – das waren sie.«

Der Schleuser nickte uns zu, als wir vorbeigingen. Am nördlichen Ende des Hafens stand hinter dem Zaun ein von einer weißen Mauer umgebenes Gebäude. »Das ist der Knast der Kommandos«, sagte Scharif. »Vierundzwanzig Stunden halten sie dich fest. Du kriegst ein Sandwich und eine Flasche Wasser.«

Im Gehen rissen wir unsere Bierdosen auf. Eine letzte Fähre – die Grimaldi, wie an ihrer Flanke stand – lag noch im Hafen. »Die legt spätnachts ab«, sagte Scharif.

Hektisch ließ er plötzlich seine Bierdose in der Tasche verschwinden. »Weg mit dem Bier.«

Vor uns sahen wir Haider und seine Gesellschaft, die ebenfalls einen Abendspaziergang unternahmen. »Werdet ihr's heute Abend probieren?«, fragte Scharif, auf das Schiff deutend, als wir näher kamen. »Wollt ihr da mitfahren?«

»Na klar«, antwortete Haider.

»Dauert dreiundfünfzig Stunden; meinst du, er hält das durch?«

»Der Junge?« Haider lachte. »Der ist vierzig Stunden durch die Wüste gelaufen und achtzehn durchs Gebirge. Im Lkw sitzen schafft er mit links. Er ist abgehärtet. Er ist zum Mann geworden.« Er klopfte dem Kleinen kräftig auf die Schulter, und sein Sohn lächelte verlegen.

»Nur eine Sache macht uns Sorgen«, sagte der Kahle mit der Brille, »wie machen wir's mit dem Klo?«

Wir verabschiedeten uns und gingen weiter zu einer Grünanlage am Ufer, wo ein paar afghanische Jungen, die in einem Praksis-Heim für Minderjährige untergebracht waren, neben den Schaukeln im Kreis saßen. Einer von ihnen stieß einen Freudenschrei aus, sprang auf und kam auf uns zu: Es war Ali, der Junge mit den blond gebleichten Haarspitzen, den wir bei unserem allerersten Besuch am Hafen von Lesbos kennengelernt hatten.

»Ich bin ein *khod andaz*«, flüsterte er mir ins Ohr, als wir uns umarmten. Ein Selbstschleuser. Er wollte es auf eigene Faust mit den Lkws versuchen – in der Hoffnung, dass ihn Rambo und die anderen nicht erwischten, denn sie würden ihn verprügeln: Ihr Monopol verteidigten die Schleuser gnadenlos. »Man muss los, sobald es dunkel ist. Es gibt einen Weg um den Zaun, und zwar direkt am Wasser, ich kann's euch zeigen. Letzte Nacht wären wir fast durchgekommen, aber die Polizei hat uns entdeckt.«

Wir leerten im Park unser Bier und kehrten dann in die Holzfabrik zurück. Inzwischen war der Schleuser Abu Fazl gekommen und sagte zu Haider und seiner Truppe, sie sollten sich bereit für den Aufbruch machen.

»Sprecht ein Gebet für uns«, bat Haider.

»Betet nicht, sagt nicht auf Wiedersehen, geht einfach als *qalandaran*«, gab Scharif zurück – als wandernde Mystiker. Sie verabschiedeten sich trotzdem mit Handschlag.

Omar und ich hatten nur Schlafsäcke mitgebracht, doch Scharif sagte, in dem Pfahlbau hinter dem Hangar, wo das Büro untergebracht war, sei noch ein freies Zelt, das könnten wir benutzen. Wir stiegen eine Leiter hinauf; es war wie ein Baumhaus, sauber gearbeitet aus Zedernholz. Dort lagen schon etliche Schlafende auf dem Boden, und ein paar Kuppelzelte waren aufgebaut. Wir fanden das leere Zelt und krochen hinein.

»Was denkst du?«, fragte ich ihn, als wir nebeneinander im Dunkeln lagen. Er antwortete auf Englisch.

»Ich denke, es ist scheißgefährlich, Bruder.«

Am Morgen sahen wir Haider und seine Truppe mit finsteren Mienen um die Asche der Feuerstelle sitzen. Abu Fazl hatte sie zwar in den Frachtraum eines Lkws gesetzt, aber der war bis unters Dach voller Metallschrott, sodass dazwischen kein Versteck zu finden war. In der Inspektionsbucht, wo die Frachträume geöffnet und durchsucht wurden, waren sie entdeckt worden. Allerdings nicht festgenommen – wahrscheinlich weil eine Frau und ein Kind bei ihnen waren, hatte die Polizei sie laufen lassen.

»Einmal war ich in einem Lkw voller Schnaps, aber keine Chance, mich zu verstecken, und das war's dann, ich bin wieder raus«, sagte der iranische Lockenkopf. Man musste es nehmen, wie es kam. Man konnte in stinkendem Recyclingmüll oder in einer Fracht gerösteter Pistazien landen.

Nach einem schnellen Frühstück gingen Omar und ich zur Wiegestation auf der anderen Straßenseite. Ein Dutzend Migranten kauerte dort in einer Reihe hinter dem Betonsockel des Zauns. Auf der anderen Seite, etwa zehn Meter entfernt, standen die Lkws zweispurig zum Wiegen an.

»Wo sind Onkel und Rambo?«, fragte Omar.

»Dort hinten«, antwortete ein afghanischer Junge und deutete auf zwei gedrungene Männer in Jogginghosen und Hoodies. Die Schleuser brachten jeweils zwei bis drei Kunden auf die andere Seite des Zauns, wo sie, verdeckt von einer kleinen Anhebung, im Gras lagen und warteten, bis ein Lkw auf die Waage auffuhr. Dann sprinteten alle los, und die Schleuser versuchten ihre Kunden an Bord unterzubringen, bevor der Lkw wieder losfuhr – im Frachtraum, sofern er unversperrt war, sonst irgendwo im Fahrgestell. Das alles fand vor den Augen der Fahrer statt, die am Steuer der dahinter wartenden Lkws saßen und manchmal warnend hupten, aber nur selten ausstiegen, um die Migranten zu verscheuchen; das überließen sie lieber den Aufsehern in den Inspektionsbuchten.

Ich hörte einen Ausruf von Omar, drehte mich um und erkannte zwei der Teenager aus dem Plaza, Reza und Ezat; Letzterer war der Junge, der von Paris träumte. Sie waren eben mit dem Bus aus Athen angekommen. Und sie kannten mich als Matthieu, nicht als Habib. Als wir uns umarmten, versuchte ich mir schnell etwas einfallen zu lassen, damit sie nicht vor den Schleusern meine Tarnung auffliegen ließen – aber genau in dem Moment rief Rambo sie zu sich her.

Die Jungen sprangen über den Zaun, als ein Lkw auf die Waage fuhr. Sie sprinteten darauf zu, Onkel und Rambo packten je einen Griff und rissen die Türen auf. Im selben Moment aber fuhr der Lkw los, und die beiden rannten mit, während die Jungs Hals über Kopf hineinkletterten. Im Laufschritt knallten die Schleuser die Türen zu, und der Lkw rauschte davon zu den Inspektionsbuchten.

»Diese verfluchten Glückspilze!«, rief einer der Migranten. »Nicht mal eine Stunde da und schaffen es gleich.«

Ich sah dem davonfahrenden Sattelzug mit den Jungs an Bord nach, machte mir Sorgen um sie und war zugleich erleichtert, dass mein Geheimnis gewahrt blieb. Rambo und der andere wären sicher nicht erbaut gewesen, hätten sie erfahren, dass ich Journalist bin. Die Lkws kamen jetzt weniger häufig. Die Schleuser schafften es, einen weiteren Kunden in der verchromten Werkzeugkiste eines Lasters unterzubringen, bis ein Polizist in einem schwarzen BMW reifenquietschend heranpreschte und wir alle die Flucht ergriffen.

Zurück in der Holzfabrik aalten sich Rambo und Onkel zigarettendrehend in der Sonne. Rambos derbes, zerklüftetes Gesicht unter der verwaschenen Baseballkappe war glatt rasiert, sodass man die lange Narbe über der Oberlippe sah. Onkel wirkte etwas älter, irgendwo in den Vierzigern, war klein, hatte aber den gleichen Schraubstockhändedruck wie Dschawad Zaun.

Ich fragte Rambo, in welcher Ladung sie Ezat und Reza untergebracht hätten.

»In einem Lkw voller Blumen«, sagte er.»Ich stecke meine Kunden nie zu schlechter Fracht. Schließlich sind sie minderjährig.«

Seit über zehn Jahren waren die beiden in Patras aktiv. Als das Fährenterminal noch in der Stadt gewesen war, hatten kurdische Banden das Monopol unter sich aufgeteilt. Mit der Zeit aber trudelten immer mehr Afghanen ein, und es kam zum Krieg zwischen den beiden Gruppen; die Afghanen hatten als Anführer einen legendären *badma'āš* namens Patras Khan, mit dem sie den Sieg errangen.[292] Die Kurden zogen zu einem anderen Hafen weiter im Norden, Igoumenitsa.

Rambo und Onkel verschwanden im Bürogebäude, denn bis zum späten Nachmittag waren keine weiteren Lkws zu erwarten. Unterdessen schüttete Scharif Omar sein Herz aus – es ging um eine Frau, die er in den Lagern kennengelernt hatte.

»Scharif, wenn du ein Mädchen liebst, lass es nicht gehen«, sagte Omar.

Ich legte mich auf die warmen Pflastersteine und dachte an die zwei Jungs, die zwischen Blumen im Dunkeln saßen. Aus den Stahlcontainern der Sattelauflieger gab es kein Entrinnen; man war gefangen, bis einem jemand die Tür aufmachte. Sicher war die Angst vor dem Ersticken groß, besonders am Anfang. Vielleicht waren sie schon auf dem Weg nach Italien, und die Passagiere der Fähre ahnten nichts von den Kindern im Frachtraum. Was die beiden wohl empfanden, Panik oder Euphorie? Sie wollten nach Deutschland; bis zur Ankunft dort würde Ezat sich um Reza kümmern, daran zweifelte ich nicht. Ezat war ein ernster Junge, immer ganz bei der Sache. Er hatte in Exarchia viele Stunden am Tag in einer Schneiderei gearbeitet, in der ich ihn besucht hatte, einem kleinen, aus einem einzigen Raum bestehenden Ladengeschäft mit handgemaltem Schild: ATELIER MOHADSCHIR. Drinnen standen drei hochleistungsfähige Nähmaschinen, stark genug, um dicke Leinwand zu nähen. Ich ging öfter hin, um für eine Weile dem Chaos im besetzten Hotel zu entrinnen und mich mit Ruby zu unterhalten, einer Deutschägypterin, der die Schneiderei gehörte. Dass sie schon dreißig war, sah man ihr nicht an, zu den Jugendlichen im Plaza aber war sie wie eine Mutter. Ich erlebte sie immer als die Sanftmut in Person, bis ich einmal die Männer erwähnte, die im Viktoria-Park Jugendliche abschleppten. Da sah ich ihren Zorn. »Denen würde ich liebend gern ein Messer zwischen die Rippen rammen«, stieß sie zwischen zusammengebissenen Zähnen hervor, und ihre goldgrünen Augen blitzten.

Als Ruby noch Studentin an der Modeakademie in Berlin war, hatte sie sich in Marokko auf einer Urlaubsreise in einen Marokkaner verliebt; dass sie ihn besuchen konnte, aber er sie nicht, schien ihr unerträglich ungerecht, und sie begann sich bei No Borders und anderen Bewegungen zu engagieren. Bei einem Besuch auf Lesbos ein paar Jahre zuvor war sie auf eine Gruppe afghanischer Kinder gestoßen, die allein nach Europa gekommen waren. Deren Zwangslage ging ihr zu Herzen; ihr war klar, dass die Kinder zwar Nahrung und Obdach von den NGOs in Griechenland annahmen, früher oder später aber in den Untergrund abtauchen würden – mit allen damit verbundenen Gefahren –, um ihre Reise fortzusetzen. Was die Kinder am dringendsten brauchten, war Geld, damit sie es, ohne auf Abwege zu geraten, bis zu ihrem Ziel weiter im Norden schafften, wo sie in Sicherheit wären. Ruby wollte etwas tun, um sie von den Freiern und Drogenhändlern auf den Straßen von Athen fernzuhalten. Sie wusste, dass viele der Kinder in Sweatshops im Iran und in der Türkei gearbeitet hatten und recht gut nähen konnten; in Deutschland wurden damals Taschen aus recycelten Lkw-Planen populär, und sie hatte die Idee, die auf den Müllhalden der Inseln gelandeten Schlauchboote zu verarbeiten. Sie beschaffte sich Geld für den eigenen Lebensunterhalt, damit der Preis für jede auf Festivals und Straßenmärkten in Deutschland verkaufte Tasche – Rucksäcke, Umhängetaschen, Tabaksbeutel und so weiter, die zwischen zehn und sechzig Euro kosteten – direkt an den jeweiligen Flüchtling ging, der sie hergestellt hatte. Sie war niemandes Chefin; alle Jungs erhielten von ihr den Schlüssel zum Laden, damit sie kommen und gehen konnten, wie sie Lust hatten. An jedem fertigen Produkt befestigte sie mit Klebstreifen den Namen des jeweiligen Herstellers, damit sie wusste, wer das Geld dafür bekam, und ihre Kunden baten sie oft, den Namen dranzulassen. Manchmal gaben sie ihr eine Nachricht oder ein Foto für den Jungen mit.

Noch vor ein paar Jahren, sagte Ruby, habe in Deutschland kaum jemand gewusst, in was für windigen Gefährten die Flüchtlinge über das Meer kamen; jetzt fanden manche die Wahl des Materials für die Taschen makaber. Und wenn jemand in dem Boot gestorben ist?, fragten sie. Unwahrscheinlich, antwortete Ruby dann, schließlich sei das Boot gelandet, aber ja, möglich sei es; Menschen ertränken bei dem Versuch, nach Europa zu gelangen. Ob sie je darüber nachdächten, welche Geschichte hinter dem Smartphone in ihrer Tasche stehe oder der Jeans, die sie trugen?

Am Anfang fiel es den Schneidern oft schwer, mit dem Material umzugehen – es war ihnen zu emotional, vor allem dann, wenn das Trauma der Überfahrt noch frisch war. Die Gewohnheit aber ließ das Material neutral werden, wenn sie es zu ihrem jeweiligen Entwurf umarbeiteten. Der Keller des Ladens war voller Schlauchboote ohne Luft, die von Lesbos stammten. Einmal stieg ich hinunter und ging den Stapel durch, fühlte die unterschiedlichen Gewichte und die mehr oder weniger robuste Verarbeitung, bis ich ein Material im selben Graugrün fand wie das Boot, mit dem Omar und ich die Überfahrt gemacht hatten.

Als es dämmerte, kamen Ezat und Reza, von Kopf bis Fuß voller Schlamm, in die Holzfabrik zurück. Sie hatten versucht, sich zwischen den Kisten mit Blumen zu verstecken, doch unmittelbar vor der Inspektionsbucht hatten die Pandschiris den Sattelauflieger geöffnet und einen eigenen Kunden eingeschleust. Im Hafen rissen die Kommandos die Planen herunter und fanden Ezat und Reza. Sie vermuteten noch einen Dritten an Bord, entdeckten ihn aber nicht – er war tief in den Matsch unter den Kisten gekrochen, und sie wollten nicht die gesamte Fracht ausladen. Also war er der Einzige, der es auf die Fähre schaffte. Die Inspekteure ließen die Jungs gehen, schließlich waren sie minderjährig.

Erleichtert, dass er mich noch nicht hatte auffliegen lassen, nahm ich Ezat beiseite. »Die Leute hier kennen mich als Habib aus Afghanistan, okay?«

»Okay.« Er nickte mit ernster Miene. Er war ein kluger Junge. Er fragte nicht, was ich hier wollte, sowenig wie ich ihn überreden würde, es nicht mehr zu versuchen: Ezat war wegen des *game* hier und würde so lange weitermachen, bis er es geschafft hätte. Schon jetzt stumpfte er sich gegen die Gefahr ab. Kinder, flinke und mutige, kamen mit Patras ganz gut zurecht. Es waren die Erwachsenen, die oft den Mut verloren. Ich glaubte nicht, dass Omar es versuchen würde.

Als die Nacht hereinbrach, machten wir uns auf die Suche nach Holzresten für das Feuer. Alles Holz, das je Wände und Fußböden verkleidet hatte, war längst verheizt, aber mit vereinten Kräften schleppten wir einen Holzbalken herbei und schoben das eine Ende ins Feuer. Zur Beleuchtung verbrannten wir stapelweise Rechnungen aus dem Büro, gelbe und weiße Durchschläge: Jedes Blatt flammte einmal kurz auf, kräuselte sich und verrauchte. Ganze Wälder mussten hier in Rauch aufgegangen sein, dachte ich, als ich den Zahlenkolonnen, noch in Drachmen angegeben, nachschaute.

Während wir unsere Hände wärmten, redeten Omar und die anderen von dem guten Leben, das sie in Europa erwartete, den Jobs und Wohnungen, die der Lohn für alles bisher Investierte wären – wenn es nur endlich *pesch* ginge, vorwärts.

»Griechenland ist ruiniert wie diese Fabrik«, sagte Haider und deutete auf den klaffenden Schlund des Hangars, wo Verwehungen aus Müll und Lumpen lagen wie dunkle Wechten, hinterlassen von unseren Vorgängern, harrend unserer Nachfolger, die Menschen, die jetzt durch Wüsten und Gebirge wanderten, durch Tunnels und auf den Mittelstreifen von Autobahnen, auf der Flucht vor Krieg und Armut und beseelt vom festen Glauben, wie meine Gefährten, an den Fortschritt, der käme, wenn sie nur an den Ort zögen, an dem ich, glaubenslos, schon stand – dabei war gerade für sie die Geschichte eine *einzige Katastrophe* [gewesen], *die unablässig Trümmer auf Trümmer häuft*, wie ein anderer Flüchtling, Walter Benjamin, geschrieben hatte.[293]

Am nächsten Morgen sagte Omar zu mir, er wolle wieder nach Athen. Er habe eine andere, eine bessere Idee, als sich unter einen Lastwagen zu werfen, aber zuerst müssten wir ins Plaza zurück. Mir war es recht. Wir packten unsere Rucksäcke und verabschiedeten uns von allen rund um das Lagerfeuer. Der iranische Junge mit dem obszönen Mundwerk überraschte mich mit einer stürmischen Umarmung, als wäre ich ein älterer Bruder.

Als wir im Begriff waren zu gehen, hörte ich ein Quietschen hinter uns und drehte mich noch einmal um. Es war Maria, die an der Spitze einer Gruppe von Praksis-Mitarbeitern und studentischen Freiwilligen herbeikam. Sie schoben einen Rollwagen mit Gummireifen.

»Wir sind gekommen, um mit euch zu spielen«, verkündete sie mit strahlendem Lächeln auf Englisch. Sie machten Sozialarbeit für unbegleitete Jugendliche, und als sie ihren Wagen auspackten, kam die Sorte von Dingen zum Vorschein, die man auf Kindergeburtstagen brauchen kann: eine Schultafel und Kreide, ein Brett mit einem sich drehenden Rad, eine Landkarte, eine magnetische Platte, auf der man Tiere zusammensetzte.

Es waren aber die Erwachsenen, die sich am meisten dafür begeisterten, mit Maria und ihren jungen Freiwilligen zu spielen. Scharif glättete sein Haar und zog sich die Trainingshose aus, unter der eine weitaus appetitlichere Jeans zum Vorschein kam. Er und andere, auch Omar, stellten sich mit Maria im Kreis auf und begannen mit einem Namensspiel. Ich schaute eine Zeit lang zu, bis mir Ezat auffiel, der abseits stand. »Spielst du nicht gern?«, neckte ich ihn. Er verzog das Gesicht.

»Es kotzt mich an. Sie kommen her und jammern, ›Wie schlimm, die armen Kinder‹, und machen Bilder und zeigen sie ihrem Boss, und der sagt dann: ›Sehr gut, hier habt ihr euren Lohn‹«, sagte Ezat. »Ich weiß schon, Praksis leistet auch echte Hilfe, und dafür bin ich dankbar. Ich mag nur diese Leute nicht, die ihr Herz für uns bluten lassen.«

Die Spieler machten jetzt einen Staffellauf, doch Ezats Blick schweifte in die Ferne, als könnte er schon den Weg sehen, der vor ihm lag – seine zwölf Versuche, die achtundvierzig Stunden eingesperrt im Lkw, die Kirche in Italien, in der er vor der Polizei Zuflucht suchen würde, die Zugfahrt ohne Fahrkarte nach Frankreich, die eiskalten Straßen von Paris, das Champ de Mars, auf dem er stehen würde, zitternd vor Begeisterung, Hamburg, wo er Asyl bekäme, wo er nach zwei Jahren genug Deutsch könnte, um an die Uni zu gehen, wo seine Vergangenheit für seine Kommilitonen genauso unergründlich wäre wie seine Zukunft für seine Familie im Iran, seine Einsamkeit an Leib und Seele und die Kälte der Elbe im Winter, die ihm in die Knochen fuhr.

Zurück in Athen, stellten wir fest, dass im Plaza unsere Abwesenheit nicht weiter aufgefallen war. Wir gingen hinauf in unser Zimmer und besprachen Omars Plan. Wir hatten beide, als wir nach Patras gefahren waren, unsere Dokumente im besetzten Hotel zurückgelassen – hätte ja sein können, dass wir am Ende doch in einem

Lkw nach Italien landeten. Ich hatte vergessen, dass Omar noch ein Ass im Ärmel hatte: Vygaudas. Theoretisch sollte ihm der litauische Personalausweis die Ausreise aus Griechenland erlauben; solange er innerhalb des Schengenraums blieb, brauchte er keinen Reisepass. Aber die Polizei am Flughafen hielt natürlich Ausschau nach entlaufenen Migranten, und wenn sie ihn aufhielten, würde er als Vygaudas durchgehen müssen. Der Besuch in Patras hatte ihn auf die Idee gebracht, mit der Fähre von dort nach Italien zu fahren, als Passagier – bestimmt sprach niemand an Bord Litauisch.

Omar kaufte sich eine Fahrkarte nach Triest und zog wieder sein schwarzes Outfit an, das ihm schon auf Lesbos Glück gebracht hatte. Ich würde ihn vorausfahren lassen, und wenn er es schaffte, würde ich ihm mit meinem regulären Reisepass folgen. Die Schiffsreise über die Adria dauerte sechsundzwanzig Stunden, und sobald Omar einen Fuß auf italienischen Boden gesetzt hatte, konnte er sich stellen und Asyl beantragen. Unsere Reise wäre dann endlich vorbei.

Die Fähre lief am Abend aus. Omar nahm wieder den Bus nach Patras und stieg am Busbahnhof in ein Taxi, das die Fernstraße entlangfuhr, vorbei an der Pandschiri-Fabrik und den am Zaun aufgereihten Migranten. Sein Schiff, neben dem das Terminal zwergenhaft klein wirkte, lag am Kai. Im Reisebüro hatte man ihm gesagt, er solle zwei Stunden vor der Abfahrt da sein, doch das Boarding hatte noch nicht begonnen. Omar setzte sich zu den anderen wartenden Passagieren – wenige waren es um diese Jahreszeit – in die Lounge. Die Sicherheitsleute beobachteten ihn; er zog sein englisches Taschenbuch heraus, *Rechenschaft vor El Greco*, und schlug es auf.

Ohne Biometrik braucht es die Fähigkeiten alter Schule, um jemanden zu erwischen, der mit gefälschten oder gestohlenen Dokumenten reist. Grenzwächter haben pro Passagier nur begrenzt Zeit; innerhalb von Sekunden erfassen sie Aussehen und Körpersprache und die Art, wie man auf eine Frage antwortet. Im Bruchteil einer

Sekunde kann sich ein Leben entscheiden. *Hätte die Hand des Afghanen nicht gezittert, würde Hamid jetzt in Norwegen leben und nicht in Kanada*, schrieb Shahram Khosravi über einen anderen Flüchtling, der in Delhi geschnappt worden war. *Grenzüberquerung ist letzten Endes eine Frage der Darbietung.*[294]

Es war Zeit, an Bord zu gehen. Der Grenzer nahm Omars Fahrkarte und Ausweis, blickte ihm ins Gesicht, blickte wieder auf die Dokumente. Er bat ihn zu warten. Ein Polizist kam: »Folgen Sie mir bitte.« Omar ging mit dem Mann in einen Nebenraum und ermahnte sich innerlich zur Ruhe. Schließlich kam ein älterer Beamter und sprach ihn in einer ihm völlig fremden Sprache an. Omar sah ihn ausdruckslos an.

»Was – habt ihr in der Schule nicht Russisch gelernt?«, fragte der Polizist auf Englisch.

Omar musste aufstehen und spürte das Klicken von kaltem Metall um die Handgelenke. Sie durchwühlten seinen Rucksack und führten ihn in einen Raum mit anderen Festgenommenen; der Junge Reza aus der Fabrik war ebenfalls hier und saß zusammengesackt auf einem Stuhl.

»Was ist passiert?«, fragte Omar, seine litauische Maske fallen lassend, auf Dari.

»Sie haben mich auf einem Lkw erwischt«, sagte Reza. »Ich glaube, Ezat ist durchgekommen.«

Es war auch eine hochschwangere Afghanin im Raum, die leise weinte.

»Warum weinen Sie?«, fragte Omar.

»Weil unser Geld aufgebraucht ist«, antwortete sie. Sie seien schon am Flughafen festgenommen worden, sie und ihr Mann. Dann hätten sie ihre letzten Ersparnisse für Fährtickets und falsche Ausweise ausgegeben und sich getrennt, weil sie dachten, das erhöhe ihre Chancen. Sie habe sich zuerst auf den Weg gemacht. Eine Polizistin trat auf Omar zu und fragte ihn auf Englisch, was los sei.

»Sie hat Angst«, sagte er.

»Sagen Sie ihr, sie braucht sich keine Sorgen zu machen, heute Abend lassen wir sie wieder gehen«, sagte die Polizistin. »Wir sind gute Menschen, wir tun euch nichts.«

»Freund, wo warst du letztes Jahr?«, witzelte ihr Partner. »Damals waren die Grenzen offen.«

Reza und die Schwangere kamen ohne Anklage frei, Omar hingegen wurde ins Gefängnis überstellt und sollte am nächsten Morgen einem Richter vorgeführt werden. Das war's, dachte er. Selbst wenn er nicht zu einer Gefängnisstrafe verurteilt wurde, konnten sie sich zusammenreimen, dass er aus Moria abgehauen war. Wahrscheinlich schickten sie ihn dann auf die Insel zurück.

In seiner Zelle waren zwei Kojen und eine Toilette ohne eigene Abtrennung. Als Omar eintrat, war schon ein hellhaariger Junge in den Zwanzigern da, ein Georgier, wie sich herausstellte. Er war vor ein paar Jahren mit Mutter und Schwester nach Griechenland gekommen: wegen eines Jobs auf Santorin in einem Luxusrestaurant, in dem manche Weine sechzig Euro pro Flasche kosteten.

Omar stieß einen leisen Pfiff aus. »Hört sich nach einem Superjob an«, sagte er. »Wieso bist du gegangen?«

»Ich wollte mal London sehen«, sagte der Junge. Er habe versucht, an Bord einer Fähre zu gehen, doch sein Visum sei abgelaufen. Jetzt fürchtete er Schlimmes. »Aber wenn wir hier rauskommen, besuch mich auf Santorin, ich besorg dir dort einen Job.«

Am Morgen wurden sie in einen Gerichtssaal gebracht, in dem zwei blonde Frauen von der Galerie winkten – Mutter und Schwester des Georgiers.

Der griechische Richter war jünger, als Omar erwartet hatte, vielleicht Mitte dreißig. Omar war zuerst an der Reihe. Er stellte sich ahnungslos und sagte über den Dolmetscher aus, er sei von seinem Schleuser übers Ohr gehauen worden, er habe gedacht, mit dem Ausweis dürfe er legal reisen.

»Sie haben gegen das Gesetz verstoßen«, sagte der Richter.

»Das tut mir leid. Wir sind keine Kriminellen, aber es bleibt uns nichts anderes übrig. Wir fliehen vor Krieg in unserer Heimat. Die Menschen aus Afghanistan, aus dem Irak, aus Syrien kommen nicht als Touristen nach Griechenland.« Omar sah den Richter an. »An meiner Stelle würden Sie es genauso machen.«

»Vielleicht, weiß ich nicht«, sagte der Mann, anscheinend erheitert. »Warum bleiben Sie nicht in Griechenland?«

»Es gibt doch keine Arbeit. Sie sind Richter und haben eine gute Stelle, aber viele Ihrer Landsleute sind arbeitslos. Wie soll ich hier Arbeit finden?«

Der Richter sagte, er werde Omar mit einer Verwarnung laufen lassen, aber wenn er noch einmal erwischt werde, käme er in Haft.

Die Polizisten führten Omar den Flur entlang und öffneten eine Tür. Er trat hinaus in die Sonne.

20

M it einem Satz fuhr ich aus dem Schlaf, mein Herz raste, ich
wusste nicht, wo ich war, bis ich den Holzrahmen des Hotel-
betts ertastete. Wenn man in Moria albträumte, erwachte man in
einer Wirklichkeit, die schlimmer war als der Traum. Ich drehte
den Kopf nach links und sah die Matratze neben mir leer. Offenbar war Omar losgezogen, um Frühstück zu holen. Ich blickte nach
rechts: Draußen war es hell, ich hatte ewig geschlafen. Als ich mich
noch einmal zurücklegte, überkam mich eine unbestimmte Furcht.
Es war, als hätte ich etwas vergessen.

In der Nacht, die Omar in der Zelle verbrachte, hatte ich mit
dem Telefon in der Hand in unserem Zimmer gewartet, bereit, am
nächsten Tag einen Anwalt anzurufen. Stattdessen war Omar nach
Athen zurückgekehrt – frei, aber niedergeschlagen. Wir waren so
nah dran gewesen, unsere Reise zu beenden. Kaum vorstellbar, dass
seit meinem letzten Flug nach Kabul, als ich gedacht hatte, wir wären bald in Europa, ein ganzes Jahr vergangen war.

Draußen im Flur spielten Kinder. Wenigstens war Omar hier im
Plaza in Sicherheit. Ich hatte nichts dagegen, noch länger zu bleiben,
zumal hier ja einiges an Unterhaltung geboten war. Am nächsten Tag
sollte die Feier zum ersten halben Jahr beginnen. Mehrere Arbeits-
gruppen hatten eine dreitägige Konferenz mit Podiumskonferenzen
und Workshops über die No-Border-Bewegung organisiert, mit
einem Festessen und einem Konzert als Krönung, alles öffentlich
zugänglich. Für den heutigen Tag war Tiefenreinigung angesagt, zu
der alle aufgerufen waren: Wir würden Kühlschränke und Vorrats-
kammern schrubben, Sofas verrücken, um verschimmelte Gurken

und geschmuggelte Bierflaschen ans Tageslicht zu holen. Die Vorbereitungen waren derart umfassend, dass unter den Bewohnern ein Gerücht umging: Es werde prominenter Besuch im Plaza erwartet! Wer das sein sollte, konnte allerdings niemand sagen. Wieder fuhr ich auf: Es war der 9. November. War nicht Wahltag in den USA? Ich versuchte den Zeitunterschied auszurechnen – wir waren der New Yorker Zeit sieben Stunden voraus, oder waren es acht? Jedenfalls würden die Wahllokale nicht vor dem späten Nachmittag in Europa öffnen, und die ersten Ergebnisse waren in den frühen Morgenstunden zu erwarten. Im Plaza gab es keine Fernseher, und ich hatte mich in letzter Zeit nicht groß dafür interessiert, was in Amerika los war. Zuletzt hatte die *New York Times* die Erfolgschancen der Kandidatin Hillary Clinton auf fünfundachtzig Prozent geschätzt – vielleicht waren die Vorhersagen inzwischen aktualisiert worden? Ich griff nach meinem Smartphone.

Während ich geschlafen hatte, war Donald Trump zum Präsidenten gewählt worden.

»Ist das die berühmte Person?«, fragten die Afghanen an meinem Tisch jedes Mal, wenn ein in infrage kommender Ausländer zu der dicht gedrängten Menschenmenge im Speisesaal des Plaza sprach. Die Vorträge und Veranstaltungen fanden auf Griechisch und Englisch statt, doch es gab Tische mit Dolmetschern ins Arabische und Persische, und für Letzteres hatte ich mich gemeldet. Der aktuelle Vortragende, nach dem meine Tischgenossen sich erkundigten, war sonnengebräunt, trug dicke Brillengläser und war Sandro Mezzadra, Professor an der Universität von Bologna, der sich unter anderem mit dem Konzept der Grenze befasste, die er als *beweglich, durchlässig und unterbrochen*[295] bezeichnete, als in die Gesellschaft eingewobene Linie, die wir alle überschritten … – wahrscheinlich nicht der Promi, den die Leute an meinem Tisch erwarteten. Wie aber sollten wir eine Berühmtheit erkennen, wenn wir eine sahen?

Drei Tage lang zogen Gäste aus ganz Europa unter den wachsamen Augen des Antifa-Klubs vorbei und weiter in den Mezzanin, wo sie die Porträts und Plakate betrachteten und die Kinder beturtelten, die angesichts des massenhaften Zustroms fremder Leute ausnahmsweise still waren. In der kurzen Zeit seines Bestehens als besetztes Haus war das Plaza unter den europäischen Linken zu Ruhm gelangt, und der Kongress hatte Engagierte ebenso wie Neugierige angelockt. »Noch nie war ich in so einem Raum!«, sagte ein Mann mit Baskenmütze begeistert zu seinem Begleiter. Wenn jeder Stuhl besetzt war und die Leute auch auf den Sideboards entlang der hinteren Wand saßen, passten mindestens hundert in den Speisesaal, unseren Versammlungsraum, *la plaza*.

Die Aktivisten, die hier wohnten, wollten das besetzte Plaza mit dem großen Ganzen in Verbindung bringen, doch die Podiumsgäste hatten keine guten Nachrichten: Wie in Amerika war auch in Europa der migrationsfeindliche Populismus auf dem Vormarsch, eine Gegenreaktion auf die Million, die während des langen Sommers eingewandert war. Der Traum von offenen Grenzen ist für viele ein Albtraum. Doch auch die Aktivisten wollten die Massenmigration beenden – nur nicht mit Mauern, sondern durch Beendigung von Krieg und Enteignung. Mit anderen Worten, das auf Nationalismus und Kapitalismus gestützte System, das die ganze Welt beherrscht, musste sich ändern; dabei schien es stärker denn je zuvor.[296]

Zied, der Freiwillige aus Tunesien, hielt einen Vortrag über die Verschiebung der EU-Grenzkrise in den zentralen Mittelmeerraum. Auf der Route zwischen Italien und Nordafrika, die viel gefährlicher ist als die Fahrt über die Ägäis, waren 2016 über fünftausend Menschen umgekommen[297] – eine Rekordzahl, die meisten davon Afrikaner, bei denen der öffentliche Aufschrei geringer war als im Jahr zuvor.

»Wie kann das denn sein, dass Trump gewinnt, wenn Hillary Millionen Stimmen mehr erhalten hat?«, fragte mich Kalliroi während der Nachtschicht am Eingang, die ich zusammen mit ihr und ihrer Freundin machte; beide gehörten einer linken Studentengruppe an, die das Plaza unterstützte. Man verbrachte die Schichten an einem Tisch am Eingang und füllte die Zeit mit Zigaretten und Geplauder, aber man musste wachsam bleiben – es konnte immer vorkommen, dass die Faschisten aufkreuzten und eine Benzinbombe durchs Fenster warfen: so geschehen ein paar Monate zuvor in dem besetzten Haus in der Notara-Straße, in dem Flüchtlingsfamilien lebten. In einer Ecke hinter dem Tisch standen ein paar Spitzhackenstiele, an denen rote, schwarze und violette Stoffstreifen festgebunden waren – marxistisches Rot, anarchistisches Schwarz und queeres Violett; auf Letzterem hatten die Studentinnen bestanden.

Ich versuchte zu erklären, was es mit der besonderen Einrichtung des Wahlmännergremiums auf sich hatte und warum die Herrschaft der Mehrheit den Gründervätern ein so großes Anliegen war. Kalliroi schüttelte missbilligend den Kopf: »Rotes Team, blaues Team, ist doch alles ein und dasselbe: die herrschende Klasse.«

Nasim kam herbei und unterbrach uns: »Bitte sagt den Bewohnern, sie sollen aufpassen, wenn sie rausgehen.« Er wirkte noch erschöpfter als sonst. »Die Straßen werden voller Polizei sein. Es wäre gut, wenn die Leute ihre Ausweise bei sich hätten.«

Der berühmteste Mann der Welt kam nach Athen, und entsprechend war das zu erwartende Chaos. Obamas letzte Europareise als Präsident fiel mit dem Jahrestag des Studentenaufstands gegen die griechische Militärdiktatur 1973 zusammen. Für die griechische Linke, die Amerika nie verziehen hatte, dass es die Junta unterstützte, war es die wichtigste Demonstration des Jahres, und an jedem 17. November versammelte sich eine riesige Menschenmenge vor dem Polytechnikum und marschierte zur Botschaft der

USA. Obamas Besuch, der erste eines amerikanischen Präsidenten seit siebzehn Jahren, würde Öl ins Feuer gießen.

Rund um den Jahrestag fand auf dem Universitätscampus immer ein mehrtägiges Straßenfest statt, und an einem Nachmittag im November 2016 stellten die Plaza-Aktivisten so viele Flüchtlinge und Freiwillige auf die Beine, wie sie vorfanden. Wir waren an die vierzig Leute, die den Opfern des Aufstands unseren Respekt erweisen wollten, wobei Omar und ich die Nachhut bildeten. »Da ist ja alles kaputt!«, rief ein kleiner afghanischer Junge entsetzt, als wir den Campus betraten, und starrte mit aufgerissenen Augen auf das Dickicht aus Graffiti und zerfledderten Transparenten, das die Gebäude überzog. Seine Mutter hielt ihm rasch die Hand vor den Mund; Nasim lachte. Der Innenhof war voller Tische und Plakate mit einer Flut von Akronymen, die Parteien und Studentengruppen bezeichneten – alle beriefen sich auf die ursprüngliche Kommunistische Partei Griechenlands, die 1918 gegründete KKE. Auf den Tischen stapelten sich Zeitschriften und Flugblätter; ich erkannte ein schmales Taschenbuch, *Das Kommunistische Manifest*, und nicht weit entfernt eine Übersetzung von Naomi Kleins *Die Entscheidung: Kapitalismus vs. Klima.*

Vor zehn Jahren wäre die derzeit regierende Linke noch ein versprengtes Häuflein unter diesen Randgruppen gewesen – der Name Syriza stand für Koalition der radikalen Linken. Bei der Wahl von 2007 hatte Syriza nur fünf Prozent der Stimmen eingefahren. Damals stand Griechenland noch unter der Herrschaft zweier Parteien, die von Sprösslingen der politischen Dynastien geführt wurden und einander zunehmend ähnlich waren; noch am Vorabend der Schuldenkrise von 2009 hatte der Mitte-Links-Kandidat, dessen Vater und Großvater vor ihm Ministerpräsidenten gewesen waren, den Wählern versichert, Geld sei in Hülle und Fülle vorhanden.[298] Doch der wirtschaftliche Zusammenbruch und die strikte Sparpolitik, die Griechenland im Anschluss daran von Deutschland und anderen

Gläubigerstaaten aufgenötigt wurde und die das Land immer tiefer in die Schulden trieb, sprengte den alten Konsens.[299] Neue Kräfte kamen nach oben, etwa die Goldene Morgenröte, deren Schwarzhemden alle Schuld auf jüdische Banker schoben und die für eine kurze Zeit die drittgrößte Partei im Parlament war, und eben Syriza mit dem jungen und charismatischen Alexis Tsipras an der Spitze, der kurz nach seiner Wahl zum Ministerpräsidenten seine Wahlversprechen, nämlich das Ende der Austeritätspolitik und der Masseninhaftierung von Migranten, wieder zurücknahm – sehr zur Verbitterung der Aktivisten, die ihn unterstützt hatten.

Selbst die Kinder hatten düstere Mienen, als wir vor dem Denkmal für die Toten standen, dem verbogenen Eisengitter, das am 17. November 1973 ein Panzer niedergewalzt hatte, und dahinter dem riesigen Bronzekopf eines jungen Mannes, der wie enthauptet auf der Steinplatte lag. Die Stühle ringsum waren von Jungen in Lederjacken besetzt, KKE-Aktivisten, deren blasse Gesichter mich an Fotografien von Märtyrern erinnerten. Über Mikrophon teilte jemand mit, *Flüchtlingsunterbringung und Solidaritätsraum City Plaza* sei hier, um dem Gedenken an den Aufstand Respekt zu bezeugen; Olga, Aktivistin im Plaza, deren Eltern an der Revolte teilgenommen hatten, verteilte Nelken, die wir vor dem eingedrückten Tor niederlegten.

Aus Sicherheitsgründen hatte die Syriza-Regierung Demonstrationen in der Innenstadt während Obamas Besuch verboten, doch die Radikalen von Athen ließen sich davon nicht beeindrucken. Am Tag der Ankunft des US-Präsidenten trafen sich ein paar Dutzend Leute aus dem Plaza im Steki, dem sozialen Zentrum von Exarchia. Elias, ein junger griechischer Webdesigner mit welligem Pferdeschwanz, der im Instandhaltungsteam des Plaza mithalf, stand vor uns. Ich mochte Elias wegen seiner ruhig ironischen Art, an diesem Tag aber war er ernst. Auf Englisch wandte er sich an die Gruppe:

»Der Regierung ist es ernst mit ihrer Ankündigung, dass sie den Marsch zur Botschaft verhindern wird. Die ganze Stadt ist voller Sicherheitskräfte«, sagte er und blickte von einem Gesicht zum anderen. »Es ist möglich, dass es zu Massenverhaftungen kommt. Ganz bestimmt kommt es zu Gewalt.«

Omar und ich wären bei dem Marsch gern mitgegangen, doch nachdem wir Elias hatten reden hören, riet ich Omar ab.

»Warum gehst du dann mit?«, fragte er.

»Ich will es sehen«, sagte ich. Außerdem hatte ich meinen Pass in der Tasche.

»Na gut, Bruder«, sagte er und sah mich forschend an. »Pass auf dich auf.«

Die Polytechnische Hochschule war nicht weit vom Steki. Als wir kamen, waren Nasim und Elias überrascht, wie viele Leute schon versammelt waren und auf den Beginn des Marsches warteten. Die unter handgemalten Transparenten und Flaggen zu Gruppen formierte Menge dehnte sich über mehrere Straßenkreuzungen. Am hinteren Ende des Zugs fanden wir noch Platz zwischen griechischen Maoisten und einer Truppe junger Syrer aus einem der besetzten Häuser – in Athen wurden zornige junge Muslime zu linken Aktivisten. Während wir warteten, fragte ich herum, was es mit der jüngsten Version des Gerüchts von der Prominenz auf sich habe, nämlich dass Obama das Plaza besuchen wolle. Elias lachte.

»Obamas Leute haben sich bei Human Rights Watch nach Vorschlägen für seinen Reiseplan erkundigt, und wir wurden gefragt, ob wir interessiert seien«, sagte er. »Ist natürlich unmöglich.« Die US-Botschaft wäre strikt dagegen gewesen, ebenso die griechische Regierung, aber geärgert hatten sich die Aktivisten doch – dass man ihnen zutraute, sie könnten bereit sein, den amerikanischen Geheimdienst ins Plaza einzulassen!

»Die Leute sehen Berichte über uns und halten uns für eine Art NGO«, schimpfte Nasim.

»Ist es nicht komisch, gegen Obama zu protestieren, wo doch jetzt Trump gewählt ist?«, fragte ich Elias, als die Menge sich in Bewegung setzte. »Unter ihm dürfte die Lage für Flüchtlinge eher noch schlimmer werden.«

Er schüttelte den Kopf. »Er mag fortschrittlicher sein als Bush – oder jetzt Trump –, trotzdem repräsentiert er die größte imperialistische Macht, die verantwortlich für die Kriege ist, die viele dieser Menschen zu Flüchtlingen gemacht haben«, sagte er.

Ich musste an ein Plakat denken, das die Anarchisten in der Hochschule aufgehängt hatten: *Der Besuch des US-Präsidenten am Tag der Studentenrevolte im Polytechneion 1973 ist eine Provokation, die nicht unbeantwortet bleiben wird.* Obama hatte in der Nähe des Parthenon sprechen wollen, des Symbols der Demokratie, doch nach einem Handgranatenangriff gegen die französische Botschaft wurde das Event an einen anderen Ort verlegt,[300] der sicherer war, zumal auch die »Verschwörung der Feuerzellen«, eine Gruppe selbst ernannter Nihilisten, die schon etliche Sprengstoffanschläge verübt hatten, Drohungen ausgestoßen hatte. Daher hielt der Präsident seine Rede nun in den Räumen der nach dem griechischen Reeder und Milliardär benannten Stavros-Niarchos-Stiftung. In gewisser Weise war es ein Schwanengesang – mir wurde plötzlich klar, dass seit seiner (von mir in Herat unter der Dusche gehörten) Rede in Chicago, in der er uns eine Veränderung angekündigt hatte, schon acht Jahre vergangen waren.

Nach einer halben Stunde Fußweg erreichten wir die erste Reihe der Bereitschaftspolizisten, die mit Helmen, Gasmasken und Schilden Spalier standen. Sie waren Bauernjungen aus dem Peloponnes, wo Gott und Vaterland noch immer hohe Werte waren. Hinter ihnen stolzierte alle paar Meter ein mit Pfefferspray oder Tränengaswerfer bewaffneter Offizier hin und her. Im Stop-and-go bewegte sich der Marsch durch Athen. Es war bewölkt, die Temperatur sank, Beton, metallene Rollgitter und die schäbigen Klamotten der Marschierenden wirkten wie entfärbt; nur das Rot der Flaggen stach aus dem Einheitsgrau. Die Sprechchöre wurden zorniger, nannten Tsipras das Schoßhündchen der Amis, prangerten den *planetaren Terrorismus* an, und es schwang der Protest früherer Zeiten, der Generationen von Toten darin mit. Hinter uns stimmten Syrer einen rauen Call-and-Response-Gesang auf Arabisch gegen den Diktator an und schwenkten die Flagge der Revolution mit ihren drei Sternen.

»Schweine! Bullen! Mörder!« Eine Kolonne schwarz gekleideter Anarchisten schob sich durch die Demonstranten. Auch sie trugen Gasmasken, dazu Motorradhelme und Spitzhackenstiele mit Flaggen. Manche waren mit Feuerlöschern ausgestattet, andere trugen bleischwere Rucksäcke voller Wurfgeschosse. Der Schwarze Block schob sich zwischen unsere Gruppe und die Syrer und formierte sich im Quadrat, dessen äußere Reihe sich beieinander einhakte, die Knüppel vor der Brust. Nasim und Elias wechselten einen verzweifelten Blick. Das konnte nur schlimm enden.

Kurz vor dem Syntagma-Platz kamen wir an einen Flaschenhals, die Polizei ließ die Protestierenden nur einzeln durch. Es begann ein Scharmützel zwischen Schwarzem Block und Bereitschaftspolizei mit wechselseitigen Ausfällen. Elias ließ sich telefonisch berichten, was weiter vorn los war: Handgemenge und Tränengas hier und dort, nichts Ernstes, aber jetzt übernahmen die Anarchisten das Heft. Ein Müllcontainer ging nach einem Benzinbombeneinschlag in Flammen auf und zwang die Polizei zum Rückzug.

Über uns knatterte ein Helikopter hinweg. Fotografen setzten ihre Gasmasken auf und rückten näher, um die Aufnahmen zu machen, die dann in den Abendnachrichten kämen.

Ein Sprechchor auf Englisch erhob sich: »Flüchtlinge und Einwanderer willkommen! Kein planetarer Terrorismus!«

Auch ich machte den Mund auf, doch es kam nichts heraus.

Eine Salve von Explosionen ertönte, und in die Menge kamen mehrere Granaten geflogen, die Dämpfe versprühten. Unser Koch

Cristian raste nach vorn, hinein in den Schwarzen Block und schwenkte seine rote Fahne mitten im Rauch.

Mein ausdrückliches Lob gilt Ministerpräsident Tsipras, sagte Obama tags darauf, *für die schwierigen Reformen, die seine Regierung vornimmt, um die Wirtschaft auf festeren Boden zu stellen.*[301]

Die Bereitschaftspolizisten stürmten los; unsere Reihen brachen auseinander, und wir flohen zurück zum Boulevard. Ringsum explodierten Blendgranaten, und ich ging fast zu Boden. Elias schrie, wir sollten langsamer werden und unbedingt zusammenbleiben. Auf dem Weg zurück kam es zu weiteren Kämpfen; ich sah unsere Fahne in eine Seitenstraße einbiegen und rannte hinterher.

Am Ende der Gasse versammelte sich unsere Gruppe auf einem leeren Platz. Unser Rückzug war schnell und unehrenhaft, aber wir waren weitgehend unversehrt, obwohl das Tränengas zu brennen anfing – es war ein Schmerz, der sich von den Augen abwärts bewegte, bis es im ganzen Körper pochte. Cristian kam, sein Gesicht war tränenüberströmt und dunkelrot, und einer der Griechen besprühte ihn mit Säureblocker.

Nach Luft ringend sah ich mich um und erkannte, wo wir waren: auf dem riesigen Platz vor der Universität, wo ich zwei Jahre zuvor, auf meiner ersten Reise nach Athen, Tsipras' Rede anlässlich seines Wahlsiegs gehört hatte. *Der Auftrag des griechischen Volkes lautet ohne jeden Zweifel, den Teufelskreis der Sparpolitik in unserem Land zu beenden*, sprach er zu dem jubelnden Publikum.[302] Obwohl ein paar Freunde und ich in Exarchia eine Wohnung gemietet hatten, waren wir eine Woche lang kaum zum Schlafen gekommen, denn wir saßen jede Nacht in verrauchten Bars und hörten von der kommenden Revolution. Es ging nicht nur um Syriza, sondern auch um Spanien und Portugal, um Bernie Sanders und Jeremy Corbyn. Wir waren berauscht vor Zuversicht – es fühlte sich an wie Verliebtsein.

Als ich mich auf dem menschenleeren Platz umsah und mir die vom Gas tränenden Augen rieb, dachte ich an die freudestrahlenden Gesichter, die in jener Nacht die Straßen gefüllt hatten, an das begeisterte Lachen. Nach der Siegesrede waren wir zum Syriza-Zelt gegangen, wo die euphorischen Menschen geweint und einander um den Hals gefallen waren, sich beieinander untergehakt und gesungen hatten:

Völker, hört die Signale!
Auf zum letzten Gefecht!
Die Internationale
erkämpft das Menschenrecht.

Nachdem die Polizisten den Marsch gesprengt hatten, verfolgten sie die Anarchos bis nach Exarchia und führten laufende Gefechte rund um den Platz. Einige Plaza-Bewohner, auch ich, gingen später hin und sahen sie Barrikaden aus Stühlen errichten, die sie ineinander verkeilten. Sie rissen die stählernen Begrenzungspfosten entlang der Gehwege heraus und benutzten sie als Rammen, um Pflastersteine zu Wurfgeschossen zu zertrümmern. Unter dem Gejubel der Menge schlug jemand eine Straßenlampe von dem Kabel, an dem sie aufgehängt war, mit einem Stock herunter. Die Polizisten standen zwei Straßen weiter hinter ihren Schilden und warfen ihrerseits mit Steinen, und ihr Tränengas wurde mit einem Molotowcocktail beantwortet – das sah aus wie ein in der Luft stehender Flammenbogen.

Es waren die letzten Tage der autonomen Zone.[303] Bei der nächsten Parlamentswahl unterlag Syriza den Konservativen. Griechenlands neuer Staatschef, ein Investmentbanker, dessen Vater auch schon Ministerpräsident gewesen war, gelobte, in Exarchia aufzuräumen und *keine Wiedererstarkung einer neuen Generation von Terroristen*[304] zuzulassen. Der Kordon der Bereitschaftspolizisten verdichtete sich, bis ihre Stiefel auf dem Platz standen.

Und auf Airbnb wurde Exarchia zu Athens zweitbeliebtestem Viertel.[305]

Soll man nicht die Kerzen löschen, wo Liebende sich treffen?, schrieb der Dichter Faiz Ahmad Faiz. *Lasst sie doch den Mond ausblasen, wenn sie so mächtig sind.*[306] Am letzten Abend der Sechsmonatsfeier des Plaza gab es ein Festessen mit Tanz, zu dem kommen durfte, wer wollte. Omar und ich waren für die Küchenschicht eingeteilt; Schero, der kurdische Koch, machte Brathähnchen mit Reis. Zur Feier des Tages mussten die Leute sich nicht um das Essen anstellen, sondern wurden im Speisesaal bedient; wir trugen unsere Tabletts über die Kinder hinweg, die zwischen den Tischen spielten. Scheros Krönung war selbst gemachtes Kardamomeis, das unter großem Beifall aufgetragen wurde. Nach dem hektischen Service setzten Omar und ich uns mit den anderen von unserer Schicht auf den kleinen Küchenbalkon, reichten eine Edelstahlrührschüssel mit übrig gebliebenem Eis herum und hielten sie uns zwischendurch gegenseitig an die heiße Stirn. Es war fast Vollmond.

Als wir mit dem Aufräumen fertig waren, hatte schon die Band am hinteren Ende des Speisesaals, aus dem alle Tische und Stühle fortgeschafft waren, ihr Equipment aufgebaut. Die Aktivistin Olga trat ans Mikro; wann immer sie etwas zu sagen versuchte, brachen die Bewohner in Jubel aus, bis der Witz einen Bart bekam und sie uns mit ihrem berühmten finsteren Blick fixierte, was allerdings das Gelächter nur noch mehr anheizte. Als wir endlich nicht mehr konnten, stellte sie die Band vor, eine kurdische Gruppe. Olga sagte, sie hätten sie aus Solidarität mit einer türkischen Linkspartei eingeladen, deren Führung verhaftet worden sei. Angesichts staatlicher Repression war es nur eine Geste, doch in dieser Nacht brachte sie uns zusammen. Vielleicht ist es das, was KEINE GRENZEN bedeutet; man konnte mit dem eigenen Herzen anfangen, mit dem Nachbarn, dem eigenen Wohnort.

Mit Unterstützung einer Drum Machine stimmten ein Sänger, ein Gitarrist und ein Keyboarder die Sorte Partymusik an, wie man sie auf kurdischen Hochzeiten hört – der Sänger lenkte die Menge, und die Gitarre jagte zu Synthesizerloops dahin. Die Kurden bildeten einen Kreis, Männer und Frauen untergehakt, und tanzten im Uhrzeigersinn einen Dreierschritt – zwei Schritte rechts, ein Tupftritt nach links. Auf diesem Grundmuster kann eine Vielzahl von Schritten und Gesten entstehen, und wenn die Zahl der Tanzenden zunimmt, bilden sich konzentrische Kreise, die gegenläufig rotieren, während die Leute in der Mitte einen straff gespannten Schal zwischen erhobenen Fingern halten und abwechselnd mit einem Fuß ausschlagen und sich im Kreis drehen.

Angefangen hatte unsere Sause mit kurdischer Tradition, aber bald machten alle mit, und aus dem Hochzeitstanz wurde Freestyle. Ein afghanischer Bewohner, der seinen kleinen Sohn auf dem Arm hielt, führte seine Gruppe ins Kreisinnere: Der afghanische *atan* war nicht so verschieden von dem, was wir hier tanzten. Eingekrümmt und mit sich schlängelnden Flatterhänden legte der alte Haddschi aus dem Iran einen Tanz hin, der entweder traditioneller Chuzestani war oder einfach sein privates Repertoire. Zied stemmte sich Rabi aus Syrien auf die Schultern, und ich tat dasselbe mit Carles, sodass wir, begleitet von Bewunderungspfiffen, den tanzenden Ringen eine vertikale Schicht hinzufügten.

Verstünden wir nur die Liebe, meinte Kierkegaard, müsste uns niemand befehlen.[307] Die Wahrheit, die wir im Plaza suchten, hatte noch keinen Platz in der Welt; vielleicht werden wir sie ohnehin nur in Fragmenten finden. Dennoch strebten wir, die wir uns tanzend und schweißüberströmt miteinander immer und immer wieder im Kreis drehten, nach Vereinigung. Im Vorbeitanzen sah ich Omar mit verschränkten Armen im äußersten Ring stehen, dem der Klatschenden und Handyfilmenden. Ich fing seinen Blick auf und rief seinen Namen, aber er sah nur zu, unbeirrt lächelnd von einer Umdrehung zur anderen.

21

Als der Winter begann, verlor Omar alle Hoffnung, Griechenland je wieder verlassen zu können. Einmal hörte ich ihn mit Maryam in Istanbul telefonieren und klagen, wie gefährlich es sei, ins Fahrgestell eines Lkws zu kriechen, wie riskant, mit falschen Papieren am Flughafen aufzukreuzen. Der Richter in Patras habe ihn laufen lassen, doch sei er jetzt strafrechtlich kein unbeschriebenes Blatt mehr, und beim nächsten Mal komme er nicht mehr so glimpflich davon.

Er verbrachte immer mehr Zeit im Bett, das Samsung direkt vor der Nase, als wollte er im Display verschwinden. Ich hatte ihm das Smartphone für unsere Reise gekauft; er hatte zuvor nie eines besessen und war jetzt Facebook verfallen. Wann immer ich in unser Zimmer kam, gab es irgendeine Groteske, die er mir unbedingt zeigen musste, einen viralen Clip, der die Existenz von Dschinns bewies, oder eine Frau in Guatemala, die von einem Mob zertrampelt und angezündet wurde. Seine Verwandten in Afghanistan stellten Posts von Selbstmordattentaten ins Netz, und seine Freunde, die es in den Westen geschafft hatten, schrieben von ihrer Einsamkeit und dass sie es satthätten, in Sackgassenjobs zu arbeiten. Die eine Person, die Omar sehen wollte, war auf Facebook nicht zu finden. Lailas Vater rückte noch immer nicht ihr Mobiltelefon heraus, und Omar hatte seit Kabul kein Wort mehr mit ihr gesprochen. Dass sie lebte, wusste er, weil Nachbarn sie auf der Straße gesehen hatten. Ob seine Odyssee einen Sinn hatte oder nicht, hing von ihr ab: Frau, Familie, Heim, das stand und fiel mit ihr. Ohne sie wäre er am Ende ein Wanderer in einer Wildnis, allein.

Immer öfter hörte er Céline Dion: *Near, far, wherever you are / I believe that the heart does go on.*[308] Und immer wenn ich ins Zimmer kam und Omar auf dem Bett liegen sah, tief vergraben in Facebook, empfand ich einen gewissen Ärger. Was für ein Protagonist war er denn? Nasim fragte mich, warum Omar sich nicht etwas mehr für das Plaza engagierte; wie die Syrer hätten auch die Afghanen ihren Rabi gebraucht, der am Empfang mitarbeitete, einen, der Englisch konnte und Europa verstand, der mit den Aktivisten marschierte und mit Freiwilligen ins Bett ging, einen echten Helden eben.

Immer öfter gerieten wir uns wegen Banalitäten in die Haare, etwa wenn es darum ging, unser Zimmer aufzuräumen. Als er Geld haben wollte, um mehr Datenvolumen zu kaufen, machte ich eine verletzende Bemerkung wegen Facebook, woraufhin wir erst am nächsten Tag wieder miteinander redeten.

Ich hielt mich mit allerlei Jobs auf Trab, schnitt Zwiebeln in der Küche und verdrahtete die Fenster im Treppenhaus, nachdem ich mitbekommen hatte, wie im fünften Stock ein paar Kinder hinausklettern wollten. Der zufallsbestimmte Fluss des Lebens in der Gemeinschaft behagte mir. Ich konnte mich als Dolmetscher für die Ärzte und Ärztinnen nützlich machen, die im Plaza Sprechstunde hielten. Bei Patientinnen saß ich, das Gesicht zur Wand, auf einem Hocker in der Ecke und lieh meine Stimme einem inneren Schmerz, einem versagenden Herzen, einer überstandenen Krebserkrankung, psychosomatischen Leiden und Anfällen von Selbstverletzung. Für manche Träumer im Plaza war es tausendundeinmal dieselbe Nacht, dasselbe Flugzeug am Himmel, derselbe zuschlagende Müllcontainer in der Gasse. Aber hier in Europa war der Krieg vorbei.

Es braucht Mut, um dem Leben entgegenzutreten, aber das gilt auch für den Tod. Zied war von Albträumen gequält und konnte nicht mehr zwischen den Syrern und dem Psychologen dolmetschen. Er wollte endlich wieder ruhig schlafen und überlegte nach

Tunis zurückzufliegen, um sich zu erholen. Fünf Jahre vor unserer Begegnung im Plaza hatte Zied als einer von Zehntausenden vor dem Innenministerium in seiner Heimatstadt Tunis mitgeschrien, als die Forderung des Volks nach *Brot, Freiheit, Würde* die Erde zum Beben gebracht hatte. Ein paar Jahre nach dem Plaza engagierte sich Zied als Freiwilliger auf den Rettungsschiffen vor der libyschen Küste und zog Migranten aus dem Wasser, deren Körper Benzinverbrennungen hatten, Männer, die ihre Überfahrt in Wüstengoldminen zahlten, Frauen, die sich vor dem Aufbruch empfängnisverhütende Spritzen geben ließen. Was heißt Heimkommen, wenn ein Flug einen dorthin zurückbringen kann?

Omar und ich konnten nie lange verkracht sein. Wir lagen in unseren Kojen, redeten wie nebenbei über die neuesten Romanzen im Plaza, als er plötzlich in Gelächter ausbrach. »Nicht zu fassen, dass ich seit einem Jahr mit keiner Frau zusammen war! Früher hab ich es einmal die Woche gebraucht, mindestens, sonst wäre ich durchgedreht.« Er stand auf, ging zur Balkontür und zündete sich eine Zigarette an. »Wie kann es sein, dass ich mich derart verändert habe, praktisch über Nacht?«

Ich sagte, es könne ja nur von Vorteil für ihn sein, wenn er Sex nicht mehr so dringend brauche, allerdings hätte ich erwartet, dass er begeisterter wäre von Athens Reizen – wenn schon nicht von den Frauen, dann immerhin von der Atmosphäre der Freiheit.

»Ich liebe sie eben«, sagte er.

Es machte mich nachdenklich. War das die Erklärung? Meine Zweifel in Bezug auf Laila hatte ich immer für mich behalten, weil ich mich nicht hatte einmischen wollen, aber wenn er mich nach dem Leben im Westen fragte, hatte ich hin und wieder doch angedeutet, wie viel leichter es für ihn wäre, ungebunden zu sein, wie langwierig und aufwendig es würde, sich hochzuarbeiten. Möglich, dass er mir gar nicht zuhörte, jedenfalls manches einfach ausblendete. Jetzt nahm ich kein Blatt mehr vor den Mund. Wie er denn so sicher sein könne, dass er sie liebte? Er habe so wenig Zeit in ihrer Gegenwart verbracht. Sie seien nicht mal offen auf der Straße gegangen, noch weniger hätten sie eine Nacht miteinander verbracht, nackt im selben Bett. Im Grunde hätten sie nicht mehr als eine Telefonbekanntschaft. Vielleicht liebe er nur seine Vorstellung von ihr. Vielleicht liebe er ein Hirngespinst.

Er schwieg, blickte aus dem Fenster, und ich redete weiter. Sein Wunsch, Laila zu heiraten, sagte ich, sei im selben Augenblick entstanden, als sein übriges Leben auseinandergebrochen sei, als seine Freunde, seine Familie von Kabul fortgegangen seien und die Hoffnung auf ein amerikanisches Visum sich zerschlagen habe. Vielleicht habe er sich an etwas geklammert, das seinem Leben wieder einen Sinn gab. »Ich finde die Vorstellung schrecklich, dass du so viel für etwas aufgibst, was womöglich gar nicht real ist«, sagte ich. Er drehte sich zu mir.

»Es stimmt, dass sie jetzt mein einziges Ziel ist«, antwortete er leise. »Und ich kann nicht aufhören, an sie zu denken. Ich rufe ständig ihre Freundinnen an und frage nach ihr, obwohl ich weiß, dass ich mich damit zu einem erbärmlichen Esel mache.«

Er sagte, er kenne sich selbst nicht wieder, so depressiv, wie er jetzt sei. Genau so war es. Einst war er übersprudelnd vor Lebenslust gewesen, so sehr, dass er die fetten Jahre mit Partys und Affären vertan hatte, während seine Brüder sich eine Zukunft in Europa sicherten.

»Wer bin ich? Was ist mit mir passiert?« Er sah sich jetzt im Spiegel an. »Schau dich an! Wer bist du?« Sein Spiegelbild lachte bitter.

Draußen dämmerte es. Durch die Wand hörten wir unsere syrischen Nachbarn streiten. Omar seufzte. »Aber auch wenn sich rausstellt, dass es ein Fehler war, nach Europa zu kommen, wenn ich hier zugrunde gehe oder nach Kabul zurückkehre, werde ich nie vergessen, wie du mir geholfen hast. Du bist ein wahrer Freund. Du hast mir mit reinem Herzen geholfen.«

Ich blickte auf den Teppich. »Sieh einfach zu, dass du schaffst, was immer du schaffen musst, dann sind wir quitt, okay? Ich will keinen Dank. Ich wünsch mir nur, dass du wieder wirst, wie du warst, und glücklich bist. Mehr nicht.«

»Ich muss mich ändern, Bruder. Ich will mich ändern.«

»Weiß ich. Das wirst du, wenn du dort angekommen bist, wo du hinwillst.«

Als ich ihm, vor mehr als einem Jahr, den Vorschlag gemacht hatte, über unsere Reise zu schreiben, hatten wir beide nicht gewusst, wie es ausgehen würde. Sicher, Omar wollte nach Italien, aber es hätte ihn genauso gut anderswohin verschlagen können. Dass es so lang dauern würde, hatten wir uns allerdings nicht vorgestellt; ich hatte gedacht, ich könnte noch eine Zeit lang mit ihm zusammenbleiben, sobald er seine Zufluchtsstadt erreicht hätte; vielleicht hätte ich irgendwo Schwarzarbeit gefunden, während sein Asylantrag lief, und wir hätten uns eine Weile miteinander durchgeschlagen, mehr schlecht als recht, er aus Notwendigkeit, ich aus freiem Willen. Ich hatte sogar herumgesponnen, wie auch ich um Asyl nachsuchte, als Habib neu anfing, jahrelang lebte wie er, ein ganzes Leben. War das heutzutage überhaupt noch möglich, war man physisch dazu in der Lage? Oder würden mir eines Tages Matthieus Fingerabdrücke in die Quere kommen und die Polizei auf meine Spur bringen? Wir standen am Beginn einer neuen Ära biometrischer Überwachung, in der es unmöglich wäre, in den Untergrund abzutauchen, wie ich es im vergangenen Jahr getan hatte.

Wir alle haben das eine oder andere an uns, das wir gern anders hätten, und die Vorstellung, es könnte einfach passieren, quasi über Nacht, hat etwas Verlockendes. Das war der Traum hinter der Migration: der Neuanfang. Unterwegs zu sein war das Vorspiel. Das neue Leben kam danach, und womöglich war es härter, zermürbender als die Schleuserroute.

Tatsache ist, dass wir nicht aus unserer Haut können. Wir bekommen nur eine einzige Geschichte, die wir uns rückblickend erzählen. Unsere Entscheidungen und Zufallsbegegnungen, das Zittern der Hand eines anderen Menschen, alles zählt wegen der Richtung, in die es uns führt. Alasdair MacIntyre bezeichnete den Menschen als *Geschichten erzählendes Tier*;[309] Sinn finden wir in dem, was am Ende aus uns wird.

Dabei kehren diese Enden zurück und beißen sich in den Schwanz. Wenn das Ende dieser Reise für Omar ein Anfang war, dann musste auch ich von vorn anfangen, musste unsere Reise noch einmal durchleben, bis sie Sprache war und die Person, die ich geworden war, eine verschriftlichte Figur.

»Kommst du nicht wieder, wenn das hier vorbei ist?«, fragte Ruby. »Willst du nicht Teil der Bewegung sein?« Wir saßen allein auf dem Hügel oberhalb von Exarchia, redeten über die Gemeinschaft, die rund um das Plaza entstanden war, und fragten uns, ob sie wohl Bestand hätte. Ruby wusste, wie die anderen, dass ich an einem Buch schrieb, aber ihr hatte ich das Geheimnis meiner Flucht von Lesbos anvertraut; innerhalb des Plaza, sagte ich, fühlte ich mich immer noch als Betrüger, wenn auch nicht wegen meiner falschen Identität.

»Ich weiß noch nicht, was ich tue«, antwortete ich. Sie saß da, die schlanken Arme um die angewinkelten Knie geschlungen, und sah mich mitfühlend an, sagte aber nichts. Ruby, die voller Liebe für die Kinder von Fremden war, sollte in ein paar Jahren selbst Mutter werden. Ich hingegen kehrte nach New York zurück.

Keine Lkws, entschied Omar. Er wollte es am Flughafen versuchen, mit falschen Papieren. Seit dem Höhepunkt im Sommer waren die Preise der Schleuser gefallen. Aber wenn er flog, konnte er überall hin – das ist die Magie der Flughäfen. Wollte er wirklich in Italien landen, wo es, wie er gehört hatte, fast so schwer war wie in Griechenland, Arbeit zu finden? Er wollte einen Beruf lernen, damit er eine Familie ernähren konnte. Wenn ein reiches Land wie Deutschland oder Schweden ihn aufnähme, bekäme er die finanzielle Unterstützung, um studieren zu können. Das Asylverfahren würde seine Zeit brauchen, aber dass es in Italien schneller ginge, war nicht gesagt. Er musste Geduld haben und darauf vertrauen, dass Laila wartete. Auf diese Weise hätte er ihrer Familie mehr zu bieten.

Was auch die Sehnsucht dem Herzen entzieht, schrieb Rumi, *wird gewiss Besseres im Tausch erbringen.*[310]

Wenn Omar fliegen wollte, war es keine gute Idee, ihm durch den Flughafen zu folgen. Und niemand konnte vorhersagen, wie lang er würde warten müssen, bis ein Schleuser ihn auf den Weg brachte. Weihnachten stand vor der Tür, und wir trafen eine Vereinbarung: Ich würde über die Feiertage nach Hause fliegen, und wenn Omar nach Neujahr noch immer in Athen festsäße, käme ich zurück. Andernfalls würden wir uns in seinem neuen Land wiedersehen, wo auch immer das war.

Wie sich zeigte, war Firouz, unser iranischer Freund, der Erste, der aus Griechenland abreiste. Er flog mit einem falschen Reisepass nach Deutschland, wo Frau und Tochter ihn erwarteten. Sein Erfolg machte Omar Mut, der bald selbst einen Schleuser fand, einen großspurigen jungen Afghanen, der in Griechenland aufgewachsen war. Er traf sich mit Omar im Hinterzimmer eines chinesischen Ladens nahe Viktoria. Er verlangte viertausend Euro, treuhänderisch hinterlegt, und Omar konnte es so lange versuchen, bis er es schaffte – es sei denn natürlich, er ginge ins Gefängnis. Als der Schleuser sah, wie europäisch Omar aussah, lachte er und klopfte ihm auf die Schulter. »Du kommst durch, hundertpro«, sagte er. »Wenn nicht, wechsle ich den Beruf.«

Ich packte meine wenigen Habseligkeiten und verabschiedete mich von Nasim, Zied und den anderen. Auf dem Weg nach unten blieb ich im Mezzanin unter der Reihe der Porträts stehen und versuchte

mir den Anblick einzuprägen. Das besetzte Hotel war für Heimat-
lose vielfältiger Art und Herkunft zur Zuflucht geworden, ein fester
Halt gegen die Zentrifugalkräfte von Inhaftierung, Abschiebung,
Gentrifizierung, gegen alles, was Menschen hinaustrieb bis an die
Endhaltestellen der Bahnlinien, in die staatlichen Lager und trost-
losen Vorstädte. Aber das Plaza war nicht von Dauer, das wussten
wir alle. Schon jetzt gingen wir auseinander. Wir finden einander,
nur um uns wieder zu verlieren.

Omar wartete auf dem Gehweg unter dem Hotelschild. Jahre zuvor hatte ich ihn im Mustafa Hotel zum ersten Mal gesehen, einen
Fremden. Jetzt hatte er Tränen in den Augen. Wir umarmten uns,
drückten uns fest; dann musste ich gehen.

Die *hawala*-Netze in Athen und Istanbul standen natürlich miteinander in Verbindung, sodass Maryam den Schleuser von Istanbul
aus bezahlen konnte. Omar rief seine Mutter an und erklärte, wo sie
das Geld hinbringen solle.

»Ich werde fliegen, sobald der Schleuser so weit ist, Mutter.«

»Möge Gott dich beschützen.«

Maryam wusste, dass ihr Sohn das Gefängnis riskierte, aber sie
konnte nichts anderes tun als beten. Ihr Glaube war unerschütter-
lich. Hatte nicht Gott alle ihre Kinder, sechs an der Zahl, durch den
Krieg gebracht, während so viele andere Mütter ihre Kinder verloren? Maryam hatte Omar als Neugeborenen ins Lager in Pakistan
getragen und mit eigenen Augen den Hang voller kleiner Gräber
gesehen. Jetzt war das Kind ein Mann und in Europa. Sie hatte sich
mit Armut und Gewalt nicht abgefunden. Sie waren Afghanen, aber
sie waren auch Menschen. Und wenn Überleben Trennung bedeutete, so war Maryam doch fest überzeugt, dass sie eines Tages alle
wieder beisammen wären. Sie und die anderen würden ihrem Sohn
folgen, auch wenn sie dafür übers Meer mussten.

Ich hingegen musste nach Triest zurück, um den Laptop und das Gepäck zu holen, die ich im Sommer dort zurückgelassen hatte, und entschied mich für die Fähre. Sie war von Patras nach Italien die ganze Nacht unterwegs, aber das war mir recht, ich brauchte Zeit zum Nachdenken. Mein Ticket kaufte ich in der Innenstadt, nicht weit vom ehemaligen Friedhof am Kotzias-Platz. Durch die Umzäunung der archäologischen Stätte konnte man in die offenen Gräber schauen. Hier war ein Friedhof für einfache Leute; die Skelette aus einem anderen Friedhof bei Kerameikos zeugten von besserer Ernährung.[311] Viele der hier Begrabenen waren anscheinend Sklaven gewesen, die keine Einzelgräber hatten.[312] Etwa ein Drittel der Bevölkerung des antiken Athen waren Sklaven und als solche integraler Bestandteil der Wirtschaft des Stadtstaats. *Denn das Herrschen und Berherrschtwerden gehört nicht nur zum Notwendigen, sondern auch zum Nützlichen*, schrieb Aristoteles, *und gleich bei der Geburt ist manches zum Beherrschtwerden und anderes zum Herrschen eingerichtet worden.*[313]

Nur die Minderheit der erwachsenen männlichen Vollbürger durfte in der Volksversammlung wählen. So wie die Arbeit der Frauen im Haus den Männern freie Zeit verschaffte, um am öffentlichen Leben teilzunehmen, so lieferte die Sklavenhaltung die materielle Basis der Athener Demokratie; der Philosoph Bernard Williams meinte, die Griechen der Antike seien nicht in der Lage gewesen, Zivilisation ohne Sklaven zu denken. *Die Wirkung der Notwendigkeit*, schrieb er, *war vielmehr, dass das Leben auf der Grundlage der Sklavenhaltung ablief und tatsächlich keinen Raum ließ, in dem sich die Frage nach ihrer Richtigkeit stellen konnte.*[314]

Als sein Tag kam, fuhr Omar zum Flughafen. Der Schleuser traf sich mit jedem Kunden einzeln auf dem Parkplatz und übergab ihm seine Papiere. Omar bekam einen bulgarischen Pass mit echtem Foto und eine Bordkarte. Mit ihm waren sie zu zwölft und alle für denselben

Flug in die Schweiz gebucht. Von dort würden sie ihren jeweiligen Zielort ansteuern. Recht ungewöhnlich war, dass der Schleuser mit ihnen an Bord ging, begleitet von seiner Freundin, einer modebewussten jungen Griechin. Es war fast Weihnachten, und die beiden waren unterwegs in einen Winterurlaub in der Schweiz.

Diesmal war Omar so vorsichtig, noch eine Weile zu warten, nachdem die anderen schon hineingegangen waren. Er stand auf dem Parkplatz herum, rauchte, tigerte zwischen Autos auf und ab und dachte an seine vorherigen Chancen auf Lesbos und in Patras, an Glück und Pech. Als er fand, dass ausreichend Zeit vergangen war, betrat er das Flughafengebäude und reihte sich in die Schlange vor der Sicherheitskontrolle ein.

In Patras meinte ich den einen oder anderen Schleuser zu erkennen, als das Taxi an der Pandschiri-Fabrik vorbeifuhr. Der Taxifahrer bog von der Fernstraße in das Hafengelände ein, wo ich ausstieg, zahlte und meinen Rucksack schulterte. Das Fährterminal war fast menschenleer, und als ich auf die Fähre zuging, spürte ich deutlich die Blicke eines Polizisten und eines Wachmanns. Bei meiner Kleidung und meinem Aussehen hätte ich wahrscheinlich vorsichtiger sein sollen, aber ich brachte es jetzt nicht über mich, dem Drehbuch zu folgen, das mir zielstrebigen Gang, Augenkontakt, arrogantes Lächeln vorschrieb. Ich zog lediglich meine Papiere aus der Tasche und zeigte sie vor. Der Bulle nahm den Pass, blätterte ihn durch und verschwand damit in seinem Büro. Durch die offene Tür sah ich ihn an einem Computer – wahrscheinlich prüfte er die Interpol-Liste gestohlener Dokumente. Ein zweiter Aufpasser stellte sich hinter mich, falls ich auf die Idee kommen sollte, die Flucht zu ergreifen. Unwillkürlich kam mir das Szenario in den Sinn, wie ich herumfuhr, ihn in den Unterleib trat, dann zum Ausgang sprintete; mit diesem Startvorteil hätte ich es bestimmt bis zum Parkplatz geschafft und wahrscheinlich auch über den Zaun.

Omar stellte seine Tasche aufs Förderband, legte Gürtel, Mobiltelefon, Brieftasche, Feuerzeug, Zigaretten und Kaugummi daneben und ging durch den Metalldetektor. Er wartete. Seine Tasche erregte offenbar Missfallen. Die Frau fragte, ob sie ihm gehöre. Er zuckte die Achseln. Er konnte kein Englisch. Er war Bulgare. Sie kramte darin herum und zog eine Dose Haarspray heraus, die sie, mit fast entschuldigendem Blick, beschlagnahmte. Dann entließ sie ihn. Er steckte seine Sachen wieder ein, nahm seine Tasche und ging zum Gate.

Ich steckte meinen Pass in sein ledernes Etui zurück und ging die Gangway hinauf, roch das Kreosot vom Kai, hörte die Taue knarzen, als sie unter Spannung gerieten. Ich passierte die Schotttüren und ging die Treppe hinauf, vorbei an einem verspiegelten Salon und weiter bis aufs Oberdeck. Von der Achterreling aus konnte ich die Lkws beobachten, die polternd in den Bauch der Fähre einfuhren. Am anderen Ende des Geländes sah ich ein paar Gestalten am Hafenzaun stehen. Alle Sattelauflieger sahen gleich aus, stählerne Frachträume.

Omar blickte auf die Nummer über dem Gate, dann auf die wartenden Passagiere, verweilte auf keinem Gesicht länger als einen flüchtigen Moment. Mit ihm waren acht Kunden durchgekommen. Zweiunddreißigtausend Euro. Für den Schleuser war wirklich Weihnachten. Omar setzte sich. Als das Boarding begann, stellte er sich ans Ende der Schlange; die anderen waren schon durch die Schranke, als die Flugbegleiterin seine Bordkarte durch den Scanner zog, einen Blick in seinen Pass warf, die Stirn runzelte.
»Sir, Sie haben die Bordkarte von jemand anderem.«

Auch als die weiße Stadt kaum mehr zu sehen war, stand ich noch an der Reling, beobachtete die Furchen des Kielwassers, die sich übereinanderschichtenden Verwirbelungen. Die Fähre lag sicher und ruhig im Wasser wie eine Insel.

»Meinst du, es wird je wieder so *gadwad*, so durcheinander?«, hatte mich Maryam in Istanbul gefragt und damit gemeint, ob die Grenze wieder geöffnet würde. Kommt noch einmal ein Jubeljahr? Keine Ahnung, sagte ich.

Maryam war vor fast vierzig Jahren zum ersten Mal geflüchtet, und in Afghanistan war immer noch Krieg. Ihre Enkel würden die Geschichte ihrer Großmutter eines Tages den eigenen Kindern erzählen, und die wären dann Europäer. Aber wenn Maryams Geschichte wegen der vielen Unwägbarkeiten, die sie im Lauf von Jahrzehnten überstanden hatte, einerseits inspirierend war, so war sie andererseits Zeugnis für die vielen, die verschwunden waren. So tragen unsere Geschichten Fragmente anderer Geschichten weiter, so wie wir auch die Gene kinderloser Geschwister weitergeben. *Wir sind eine Synthese zwischen Eroberern und Eroberten*, schrieb Gloria Anzaldúa; *eine Vermischung, die beweist, dass wir alle von einem Fleisch und Blut sind.*[315] Wir alle sind verwandt mit Migranten.

Weit achtern endete die Küstenlinie, und im Süden stand das letzte Abendleuchten am Horizont wie ein Band. Über dieser Kurve lag der Weg unserer Reise, die zerbombten Städte und hungernden Dörfer, die Wüste und das Gebirge, das tintenschwarze Meer, die Inseln, auf denen Kinder in die Bäuche von Lkws krochen. Über dem Flüchtlingsuntergrund brach die Nacht herein, Maryam sprach ihre *maghrib*-Gebete, Malik arbeitete noch in der Schneiderei, Zalmai und Radscha legten sich in ihr Zelt in Moria. Andere machten sich auf den Weg in die Dunkelheit, wie wir.

Kälte breitete sich durch Omars Brustkorb; der Schleuser hatte ihm die falsche Bordkarte gegeben. Er riss die Augen auf, breitete ratlos die Hände aus. Die Frau bat ihn zu warten, bis alle an Bord seien. Zwei Polizisten kamen.

»*Bulgaria, Bulgaria, no English*«, sagte Omar. Er reichte ihnen seinen Pass und lächelte.

Was immer uns trennt, wir reisen auf der Oberfläche einer Kugel. Ich weiß, dass unsere Wege sich kreuzen müssen.

Der Polizist gab Omar seinen Pass zurück und nickte der Flugbegleiterin zu. Ihre Maschine spuckte eine andere Bordkarte aus. Sie ließ ihn durch zum Gate.
  Gott machte sie blind.

Ein Licht- und Tonsignal forderte zum Anschnallen auf. Ein paar Stunden vergingen.
  Unter ihm waren Berge, verschneite Gipfel, die steiler waren als die afghanischen. Das war die Schweiz; Omar erkannte sie von den Bollywoodfilmen mit ihren Liebesduetten in Gebirgstälern. Doch anstelle von Abhishek Bachchan und Karisma Kapoor sah er sich und Laila, sie sangen das Lied, das er ihr eines Tages vorsingen würde:

Sieh die Anzeichen der schwindenden Jahreszeit
So allein kann ich nicht leben[316]

Er liebte sie. Ich verstand es nicht, aber das verzieh er mir. Schließlich ging es mich nichts an, es war sein Leben. Er würde ein Land finden und sich dort ein Zuhause schaffen. Er würde die Sprache lernen, dankbar sein, aber nicht seinen Stolz verlieren, und wenn er das Recht zu reisen errungen hätte, würde er sie zu sich holen.
  Handelte er aus Notwendigkeit oder Freiheit? Das eine schloss das andere nicht aus. Denn was sonst ist die Reise des Lebens als die Suche nach den geliebten Menschen?

EPILOG

Das City Plaza sperrte 2019, nach der Wahl einer konservativen Regierung in Griechenland, aus eigenem Entschluss zu.

Im September 2020 brannte das Lager Moria nieder. Die griechische Regierung begann mit dem Bau einer neuen, dauerhafteren Einrichtung.

Nach dem Stand vom Mai 2021 wurden dreizehntausend Asylsuchende auf den griechischen Inseln festgehalten.

Am 15. August 2021 nahmen die Taliban Kabul ein und trieben eine neue Welle afghanischer Geflüchteter ins Exil.

Maryam, Farah, Sulaiman und Dschamal setzten in einem Schlauchboot von der Türkei nach Griechenland über und erhielten schließlich Asyl in einem anderen Land.

Laila und Omar sind verheiratet und leben mit ihrem ersten Kind in Europa.

DANK

Dieses Buch ist Omar und seiner Familie gewidmet, die ihr Leben mit mir teilten.

Im Grunde habe ich schon seit meiner Überquerung des Amudarja im Jahr 2008 daran gearbeitet. Die Menschen, die mir seither geholfen haben, sind zu zahlreich, als dass ich sie alle hier auflisten könnte; zu ihnen zählen vor allem meine Freunde in Afghanistan, Pakistan, Syrien, im Irak, in Libyen und im Jemen. Manche leben nicht mehr.

Im Verlauf dieses Projekts, das im Herbst 2015 begann, profitierte ich von der Freundlichkeit und Solidarität vieler Menschen, von denen ich einige nicht nennen kann. Besonders dankbar bin ich den folgenden Personen:

Rozina Ali, Noah Arjomand, Awista Ayub, Sayed Rahman Bekur, Peter Bergen, Victor Blue, Peter Bouckaert, Bette Dam, Berit Ebert, Fabrizio Foschini, Anand Gopal, Taya Grobow, Susan Kamil, Sarah Leonard, Melanie Locay, Nasim Lomani, Nick McDonell, Shaheryar Mirza, Fazal Rahman Muzhary, Samuel Nicholson, Ilya Poskonin, Zarka Radoja, Siavash Rahbari, Graeme Smith, Katerina Tsapopoulou, Matthaios Tsimitakis, Wahid Wafa und Thomas Wide.

Danken möchte ich folgenden Einrichtungen und ihren großzügigen Unterstützern, die mich in die Lage versetzten, fast fünf ununterbrochene Jahre für dieses Buch aufzuwenden: Type Media Center (früher das Nation Institute) und der Lannan Foundation, die mich auch während eines Gastaufenthalts in Marfa beherbergten; New America, der Eric and Wendy Schmidt Foundation, der Southern New Hampshire University; dem Edward R. Murrow

Fellowship am Council on Foreign Relations; dem Berlin Prize der American Academy in Berlin; und der American Library in Paris. Zu Dank verpflichtet bin ich ferner dem Frederick Lewis Allen Room an der New York Public Library.

Dankbar bin ich auch meinem Lektor Noah Eaker und dem Verlagsteam bei Harper, Jacques Testard und den Fitzcarraldo Editions in Großbritannien, Edward Orloff von McCormick Literary und Kyle Paoletta für seine Faktenüberprüfung am Manuskript.

Schließlich danke ich meiner Familie für ihre unerschütterliche Liebe und Unterstützung.

ANMERKUNG ZU QUELLEN
UND VORGEHEN

In diesem Buch ist nichts erfunden. Das Einzige, was ich verändert habe, sind die Namen – ich habe Pseudonyme gewählt, um die Menschen zu schützen, allen voran Omar und seine Familie.

Am 29. August 2016 brachen wir von Kabul nach Nimroz auf. Meine Hauptquelle für unsere Reise waren die Notizen, mehr als sechzigtausend Wörter, festgehalten per Smartphone – eine fast tägliche Aufgabe, die mir leichter fiel als gedacht; schließlich sind heutzutage fast alle andauernd mit ihren Telefonen beschäftigt –, dazu die Fotos und Videos, die ich selbst aufgenommen und die ich von anderen Leuten bekommen habe. Vorbei war unsere gemeinsame Reise Ende 2016, und während der nächsten vier Jahre führte ich Follow-up-Interviews und unternahm zahlreiche Reportagereisen an die Orte, an denen wir gewesen waren. Dieses Material legte ich einem Faktenchecker vor.

Außerdem zog ich die Arbeit von Experten auf Gebieten wie Geschichte, Anthropologie und Migrationsforschung sowie Berichte von Journalisten und andere zeitgenössische Quellen heran. Die Literaturangaben finden sich in den Anmerkungen.

Pseudonyme und Kapitel des erstmaligen Auftretens

Ali	15
Arasch	15
Dschamal	4
Elham	7
Farah	3
Firouz	13
Habib	6
Haider	19
Haniya	3
Haris	9
Ismail	5
Karim	7
Khalid	3
Laila	1
Malik	6
Mansur	3
Maryam	3
Omar	1
Radscha	16
Reza	15
Sardar	12
Schahin	18
Scharif	19
Schirin	9
Sulaiman	4
Vygaudas	16
Walid	17
Yousef	16
Zakaria	6
Zalmai	16
Zia	3

ANMERKUNGEN

I

1 »Sea Arrivals Data, Greece«, Operational Data Portal, UNHCR (Hohes Flüchtlingskommissariat der Vereinten Nationen).
2 Emmarie Huetteman, »›They Will Kill Us‹: Afghan Translators Plead for Delayed U. S. Visas«, *New York Times*, 09. 08. 2016.
3 John Berger, *Hold Everything Dear: Dispatches on Survival and Resistance*, New York 2008.

2

4 Matthieu Aikins, »Doctors with Enemies«, *New York Times Magazine*, 17. 05. 2016.
5 Matthieu Aikins, »The Master of Spin Boldak«, *Harper's Magazine*, Dezember 2009.
6 US-Verteidigungsministerium, *Report on Progress toward Security and Stability in Afghanistan*, Juni 2008.
7 Ruhullah Khapalwak und Carlotta Gall, »Taliban Kill Afghan Interpreters Working for U. S. and Its Allies«, *New York Times*, 04. 07. 2006.
8 Graeme Smith, *The Dogs Are Eating Them Now: Our War in Afghanistan*, Toronto 2013.
9 Über die Reise habe ich geschrieben in »Unembedded in Afghanistan«, *The Coast*, 01. 10. 2009.
10 National Public Radio, »Transcript of Barack Obama's Victory Speech«, 05. 11. 2008; deutsche Quelle: *Deutsche Übersetzung des Amerika-Dienstes der US-Botschaft in Berlin*.
11 UN-Büro für Drogenkriminalität, *The Global Afghan Opium Trade: A Threat Assessment*, Juli 2011.
12 Über Raziqs Morde schrieb ich in »Our Man in Kandahar«, *The Atlantic*, November 2011.
13 Recherchedienst des US-Kongresses, *Department of Defense Contractor and Troop Levels in Afghanistan and Iraq: 2007–2020*, 22. 02. 2021.
14 Mark Landler, »The Afghan War and the Evolution of Obama«, *New York Times*, 01. 01. 2017.

3

15 Bette Dam, *A Man and a Motorcycle: How Hamid Karzai Came to Power*, Utrecht 2014.

16 Recherchedienst des US-Kongresses, a. a. O.; Artemy M. Kalinovsky, *A Long Goodbye: The Soviet Withdrawal from Afghanistan*, Cambridge 2011.

17 David Petraeus, »Multinational Force-Iraq Commander's Counterinsurgency Guidance«, *Military Review*, Sept. / Okt. 2008.

18 Amy Belasco, »The Cost of Iraq, Afghanistan, Other Global War on Terror Operations Since 9/11«, Recherchedienst des US-Kongresses, 08.12.2014.

19 Sarah Stillman, »The Invisible Army«, *New Yorker*, 30.05.2011.

20 Hafez Schirazi, »Ay Padescha Khuban«, Ghazal 493.

21 Rumi, *The Quatrains of Rumi: Complete Translation with Persian Text*, ins Englische übersetzt von Ibrahim W. Gamard und A. G. Rawan Farhadi, San Rafael, Kalifornien, 2008; ins Deutsche übersetzt aus dem Englischen.

22 Martin Buber, *Ich und Du*, 1923, Stuttgart 1995/2001.

23 Rumi, »Man Mast to Diwana«, Ghazal 2309, *Diwan-e Schams*.

24 Franklin Lewis, »Hafez and Rendi«, *Encyclopædia Iranica*, Bd. 11, Lfg. 5.

25 Rumi, »Ay Qawm ba Haj Rafta«, Ghazal 648, *Diwan-e Schams*.

26 »Mausam Ki Tarah«, aus dem Film *Jaanwar*.

27 Crédit Suisse, »Global Wealth Report 2019«, Okt. 2019.

28 Kaufkraftparität, aus Daten der Weltbank.

29 Branko Milanović, *Kapitalismus global. Über die Zukunft des Systems, das die Welt beherrscht*, Berlin 2020, Ü: Stephan Gebauer.

30 Gabriel Zucman, *Steueroasen. Wo der Wohlstand der Nationen versteckt wird*, Berlin 2014; Al Jazeera Investigative Unit, »Exclusive: Cyprus Sold Passports to ›Politically Exposed Persons‹«, Al Jazeera, 28.08.2020.

31 Atossa Araxia Abrahamian, *The Cosmopolites: The Coming of the Global Citizen*, New York 2015; Transparency International and Global Witness, »European Getaway: Inside the Murky World of Golden Visas«, 01.09.2018.

32 Frantz Fanon, *Les damnés de la terre*, Paris 1970.

4

33 Internal Displacement Monitoring Centre, *Global Internal Displacement Database*.

34 David Scott FitzGerald, *Refuge beyond Reach: How Rich Democracies Repel Asylum Seekers*, Oxford 2019.

35 Nach dem Henley Passport Index von 2020 sogar der ungünstigste.

36 Ahmad Zahir, »Zendegi akher sarayad«.

37 David Edwards, *Before Taliban: Genealogies of the Afghan Jihad*, Berkeley 2002.

38 Der russische Generalstab, *The Soviet-Afghan War: How a Superpower Fought and Lost*, hrsg. von Lester W. Grau und Michael A. Cress, Lawrence, Kansas,

2002; Louis A. Wiesner, *Victims and Survivors: Displaced Persons and Other War Victims in Viet-Nam, 1954–1975*, Westport 1988.

39 Rüdiger Schöch, »Afghan Refugees in Pakistan During the 1980s: Cold War Politics and Registration Practice«, *New Issues in Refugee Research*, Research Paper Nr. 157, Juni 2008.

40 Muhammad Yousaf und Mark Adken, *Afghanistan: The Bear Trap: The Defeat of a Superpower*, Philadelphia 1992.

41 UNHCR, *The State of the World's Refugees, 2000: Fifty Years of Humanitarian Action*, Oxford 2000.

42 Gil Loescher, *The UNHCR and World Politics*, New York 2001.

43 Ebd.

44 Gil Loescher und John Scanlan, *Calculated Kindness: Refugees and America's Half-Open Door, 1945 to the Present*, New York 1986.

45 Zahlen zur Indochinakrise aus UNHCR, *State of the World's Refugees*, a. a. O., Kap. 4 und 6.

46 W. Courtland Robinson, *Terms of Refuge: The Indochinese Exodus and the International Response*, Zed Books 1998.

47 Samuel Moyn, *The Last Utopia: Human Rights in History*, Cambridge 2010.

48 »Auch einen Zuhälter retten«, *Der Spiegel*, 18.10.1981.

49 Emmanuel Levinas, »Peace and Proximity«, *Basic Philosophical Writings*, hrsg. von Adriaan T. Peperzak et al., Bloomington 1996.

50 Jean Raspail, *Le camp des saints*, Paris 1973; dt. *Das Heerlager der Heiligen*, Schnellroda 2015, Ü: Martin Lichtmesz.

51 Claro Cortes, »Vietnamese Refugees Allowed Ashore after Resettlement Pact with Canada«, Associated Press, 23.06.1990.

52 Deborah Lehman, »Waiting's the Hardest Part«, *Times-Colonist*, Victoria, Kanada, 30.11.1984.

53 Thomas Hatton und Jeffrey Williamson, *The Age of Mass Migration: Causes and Economic Impact*, New York 1998.

54 Gary Y. Okihiro, *The Columbia Guide to Asian American History*, New York 2001.

55 Greg Robinson, *By order of the President: FDR and the Internment of Japanese Americans*, Cambridge, Massachusetts, 2003.

56 Alice Yang Murray, *Historical Memories of the Japanese American Internment and the Struggle for Redress*, Stanford 2008.

57 Ich danke meiner Mutter und ihren Geschwistern für die Auskünfte über ihre Familiengeschichte in diesem Kapitel, besonders Louise Anderson, die jahrzehntelang Dokumente und mündliche Überlieferungen gesammelt hat.

58 John Hersey, »Commentary«, in *Manzanar*, hrsg. von John Armor und Peter Wright, New York 1988.

59 Greg Robinson, *A Tragedy of Democracy: Japanese Confinement in North America*, New York 2010.

60 C. K. Doreski, »›Kin in Some Way‹: The *Chicago Defender* Reads the Japanese

Internment, 1942–1945«, in *The Black Press: New Literary and Historical Essays*, hrsg. von Tedd Vogel, New Brunswick 2001.

61 James McWilliams, »The Lucrative Art of Chicken Sexing«, *Pacific Standard*, 14.12.2017; Ryan Masaaki Yokota, »Japanese American Chick Sexers in Chicago«, *Discover Nikkei*, 28.09.2016.

62 Cherstin Lyon, »Loyalty Questionnaire«, *Densho Encyclopedia*.

63 Thomas B. Costain, *Goldmacher und Kurtisane*, Rastatt 1981, Ü: N.O. Scarpi.

64 Nell Irvin Painter, *The History of White People*, New York 2011.

65 Amy Kaufman, »The Reality of Tila Tequila's Situation«, *Los Angeles Times*, 14.03.2010; Asawin Suebsaeng, »White Nationalists and Nazi-Saluting Tila Tequila Toast ›Emperor Trump‹ in Washington, D.C.«, *Daily Beast*, 19.11.2016.

66 UNHCR, *The State of World's Refugees, 2000*.

67 Loescher, *UNHCR*, a.a.O.

68 Bernard-Henri Lévy, *Réflexions sur la guerre, le mal et la fin de l'histoire*, Paris 2001.

69 »Tribal Turmoil«, *Times*, 27.04.1992.

70 Wali Ahmadi, *Modern Persian Literature in Afghanistan: Anomalous Visions of History and Form*, New York 2008.

71 Weißes Haus, »President Bush Statement with Afghanistan's President Karzai«, 12.09.2002.

72 Jeffrey Ressner, »Farhad Darya«, *Time*, 26.11.2001.

5

73 Elyas Alavi, »Marg dar indscha tschun gird dar hawast«, *Etemad*, 24. Aban 1396 (= 15.11.2017), Nr. 3955.

74 Matthew Savage et al., »Socio-Economic Impacts of Climate Change in Afghanistan«, Stockholm Environment Institute, Dez. 2009.

75 Matthieu Aikins, »Kabubble«, *Harper's Magazine*, Feb. 2013.

76 Samuel Hall, »Buried in Bricks: A Rapid Assessment of Bonded Labour in Brick Kilns in Afghanistan«, International Labour Organization, 2011.

6

77 Peter Tinti, Tuesday Reitano, *Migrant, Refugee, Smuggler, Saviour*, Oxford 2017.

78 ABC News, »FULL TEXT: Khizr Khan's Speech to the 2016 Democratic National Convention«, 01.08.2016.

79 Mohsen Hamidi, »The Two Faces of the Fatemiyun (I): Revisiting the Male Fighters«, Afghanistan Analysts Network, 08.07.2019.

80 Annie Jacobsen, »Palantir's God's-Eye View of Afghanistan«, *Wired*, 20.01.2021.

81 Loek Essers, »Assange Names Country Targeted by NSA's MYSTIC Mass Phone Tapping Program«, *PC World*, 23.05.2014; Ryan Devereaux, Glenn Greenwald und Laura Poitras, »The NSA Is Recording Every Cell Phone Call in the Bahamas«, *The Intercept*, 19.05.2014.

82 Louis Dupree, *Afghanistan*, Princeton 1973.
83 Elizabeth L. Cline, *Overdressed: The Shockingly High Cost of Cheap Fashion*, New York 2012.
84 Jack London, *Menschen der Tiefe*, Berlin 1929, Ü: Erwin Magnus.
85 »Books of Travel and Social Study«, *American Monthly Review of Reviews* 28, Nr. 6, Juli–Dez., New York 1903.
86 Seth Koven, *Slumming: Sexual and Social Politics in Victorian London*, Princeton 2006.
87 Richard Francis Burton, *Personal Narrative of a Pilgrimage to El-Medinah and Meccah*, Bd. 1, London 1893.
88 Nikki R. Keddie, *Sayyid Jamal ad-Din »al-Afghani«: A Political Biography*, Berkeley 1972.
89 Ali Akbari, *The Illegal Journeys: From East to West*, Bloomington 2011.
90 Asad Haider, *Mistaken Identity: Race and Class in the Age of Trump*, New York 2018.

7

91 Matteo Renzi, »Helping the Migrants Is Everyone's Duty«, *New York Times*, 22.04.2015.
92 Dawood Amiri, *Confessions of a People-Smuggler*, Brunswick, Australien, 2014.
93 Alessandro Monsutti, *War and Migration: Social Networks and Economic Strategies of the Hazaras of Afghanistan*, London 2005; David Mansfield, »Catapults, Pick-ups and Tankers: Cross-Border Production and Trade and How It Shapes the Political Economy of the Borderland of Nimroz«, Afghanistan Research and Evaluation Unit (AREU), Kabul, Sept. 2020.
94 Luke Mogelson, »The Scariest Little Corner of the World«, *New York Times Magazine*, 12.10.2012.
95 Human Rights Watch, »Unwelcome Guests: Iran's Violation of Afghan Refugee and Migrant Rights«, Nov. 2013.
96 Shane Bauer, Josh Fattal und Sarah Shourd, »How We Survived Two Years of Hell As Hostages in Tehran«, *Mother Jones*, März / April 2014.
97 BBC News, »Afghan Fuel Tanker Crash Kills 73 in Ghazni Province«, 08.05.2016.
98 P. M. Fraser, *Cities of Alexander the Great*, Oxford 1996.
99 Louis Dupree, a. a. O.
100 United Nations, »Treatment of Conflict-Related Detainees in Afghan Custody: One Year On«, Jan. 2013; Rob Crilly, »US General Criticised over Photo-Op with Afghan Cop Accused of Human Rights Abuses«, *Telegraph*, 20.02.2014.
101 Zahlenangabe von UNODC, Büro der Vereinten Nationen für Drogen- und Verbrechensbekämpfung.
102 David Mansfield, *A State Built on Sand: How Opium Underminded Afghanistan*, London 2016.

103 James Tharin Bradford, *Poppies, Politics, and Power: Afghanistan and the Global History of Drugs and Diplomacy*, Ithaca 2019.
104 Matthieu Aikins, »Afghanistan: The Making of a Narco State«, *Rolling Stone*, 04.12.2014.
105 John W. Whitney, *Geology, Water, and Wind in the Lower Helmand Basin, South Afghanistan*, Scientific Investigations Report Nr. 2006-5182, Reston, Virginia, 2006.
106 Robert Graves, *Strich darunter!*, Berlin 1930, Ü: Gottfried Reinhold.

8

107 Julien Lebel, »Turkish Airlines: An International Strategic Instrument for Turkey«, *Études de l'Ifri*, IFRI, April 2020.
108 Michel Serres, *Die Legende der Engel*, Frankfurt / Main 1995, Ü: Michael Bischoff.
109 Matthieu Aikins, »Whoever Saves a Life«, *Matter*, 15.09.2014.
110 »6 Convicted for 2016 Istanbul Airport Attack That Killed 45«, Associated Press, 16.11.2018.
111 Matthew Longo, *The Politics of Borders: Sovereignty, Security, and the Citizen after 9/11*, Cambridge, 2017.
112 Tim Cresswell, *On the Move: Mobility in the Modern Western World*, London 2006.
113 Patrick Kingsley, »Turkey Detains 6,000 over Coup Attempt as Erdoğan Vows to ›Clean State of Virus‹«, *Guardian*, 17.07.2016.
114 Howard Eissenstat, »Erdoğan as Autocrat: A Very Turkish Tragedy«, Project on Middle East Democracy, 12.04.2017; Human Rights Watch, »In Custody: Police Torture and Abductions in Turkey«, 12.10.2017.
115 Amnesty International, »The Human Cost of Fortress Europe: Human Rights Violations against Migrants and Refugees at Europe's Borders«, 09.07.2014.
116 Isabel Burton und W.H. Wilkins, *The Romance of Isabel Lady Burton*, London 1897.
117 Peter Gatrell, *The Making of the Modern Refugee*, Oxford 2013; Michael Marrus, *The Unwanted*, New York 1985.
118 Hannah Arendt, *Elemente und Ursprünge totaler Herrschaft*, Frankfurt / Main 1955.
119 Immanuel Kant, *Zum ewigen Frieden. Ein philosophischer Entwurf*, 1795, hrsg. von Karl-Maria Guth, Berlin 2016.
120 Robert Schuman, »Schuman-Erklärung vom 09. Mai 1955«.
121 Herman Van Rompuy und José Manuel Durão Barroso, »From War to Peace: A European Tale« (Nobel Peace Prize Lecture on behalf of the European Union), Oslo, 10.12.2012.
122 Gérard de Nerval, *Voyage en Orient*. Bd. 2, Paris 1927.
123 Gregory Feldman, *The Migration Apparatus: Security, Labor, and Policymaking in the European Union*, Stanford 2011; David Scott FitzGerald, a. a. O.

124 Dirk Hoerder, *Cultures in Contact: World Migrations in the Second Millennium*, Durham, 2002.
125 Sandro Mazzadra und Brett Neilson, *Border as Method, or, The Multiplication of Labor*, Durham 2013.
126 Pinar Gedikkaya Bal, »The Effects of the Refugee Crisis on the EU-Turkey relations«, *European Scientific Journal* 12, Nr. 8 (März 2016); Stefan Alscher, »Knocking at the Doors of ›Fortress Europe‹: Migration and Border Control in Southern Spain and Eastern Poland«, Center for Comparative Immigration Studies, Diskussionspapier Nr. 126, Nov. 2015.
127 Johanna Sellman, »A Global Postcolonial: Contemporary Arabic Literature of Migration to Europe«, *Journal of Postcolonial Writing* 54, Nr. 6 (2018); Hakim Abderrezak, »The Mediterranean Sieve, Spring and Seametery«, in *Refugee Imaginaries: Research across the Humanities*, hrsg. von Emma Cox et al., Edinburgh 2020.
128 Milanović, a. a. O.
129 BBC News, »Gaddafi Wants EU Cash to Stop African Migrants«, 31. 08. 2010.
130 Kristen Ghodsee, *The Red Riviera: Gender, Tourism, and Postsocialism on the Black Sea*, Durham 2005.
131 Reece Jones, *Violent Borders: Refugees and the Right to Move*, New York 2016.
132 Nadya Stoynova, Tihomir Bezlov et al., »Human Smuggling in Bulgaria«, in *Cross-Border Organised Crime: Bulgaria and Norway in the Context of Migrant Crisis*, Sofia, Center for the Study of Democracy 2017; Michael Sontheimer und Barbara Supp, »Avenging East Germans Killed in Bulgaria«, *Spiegel International*, 04. 07. 2008.
133 Rick Lyman, »Bulgaria Puts Up a New Wall, but This One Keeps People Out«, *New York Times*, 05. 04. 2015.
134 Jones, *Violent Borders*, a. a. O.
135 Human Rights Watch, »Bulgaria: Pushbacks, Abuse at Borders«, 20. 01. 2016.
136 Kapka Kassabova, »Border Ghosts«, *World Literature Today*, Jan. 2018.
137 Rumi, *Masnavi*, Buch 2.

9

138 UNHCR, »Global Trends: Forced Displacement in 2015«.
139 Margaret Piper, Paul Power und Graham Thom, »Refugee Resettlement: 2012 and Beyond«, *New Issues in Refugee Research*, Forschungspapier Nr. 253, UNHCR, Feb. 2013.
140 Gary Troeller, »UNHCR Resettlement: Evolution and Future Direction«, *International Journal of Refugee Law* 14, Nr. 1 (Jan. 2002).
141 Uğur Yıldız, *Tracing Asylum Journeys: Transnational Mobility of Non-European Refugees to Canada via Turkey*, London 2019.
142 Kemal Kirişçi, »Turkey's New Draft Law on Asylum: What to Make of It?«, in *Turkey, Migration and the EU*, hrsg. von Seçil Paçacı Elitok und Thomas Straubhaar, Hamburg 2012.

143 Noah Arjomand, »Afghan Exodus: Smuggling Networks, Migration and Settlement Patterns in Turkey«, Afghanistan Analysts Network, 10.09.2016.
144 Dina Nayeri, *The Ungrateful Refugee*, Edinburg 2019.
145 Italo Calvino, »*Le città invisibili*«, Turin 1972 (Dt. *Die unsichtbaren Städte*, München 1977, Ü: Heinz Riedt).
146 UNHCR, »Refugee Status Determination: Identifying Who is a Refugee«, 01.09.2005.
147 Daten über alle positiven Entscheidungen für Afghanen 2015 und 2017, ausgenommen die Rückkehrenden nach dem Dubliner Übereinkommen, von der schwedischen Einwanderungsbehörde.
148 Meine Analyse der Chancen von Farah und Schirin in Kanada, den USA und Europa stützt sich auf veröffentlichte Einwanderungsstatistiken und Interviews mit Asylexperten in den jeweiligen Ländern.
149 Mert Koçak, »Who Is ›Queerer‹ and Deserves Resettlement?: Queer Asylum Seekers and Their Deservingness of Refugee Status in Turkey«, *Middle East Critique* (2020), 42.
150 Didier Fassin, *Humanitarian Reason: A Moral History of the Present*, Berkeley 2021.
151 »Theresa May's Speech to the Conservative Party Conference – in Full«, *The Independent*, 06.10.2015.
152 Shoshana Fine, *Borders and Mobility in Turkey: Governing Souls and States*, New York 2018.
153 Ali Hamedani, »Gay Mullah Flees Iran over Secret Same-Sex Weddings«, BBC News, 07.06.2016.

10

154 UNHCR, »Iran Factsheet«, Feb. 2016.
155 Persischer Onlinetext, Auszüge und Würdigung bei Zuzanna Olszewska, *The Pearl of Dari: Poetry and Personhood among Young Afghans in Iran*, Bloomington 2015.
156 Fariba Adelkhah und Zuzanna Olszewska, »The Iranian Afghans«, *Iranian Studies* 40, Nr. 2 (2017).
157 Human Rights Watch, »Unwelcome Guests: Iran's Violation of Afghan Refugee and Migrant Rights«, Nov. 2013.
158 Alessandro Monsutti, a.a.O.
159 Olszewska, *Pearl of Dari*, a.a.O.
160 Adnan Çelik, »Challenging State Borders: Smuggling as Kurdish Infra-Politics During ›The Years of Silence‹«, in *Kurds in Turkey: Ethonographies of Heterogeneous Experiences*, hrsg. von Lucie Drechselová und Adnan Çelik, London 2019.
161 Ryan Gingeras, *Heroin, Organized Crime, and the Making of Modern Turkey*, Oxford 2014.

162   International Crisis Group, »The PKK's Fateful Choice in Northern Syria«, Middle East Report Nr. 176, 04.05.2017.

11

163   Barbara Pusch, »Bordering the EU: Istanbul as a Hotspot for Transnational Migration«, in *Turkey, Migration and the EU: Potentials, Challenges and Opportunities*, hrsg. von Seçil Paçacı Elitok und Thomas Straubhaar, Hamburg 2012.

164   Cemal Burak Tansel, »National Neoliberalism in Turkey«, *Dissent*, Sommer 2019; Emily Canal, »The Cities with the Most Billionaires«, *Forbes*, 09.03.2016.

165   Ahmet İçduygu, »Turkey's Migration Transition and Its Implications for the Euro-Turkish Transnational Space«, GTE-Diskussionspapier (Istituto Affari Internazionali), Nr. 7, April 2014.

166   Kemal Kirişci, »Border Management and EU-Turkish Relations: Convergence or Deadlock«, CARIM Research Reports, Robert Schuman Centre for Advanced Studies, 2007.

167   Ayşem Biriz Karaçay, »Shifting Human Smuggling Routes along Turkey's Borders«, *Turkish Policy Quarterly* 15, Nr. 4 (Winter 2017); Kemal Kirişci, »Will the Readmission Agreement Bring the EU and Turkey Together or Pull them Apart?«, Centre for European Policy Studies, 04.02.2014.

168   Zeynep Özler, »Breaking the Vicious Circle in EU-Turkey Relations: Visa Negotiations«, *Turkish Policy Quarterly* 11, Nr. 1 (2012).

169   NATO, »Standing NATO Maritime Groupe Two Conducts Drills in the Aegean Sea«, 27.02.2016.

170   Patrick Radden Keefe, *The Snakehead: An Epic Tale of the Chinatown Underworld and the American Dream*, New York 2009.

171   Tinti und Reitano, a.a.O.

172   Monsutti, a.a.O.

12

173   L'Abbé de Vertot, *The History of the Knights Hospitallers of St. John of Jerusalem*, Bd. 2, New York 1856.

174   Michael Llewellyn-Smith, *Ionian Vision: Greece in Asia Minor 1919–1922*, London 1998.

175   Bruce Clark, *Twice a Stranger: The Mass Expulsions That Forged Modern Greece and Turkey*, Cambridge, Massachusetts, 2006.

176   Henry Morgenthau, *I Was Sent to Athens*, New York 1929.

177   Patrick Kingsley, *The New Odyssey: The Story of Europe's Refugee Crisis*, London 2016.

178   David Pugliese, »HMCS Charlottetown Returns Home from NATO Mission«, *Ottawa Citizen*, 13.01.2017.

179   James Stavridis, *Destroyer Captain: Lessons of a First Command*, Annapolis, Maryland, 2008.

180 Helene Bienvenu und Marc Santora, »They Let 71 People Die in a Stifling Truck. They Got 25 Years«, *New York Times*, 14. 06. 2018.

181 Philippe Fargues, *Four Decades of Cross-Mediterranean Undocumented Migration to Europe: A Review of the Evidence*, International Organization for Migration 2017.

182 Jason De León, *The Land of Open Graves: Living and Dying on the Migrant Trail*, Oakland, Kalifornien, 2015.

13

183 Alle Zahlenangaben über Ankünfte stammen aus dem Operational Data Portal, Griechenland, des UNHCR.

184 Katherina Rouzakou, »Nonrecording the ›European Refugee Crisis‹ in Greece: Navigating through Irregular Bureaucracy«, *Focaal* 77 (März 2017).

185 »Nationality of Arrivals to Greece, Italy and Spain: January–December 2015«, Operational Data Portal, UNHCR 31. 12. 2015; »Breakdown of Men-Women-Children among Sea Arrivals in Greece for the Period June 2015–January 2016«, UNHCR, 31. 01. 2016; Tara Brian und Frank Laczko, »Fatal Journeys, Vol. 2: Identification and Tracing of Dead and Missing Migrants«, International Organization for Migration 2016.

186 Offb. 20,13. Zit. nach *Die Bibel, Einheitsübersetzung der Heiligen Schrift*, Aschaffenburg 1980.

187 George Tyrikos-Ergas, »Orange Life Jackets: Materiality and Narration in Lesvos, One Year after the Eruption of the ›Refugee Crisis‹«, *Journal of Contemporary Archaeology*, Bd. 3, Nr. 2 (2016).

188 Francesco D'Orazio, »Journey of an Image: From a Beach in Bodrum to Twenty Million Screens Across the World«, *The Iconic Image on Social Media: A Rapid Research Response to the Death of Aylan Kurdi*, hrsg. von Farida Vis und Olga Goriunova, Visual Social Media Lab, Dez. 2015; Simon Rogers, »What Can Search Data Tell Us About How the Story of Aylan Kurdi Spread Around the World?«, ebd.

189 Lucía Abellán, »Una imagen que estremece la conciencia de Europa«, *El País*, 03. 09. 2015; Katie Hopkins, »Rescue boats? I'd use gunships to stop migrants«, *Sun*, 17. 04. 2015; Tom Wells, Nick Pisa, und Oliver Harver, »SUN CAMPAIGN: Our bid to help thousands of kids like drowned migrant boy«, *Sun*, 03. 09. 2015; *Bild*, 03. 09. 2015.

190 Karl Ove Knausgård, »Vanishing Point«, *New Yorker*, 17. 11. 2015.

191 Positive Reaktionen auf Flüchtlinge bei Mauro Barisione, Asimina Michailidou und Massimo Airoldi, »Understanding a digital movement of opinion: the case of #RefugeesWelcome«, *Information Communication and Society* (Dez. 2017); Emma Graham-Harrison, Patrick Kingsley, Rosie Waites und Tracy McVeigh, »Cheering German crowds greet refugees after long trek from Budapest to Munich«, *Guardian*, 05. 09. 2015; Dietrich Thränhardt, »Welcoming Citizens, Divided Government, Simplifying Media: Germany's

Refugee Crisis, 2015–2017«, *Refugee News, Refugee Politics: Journalism, Public Opinion and Policymaking in Europe*, hrsg. von Giovanna Dell'Orto und Irmgard Wetzstein, New York, 2019.

192 Die Mariel-Bootskrise von 1980 brachte hundertfünfzigtausend Menschen in sechs Monaten. Nach dem Vietnamkrieg flohen achthunderttausend in einem Zeitraum von zwei Jahrzehnten über das Meer.

193 Tony Paterson, »Refugee Crisis: Germany's ›Welcome Culture‹ Fades as Thousands Continue to Arrive«, *Independent*, 07.10.2015.

194 Ainhoa Ruiz Benedicto und Pere Brunet, »Building Walls: Fear and Securitization in the European Union«, Centre delàs d'Estudis per la Pau, Sept. 2018.

195 Zitate aus Yermi Brenner und Katrin Ohlendorf, »Time for the Facts. What Do We Know about Cologne Four Months Later?«, *Correspondent*, 02.05.2016.

196 Eugénie Bastié, »›Que serait devenu le petit Aylan s'il avait grandi?‹: Charlie Hebdo choque«, *Le Figaro*, 14.01.2016.

197 »Schäuble will Autofahrer in Asylkrise zur Kasse bitten«, *Die Welt*, 16.01.2016.

198 Zu Details siehe Antonis Vradis, Evie Papada, Joe Painter, Anna Papoutsi, *New Borders: Hotspots and the European Migration Regime*, London 2019; Silvan Pollozek und Jan Hendrik Passoth, »Infrastructuring European migration and border control: The logistics of registration and identification at Moria hotspot«, *Society and Space*, Bd. 37, Nr. 4, 2019.

199 Gregory Feldman, *The Migration Apparatus: Security, Labor, and Policymaking in the European Union*, Stanford 2011.

200 Scott FitzGerald, a.a.O.

201 Lehte Roots, »The New Eurodac Regulation: Fingerprints as a Source of Informal Discrimination«, *Baltic Journal of European Studies*, Bd. 5, Nr. 2, 2015.

202 Anthony Faiola und Souad Mekhennet, »Tracing the Path of Four Terrorists Sent to Europe by the Islamic State«, *Washington Post*, 22.04.2016.

203 Agentur der Europäischen Union für Grundrechte, »Fundamental Rights and the Interoperability of EU Information Systems: Borders and Security«, Mai 2017.

204 Chandak Sengoopta, *Imprint of the Raj: How Fingerprinting Was Born in Colonial India*, London 2003.

205 Matthew Longo, a.a.O.

206 Annie Jacobsen, *First Platoon: A Story of Modern War in the Age of Identity Dominance*, New York 2021.

207 Giorgio Agamben, »Non au tatouage biopolitique«, *Le Monde*, 10.01.2004.

14

208 Emina Ćerimović, »Asylum Seekers' Hell in a Greek ›Hotspot‹«, Human Rights Watch, 30.11.2017.

209 Bill Frelick, »Greece: Refugee ›Hotspots‹ Unsafe, Unsanitary«, Human Rights Watch, 19.05.2016.

210   UNHCR, »Fire at Reception Site on Lesvos Island, Greece«, 20.09.2016.
211   Behrous Boochani, *Kein Freund außer den Bergen: Nachrichten aus dem Niemandsland*, München 2020, Ü: M. Allié, G. Kempf-Allié.
212   Hintergrund und Entscheidung, in Moria zu bleiben, aus einem Interview mit Stefanos Samiotakis, Leiter von EuroRelief, Mytilini, 17.07.2017.
213   Lori Golinghorst und Anita Schlabach, »Not Forgotten by God«, https://lovinglesvos2016.wordpress.com/2016/03/01/not-forgotten-by-god/.
214   Dina Siegel, *Dynamics of Solidarity: Consequences of the ›Refugee Crisis‹ on Lesbos*, Den Haag 2019.
215   Euractiv, »MSF, Oxfam pull out of Lesbos hotspot in yet another blow to EU«, 24.03.2016.
216   European Center for Constitutional and Human Rights, »Case Report: EASO's involvement in Greek Hotspots exceeds the agency's competence and disregards fundamental rights«, April 2019.
217   Stathis Kouvelakis, »Borderland: Greece and the EU's Southern Question«, *New Left Review*, Nr. 110 (März–April 2018).
218   Euractiv, »EU mulls plan to take charge of Europe's borders«, 05.12.2015.
219   Apostolis Fotiadis, »New Security on Greek Islands Reduces Access«, *New Humanitarian*, 15.06.2016.
220   Jim Yardley, »Pope Francis Takes 12 Refugees Back to Vatican after Trip to Greece«, *New York Times*, 16.04.2016.

15

221   Bruce Clark, *Twice a Stranger: The Mass Expulsions That Forged Modern Greece and Turkey*, Cambridge, Massachusetts, 2006.
222   Anne Carson, *If Not, Winter: Fragments of Sappho*, New York 2002.
223   Nicolas Niarchos, »An Island of Refugees«, *New Yorker*, 16.09.2015.
224   Esther Lovejoy, *Certain Samaritans*, New York 1927.
225   Leonidas Oikonomakis, »Solidarity in Transition: The Case of Greece«, *Solidarity Mobilizations in the »Refugee Crisis«*, hrsg. von Donatella della Porta, London 2018.
226   Clark, a.a.O.
227   Christos Ikonomou, *Warte nur, es passiert schon was*, München 2013, Ü: Birgit Hildebrand.
228   Joanna Kakissis, »For These Greek Grandmas, Helping Migrants Brings Back Their Own Past«, National Public Radio, USA, 15.04.2016.
229   »Barcelona, Paris, Lesbos y Lampedusa piden a los Estados que ›no den la espalda‹ a las ciudades refugio«, *Público*, 13.09.2015.
230   Interview mit Giorgos Tyrikos-Ergas, Kalloni, 13.07.2017.
231   Kate Brady, »Nobel Peace Prize: Who Will Win?«, Deutsche Welle, 07.10.2016.
232   John Steinbeck, *Früchte des Zorns*, Stuttgart 1948, Ü: Klaus Lambrecht.
233   Stanislav Ivanov und Theodoros A. Stavrinoudis, »Impacts of the refugee

crisis on the hotel industry: Evidence from four Greek islands«, *Tourism Management*, Bd. 67 (August 2018).

234 Helena Smith und Patrick Kingsley, »Far-right group attacks refugee camp on Greek island of Chios«, *Guardian*, 18.11.2016.

235 Mary Harris, »Lesbos Parents Lock Schools to Keep Refugees Out«, *Greek Reporter*, 09.10.2016.

236 Edward W. Said, *Orientalismus*, Frankfurt 2009, Ü: Hans Günter Holl.

16

237 George Orwell, *Der Weg nach Wigan Pier*, Zürich 2012, Ü: Manfred Papst.

238 Tony Abbott, »Address to the Alliance of European Conservatives and Reformists«, Palais Lobkowitz, Prag, Tschechische Republik, 17.09.2016.

239 James Cavallaro, Diala Shamas, Beth Van Schaack et al., »Communiqué to the Office of the Prosecutor of the International Criminal Court Under Article 15 of the Rome Statute«, Stanford Human Rights Center, 14.02.2017.

240 »Polls apart: how Australian views have changed on ›boat people‹«, Lowy Institute, 19.02.2019; Janet Phillips, »Boat arrivals and boat ›turnbacks‹ in Australia since 1976: a quick guide to the statistics«, Research Paper Series 2016–17, Australisches Parlament, 17.01.2017.

241 Human Rights Watch, »Greece Dire Risks for Women Asylum Seekers«, 15.12.2017.

242 Maaike Hermans et al., »Healthcare and disease burden among refugees in long-stay refugee camps at Lesbos, Greece«, *European Journal of Epidemiology*, Bd. 32 (2017).

243 Paul Collier, *Exodus. Warum wir Einwanderung neu regeln müssen*, München 2014, Ü: Klaus-Dieter Schmidt.

244 Milanović, a.a.O.

245 David Woodward, »Incrementum ad Absurdum: Global Growth, Inequality and Poverty Eradication in a Carbon-Constrained World«, *World Social and Economic Review*, Nr. 4 (2015); Jason Hickel, »The contradiction of the sustainable development goals: Growth versus ecology on a finite planet«, *Sustainable Development*, Nr. 27 (2019).

246 Mark Frankel, »From Morningside Heights to the Maldives«, Columbia Law School, 12.05.2016.

247 Barak Kalir und Katerina Rozakou, »›Giving Form to Chaos‹: The Futility of EU Border Management at Moria Hotspot In Lesvos«, *Society and Space*, 16.11.2016.

248 Farhad Darya, »Salaam Afghanistan«.

249 Reuters, »Germany Offers Afghanistan Help to Take Back Migrants«, 01.02.2016.

250 Marissa Quie und Hameed Hakimi, »The EU and the politics of migration management in Afghanistan«, Chatham House, November 2020, 4.

251 Yalda Hakim, »President Ghani calls for Afghans to remain in country«, BBC News, 31.03.2016.

252 Eliza Mackintosh, »Conditions worsen for Europe's refugees as temperatures plummet«, CNN, 13.01.2017.

253 Eva Cossé, »Death and Despair in Lesbos«, Human Rights Watch, 03.02.2017.

254 Boochani, a. a. O.

255 Médecins sans Frontières, »Confronting the Mental Health Emergency on Samos and Lesvos«, Okt. 2017, 7.

256 Infomobile, »Moria/Lesbos: Tear Gas and Beatings Continue while Families Wait in the Mud All the Night«, 07.10.2015; Joanna Slater, »Don't Send Anyone Else. This Is a Very Difficult Road«, Globe and Mail, 04.09.2015.

17

257 Faiz Ahmed Faiz, The True Subject: Selected Poems of Faiz Ahmed Faiz, ins Englische übersetzt von Naomi Lazard, Princeton 1988.

258 Daniel Trilling, Lights in the Distance, London 2018.

259 Costis Hadjimichalis, »From Streets and Squares to Radical Political Emancipation? Resistance Lessons from Athens during the Crisis«, Human Geography, Bd. 6, Nr. 2 (Juli 2013).

260 Nicholas Apoifis, »›FUCK MAY 68, FIGHT NOW!‹ Athenian Anarchists & Anti-authoritarians: Militant Ethnography & Collective Identity Formation«, (Magisterarbeit, Macquarie University, 2014).

261 Natasha King, No Borders: The Politics of Immigration Control and Resistance, London 2016.

262 Katerina Rozakou, »Socialities of solidarity: revisiting the gift taboo in times of crisis«, Social Anthropology, Bd. 24, Nr. 2 (2016); Giorgos Maniatis, »From a Crisis of Management to Humanitarian Crisis Management«, South Atlantic Quarterly, Bd. 117, Nr. 3 (Okt. 2018).

263 Olga Lafazani, »Homeplace Plaza: Challenging the Border between Host and Hosted«, South Atlantic Quarterly, Bd. 117, Nr. 3 (Okt. 2018).

264 Yanis Varoufakis, Die ganze Geschichte. Meine Auseinandersetzung mit Europas Establishment, München 2017, Ü: A. Emmert, U. Schäfer, C. Varrelmann.

265 Preethi Nallu, »Greece Outlines Radical Immigration Reforms«, Al Jazeera, 05.03.2016.

266 Amnesty International, »Trapped in Greece: An Avoidable Refugee Crisis«, 18.04.2016.

267 Valeria Raimondi, »For ›common struggles of migrants and locals‹. Migrant activism and squatting in Athens«, Citizenship Studies, Bd. 23, Nr. 6 (2019).

268 Interview mit Aliki Papachela, Athen, 21.06.2017.

269 Lina Giannarou, »Ta gkríza símeía tis katálipsis tou City Plaza«, Kathimerini, 27.10.2016.

270 Aryn Baker, »Greek Anarchists Are Finding Space for Refugees in Abandoned Hotels«, Time, 03.11.2016.

271 Eirini Andriopoulou, Alexandros Karakitsios und Panos Tsakloglou, »Inequality and Poverty in Greece: Changes in Times of Crisis«, Hellenic Observatory, GreeSE Paper Nr. 116, 2016.

272 Giorgos Poulimenakos und Dimitris Dalakoglou, »Hetero-utopias: squatting and spatial materialities of resistance in Athens at times of crisis«, *Critical Times in Greece: Anthropological Engagements with the Crisis*, hrsg. von Dimitris Dalakoglou und Georgios Agelopoulos, New York, 2018.

273 »Responsibility claim for the execution of mafioso Habibi in June, Exarchia area – Athens, Greece«, 14. 07. 2016, https://actforfree.nostate.net/?p=24330, aufgerufen am 19. 03. 2021.

274 Manu Chao, »Clandestino«.

275 Liz Fekete, Frances Webber, Anya Edmond-Pettitt, »Humanitarianism: the unacceptable face of solidarity«, Institute of Race Relations, 2017.

276 Adam Nossiter, »A French Underground Railroad, Moving African Migrants«, *New York Times*, 04. 10. 2016.

277 »Greece: Suspended sentence for Spanish activist is ›decisive‹ for decriminalising solidarity with migrants and refugees«, Statewatch, 19. 12. 2018.

18

278 Stelios Psaroudakes, »A Lyre from the Cemetery of the Acharnian Gate, Athens«, in *Music Archeology in Contexts*, hrsg. von Ellen Hickman, Arnd Both und Ricardo Eichmann, Rahden 2006.

279 Luis E. Navia, *Diogenes of Sinope: The Man in the Tub*, Westport 1998.

280 Bevölkerungszahlen aus Wilfried Nippel, *Antike oder moderne Freiheit? Die Begründung der Demokratie in Athen und in der Neuzeit*, Frankfurt / Main 2008; Kevin Andrews, *Athens Alive, or The Practical Tourist's Companion to the Fall of Man*, Athen 1979.

281 Gabriella Arrigoni et al., »Online Visual Dialogues about Place: Using the Geostream Tools to Identify Heritage Practices on Photo-sharing Social Media«, CoHERE, 28. 03. 2017.

282 Andriopoulos Themis, »Brothels: houses which stood the test of time«, *Athens Social Atlas*, hrsg. von Thomas Maloutas und Stavros Spyrellis (2015).

283 Will Horner, »Afghan Asylum Seekers Resort to Sex Work in Athens«, Al Jazeera, 16. 01. 2017.

284 Phillip Connor und Jens Manuel Krogstad, »Europe sees rise in unaccompanied minors seeking asylum, with almost half from Afghanistan«, Pew Research Center, 10. 05. 2016.

285 Martin Nyman und Peter Varga, »Country Report: Sweden, 2019 Update«, Asylum Information Database 2019.

286 Human Rights Watch, »›Why Are You Keeping Me Here?‹: Unaccompanied Children Detained in Greece«, Sept. 2016.

287 Lied von Abdullah, aus Paschto übersetzt von Thomas Wide und aufgenom-

men von Celeste Cantor-Stephens, »New Jungle Music: A Fieldwork Study of the Migrant Jungle of Calais«, MSt Music, Oxford 2015.

288 Sandro Mezzadra, »In the Wake of the Greek Spring and the Summer of Migration«, *South Atlantic Quarterly* 117, Nr. 3 (Okt. 2018).

289 Human Rights Watch, »Hungary: Migrants Abused at the Border«, 13. 07. 2016.

19

290 Interview mit einem griechischen Marineoffizier, Athen 2017.

291 Olga Lafazani, »A Border within a Border: The Migrants' Squatter Settlement in Patras as a Heterotopia«, *Journal of Borderlands Studies*, 28, Nr. 1 (2013).

292 Behzad Yaghmaian, *Embracing the Infidel: Stories of Muslim Migrants on the Journey West*, New York 2006; Matthew Carr, *Fortress Europe: Dispatches from a Gated Continent*, London 2015.

293 Walter Benjamin, »Über den Begriff der Geschichte«, in *Illuminationen*, Ausgewählte Schriften 1, Frankfurt / Main 1977.

294 Shahram Khosravi, *»Illegal« Traveller: An Auto-Ethnography of Borders*, New York 2010.

20

295 Sandro Mezzadra und Brett Neilson, *Border as Method, or the Multiplication of Labor*, Durham 2013.

296 Charles Heller, Lorenzo Pezzani und Maurice Stierl, »Toward a Politics of Freedom of Movement«, *Open Borders*, hrsg. von Reece Jones, Athen 2019.

297 *Fatal Journeys: Volume 3, Part 1*, hrsg. von Frank Laczko, Ann Singleton und Julia Black, Internationale Organisation für Migration (IOM), Sept. 2017.

298 Kostas Kostis, *History's Spoiled Children: The Formation of the Modern Greek State*, London 2018.

299 Truth Committee on Public Debt, »Preliminary Report«, Griechisches Parlament, 18. 06. 2015; IWF, »Greece: 2017 Article IV Consultation«, 07. 02. 2017.

300 Mary Harris, »U. S. President Obama's Speech Cancelled at Pnyx Hill«, *Greek Reporter*, 11. 11. 2016.

301 Barack Obama, »Remarks by President Obama at Stavros Niarchos Foundation Cultural Center in Athens, Greece«, 16. 11. 2016.

302 Griff Witte, »Greeks Emphatically Reject Austerity, Elect Syriza in Historic Vote«, *Washington Post*, 25. 01. 2015.

303 Molly Crabapple, »The Attack on Exarchia, an Anarchist Refuge in Athens«, *New Yorker*, 20. 01. 2020.

304 »Mitsotakis Slams ›Inconceivable Tolerance‹ of Gov't for Anarchist Violence«, *Kathimerini*, 26. 10. 2017.

305 Nikos Roussanoglou, »Plaka and Exarchia Top Airbnb Chart«, *Kathimerini*, 26. 10. 2017.

306 Faiz Ahmed Faiz, »Prison Nightfall«, Ü: Ted Genoways, »›Let Them Snuff
Out the Moon‹: Faiz Ahmed Faiz's Prison Lyrics in Dast-e Saba«, *Annual of
Urdu Studies* 2004.

307 Søren Kierkegaard, »Die Taten der Liebe«, in *Was ist Wahrheit anderes als ein
Leben für eine Idee?*, hrsg. von Niels Jørgen Cappelørn und Markus Kleinert,
Berlin 2011.

21

308 Céline Dion, »My Heart Will Go On«.

309 Alasdair MacIntyre, *After Virtue: A Study in Moral Theory*, Notre Dame,
Indiana, 1981.

310 Rumi, *Masnawi*, Buch 5.

311 Anna Lagia, »Health Inequalities in the Classical City«, in *L'apport de
la paléoanthropologie funéraire aux sciences historiques*, hrsg. von Anne-
Catherine Gillis, Lille 2014.

312 Louise Cilliers, »Burial customs, the afterlife and the pollution of death in
ancient Greece«, *Acta Theologica*, Bd. 26, Nr. 2 (März 2010).

313 Aristoteles, *Politik*, 1. Buch, 5. Kapitel, Leipzig 1880, Ü: J. H. v. Kirchmann.

314 Bernard Williams, *Scham, Schuld und Notwendigkeit. Eine Wiederbelebung
antiker Begriffe der Moral*, Berlin 2000, Ü: Martin Hartmann.

315 Gloria Anzaldúa, *Borderlands / La Frontera: The New Mestiza*, San Francisco
1987.

316 »Hum Yaar Hain Tumhare« aus dem Film *Haan Maine Bhi Pyaar Kiya*.